高等院校会计与财务系列教材

第5版

成本管理会计

主编　崔国萍
副主编　马莉　赵丽琼　赵翠

Cost and Managerial Accounting

机械工业出版社
China Machine Press

图书在版编目（CIP）数据

成本管理会计 / 崔国萍主编 . —5 版 . —北京：机械工业出版社，2021.1（2025.1 重印）
（高等院校会计与财务系列教材）

ISBN 978-7-111-67037-7

I. 成… II. 崔… III. 成本会计 – 教材 IV. F234.2

中国版本图书馆 CIP 数据核字（2020）第 248838 号

本书对成本计算与传统标准成本制度有所改造和创新：在日常成本会计核算中将变动成本计算法与全部成本计算法有机结合，提出了多元化标准成本制度的观点及其具体内容。本书主要内容包括成本管理会计概论、产品成本计算的基本方法、成本性态分析和变动成本计算法、本量利分析、经营决策分析、长期投资决策分析和评价、全面预算管理、责任会计、作业成本系统、企业战略管理与平衡计分卡等。

本书可作为会计学专业、财务管理专业、审计学专业、工商管理专业及相关专业的本科生、研究生、MBA 等的教材，也可作为企业管理人员和专业人士的参考用书。

出版发行：机械工业出版社（北京市西城区百万庄大街22号 邮政编码：100037）
责任编辑：章集香　　　　　　　　　　责任校对：李秋荣
印　　刷：北京建宏印刷有限公司　　　版　　次：2025年1月第5版第10次印刷
开　　本：185mm×260mm　1/16　　　印　　张：22
书　　号：ISBN 978-7-111-67037-7　　定　　价：49.00元

客服电话：（010）88361066　68326294

版权所有・侵权必究
封底无防伪标均为盗版

前　言

随着高新技术的迅速发展，集知识化、网络化于一体的现代经济形态要求企业的经营管理要不断创新，这对以提高企业内部控制水平、资源有效使用为核心任务的成本会计、管理会计工作提出了更高的要求。我国财政部发布的《管理会计基本指引》和《管理会计应用指引》，明确了管理会计的目标、原则和要素，不仅为企事业单位科学系统地应用管理会计提供了基本框架和方向，还为企业深入和广泛应用管理会计提供了切实可行的方法及实践路径，对强化企业内部控制制度的建设和完善具有非常现实的指导意义，也是本书更新和汲取营养的动力。

党的二十大报告提出"两个相结合"，这意味着成本会计、管理会计工作需要与企业实际相结合，与中国特色社会主义市场经济的实际情况相结合。本书的特点主要体现在以下两方面：（1）根据成本会计与管理会计的实践需要，把"全部成本计算法"（我国称"制造成本法"）和"变动成本计算法"有机结合在一起，在成本会计部分对费用的归集和分配及成本计算方法的阐述中就体现出了变动成本、固定成本的元素，使变动成本、固定成本信息在日常的产品成本计算单中同时得到反映，这样既不违背会计准则对成本核算的要求，又便于满足企业在采用管理会计诸多技术方法时对变动成本、固定成本和产品成本信息的需要，增强了管理会计技术方法应用的实效性，这体现了一种在继承基础上的"创新"。（2）改革传统标准成本制度，提出了建立多元化标准成本制度的见解。多元化标准成本制度的内容构架主要体现为：主张用固定制造费用预算总额控制的方法，改变传统固定制造费用控制的"二分法"和"三分法"，将计划产量与实际产量的变化因素单独列示考核，实践中既便于操作又使责任者的责任清晰明了；将计件工资、计时工资下标准成本的制订具体化，以便于实际工作中的应用；提出了加强期间成本核算与控制的具体思路；强调要依据企业业务流程确定具体成本的控制点，使内部控制体现"靶向性"效用。

本书第5版在坚持前几版写作框架与内容的基础上对全部章节内容进行了梳理，并对个别内容进行了调整、补充和丰富。比如在第3章中，根据现行会计准则的要求，更新了职工薪酬的内容构成及其核算。对该章的后三节内容也进行了调整和丰富,对弹性预算的公式法,以丰富的例题来说明其在实际工作中的运用价值。在责任会计的章节中增加了非财务业绩指标的阐述。本书每章内容后的"本章小结",概括说明了章节内容的关键知识点。章后的"思考题"对引导学生拓展开创性思维、温故知新有积极的促进作用。书中的"案例链接"内容,作为指导学生参与实践的"窗口",不仅促使学生将专业知识融会贯通,更有利于其对理论与实践的深度思考。教师对案例的分析点评,对帮助学生树立探究性思维、创新性思维和提高理论联系实际的分析能力与写作能力有积极的推动作用。

第5版对教辅资料进行了充实和扩展:习题答案详细,给出了计算过程;增加了成本管理会计课程期末试卷及参考答案;对教学PPT进行了更新和丰富;重新编写的教学大纲丰富可参。

本书由河北经贸大学会计学院崔国萍教授担任主编,马莉教授、赵丽琼教授、赵翠副教授担任副主编,毕艳杰教授、杨秀罗副教授、焦建玲副教授参与编写。主编负责总体框架的设计和全书的编写与定稿。编写的具体分工如下:第1章、第2章、第12章、第13章、第14章、第15章、第8章的8.3节、8.2节(与赵丽琼合写)由崔国萍编写;第3章由毕艳杰、赵翠、崔国萍编写;第4章、第6章由赵翠编写;第5章由杨秀罗编写;第7章、第8章的8.1节、第11章由赵丽琼编写;第9章、第10章由马莉编写;第16章由焦建玲编写。

在编写过程中,我们参考了国内外相关论著、教材和报刊,借此表示诚挚的谢意。感谢机械工业出版社编辑人员的支持和帮助,也感谢兄弟院校对本书的友好建议。由于编者水平有限,书中难免有不足之处,恳请读者指正。

崔国萍

教学建议

教学目的

本课程的教学目的在于让学生掌握"成本管理会计"的基本知识、基本理论和方法体系。本书的主要内容包括成本及成本控制的基本理论、产品成本的计算方法、管理会计的理论基础和方法等,旨在使学生在明确管理会计与财务会计关系的前提下,清楚管理会计预测、决策、控制考核、分析评价、规划未来方面的理论和技术方法。本书不仅向学生介绍了传统成本管理会计的内容,还阐述了现代成本会计、管理会计理论和实践的最新发展。每章的小结提纲挈领,引导学生对每章内容进行概括与总结,再配以思考题和练习题以及"案例链接"的学习,使学生增强感悟性和实践性,为从事成本管理会计工作打下坚实的基础。

前期需要掌握的知识

会计学基础、财务会计学、微观经济学、货币银行学等课程的相关知识。

课时分布建议

教学内容	学习要点	课时安排	
		本科	研究生
第1章 总论	(1) 理解成本管理会计产生的背景及发展的原因 (2) 了解我国成本管理会计的现状 (3) 理解管理会计的特点及其与财务会计的主要区别 (4) 认识与理解现代管理会计的新领域 (5) 通过案例理解成本控制不能仅局限于产品生产方面,还应拓展到企业价值链领域的控制与管理中,树立全方位的成本管理理念。学习管理会计应培养创新性思维,并密切联系企业的管理实践	2~3	2

（续）

教学内容	学习要点	课时安排 本科	课时安排 研究生
第2章 成本费用及成本核算程序	（1）理解成本按不同标准分类的意义及各种不同成本概念的特性 （2）了解费用按经济内容、经济用途分类的意义 （3）理解生产费用与产品成本的联系和区别 （4）掌握生产特点与成本计算方法的关系 （5）掌握产品成本计算的基本程序	4	2
第3章 成本费用的归集与分配	（1）了解各要素费用在各成本计算对象之间分配标准的选择 （2）理解辅助生产费用的归集和分配及交互分配法等分配方法的特点与适用性 （3）理解生产费用在完工产品和在产品之间分配的意义及各种分配方法的特点与适用范围 （4）掌握约当产量法、定额比例法等分配方法的应用 （5）掌握废品损失的核算	12~14	2
第4章 成本计算的品种法和分批法	（1）掌握品种法的特点及计算程序 （2）掌握分类法的具体计算、适用范围及分类法与品种法的异同 （3）掌握分批法和简化分批法的特点及具体计算	4	1
第5章 成本计算的分步法	（1）理解分步法的特点、计算程序及适用范围 （2）理解广义在产品和狭义在产品的含义 （3）掌握逐步结转分步法的特点、种类和成本计算程序 （4）掌握成本还原的基本原理 （5）掌握平行结转分步法的特点和成本计算程序 （6）掌握平行结转分步法下在产品数量的确定及计入产成品成本"份额"的确定 （7）通过案例理解和掌握为何工艺过程和生产组织复杂的企业需要同时采用两种以上的成本计算方法计算成本	5~6	2
第6章 联产品、副产品和等级产品的成本计算	（1）了解联产品、副产品的意义及生产特点 （2）掌握联产品的计算程序及其实际应用	1~2	0
第7章 变动成本计算法	（1）了解变动成本计算法的意义 （2）掌握变动成本计算法的特点及与全部成本计算法的主要区别 （3）掌握变动成本计算法与全部成本计算法对分期计算损益产生的不同影响 （4）了解变动成本计算法的优点与局限性 （5）通过案例理解变动成本计算法对于成本控制与分析的意义及其与全部成本计算法有机结合的意义	4	2

(续)

教学内容	学习要点	课时安排 本科	课时安排 研究生
第 8 章 目标成本控制	(1) 了解成本控制的意义及原则 (2) 掌握标准成本制度的构成内容 (3) 掌握传统标准成本的制定及差异的计算与分析 (4) 掌握多元化标准成本制度的意义、特征及具体运用 (5) 通过案例理解成本控制过程中事前控制的重要意义,掌握成本企划操作的基本程序	5~6	2
第 9 章 本量利分析	(1) 掌握本量利分析的意义及其具体运用 (2) 理解和掌握贡献毛益、安全边际概念的意义及其在预测、决策中的运用 (3) 掌握确定保本点的不同方式 (4) 明确各因素变化对利润、保本点、安全边际的影响及如何采取有效措施实现目标利润 (5) 理解进行利润敏感性分析的意义及其计算 (6) 通过案例理解本量利之间的关系存在于微观和宏观管理中,关键是使本量利分析正确运用其中	4	2
第 10 章 短期预测	(1) 理解预测与决策、预测与预算的关系 (2) 掌握预测分析的程序和方法 (3) 熟练进行销售、成本、利润和资金需求量的预测	4	1
第 11 章 短期经营决策	(1) 了解决策的含义、决策的分类和决策分析程序 (2) 掌握短期经营决策应考虑的成本概念及其应用 (3) 掌握各种决策分析方法的特点及其在日常生产经营决策中的具体运用 (4) 理解产品定价决策的意义及各种定价方法的特点 (5) 通过案例理解企业短期决策各种分析方法基于成本按性态分析的意义及做出正确决策的重要性	5	2
第 12 章 长期投资决策	(1) 理解投资决策的意义及特点 (2) 理解投资决策评价指标的计算基础 (3) 掌握投资决策考虑货币时间价值、考虑资本成本的意义所在 (4) 掌握现金流量的概念及其构成内容、净现金流量的确定 (5) 掌握投资决策动态指标的意义及其计算 (6) 掌握投资决策评价指标在方案对比与选优中的具体运用 (7) 通过案例理解企业进行长期投资决策不只是对某一个方案的经济效益进行分析评价,更需要了解投资决策在融资、并购等方面的重要意义和所需的知识结构	10~12	4

（续）

教学内容	学习要点	课时安排 本科	课时安排 研究生
第13章 全面预算管理	（1）明确全面预算体系的主要构成内容及全面预算在企业经营管理中的意义和作用 （2）掌握固定预算、弹性预算、零基预算、滚动预算的意义、特点和具体编制 （3）掌握零基预算的中心思想及实施中应注意的问题 （4）掌握各种预算编制方法的运用及如何有机结合 （5）通过案例理解我国预算管理在实践中的运用及财务管理工作在企业中的重要作用	5~6	2
第14章 责任会计	（1）了解公司组织结构与责任会计制度的密切联系 （2）掌握实施责任会计制度的基本原则、基本内容 （3）理解责任会计制度是企业实施内部控制的主要内容和方法之一 （4）掌握收入中心、成本中心、利润中心和投资中心各自的特点、适用范围和考核指标 （5）掌握责任成本、产品成本的联系与区别 （6）通过案例理解责任会计制度是企业实施内部控制制度的重要措施及在我国企事业单位中建立社会责任有效机制的重要意义	4~6	2
第15章 作业成本系统	（1）理解作业成本系统、准时制、全面质量管理的产生背景 （2）理解作业、成本动因等基本概念 （3）掌握作业成本计算法的计算程序 （4）掌握作业成本计算与作业管理的关系 （5）掌握准时制生产系统的内涵、全面质量管理的意义	1~2	6
第16章 企业战略管理与平衡计分卡	（1）理解战略管理的特点及过程 （2）掌握联系战略与运营的六阶段管理体系 （3）理解平衡计分卡理论体系的产生背景及平衡计分卡的构成内容 （4）理解战略地图的意义及内容	1~2	2
课时总计		72~85	34

说明：在课时安排上，会计学、审计学专业建议开设85课时（17周），财务管理专业可以开设34课时（17周）的成本会计必修课和51课时（17周）的管理会计选修课。其他相关专业可以单独开设成本会计、管理会计课程。

目 录

前言
教学建议

第1章 总论 ·· 1

    学习目标 ·· 1
    重点与难点 ·· 1
    1.1 成本会计与管理会计的产生和发展 ································· 1
    1.2 成本管理会计的意义及内容 ·· 4
    本章小结 ··· 10
    思考题 ·· 11
    案例链接 从"数数人"成长为成本管理智者 ····················· 11

第2章 成本费用及成本核算程序 ··· 13

    学习目标 ··· 13
    重点与难点 ··· 13
    2.1 成本费用及其分类 ·· 13
    2.2 成本核算的原则和要求 ·· 21
    2.3 生产特点与成本计算方法的关系 ································· 25
    本章小结 ··· 29
    思考题 ·· 29
    练习题 ·· 29

第3章 成本费用的归集与分配 ··· 30

    学习目标 ··· 30
    重点与难点 ··· 30

3.1	材料费用的归集与分配	30
3.2	人工费用的归集与分配	35
3.3	其他费用的归集与分配	44
3.4	辅助生产费用的归集与分配	47
3.5	制造费用的归集与分配	54
3.6	生产损失的核算	59
3.7	生产费用在完工产品与在产品之间的分配	64

本章小结 …………………………………………………………………… 72
思考题 ……………………………………………………………………… 72
练习题 ……………………………………………………………………… 73

第4章 成本计算的品种法和分批法 …………………………………………… 75

学习目标 …………………………………………………………………… 75
重点与难点 ………………………………………………………………… 75

4.1	成本计算的品种法	75
4.2	品种法的延伸：分类法	80
4.3	成本计算的分批法	84

本章小结 …………………………………………………………………… 91
思考题 ……………………………………………………………………… 91
练习题 ……………………………………………………………………… 91

第5章 成本计算的分步法 ……………………………………………………… 94

学习目标 …………………………………………………………………… 94
重点与难点 ………………………………………………………………… 94

5.1	分步法概述	94
5.2	逐步结转分步法	95
5.3	平行结转分步法	104

本章小结 …………………………………………………………………… 111
思考题 ……………………………………………………………………… 112
练习题 ……………………………………………………………………… 112
案例链接　某电机厂成本核算实例 ……………………………………… 113

第6章 联产品、副产品和等级产品的成本计算 ·············· 116

学习目标 ·············· 116
重点与难点 ·············· 116
6.1 联产品的成本计算 ·············· 116
6.2 副产品和等级产品的成本计算 ·············· 119
本章小结 ·············· 121
思考题 ·············· 122
练习题 ·············· 122

第7章 变动成本计算法 ·············· 123

学习目标 ·············· 123
重点与难点 ·············· 123
7.1 变动成本计算法的意义及特点 ·············· 123
7.2 变动成本计算法与全部成本计算法的比较 ·············· 125
7.3 变动成本计算法的优点与局限性 ·············· 128
本章小结 ·············· 129
思考题 ·············· 130
练习题 ·············· 130
案例链接 利凯工艺制品有限公司二车间完成任务了吗 ·············· 131

第8章 目标成本控制 ·············· 133

学习目标 ·············· 133
重点与难点 ·············· 133
8.1 成本控制概述 ·············· 133
8.2 传统标准成本的制定和成本差异计算分析 ·············· 135
8.3 多元化标准成本制度的意义及特征 ·············· 141
本章小结 ·············· 149
思考题 ·············· 149
练习题 ·············· 149
案例链接 丰田汽车公司的成本企划 ·············· 150

第 9 章　本量利分析 ································ 153

　　学习目标 ································ 153
　　重点与难点 ································ 153
　　9.1　本量利分析概述 ································ 153
　　9.2　盈亏临界分析与利润敏感性分析 ································ 157
　　9.3　本量利分析的应用 ································ 166
　　本章小结 ································ 168
　　思考题 ································ 169
　　练习题 ································ 169
　　案例链接　聚焦物流顽疾 ································ 171

第 10 章　短期预测 ································ 173

　　学习目标 ································ 173
　　重点与难点 ································ 173
　　10.1　预测概述 ································ 173
　　10.2　销售预测 ································ 175
　　10.3　成本预测 ································ 180
　　10.4　利润预测 ································ 181
　　10.5　资金需求量预测 ································ 183
　　本章小结 ································ 187
　　思考题 ································ 187
　　练习题 ································ 187

第 11 章　短期经营决策 ································ 189

　　学习目标 ································ 189
　　重点与难点 ································ 189
　　11.1　决策分析概述 ································ 189
　　11.2　决策分析的相关成本 ································ 192
　　11.3　生产经营决策 ································ 194
　　11.4　定价决策 ································ 206
　　本章小结 ································ 212

思考题 ·· 213
　　练习题 ·· 213
　　案例链接　业务外包决策 ·· 215

第 12 章　长期投资决策 ·· 217

　　学习目标 ·· 217
　　重点与难点 ··· 217
　　12.1　投资决策概述 ··· 217
　　12.2　现金流量与货币时间价值 ·· 219
　　12.3　投资决策评价指标 ·· 225
　　12.4　投资决策评价方法的应用 ·· 232
　　本章小结 ·· 237
　　思考题 ··· 237
　　练习题 ··· 238
　　案例链接　华为：创新战略的赢家——华为将靠这三招穿越无人区 ········ 240

第 13 章　全面预算管理 ·· 242

　　学习目标 ·· 242
　　重点与难点 ··· 242
　　13.1　全面预算概述 ··· 242
　　13.2　预算编制的方法 ·· 245
　　13.3　全面预算编制举例 ·· 251
　　本章小结 ·· 258
　　思考题 ··· 259
　　练习题 ··· 259
　　案例链接　全面预算管理在上汽集团的应用 ··································· 260

第 14 章　责任会计 ·· 262

　　学习目标 ·· 262
　　重点与难点 ··· 262
　　14.1　分权管理与责任会计制度 ·· 262

14.2　责任中心与业绩考核 …………………………………………… 267
　　14.3　内部转移价格 ………………………………………………… 277
　　本章小结 …………………………………………………………… 282
　　思考题 ……………………………………………………………… 282
　　练习题 ……………………………………………………………… 283
　　案例链接　张家界10岁男童艾滋"罗生门" ……………………… 283

第15章　作业成本系统 …………………………………………… 287

　　学习目标 …………………………………………………………… 287
　　重点与难点 ………………………………………………………… 287
　　15.1　作业成本计算法 ……………………………………………… 287
　　15.2　准时制与全面质量管理 ……………………………………… 295
　　本章小结 …………………………………………………………… 298
　　思考题 ……………………………………………………………… 298

第16章　企业战略管理与平衡计分卡 …………………………… 299

　　学习目标 …………………………………………………………… 299
　　重点与难点 ………………………………………………………… 299
　　16.1　企业战略管理概述 …………………………………………… 299
　　16.2　平衡计分卡 …………………………………………………… 306
　　本章小结 …………………………………………………………… 315
　　思考题 ……………………………………………………………… 315

成本管理会计课程期末试卷（A卷） ……………………………… 316

成本管理会计课程期末试卷（B卷） ……………………………… 322

附录 …………………………………………………………………… 329

参考文献 ……………………………………………………………… 338

第 1 章

总　论

学习目标

1. 理解成本会计、管理会计产生的背景及发展的原因。
2. 了解我国成本管理会计的现状。
3. 理解管理会计的特点及其与财务会计的主要区别。

重点与难点

1. 成本会计与管理会计的发展历程。
2. 管理会计与财务会计的区别与联系。
3. 对现代管理会计新领域的认识与理解。

1.1 成本会计与管理会计的产生和发展

1.1.1 成本会计的产生与发展

成本会计是一门不断发展的学科。随着生产技术的不断发展和生产组织结构的演变，成本会计所使用的方法和程序必然随之发展演变。因此，我们在了解成本会计发展的基础上认识管理会计的发展历程，有助于在实践中灵活应用成本管理会计的理论与方法并能够有所创新。

1. 成本会计源于成本计算，是工业化的产物

在资本主义初期，手工制造业作坊的业主为了确定其所生产产品的交换价格，以便在交换中收回投入的各种劳动价值，并且能够获得理想的盈利，就必须确定产品的生产成本。但是那时的生产技术比较落后，没有复杂的生产设备，也不存在因社会化大生产导致的大量管理费用，成本计算比较简单，只包括材料费用和人工费用，而且当时的成本计算只是根据经验进行估计，是独立于账簿之外的核算过程。

19 世纪英国工业革命的高潮使企业数量日益增多，规模逐渐扩大。同时由于股份有限公司这一企业组织形式可以筹集巨额资金，兴办大规模企业，使企业可将大量资金用在昂贵的生产设备上，从而引起间接费用在产品成本中所占的比重越来越大，加上产品品种日益多样化，

使得间接费用的分配及使之对象化于各种特定产品成为一个难题。为取得各产品的成本数据，要求公司采用完整的会计方法，这就促使会计人员逐步将原来在账外进行的成本记录和计算与复式记账、会计科目设置等方法紧密地结合起来，使成本记录与会计账簿一体化，从而产生了成本会计，并迅速扩展到欧洲的其他国家和美国。成本会计是以计算产品成本为基础，为控制和管理各种成本、分析产生成本原因的方法体系。

1880~1920年，这40年是成本会计的迅速发展时期，被西方会计史学家称为"成本会计的繁荣发展时期"。这一时期是工业革命和科学管理运动的兴起时期，这一时期成本会计的发展解决了成本记录与会计账簿的一体化问题，以及间接费用的分摊和标准成本的应用问题。当时，对间接制造费用和销售费用、管理费用的划分是经过激烈的争论才达成共识的。对于间接费用分摊如何确定分配率问题，早期的成本会计实务倾向于使用主要成本（材料成本、人工成本）作为间接费用的分配基准，但以后逐渐转向主张使用人工小时，再后来有人又主张使用机器小时。在这期间，英国会计学家已经设计出了订单成本计算和分步成本计算的方法（当时应用的范围只限于工业企业），后来这些方法传往美国及其他国家。

2. 从单纯的事后计算发展到成本计算与成本控制相结合

1921~1950年是近代成本会计阶段，美国会计学家提出了标准成本会计制度。在这种情况下，成本会计就不仅仅是计算和确定产品的生产成本与销售成本，还要事先制定成本标准，并进行日常的成本控制与定期的成本分析。

1951年以后是现代成本会计阶段。为了在激烈的竞争中立于不败之地，企业管理当局不再满足于仅通过节约和提高劳动生产率来降低成本，他们意识到必须把成本预测、决策和日常控制结合起来，实现成本计算为成本控制提供信息并服务于成本管理。从现代成本会计的意义上看，成本会计与成本管理密切相连，成本管理是企业管理者（高层管理者）为满足顾客要求，同时又持续地降低和控制成本的行为。以美国为主的西方国家的许多会计学家，吸收管理会计的一些专门方法，使管理会计与成本会计密切结合，形成了新型的着重管理的成本会计，其主要内容包括建立预算管理体系，如制定目标成本及责任预算，对广告费用和产品的研究开发等大额、专项费用编制预算并严加控制；以责任预算为基础，对责任成本进行日常控制、考核与评价，等等。

上述成本会计的发展历程说明，成本会计的重点已从产品成本计算扩展到利用不同的成本信息进行企业内部经营管理，包括成本预测、决策、控制、分析考核等方面。

1.1.2 管理会计的产生与发展

管理会计的产生，经历了一个在传统会计内部孕育、生长和逐步成形的漫长过程。20世纪初，为配合"泰勒制"的广泛实施而形成的标准成本会计，可视为成本会计向管理会计过渡的一个中间环节，标志着侧重于企业内部管理服务的管理会计雏形的形成。管理会计的形成与发展可区分为以下两大阶段。

1. 传统管理会计阶段（20世纪初至20世纪50年代）

传统管理会计是以泰勒的科学管理学说为基础形成的会计信息系统。企业管理实践中先后应用了以确定定额为目的的动作与时间研究技术、差别工资制和以计划职能与执行职能相分离为主要特征的预算管理和差异分析，以及日常成本控制等一系列标准化、制度化的新技术、新方法。这一切对拘泥于事后消极反映的传统会计提出了严峻的挑战，给传统会计带来了巨大的冲击。在这种情况下，企业会计必须突破单一事后核算的格局，采取对经营过程实施事前规划和事中控制的技术方法，更好地促进经营目标的实现。于是，在20世纪初，美国企业会计实务中开始出现了以差异分析为主要内容的"标准成本计算制度"和"预算控制"。1922年，在美国会计学者奎因斯坦所著的《管理会计：财务管理入门》一书中首先提到了"管理会计"这个名词。此后，管理会计的内容不断丰富，许多专著相继问世，这标志着管理会计的原始雏形已经形成。

在传统管理会计阶段，管理会计的内容主要包括预算和控制。尽管后来人们又充实了成本性态分析、本量利分析以及变动成本计算法等管理会计的基础理论和方法，但在实践中，管理会计的行为还始终停留在个别或分散的水平上，着眼点仅限于既定决策方案的落实和经营计划的执行上，其职能集中体现在控制方面。因此，有人称传统管理会计阶段的特征是以会计控制为核心。

2. 现代管理会计阶段

(1) 20世纪50~80年代

20世纪50年代，第二次世界大战结束后资本主义世界进入战后期。战后的资本主义经济有许多新的特点：现代科学技术的迅猛发展及其在生产中的大规模应用，使生产力获得了十分迅速的发展。企业规模越来越大，跨国公司大量涌现，生产经营日趋复杂。企业外部市场瞬息万变，产品更新换代加快，市场竞争更加激烈。企业为了提高竞争能力，已不满足传统会计的事后算账，而是要求丰富、发展传统会计的职能，为企业经营预测、决策提供有价值的信息，迫切要求实现企业管理现代化。战前泰勒的科学管理已不能适应战后资本主义经济发展的新形势和要求，必然会被现代管理科学所取代。

泰勒的科学管理就现代经济而言有如下两大缺陷。

第一，它仅关注对生产过程进行科学管理，而对企业管理全局和外部条件很少考虑。在新的经济形势下，企业的盛衰成败、生存发展，首先取决于采取的方针政策是否正确，所定目标是否与外界的客观经济情况相适应。现代管理科学认为，企业不仅要对生产经营过程的各个环节、各个方面进行严格的、科学的组织和管理，以提高工作效率，更需要把正确的决策放在首位，这是适应生产力迅速发展而提出的企业管理的指导方针。

第二，它把人当作机器的奴隶，强调严管、单调、高效率劳动，使广大工人处于消极被动和精神极度紧张的状态。这是把人从属于技术和生产设备的命令式管理方法。

为了适应战后资本主义经济发展的需要，自20世纪50年代以来，现代管理科学的两大内容，即运筹学和行为科学，在企业管理中得到了广泛而有效的运用。运筹学主要应用现代数学和数理统计学的原理与方法，建立许多数量化的管理方法和技术，帮助管理人员对企业极为复杂的生产经营活动进行科学的预测、决策、组织安排和控制，促使企业的生产经营实现最优运转，从而大大提高企业管理的科学化、现代化水平。行为科学主要是利用心理学、社会学等原理，来研究人们的行为以及产生人的各种行为的客观原因和主观动机的一门科学。行为科学的产生标志着资本主义经济开始研究如何调动人的主观能动性以促进生产的发展。通过调整和改善人与人之间的关系，激励职工为企业出谋划策，并把这种积极性与企业的奋斗目标结合起来，以争取最大的经济效益。

现代管理科学的发展在理论上为管理会计的发展起着奠基和指导作用，使管理会计吸收了现代管理学和经济学等许多相关学科的研究成果；在方法上，使管理会计吸收了现代管理科学的一些专门方法和技术，从而形成了与管理现代化相适应的管理会计体系。在现代管理会计阶段，不仅管理会计的实践内容及其特征发生了较大的变化，其应用范围也日益扩大，作用越来越明显，越来越受到重视，而且管理会计的理论与方法更为系统和完善，人们对其本质的认识更为完整深刻，并成立了专业的管理会计团体，出现了管理会计师职业。1952年，在伦敦举行的会计师国际代表大会上正式提出了"管理会计"这一概念。

专业管理会计团体的成立，是现代管理会计形成的标志之一。早在20世纪50年代，美国会计学会就设立了管理会计委员会。1972年，美国全国会计师联合会又成立了独立的管理会计师协会，1985年该协会改称为执业管理会计师协会。它们分别出版专业性刊物《管理会计》月刊，并在全世界发行。

(2) 20世纪80年代~21世纪

20世纪80年代以后，世界经济进入高新技术蓬勃发展的时期。其主要特征是在电子技术革命的基础上形成的生产高度计算机化、自动化，具体表现为计算机一体化的先进制造系统的形成和应用：它从产品订货开始，直到设计、制造生产、销售等所有阶段，将所使用的各种自动化系统综合成一个整体，由计算机中心统一指挥。这标志着社会经济形态由工业经济时代进入了信息经济时代，为生产经营管理进行革命性变革提供了技术上的可能，管理会计领域又掀起了一场观念革新的高潮。

管理会计的新发展，形成了许多新领域，从而使管理会计的内容不断丰富和提高。例如，适应信息化生产技术与管理的准时制生产系统，适应战略绩效考核与评价的平衡计分卡（balanced score card，BSC）系统，企业管理深入到作业水平形成的作业成本计算与作业成本管理系统，与以人为本的现代管理思想的深入发展相联系的行为会计，与现代市场经济中全社会价值链优化相联系的战略管理会计，与世界经济一体化相联系的跨国公司管理会计，与知识经济的深入发展相联系的人力资本管理会计等。这些领域有的比较成熟，渐趋于定型，有的还在形成和发展之中，有待进一步改进和提高。

我国自20世纪80年代引进管理会计，经历了消化、吸收、应用阶段，进入21世纪我国管理会计的应用加快了步伐。2016年6月，财政部发布了《管理会计基本指引》，然后又陆续发布了"战略管理、预算管理、作业成本法"等20多项应用指引，这标志着我国加强了企业应用管理会计的指导，对提升企业管理水平有着非常现实的指导意义。

1.2 成本管理会计的意义及内容

通过了解成本会计和管理会计的产生与发展历程，我们知道成本会计是管理会计产生的基础，管理会计是成本会计的延伸和发展：成本会计侧重于对成本进行核算、分析；管理会计利用成本会计、财务会计提供的信息，侧重于进行预测、决策、控制和评价。在现代会计实践中，人们往往把成本会计与管理会计联系在一起，称为成本管理会计。本节将从分析我国企业实践成本会计的现状及发展方向出发，阐述管理会计的意义、特点和本书的内容框架。

1.2.1 我国企业成本会计的现状及存在的问题

1. 注重核算和管理产品生产过程的成本，忽视产品在供应过程和销售过程中成本（费用）的管理

我国于1993年开始实施制造成本计算法，至今仍在应用。这种方法的特点是把企业全部成本费用划分为制造成本和期间费用（也称期间成本）两部分，企业产品成本核算到制造成本为止，把与产品生产没有直接联系的管理费用、销售费用和财务费用，都视为期间费用直接作为当期收益的减项。这种方法的优点是简化了成本核算，同时便于对期间费用进行管理与控制，但是在实际执行中，有些企业的管理层和会计人员对成本核算与成本管理的重要性认识不足，处理比较简化。他们对期间费用的控制管理也较弱，核算范围囿于产品生产成本，侧重于事后核算，不

利于事前预测、事中成本控制和企业全方位的成本控制，因此时效性和控制性差。现代企业要求会计为管理服务，管理上对成本的时效性、控制性的要求不断增强。制造成本计算法的核算功能单一，其主要目的是为计算利润服务的，不便于满足企业生产经营管理的多种需要。

在市场经济下，企业筹集资金、购买设备和原材料、劳动力使用等都是由企业自主决定的。把好材料供应管理是企业成本管理的第一关。因此，如果不加强供应过程的成本管理而盲目采购，势必提高生产投入要素的成本，给降低产品制造成本带来困难。从企业的销售过程看，销售领域、销售对象的定位，采取什么销售手段等都是企业经营管理的重要部分，也是销售过程费用支出的重要内容。随着科学技术的进步，企业的生产过程和生产组织发生了重大变革，产品由生产制造作业引起的成本比重会下降，而由管理作业引起的成本会大幅度上升。如果单纯利用传统的成本核算方法，必然会引起产品成本核算和管理与实践需要发生脱节，误导企业经营管理决策。

2. 注重投产后的成本管理，忽视投产前产品开发设计的成本管理

产品投产后，降低各种消耗，提高生产效率当然是降低成本的途径。但是，如果产品设计本身不合理，存在过剩功能，致使物力、人力的投入浪费，必然造成先天的成本缺陷，给投产后的成本管理带来困难。事实上，正是在产品的设计环节决定了产品生产工序（作业）的组成和每一工序预期的资源消耗水平，以及未来产品最终可以对顾客提供价值的大小。产品成本有60%~80%在产品设计阶段就已经确定了，企业成本管理应该通过不断改进产品工艺设计、研制新产品来提高产品生产率和质量水平。现代市场竞争日趋激烈，产品更新换代快，生命周期短，产品的开发研究费用和产品设计的成本管理应该列为企业成本管理的重中之重。

3. 注重考核成本本身水平高低，忽视成本效益水平的高低

原材料、劳动力等资源投入生产的目的在于生产出产品。评价这种投入的效果，传统成本核算管理往往把成本的升降作为评价成本管理水平的唯一标准，这样孤立地看投入是没有意义的，应以投入与产出的有机结合来评价成本，以提高投入产出比率，提高经济效益为目的。降低成本当然是成本管理的一个重要方面，但它毕竟不是企业的唯一目标，因为引起成本升降的原因是复杂的、多方面的。我们应扩大成本控制和成本管理的视野，立足战略成本管理，从企业经营管理的全方位分析成本的投入所产生的效益和效果。例如，作业成本系统就是立足企业整个价值链，从每一成本产生的动因上去管理和控制成本，把不增加价值的活动消灭在萌芽中。

1.2.2 成本会计的改革：两种成本计算法的有机结合

目前，我国企业在实际工作中主要是以制造成本法核算产品成本。会计教科书中的变动成本计算法和全部成本计算法也主要侧重讲述两者的特点，对两种方法的结合阐述得不够详细。本书对成本会计计算方法的讲述进行了改进，侧重于将变动成本计算法和全部成本计算法各自的特点有机地结合在一起，这在本书第3~5章中都得到了体现。同时，本书提出了以多元成本核算制度发展传统标准成本制度，我们在第8章中进行了阐述。

1.2.3 管理会计的意义和特点

1. 管理会计的意义

管理会计相对于财务会计而言是一门比较年轻的新兴学科。它于20世纪50年代从传统的财务会计中分离出来，其理论研究方法体系和内容构成等方面还不完善。由于管理会计主要是为企业内部管理服务的，对管理方面需要的信息可以不拘一格地采用各种方法加以分析和论

证,故国内外学者对管理会计的概念众说纷纭。

美国会计学会管理会计委员会在1958年为管理会计提出如下定义:"管理会计是运用适当的技巧和概念,处理和分析企业的历史资料或预测的经济资料,以协助管理层制定经营目标,编制计划,并做出能达到其经营目标的各种决策。"

1981年,美国会计学会管理会计委员会在其颁布的公告中指出:"管理会计是向管理层提供用于企业内部计划、评价、归集、分析、编报、解释和传递的过程。管理会计还包括为诸如股东、债权人、规章制定机构及税务部门等非管理集团编制财务报告。"这一概念将管理会计从微观扩展到宏观,扩大了管理会计的适用范围。

1988年,国际会计师联合会(IFAC)所属的财务和管理会计委员会将管理会计解释为:"在一个组织中,管理层用于计划、评价和控制的(财务和经营)信息的确认、计量、收集、分析、编报、解释和传输的过程,以确保资源的合理使用并履行相应的经营责任。"

我国会计学者在解释管理会计定义时,有如下主要观点。

管理会计是将现代化管理与会计融为一体,为企业的领导者和管理人员提供管理信息的会计,它是企业管理信息系统的一个子系统,是决策支持系统的重要组成部分。

管理会计是通过一系列的专门方法,利用财务会计、统计及其他有关资料进行整理、计算、对比和分析,使企业内部各级管理人员能据以对各个责任单位和整个企业日常的和预期的经济活动及其发出的信息进行规划、控制、评价和考核,并帮助企业管理当局对保证其资源的合理配置和使用做出最优决策的一整套信息系统。

根据现代经济的发展和企业生产经营管理的需要,管理会计的定义应立足于不仅是加强内部经营管理,而且是动态的战略性观点。从管理会计的发展历程看,其职能是在财务会计的基础上延伸和发展起来的;管理会计与科学管理息息相关,不可分离。综合上述有关管理会计的描述,我们将管理会计定义为:"管理会计是向企业管理层提供信息以帮助其进行经营管理的会计分支,是会计与管理的直接结合,主要是利用会计资料和其他信息资料对企业的未来进行预测和决策(规划未来),对目前发生的业务进行控制(控制现在)。"我们可从以下三方面进一步了解其内容。

(1) 管理会计的实质是会计与管理的直接结合,是会计管理的具体体现

管理会计是为适应企业内部管理的预测、决策、控制、考核的需要而产生的,把会计与管理结合起来,为加强企业管理和提高经济效益服务,是实现企业管理现代化的手段,又是企业现代化管理的一项主要内容。

会计与管理的结合可以通过企业管理循环与管理会计循环的关系来反映,如图1-1所示。

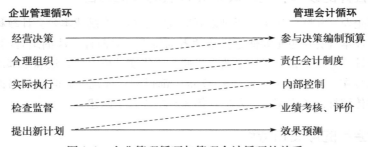

图1-1 企业管理循环与管理会计循环的关系

由于管理会计是为企业内部管理服务的,因此管理会计要有相应的步骤配合企业管理循环的每一步骤,从而形成管理会计循环。

企业管理部门做出经营决策,为年度生产经营确定奋斗目标,如目标利润和与之相适应的目标体系；管理会计应参与经营决策的确定并编制全面预算。

企业管理部门为了达到目标，把奋斗目标分解落实到各部门并合理组织实施；管理会计通过建立责任会计制度，以责任预算作为控制和考核的依据。

企业管理部门在责任预算的实际执行中，管理会计要严格实施过程控制，定期或不定期地反馈有价值的信息资料。

企业管理部门在对预算实际执行情况进行检查的过程中，管理会计依据责任预算进行业绩考核。

企业管理部门总结预算执行情况，并提出新的计划方案；管理会计要对过去预算执行结果进行分析评价，对新的计划方案进行效果预测，为下一年度的经营决策提供依据。

（2）主要利用会计资料

管理会计主要是利用财务会计所收集的数据资料进行预测决策、控制和考核，当然也利用劳动人事、工程技术等其他有关资料和一些非财务性资料，如短期决策需要收集与产品相关的成本资料和贡献毛益的数据，长期决策需要有关设备的购建成本和使用成本数据。一些存货费用和存货水平的数据等都可以通过财务会计的记录与报表来反映，一些决策方案的经济效益是否达到需要，最终也必须在财务会计中得到反映，如目标管理中目标成本、目标利润的完成情况，投资项目的实施结果，都需要财务会计通过账簿记录和有关报表反映出来，但管理会计对数据的内容选择和整理方法是灵活多样的，可以是会计的、统计的或数学的方法。只要能为管理人员正确地进行生产经营管理提供依据，什么样的方法能解决问题，就采用什么样的方法。

（3）管理会计的内容

管理会计的内容是指与其职能相适应的工作内容。现代企业管理的计划、组织协调、指挥与控制等诸多职能中，最关键的是规划和控制，因此，管理会计的基本内容不能脱离规划和控制这两大方面。管理会计的内容可概括为规划未来、控制现在和评价过去。具体而言，可分为五个方面。

第一，预测职能。预测是指采用科学的方法预计推测客观事物未来发展的必然性或可能性的行为。管理会计发挥预测职能就是按照企业未来的总目标和经营方针，充分考虑经济规律的作用和经济条件的约束，选择合理的科学方法，有目的地预计和推测未来企业销售、利润、成本及资金的变动趋势和水平，为企业经营决策提供第一手的信息和资料。

第二，决策职能。提高经济效益，关键在于事先的正确决策。决策是在充分考虑各种可能的前提下，按照客观规律的要求，通过一定程序对未来实践的方向、目标、原则和方法做出决定的过程。决策既是企业经营管理的核心，也是各级各类管理人员的主要工作。由于决策工作贯穿于企业管理的各个方面和整个过程的始终，因此作为管理有机组成部分的管理会计必然具有决策职能。企业的重大决策，都应该有会计部门参与决策的制定过程。

管理会计发挥参与经济决策的职能，主要体现在根据企业决策目标来搜集、整理有关信息资料，选择科学的方法计算有关长短期决策方案的评价指标，权衡利弊得失，从中选择最优方案。

第三，规划职能。管理会计通过编制各种计划和预算来实现其规划职能。它是以最终决策方案为基础的，把决策方案所确定的目标分解落实到各有关的计划和预算中去，从而合理有效地组织协调企业的各项资源，并为过程控制和责任考核评价奠定基础。

第四，控制职能。控制的目的是使实际经营活动按预期计划进行，以求最终达到或超过预期目标。管理会计的控制职能是将经营过程的事前控制与事中控制有机地结合起来。根据事前制定的各种可行的标准，对执行过程中实际与计划的偏差进行分析，促使有关方面及时采取相应的措施进行调整，改进工作，以保证企业经营目标的实现。

第五，考核评价职能。现代管理会计提倡"人本管理"，非常重视做好员工的工作，引导、激励人们在生产经营活动中充分发挥主动性和积极性。管理会计履行考核评价职能可以通过建立责任会计制度来实现，即在企业各级责任层次明确的前提下，逐级考核责任指标的执行情况，为奖惩制度的实施和以后工作改进措施的形成提供必要的依据。

2. 管理会计的特点

管理会计与财务会计作为现代会计的两大分支，既存在着密切的联系又有各自的特点。通过阐述管理会计的特点分析其与财务会计的关系，我们在实际工作中可以更好地发挥两者的作用。

(1) 管理会计侧重于为企业内部管理服务

管理会计工作的侧重点是，对企业经营管理遇到的特定问题进行分析研究，向企业内部各级管理人员提供有价值的预测、决策和控制考核等信息资料，以利于他们确定经营目标，制订经营决策方案，使企业资源得到最优配置，以取得最大的经济效益，其具体目标主要是为企业提高经济效益和管理水平服务。而财务会计工作的侧重点是根据日常的业务记录登记账簿，定期编制有关的财务报表，向企业外部有经济利害关系的投资者、债权人、银行、税务等组织或机构报告企业的财务状况与经营成果，以保障他们各自的经济利益，其具体目标主要是为企业外界服务。

(2) 管理会计的作用侧重于规划未来、控制现在和考核评价

管理会计的作用时效不仅限于分析考评过去，而且更侧重于利用已知的财务会计资料进行预测和规划未来，同时控制现在，从而跨越过去、现在和未来三个时态。分析评价过去是为了更好地控制现在和指导未来。管理会计作用的重点在于规划未来。为了有效地带动管理人员做出正确的判断和选择，管理会计需要对日常的经营决策、长期投资决策、专门业务决策等方面的各个方案可能取得的经济效果事先进行科学的预测和分析，以便为选择最佳方案提供重要的信息资料。财务会计的作用时效主要是反映过去，侧重于对企业生产经营过程进行事后的反映和监督，并要求体现全面性、系统性、连续性、真实性和准确性。

(3) 管理会计的方式方法更为灵活多样

由于管理会计主要是为企业内部经营管理服务的，它在许多方面可以不受公认会计原则的完全限制和严格约束。在工作中可以灵活应用预测学、控制论、信息理论、决策原理和行为科学等现代管理理论作为指导，方式方法灵活多样，具体表现在如下方面。

第一，工作主体（范围）。管理会计的工作主体可分为多个层次，它既可以以整个企业为主体，又可以以企业内部的局部区域或某个部门甚至是责任人（如车间、班组、个人）为主体。管理会计以这些主体为核算、管理对象。由此可知，管理会计可按需要确定其工作主体（核算对象），这样可以更突出以人为中心的行为管理。财务会计的工作主体通常主要以整个企业为工作主体，以便能够适应财务会计所强调的完整反映监督企业整个经营过程的要求。

第二，信息特征。管理会计所提供的信息往往是为满足内部管理的特定要求而有选择的、部分的和不定期的管理信息，既包括定量分析也包括定性分析；其计量单位可以使用货币单位，也可以使用实物量单位、时间量单位。其中，凡涉及未来的信息不要求过于精确（无此必要和可能），只要求满足及时性和相关性。它们往往不向社会公开发表，故不具有法律效力，只有参考价值。财务会计需要定期地向与企业有利害关系的集团或个人提供较为全面的、系统的、连续的和综合的财务信息。这些信息主要是以价值尺度反映的定量资料，对精确度和真实性的要求较高。它们往往要向社会公开发表，所以具有一定的法律效力。

第三，会计报告。管理会计报告的编制时间可以定期和不定期，内容也不完全确定，根据管理上的需要进行定量和定性两方面的分析。由于管理会计报告主要是报送给企业内部各级管理部门的，因此没有统一的报告格式，可根据需要自行设计。财务会计报告要定期编制，而且要求格式统一，内容确定，报告中的各项数据都要准确。

由管理会计的上述特点可知，管理会计与财务会计有明显区别。但需要指出的是，这些区别不是绝对的，财务会计所提供的会计信息，如产品生产（制造）成本、资产负债、利润等，同样是为了满足企业管理的需要，而管理会计有关长期投资的可行性分析报告等，也常作为向外界（如银行）提供的资料。管理会计所需要的许多资料来源于财务会计，它的主要工作内容是对财务会计信息进行深加工和再利用。因此，管理会计提供的信息质量也会受到财务会计工作质量的约束。管理会计与财务会计的关系是密不可分的，两者都属于现代企业会计的有机组成部分。

3. 管理会计的发展与创新

（1）管理会计的发展

随着高新技术、网络技术的迅速发展，科学与经济发展的一体化格局已经形成。在信息时代的今天，无论是管理会计还是财务会计，都面临着完善与发展的问题。尤其是管理会计作为一门年轻的学科，尚处在丰富和不断完善的时期。现代电子计算机技术的发展，不再仅是信息处理程序，而是要把管理的具体因素如内容、要求、特点，融会集成在计算机软件中（如企业资源计划（ERP）），因此，运用电子计算机技术搜集、处理、储备、传递和报告会计信息，并按现代管理的要求组织和开展会计管理工作，应是整个会计信息系统的发展方向。大多数观点认为，企业管理信息化的发展，将使管理会计与财务会计之间的界限消失，而且企业投资主体的多元化，使企业外部关系人（如投资人或股东等）不仅需要了解财务会计信息，同时更为关注管理会计信息。为了降低投资风险，投资者不仅要对企业过去的财务状况与经营成果做出客观评价，而且要更加关注企业未来的盈利状况及偿债能力等方面的信息，这就需要管理会计提供具有前瞻性的预测性财务信息，以及企业产品、销售、人力、资源等方面的信息，为投资者做出正确的决策提供帮助。

管理会计、财务会计和计算机的应用结合在一起，形成一个统一的会计信息系统，这应是现代会计的发展主流。这一系统将企业日常生产经营业务的数据资料全部记录、储存在计算机内，经过会计人员的加工处理，形成对内、对外报告所需的会计资料，满足企业对内管理的需要和对外报告的阅读者、使用者的要求，从而使管理会计发展成为一门全新的、综合性的会计学科。

我们现今所处的互联网、人工智能等信息技术的进步正以前所未有的速度发展，设计有助于人机协同的管理控制系统将成为管理会计研究的新方向，同时也是现代会计发展的大趋势。

（2）变革标准成本制度

本书对传统标准成本制度进行了改革，提出了多元成本核算制度的设想和具体操作。多元成本核算制度的目的主要是为企业在进行全过程、全方位的成本管理工作中提供及时有用的成本信息，发挥在管理中核算，在核算中管理的作用。

第一，成本构成内容多元化。多元成本核算制度把制造成本、变动成本、固定成本、目标成本有机地合为一体，在一套账簿体系中同时输出多种成本信息，满足企业进行日常控制和决策的需要。

第二，对传统标准成本制度中直接人工成本标准的制定和变动制造费用标准成本的制定提出了新的看法。我们对计件工资、计时工资两种工资形式下标准成本的制定及其与实际成本产生的差异进行了详细的分析说明。对变动制造费用标准成本的制定提出看法——应以每件产品或每工时耗用变动制造费用的标准来确定。

第三，对固定制造费用着重控制总额。由于固定制造费用总额有在相关范围内不变的特点，因而变革标准成本制度提出不用传统的"二分法""三分法"。因为这种分析方法把产量变化的因素考虑进去了，然而产量变化的因素可以单独列示，即计划产量还是需要制定的，但实际产量与计划产量的差异没有必要混淆在固定制造费用的差异中，单列更能分清责任者的责任，所以只对固定制造费用预算总额进行控制即可达到控制费用合理支出的目的。

第四，调整"制造费用"总分类账户的设置，以"账表"结合的方式反映日常成本核算信息，使产品成本的记录简便易行，并利于会计信息化的操作。

第五，强调对期间成本的控制。传统管理会计对发生在非生产领域的期间成本如何进行管理和控制探讨很少，而这是企业管理会计必须要面对的问题。我们所处的信息经济、知识经济时代，使企业的生产过程和生产组织发生了重大变革，由各项管理活动引起的资财的耗费大幅度上升。企业职能管理部门是期间成本的主要发生领域，而且企业职能管理部门又属于企业的"上层建筑"，其管理水平的提高，直接影响着企业整体管理质量的上升。因此，加强对期间成本的管理和控制显得尤为重要。本书将在第 8 章中对以上创新内容进行详细的阐述。

1.2.4　成本管理会计的内容框架

在国外的教科书中，成本会计的内容和管理会计的内容往往在一本书中。我国近些年理论界对成本会计、管理会计的课程设置也有讨论，为避免教学内容上不必要的重复和有利于会计实践的需要，一种观点认为成本会计应与管理会计合为一门课，另一种观点认为它们应分开设置。我们认为，无论是合为一门课设置还是分开两门课设置，都不可否认成本会计与管理会计之间存在密切关系。成本会计产生和发展的背景是工业革命和科学管理运动的兴起，成本会计工作的重点逐渐从成本核算转变为提供企业经营管理预测、决策、控制评价等所需的各种成本信息。成本会计的发展逐步形成和丰富了与财务会计平行的一门新兴学科——管理会计。从这一点来看，成本会计是管理会计产生的基础，管理会计是成本会计内容的延伸和发展，现代管理会计的预测决策、规划控制、分析评价等职能及管理会计的理论结构无一不与成本会计密切相连，这也是本书认为成本会计与管理会计应整合为一门课程的原因。

从我国实际出发，尽量避免两门课程的重复部分，提供与管理需要有高度相关性和可靠性的信息，并把我们对成本会计、管理会计的创新内容有机地结合起来，这也是本书对成本会计、管理会计"扬"和"弃"的结果。本书的内容框架为：第 1 章总论部分，主要通过阐述成本会计、管理会计的发展历程，描述成本管理会计的意义、内容和创新点，为以后内容的学习奠定基础；第 2~6 章，主要阐述成本会计的内容；第 7~14 章，主要阐述传统管理会计的内容；第 15、16 章，主要阐述管理会计的前沿理论——作业成本系统和企业战略管理与平衡计分卡。

◎ 本章小结

成本会计是管理会计产生的基础，管理会计是成本会计的延伸和发展。在高新技术迅速发展的今天，技术创新运用于产业活动，既导致了生产技术体系的变化，也引起了生产组织与管理的变化，从而对会计信息提出新的要求。成本管理会计必须提供与管理需要具有高度相关性和充分可靠性的信息，而有效的管理要求正确地了解、运用好成本管理会计信息。

本章在阐述成本会计、管理会计产生与发展的基础上，说明了成本会计、管理会计的概念，并指出了成本管理是企业高层管理人员为企业可持续发展而降低和控制成本的行为。就这个意义而言，管理人员的管理理念、市场成本、为降低和控制成本采取有效措施这三项要素，已成为影响一家企业成本管理水平高低的重要因素。

分析我国成本会计的现状及存在的问题，有利于学生明确现在与展望未来。管理会计的本质是"控制现在,规划未来",管理会计的内容和方法体系应用于企业管理循环,为提高企业管理水平和经济效益发挥着重要作用。了解管理会计与财务会计之间的区别,使我们可以带着疑问以批判性、开拓性、创新性的思维去学习管理会计理论和洞察我国管理会计实践。通过理解本书阐述的成本管理会计的内容框架及本书对成本会计、管理会计"扬"和"弃"的内容,学生可以为以后各章的学习打下良好的基础。

需要说明的一点是,由于第1章主要起到提纲挈领的作用,建议教师讲授或学生自学时,可以把管理会计部分放在第6章后进行,这样更有利于理解和掌握。

思考题

1. 理解成本会计、管理会计产生与发展的历程。
2. 说明我国成本会计的现状及存在问题的原因。
3. 如何结合企业实际理解"控制现在、规划未来"的含义?
4. 阐述企业管理循环与管理会计循环的密切关系。
5. 管理会计的特点主要表现在哪几个方面?
6. 思考现代管理会计的发展趋势及方向。

案例链接

从"数数人"成长为成本管理智者

提高中国制造水平,依靠创新向价值链中高端攀升,进而实现中国经济的转型升级,这需要财务人员的积极参与。在信息化和知识经济的当今时代,企业管理层需要财务人员更多的智力支持。财务人员要从一个简单的"数数人"变成一个成本管理的智者,不仅要提供价值守护,而且还要引导业务发展与转变。中国航天科工柳州长虹机器制造公司(以下简称柳州长虹),面对国内外经济形势积极谋变,主动进行"业财融合"革新。

1. 内生动力,促进经营管理效力大幅提升

柳州长虹在研究部门、采购部门、生产部门、销售部门设有专门的财务助理,将财务管理的职能紧紧地嵌入业务岗位。借助财务助理岗位实现了财务对全业务流程的垂直管理,把财务服务与经营业务活动无缝链接,财务助理可以随时向业务人员提供财务管理服务。遍及各业务部门的财务助理把整个公司的价值链和业务过程都串联起来。财务助理的责任是不断地给主管灌输财务理念,培养他们的财务思维结构,让成本控制的理念融入各个主管的经营"盘子"里。在密织的"责任制之网"中,对每一个岗位植入成本要素,建立成本工程绩效考核评价模型,收入、合同、回款、成本占营业收入的比重按照职责划分,全部纳入月考核范围并与部门、个人考核奖惩挂钩。

改革对每一个人、每一个实体或部门形成倒逼机制,内生动力直接带来了经营管理效力的大幅提升。2015年公司利润总额比2014年提高36%。

2. 供应链大数据管理

近年来,柳州长虹财务人员通过素质提升,积极应对财务转型,借助互联网提升财务管理能力,降低成本,增加效率。许多企业的财务人员想借助信息中心库收集一些数据,往往认为已经为此设计了许多门槛,不会有太多的记录被筛选出来,但鼠标一点,满足的记录信息有几百万条。面对海量数据迷宫,如何去粗取精,提炼出重要的信息,为管理层决策提供支持,对财务人员而言是一重要的挑战。柳州长虹在实施供应链管理(SCM)方面,通过对信息流、物

流、资金流的整合和控制，将供应商、企业、最终客户形成一个整体的功能结构模式。这一信息平台不但有利于财务人员了解企业价值链各方面的有价值的相关信息，也大大节约了产品设计时间和设计成本。过去，型号产品设计师往往要用几个小时甚至是几天的时间查阅用户产品手册，既花费人力、物力，选用效果也不好。现在设计师只需在 SCM 平台上输入所需的元器件产品名称，鼠标一点，瞬间便跳出所需元器件信息：型号规格、生产厂家、历史采购纪录、价格、生产周期、质量指标等都一目了然。这样，设计师可以通过 SCM 平台直接下单采购最适用的物资，大大缩短了产品设计到产品开发的时间。

资料来源：韩福恒，中国会计报，2016-10-14。

分析点评

1. 数据管理：事半功倍

不断改进的数据库与可视化的办公流程，都会对提高工作效率带来事半功倍的好处。柳州长虹的 SCM 平台不仅让本公司受益，也给供应商带来了便利，外围的供应商可以在柳州长虹的 SCM 平台上发布最新产品。双方因信息与效率的提高增加收益和企业价值，有利于保证物资采购的质量，降低交易成本，减少双方在发展和维持供应链上的企业关系而耗费的成本。因此说这种基于价值链管理的信息化平台是企业双赢的标志。通过现代化信息系统的支撑，充分实现会计和业务的有机融合，使"业财融合"发挥更大的管理效力。

2. 数据分析助企业决策"一臂之力"

市场瞬息万变，会计对管理的贡献，不能仅仅停留在传统的搜集和提供数据这一初级阶段，而是应当用有效的方法对数据迅速进行分析加工，帮助管理层及时做出决策。如今，首席财务官（CFO）将从幕后的会计人员步入公司董事会并成为董事会的顾问。据美国库夫曼·霍尔调查公司对美国国内 CFO 进行的一项调查显示，2017 年，不断改善的财务报表与财务分析功能将成为 CFO 提高工作效率的头号目标。这份针对380多位财务高管进行的调查发现，超过70%的 CFO 表示，2017 年，他们的头号目标是支持公司的决策。这也成为 CFO 彻底从传统财务与会计角色蜕变为公司高管顾问的关键一年。不仅如此，更有超过90%的受访者表示，他们应该利用手头上现有的财务与运营型数据帮助公司高级管理层做好决策工作。

3. 利用数据分析技术，提高管理能力

会计参与管理的难点在于：一是，会计数据是对历史的纪录，对于未来的把握需要依靠管理层的主观判断。二是，会计数据浓缩反映了业务运营的结果，是对丰富多彩的业务运营的一个抽象总结。三是，如何即时地从庞大而分散的组织结构获取数据考验着公司管理信息系统的效能。笔者认为，作为学生，应对以上三点可以从如下两方面着手：第一，提高"业财融合"理念，厘清公司的价值驱动因素、公司业务与财务结果之间的关系，提高使用数据（收集、整理、分析数据）的能力，探知企业生产经营过程中产生问题的原因，进而提出可行性方案。第二，拓宽知识面，努力学习管理、营销、策划等相关专业知识，在实习和实践中主动地去了解企业业务流程与特点，体会和理解"业财融合"的意义所在。

思考

1. 企业会计信息化是强化会计管理的发展趋势，你觉得自己应该怎样提高互联网意识和相关技能？

2. 根据所学会计课程和自己的实习经历，举一个企业经营业务与管理会计结合的例子。

第 2 章

成本费用及成本核算程序

学习目标

1. 理解成本按不同标准分类的意义及各种不同成本概念的特性。
2. 理解成本核算的原则和要求。
3. 掌握生产特点与成本计算方法的关系。

重点与难点

1. 成本按性态分类的意义及变动成本、固定成本各自的特性。
2. 费用按经济内容、经济用途分类的意义。
3. 生产费用与产品成本的联系和区别。
4. 产品成本计算的基本程序。
5. 产品工艺、生产组织方式的表现形式及其与产品成本计算方法的关系。

2.1 成本费用及其分类

2.1.1 成本的一般概念

成本是商品经济的价值范畴,是商品价值的主要组成部分。人们要进行生产经营活动或达到一定目的,就必须耗费一定的资源(人力、物力和财力),企业在生产产品或提供劳务中所发生的资源耗费的货币表现是生产费用,生产费用的对象化称为成本。成本与费用的主要区别在于:成本是按一定对象所归集的费用,费用是为获得收入所发生的资产的耗费。

由于成本与管理相结合,成本内容往往要服从管理的需要,并且随着管理的发展而发展。不同目的和不同条件,形成了对成本信息的不同需求,因此就可以有各种不同的成本概念。如为预测、决策需要的变动成本、固定成本、边际成本、机会成本,为控制、考核需要的标准成本、可控成本、责任成本等。随着人们对成本认识的不断深化,形成了多元的成本概念体系,丰富了经济管理的内容。为正确理解各种成本概念,需要先清楚成本的分类。

2.1.2 与成本相关的概念

1. 生产费用和产品价值

企业在生产过程中要消耗物化劳动价值和活劳动中的必要劳动价值。这些耗费是为生产产品而发生的,所以生产过程本身一方面是物化劳动和活劳动的消耗过程(如固定资产折旧、材料消耗、支付薪酬等),另一方面是产品的形成过程。在产品的形成过程中,消耗的物化劳动和活劳动就构成了产品的价值。因此可以说,生产费用和产品价值是同一问题(生产产品)的两个方面,即生产费用的发生和产品价值的形成是在同一过程中形成的。

2. 生产费用与产品成本的联系和区别

我们已知生产费用是企业在生产产品过程中所发生的全部费用支出,而产品成本是指在生产过程中为制造一定种类、一定数量的产品所发生的各种生产费用之和。生产费用的发生过程虽然是产品成本的形成过程,但就一定时期而言,两者既有联系又有区别。就两者的联系而言,一定时期所发生的生产费用是构成产品成本的基础。两者的区别表现在,生产费用与时间联系密切,是一定时期(月、季、年)因为生产而发生的费用,包括构成本期产品成本的生产费用和不构成本期产品成本的生产费用,而不论用于哪种产品的生产;产品成本都是为生产一定种类、一定数量的产品而消耗的生产费用,而不管生产费用是发生在哪一个时期。生产费用着重于按会计期间归集所发生的费用,而产品成本则着重于按产品品种、类别(成本计算对象)归集所发生的费用。

为了便于合理确认和计量费用,正确计算产品成本,应对费用进行分类。

2.1.3 费用的分类

1. 费用按经济内容的分类

费用按经济内容的分类,是指企业在生产经营过程中发生了哪些费用,具体而言有以下几种。

(1) 外购材料

外购材料是指企业生产经营所耗用的从外单位购入的原料及主要材料、辅助材料、半成品、包装物、修理用备件、低值易耗品和其他材料。

(2) 外购动力

外购动力是指企业生产经营所耗用的从外单位购入的电力、蒸汽等动力。

(3) 职工薪酬

职工薪酬是指职工在职期间和离职后提供给职工的全部货币性薪酬和非货币性薪酬,既包括提供给职工本人的薪酬,也包括提供给职工配偶、子女或其他被赡养人的福利等。

(4) 折旧费

折旧费是指企业根据拥有或控制的固定资产,按规定计算和提取的固定资产折旧费用。

(5) 利息支出

利息支出是指企业为生产经营而筹措资金时所发生的利息支出减去银行存款利息收入后的净额。

(6) 税金

税金是指企业为生产经营而发生的,按规定应计入期间费用的房产税、车船使用税、土地使用税、印花税等税费。

2. 费用按经济用途的分类

在制造企业中，费用按经济用途的分类可分为生产（制造）成本和非生产（非制造）成本两类。

（1）生产成本

生产成本又称制造成本、产品成本，是指在生产过程中为制造一定种类、一定数量的产品所发生的各种生产费用之和。根据生产成本的具体用途，可进一步划分为若干项目（成本项目），用以反映产品生产成本的构成内容。成本项目的划分，应根据企业生产经营特点和管理上的要求确定。一般可设置为直接材料、直接人工和制造费用三个项目。

1）直接材料。直接材料是指企业在生产经营过程中直接耗用的，并构成产品实体的原料及主要材料、辅助材料等。

2）直接人工。直接人工是指企业直接从事产品生产的生产工人的工资。

3）制造费用。制造费用是指在生产中发生的不能归入上述两个成本项目的其他成本费用支出。制造费用是企业各个生产单位如分厂、车间，组织生产和管理生产所发生的管理人员工资、职工福利费，生产单位房屋、建筑物、机器设备等的折旧费，设备租赁费（不包括融资租赁费）、修理费、机物料消耗、低值易耗品摊销、取暖费、水电费、办公费、差旅费、运输费、保险费、设计制图费、试验检验费、劳动保护费、季节性或修理期间的停工损失以及其他制造费用。

（2）非生产成本

非生产成本又称非制造成本，是指企业在销售和管理过程中发生的各项费用，是与企业的销售、经营和管理任务相关的成本。非生产成本主要包括销售费用、管理费用和财务费用三方面内容。

1）销售费用。销售费用是指企业在销售商品的过程中发生的费用，包括企业销售商品的过程中发生的运输费、装卸费、包装费、保险费、展览费和广告费，以及为销售本企业商品而专设的销售机构（含销售网点、售后服务网点等）的职工工资及福利费、类似工资性质的费用、业务费等经营费用。商品流通企业在购买商品过程中所发生的进货费用也包括在内。

2）管理费用。管理费用是指企业为组织和管理企业生产经营所发生的费用，包括企业的董事会和行政管理部门在企业经营管理中发生的，或者应当由企业统一负担的公司经费（包括行政管理部门职工工资、修理费、物料消耗、低值易耗品摊销、办公费和差旅费等）、工会经费、待业保险费、劳动保险费、董事会费、聘请中介机构费、咨询费（含顾问费）、诉讼费、业务招待费、房产税、车船使用税、印花税、技术转让费、矿产资源补偿费、无形资产摊销、职工教育经费、研发支出（费用化）、排污费、存货盘亏或盘盈（不包括应计入营业外支出的存货损失）、计提的坏账准备和存货跌价准备等。

3）财务费用。财务费用是指企业为筹集生产经营所需资金等而发生的费用，包括应当作为期间费用的利息支出（减利息收入）、汇兑损失（减汇兑收益）以及相关的手续费等。

由于非生产成本与产品的生产并无直接关系，而与生产经营期间直接相关，因此又称为期间费用或期间成本。期间成本是以特定的期间为计算基础，不是为产品生产所发生的耗费，不计入产品成本而由本期收入负担的成本。

2.1.4 成本的分类

成本的分类是为满足成本核算、成本管理、预测决策、规划控制等要求，按一定的标准对成本所进行的划分。按不同的标准分类可划分为许多种类，这里主要阐述以下两种，其他与预测决策、控制考核等相关的成本概念将在第 10 章和第 11 章中阐述。

1. 成本按可辨认性分类

成本的可辨认性是指成本的发生与特定成本对象之间的关系，以此标准可将成本划分为直接成本和间接成本两大类。

直接成本是指与成本对象直接相关的，能够既经济又方便地进行追溯的成本。间接成本是指与成本对象相关，但不能既经济又方便地追溯到各个成本对象的成本。间接成本需要通过成本分配的方法分配给各成本对象，如图 2-1 所示。

图 2-1　成本计入对象方式

2. 成本按性态分类

成本性态（成本习性）是指成本总额与特定业务量在数量方面的依存关系。这里的业务量（以下用 x 表示）可以使用多种计量单位表现。在一般条件下，业务量通常指生产量或销售量（也可用机器工作小时、人工工时、批次等业务量表示）。成本按其性态分类可分为变动成本、固定成本和混合成本三类。

（1）变动成本

变动成本（variable cost）是指在相关范围内其成本总额随业务量增减变化而成正比例变动的成本。变动成本具有两个特点：一是变动成本总额（用 bx 表示）与业务量成正比例变动。这一特点已在其定义中得以反映，即业务量增加，变动成本总额随之增加，业务量减少，变动成本总额随之减少；二是单位变动成本（b）是不变的。

变动成本的内容一般包括直接材料、直接人工（计件工资形式）和制造费用中随业务量成正比例变动的动力费、燃料费、物料用品费、外部加工费、外购半成品；按销售量或销售收入的百分比支付的销售佣金以及与业务量成正比例变动的一些管理费用和财务费用。变动成本与业务量之间的依存关系如图 2-2 和图 2-3 所示。

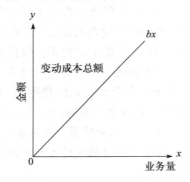

图 2-2　变动成本总额与业务量的关系

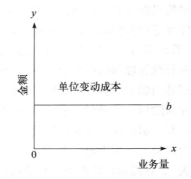

图 2-3　单位变动成本与业务量的关系

（2）固定成本

固定成本（fixed cost）是指在相关范围内其成本总额不受业务量增减变动影响而固定不变的成本。固定成本的特点也有两点：固定成本总额（用 a 表示）的不变性和单位固定成本的反比例变动性。固定成本的第一个特点使单位业务量负担的固定成本必然随业务量的变动成反比例变动。

固定成本的内容一般包括房屋设备租赁费、保险费、广告费、不动产税、按使用年限法计提的固定资产折旧费、管理人员薪金等。业务量与固定成本总额和单位固定成本的关系如图 2-4 和图 2-5 所示。

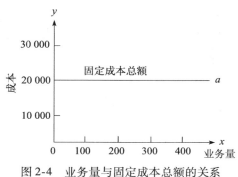

图 2-4 业务量与固定成本总额的关系

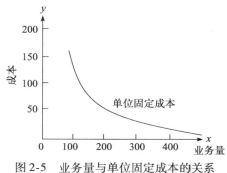

图 2-5 业务量与单位固定成本的关系

为有利于对固定成本的控制，固定成本按其是否受企业当局短期决策行为的影响，又可进一步细分为约束性固定成本和酌量性固定成本两类。区分这两类成本的意义在于寻求降低固定成本的正确途径。

1）约束性固定成本。约束性固定成本是指不受管理者短期决策行为影响的固定成本，如厂房或机器设备折旧费、不动产税、保险费、管理人员薪金等。这类成本反映的是形成和维持企业最起码生产经营能力的成本，也是企业经营业务必须负担的最低成本，因此又称经营能力成本。企业的经营能力一旦形成，与其相联系的成本就将在较长时期内持续存在。任何降低这类成本的想法都必须以缩减企业的生产能力为代价，这意味着经营能力的破坏，可能影响企业长远目标的实现，降低企业盈利能力，因此这种成本具有很大的约束性。由于现代企业日益采用资本密集化的经营方式，使得约束性固定成本的比重不断呈上升趋势，这就要求企业更为经济合理地形成和利用生产经营能力，提高产品产量，相对降低其单位成本。

2）酌量性固定成本。酌量性固定成本是指通过管理者的决策行动可以改变其数额的固定成本。这种成本也常由企业领导人根据经营决策来确定一定期间（通常为一年）某个项目的预算额，如广告费、职工培训费、法律咨询费、公关费、新产品研究开发费等。这种成本的特点可以根据企业在不同时期的管理需要和财力的负担程度来确定，有一定伸缩性。如广告费对企业销售是有益的，但并不是绝对不可变动的，是否做广告或负担多少广告费，是企业领导决策的结果。因此，这种成本的发生及其数额由管理者的决策行动来决定。对酌量性固定成本的控制可从降低其绝对额的角度着手，即在编制预算时精打细算，在执行中严格控制，在保证不影响生产经营的前提下尽量减少其支出总额。

这两类成本虽然各有其特点，但它们的相同点（短期内数额不易变动）使其共同构成固定成本。酌量性固定成本虽然由企业领导根据实际情况随时决定某类成本的发生和数额，但从较短时间看，其发生额同企业的实际经营水平并无多大关系。约束性固定成本一旦形成，在短期内难以随意改变，故二者共同组成固定成本。

必须指出的是，对于变动成本的"变动"和固定成本的"固定"，我们不能做绝对化的理解，它们的产生是有条件的，这个条件就是"相关范围"。单位业务量的变动成本不变和固定成本总额的不变，是就一定时期和一定业务量的范围而言的。事物总是不断发展的，随着时间延续，要根据新情况进行适当的调整。同时，受一定业务量的制约，低于或超过这个业务量范围，它们也会变动。如一家企业，每月生产 50 件产品时需要固定成本 20 000 元，企业产品销路好，要增加产量需扩大生产能力，就要增加设备，那么折旧费、广告费、产品研究开发费、管理人员的工资等都会相应增加。

（3）混合成本

在实际工作中往往会碰到这种情况：有些费用既不属于变动成本，也不属于固定成本。因为它们既不是与业务量成正比例变动，也不是固定不变的，而是业务量增加费用也适当增加，业务量减少费用也适当减少。这种成本具有变动与固定的双重性质，所以称为混合成本。这类成本的基本特征是，其发生额虽受业务量变动的影响，但其变动的幅度并不同业务量的变动保持严格的比例关系。为了管理会计诸多种方法的应用，必须采用适当的方法将混合成本中的变动成本与固定成本分解出来，并分别把它们归属到变动成本和固定成本中去。为便于选择分解混合成本的方法，需先认识混合成本的基本类型。这里介绍两种主要常见类型。

1) 以一定初始量为基础的混合成本。这类混合成本是指在一定初始基数的基础上随着业务量的变动而呈正比例变动的成本。这一成本的特点是：它通常有一个初始量（基数），一般不变，类似固定成本；在这个基础上，业务量增加了，成本也会呈正比例增长。这一部分成本又类似变动成本，如企业的电话费，就是由按固定数额计收的月租费和按通话时间及计价标准计算的通话费用两部分组成的，有初始量的混合成本性态模型如图2-6所示。

2) 阶梯式混合成本。阶梯式混合成本又称步增混合成本或半固定成本。这类混合成本的特点是：在一定业务量范围内其成本不随业务量的变动而变动，类似固定成本。当业务量突破这一范围时，成本就会跳跃上升，并在新的业务量变动范围内固定不变，直到出现另一个新的跳跃为止。将此变化反映在坐标图上，其成本随业务量的增长呈现出阶梯状增长趋势。企业化验员、保养工、质检员、运货员等人员的工资等就属于这类成本。阶梯式混合成本性态模型如图2-7所示。

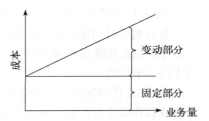

图2-6　有初始量的混合成本性态模型

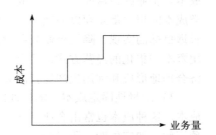

图2-7　阶梯式混合成本性态模型

（4）混合成本的分解方法

混合成本的分解方法通常有以下三种。

1) 技术测定法。该种方法是根据生产过程中各种材料和人工成本消耗量的技术测定来划分固定成本和变动成本。其基本点是：把材料、工时的投入量和产量（业务量）进行对比分析，用来确定单位产量的消耗定额，并把与产量有关的部分汇集为单位变动成本，与产量无关的部分汇集为固定成本。例如，热处理的电炉设备在预热过程中的耗电成本（初始量），可通过技术测定划归为固定成本；至于预热后对零部件进行热处理的耗电成本，应划归为变动成本。

2) 历史资料分析法。该种方法是根据以往若干期的业务量和混合成本的资料来分析成本的固定部分和变动部分。按历史成本分析的方法，一般有以下三种。

A. 高低点法。该种方法是通过对过去一定时期、一定业务量范围内的业务量最高点、最低点和与此相关的成本的最高点、最低点之差计算成本中的"固定"部分和"变动"部分各占的数额。

设以 y 代表相关范围内的混合成本总额，x 代表业务量，a 代表混合成本中的固定成本，b 代表混合成本中随业务量变动的部分，即单位变动成本，则：

$$y = a + bx$$

用高低点法对混合成本分解，a、b 可按下式计算：

$$b = \frac{\text{高低点成本之差}}{\text{高低点业务量之差}}$$

$$a = \text{最高点的混合成本总额} - b \times \text{最高点业务量}$$

或，$\qquad a = $ 最低点的混合成本总额 $- b \times$ 最低点业务量

例2-1 设某厂1~6月实际发生的机器工作小时和维修成本如表2-1所示。

表2-1 1~6月维修成本资料

月份	机器工作小时	维修成本（元）
1	30	270
2	40	330
3	50	450
4	40	370
5	60	460
6	80	520

据题中资料，a、b 可分解如下：

$$b = \frac{520 - 270}{80 - 30} = 5$$

$$a = 520 - 5 \times 80 = 120$$

或，$\qquad a = 270 - 5 \times 30 = 120$

所以，$\qquad y = 120 + 5x$

高低点法的主要优点是计算方便，但它仅从抽出的高、低两点来确定成本对业务量的依存关系，有时不一定能完全符合客观实际，如当各期成本水平不稳定时，计算结果就不准确。所以，在各期成本比较稳定的情况下可采用此法。

需要说明的是，当业务量和成本月份不一致时，以业务量为主来确定高低点。

B. 散布图法。该种方法又称目测画线法，是指将若干期业务量和成本的历史数据标注在坐标图上，通过目测，画一条尽可能接近所有坐标点的直线，并据此来推算固定成本和单位变动成本的一种分析方法。

散布图法的具体步骤如下。

第一，将各期业务量与相应成本的历史资料作为点的坐标标注在平面直角坐标图上。

第二，目测画一条直线，使其尽可能通过或接近所有坐标点。

第三，在纵轴上读出该直线的截距值，即固定成本总额 a。

第四，在直线上任取一点 P，假设其坐标值为 (x_i, y_i)。将它们代入下式计算单位变动成本 b：

$$b = \frac{y_i - a}{x_i}$$

第五，将 a、b 值代入下式，写出一般成本性态模型：

$$y = a + bx$$

例2-2 仍以例2-1的资料为例，根据表2-1所列数据可绘制散布图如图2-8所示。

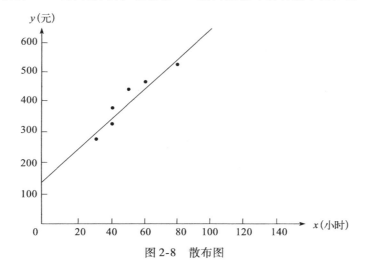

图2-8 散布图

图 2-8 可反映出成本趋势直线与 y 轴的交点，代表维修成本的固定成本部分，即 $a=125$ 元。成本趋势直线的斜率即为单位变动成本，可按下列公式计算：

因为，
$$y = a + bx$$
$$b = \frac{y - a}{x}$$

如令 $x=40$（2 月，维修总成本 330 元）

则，$b = \dfrac{330 - 125}{40} = 5.125$（元）

由此可得，$y = 125 + 5.125x$

散布图法的特点是可排除偶然因素的影响，因此比高低点法分解混合成本更精确，但由于仅凭目测画线，不同的人就会画出不同的直线，这样固定成本的确定就带有一种随意性，因而用散布图法分解混合成本仍不能达到较高的精确度，只适用于对混合成本的分解精确度要求不高的情况。

C. 回归直线法。从散布图法分解混合成本中我们可看到，根据目测，可画出任意多条不同的直线，但无法确定哪一条直线最合理，而要找出最合理的直线，就必须运用数学中的最小二乘法，即使所确定的直线与各成本点之间的误差平方和达到最小。由于这条直线在数学上称为回归直线，故这种分解混合成本的方法称为回归直线法。根据最小二乘法原理，混合成本中的固定成本 a 和单位变动成本 b 的计算公式如下：

$$a = \frac{\sum y - b \sum x}{n}$$

$$b = \frac{\sum xy - \dfrac{(\sum x)(\sum y)}{n}}{\sum x^2 - \dfrac{(\sum x)^2}{n}}$$

例 2-3 仍以例 2-1 的资料为例，根据表 2-1 所列数据计算有关数据如表 2-2 所示。

表 2-2　回归直线法数据整合　　　　　　　　　　　　　（单位：元）

月份	x	y	xy	x^2	y^2
1	30	270	8 100	900	72 900
2	40	330	13 200	1 600	108 900
3	50	450	22 500	2 500	202 500
4	40	370	14 800	1 600	136 900
5	60	460	27 600	3 600	211 600
6	80	520	41 600	6 400	270 400
合计	300	2 400	127 800	16 600	1 003 200

$$b = \frac{127\,800 - \dfrac{300 \times 2\,400}{6}}{16\,600 - \dfrac{(300)^2}{6}} = 4.875 \text{（元）}$$

$$a = \frac{2\,400 - 4.875 \times 300}{6} = 156.25 \text{（元）}$$

需要指出的是，运用回归直线法分解混合成本，首先应进行相关程度分析，以确定业务量和混合成本总额之间是否存在着线性关系。如果没有这种线性关系，分解出来的结果就不正确。相关程度分析以相关系数 R 来表示，R 的计算公式如下：

$$R = \frac{n\sum xy - \sum x \sum y}{\sqrt{[n\sum x^2 - (\sum x)^2][n\sum y^2 - (\sum y)^2]}}$$

相关系数 R 的取值范围为 $-1<0<1$，但由于会计中一般不用负相关，故 R 的取值范围就在 $0\sim1$ 之间。当 $R=0$ 时，说明混合成本总额与业务量之间没有关系；当 $R=1$ 时，说明两者之间完全相关。在管理会计中，一般当 $R\geq0.8$，就表明混合成本总额与业务量有密切联系，这样就可运用回归直线法进行分解。

根据上例资料，相关系数 R 的计算如下：

$$R = \frac{6 \times 127\,800 - 300 \times 2\,400}{\sqrt{(6 \times 16\,600 - 300^2)(6 \times 1\,003\,200 - 2\,400^2)}} = 0.938$$

$R=0.938$，接近于1，说明业务量 x 与成本 y 之间具有密切的相关性，可以用回归直线法。回归直线法可以使混合成本的分解建立在科学分析和精确计算的基础上，相对来说，它得到的数值较为精确，但计算比较复杂。

企业的全部成本（费用）按成本性态分类，最终形成变动成本和固定成本两大类。企业产品总成本公式就可用一个基本模式表示，即 $y=a+bx$。式中，y 为产品总成本，a 为固定成本总额，b 为单位变动成本，x 为业务量。

从数学的观点看，它是一个直线方程式，式中，x 是自变量，y 是因变量，a 是常数，b 是直线斜率，此基本模式可用图2-9表示。

3）直接分析法。该种方法是根据混合成本中各具体项目的特点视其比较接近于哪一类（变动或固定）成本，就作为哪一类成本处理。就一般企业而言，有些燃料和动力费用，既不与产量的变化成正比例关系，也非固定不变，但由于与产量变化的关系比较密切，比较接近于变动成本，就可将其作为变动成本处理。又如车间和企业的一些

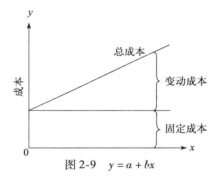

图2-9　$y=a+bx$

管理费用、销售费用也可这样处理。直接分析法的特点是分析计算比较粗略，计算相对比较简单，计算结果不像其他方法那样抽象，而且能较为清楚地反映出变动成本和固定成本包含的具体费用项目，便于比较分析，因此这一方法实用价值较高。

2.2　成本核算的原则和要求

2.2.1　成本核算原则

成本核算是指为一定的目的提供管理上所需的成本信息，并把成本信息传递给有关的使用者。为了提供管理上需要的资料，成本核算必须要讲究质量，使提供的信息符合规定，达到正确和及时的要求。提高成本核算质量，必须符合和遵守成本核算的原则。成本核算原则主要有如下几条。

1. 划分收益性支出与资本性支出原则

收益性支出也称营业支出，是指与当期收入相配比的费用支出。收益性支出全部列作当期的成本、费用。凡支出的收益仅发生于本年度（或一个营业周期）的，应当作为收益性支出。

如生产过程中原材料的消耗、直接工资、制造费用和期间费用均属于收益性支出，即某项支出的发生仅仅与本期收益有关。

资本性支出是指为适应企业经营上的长远需要，不能由当年产品销售收入全部补偿的支出，而要由各受益期的收入分期负担，如购置固定资产、无形资产的各项支出。划分两者支出的目的是正确确定资产的价值、正确计算各期的产品成本及期间费用和正确确定当期损益。

2. 实际成本计价原则

实际成本计价也称历史成本计价是指各项财产物资应当按照取得或购建时发生的实际成本入账，并在会计报告中也按实际成本反映。成本核算按实际成本计价，包括两方面的内容：一是对生产所耗用的原材料、燃料、动力和折旧等费用，都要按实际成本计价；二是完工产品成本要按实际成本计价。

原材料、燃料、动力按实际成本计价，是指要按其实际耗用数量和实际单位成本计算，折旧要按固定资产原始价值和规定使用年限计算。必须指出的是，这里所谓原材料的实际单位成本，不一定就是某次采购的实际单位成本，而是由已经入账的各个实际成本综合形成的账面实际成本，一般可采用先进先出法、加权平均法、移动平均法等进行计算。原材料、燃料也可按计划成本计价，但是在计入产品成本时，仍需将计划成本调整为实际成本。

3. 权责发生制原则

产品成本的确定是以权责发生制为基础计算的。权责发生制是指凡是本期已经实现的收入和已经发生或应当负担的费用，不论款项是否收付，都应当作为本期的收入和费用；凡是不属于本期的收入和费用，即使款项已在当期收付，也不应当作为本期的收入和费用。贯彻权责发生制，主要是为了正确划分本期产品成本和下期产品成本的界限，以便正确计算产品销售利润。

4. 成本分期核算原则

企业的生产经营活动是持续不断地进行的。企业为了取得一定期间内所生产产品的成本，必须将企业的生产活动按一定阶段（如月、季、年）划分为各个时期，分别计算各期产品的成本。成本核算的分期，必须与会计年度的分月、分季、分年相一致，以便于利润的计算，但需指出，成本核算的分期不能与产品的成本计算期混为一谈。因为无论生产情况如何，成本费用的归集和分配，都必须按月进行。至于完工产品的成本计算，它与生产类型有关，可能是定期的，也可能是不定期的。

5. 一致性原则

一致性原则是指成本核算所采用的方法前后各期必须一致，使各期的成本资料有统一的口径，前后连贯，互相可比。否则，就容易弄虚作假，任意调节各期成本的高低，影响成本的正确性。成本核算所采用的方法要求前后一致，体现在各个方面，如耗用材料实际成本的计算方法，折旧的计提方法，辅助生产、制造费用的分配方法，在产品的计价方法，等等。坚持一致性原则，允许对成本核算中所采用的方法做必要的变动。如果变更成本核算方法是为了适应客观环境变化的需要，是为了取得并提供更加正确、更加有用的信息，则变更是必要的、可行的，但在进行变更时，必须在会计报表附注中将方法变动对成本的影响予以充分说明。

6. 相关性原则

相关性原则包括两个方面，即成本信息的有用性和及时性。成本信息的主要目的是帮助使用人员解决成本相关的问题，并为未来决策提供有用信息。例如，通过对成本信息的反馈，能找出成本升降的原因，及时进行控制，以达到降低成本的目的。又如，成本信息能帮助决策人预测未来，从而做出最佳的抉择。及时性作为相关性的一个重要因素，及时提供足以反映企业资金耗费状况的成本信息，借以迅速地做出生产经营决策，纠正和完善成本管理工作中的失误和不足，并果断地采取进一步加强成本管理的具体措施。相关性原则是提高企业市场应变能力的重要方面，否则时过境迁，补救无术，将会严重削弱成本管理在企业经营管理中的积极作用。

7. 重要性原则

重要性原则是指对于成本有重大影响的项目应作为重点，力求精确，而对于那些不太重要的琐碎项目，就可以从简处理，不必要求过严。例如，产品直接耗用的原材料应该直接计入有关产品成本，而对于那些虽是直接耗用但数额不大的材料，可以作为消耗材料计入制造费用。

重要性原则也是对上述有关原则的补充。例如，按照权责发生制原则，凡属本期成本负担的费用，虽未支付也应作为应付费用计入本期成本，但如果数额较小，就不一定要这样做，可以在实际支付时计入支付月份的成本。

2.2.2 成本核算要求

具体而言，成本核算是记录企业在生产制造产品过程中所发生的费用支出，确定产品总成本和产品单位成本。经济形态的发展，使现代化企业对成本核算的要求越来越高，不但要正确计算出各种产品成本，还要使产品成本在发生时得以有效控制和便于企业整体管理的要求。各行各业都有自己的成本业务，但由于生产制造业包括再生产过程的四个环节，成本核算最为复杂，所以本章及以后各章有关成本核算、控制等内容主要是以制造企业为例进行阐述的。

为充分发挥成本核算的作用，应达到以下各项要求。

1. 正确划分各种费用支出的界限

制造企业产品生产过程的耗费多种多样，其用途也是多方面的。要正确核算生产费用和计算产品成本，必须确定哪些费用支出应由产品成本负担，哪些不应由产品负担。因此，为保证产品成本计算的真实性，首先应划清各种费用支出的界限。一般应划清的界限有以下五方面。

(1) 划清收益支出与资本支出、营业外支出的界限

在成本核算的原则中已阐述了收益性、资本性支出的特点，区分收益支出和资本支出是为了正确计算各期的损益，正确反映资产的价值。如果把收益支出列作资本支出，结果是少计了当期费用，多计了资产的价值；反之，如果把资本支出作为收益支出，则少计了资产的价值而多计了当期费用。

营业外支出是指与企业生产经营活动无直接关系的各项支出，如非常损失、处理固定资产净损失、罚款支出等。这些支出与生产经营无关，所以不能作为企业的成本或费用。可见，区分不同性质的支出是企业正确计算产品成本的前提条件。

(2) 划清产品生产成本与期间费用的界限

在本章开始我们已经了解了产品生产成本与期间成本的概念，为了正确计算产品成本和期间费用，企业必须分清哪些支出属于产品的生产成本，哪些应作为期间费用，才能将该计入产品成本的费用予以确认、汇总。

(3) 划清本期产品成本和下期产品成本的界限

企业发生的费用，有的应计入当期产品成本核算，有的应计入以后各期产品的成本。如预付一年的车间财产保险费，根据权责发生制的原则，应在 12 个月内分期计入成本、费用。对于那些本期尚未支付，而应由本期负担的费用，按权责发生制的原则，应预先提取计入本期产品成本。只有划清本期产品成本和下期产品成本的界限，才能正确计算成本，正确确定产品销售利润。

（4）划清不同产品成本的界限

产品成本中直接材料、直接工资一般都应直接计入各种产品成本，应该在原始凭证中填写清楚，分别以各种产品、各批或各步骤来确定其成本支出。对于间接制造费用，不能分清属于哪种产品的，要选择合适的分配方法分配计入。分清不同产品的成本，与其计划成本、标准成本相对比，就能揭示产品成本的超支或节约情况。所以要正确计算各种产品成本，就必须划清不同产品成本的界限。

（5）划清在产品成本和产成品成本的界限

一定时期结束时，各种产品所归集的费用要在完工产品和期末在产品之间分配，分配时要根据不同的成本计算方法来计算期末产成品成本和在产品成本，以提供在产品成本和产成品成本信息。

2. 做好各项成本核算的基础工作

为保证成本核算的质量，企业要重视建立和健全有关成本核算的原始记录与凭证，制定必要的消耗定额，建立和健全材料物资的计量、验收、领发、盘存以及在产品的移动等制度，制定内部结算价格和结算方法。

（1）建立和健全有关成本核算的原始记录和凭证，并建立合理的凭证传递流程

原始记录和凭证是进行成本核算工作的首要条件。进行成本核算和成本分析，都要以数据可靠、内容齐全的原始记录和凭证为依据。例如，企业对于材料的领用、工时的消耗、生产设备的运转、动力的消耗、费用的开支、废品的发生、在产品在生产过程中的转移、产成品和自制半成品的交库、产品质量的检验等，都要建立原始凭证制度。原始凭证要规定填制份数，在内容上要正确填写经济活动的时间、内容、计量单位及数量、填表人及负责人的签章等项目。同时，会计部门要会同生产技术、劳动工资、供销等职能部门，根据成本核算管理的需要，制定各种原始凭证的传递程序。为了清楚地反映凭证的流程，最好用专门符号绘制的流程图来表示原始凭证的流转程序。这种流程图，不仅是成本核算工作的需要，而且是反映企业某项业务程序责任归属的标志，也是加强企业内部控制的有效手段。

当今互联网技术使信息瞬间传达和无纸化，企业应根据信息的"表述"特征和管理上的需要建立相应的原始凭证传递程序。

（2）制定消耗定额，加强标准化管理

定额是企业在生产经营活动中，对人力、物力、财力的配备、利用和消耗以及获得的成果等方面所应遵守的标准或应达到的水平。制造企业在实施成本控制管理中常用的定额有单位产品工时消耗定额、单位产品材料消耗定额、单位产品成本定额（标准成本）、产品产量定额、设备利用率定额、有关费用定额等（如管理费用定额）。企业应根据成本管理和企业整体战略管理的要求制定先进合理的定额。定额一旦确定，应有一定的稳定期，一般为一年。当然，定额也应在企业的动态管理中改变自己的面貌，随着生产技术水平、管理水平等的提高而定期修订。总之，制定定额是企业实施全面预算管理制度，进行成本核算、成本控制和成本分析的重要基础。这部分内容将在第 8 章中阐述。

（3）建立材料物资的计量、验收、领发、盘存等制度

企业必须对材料物资的收发、领退和结存进行计量，建立和健全材料物资的计量、收发、领退和盘存制度。材料物资的收发、领退，在产品、半成品的内部转移和产成品入库等，均应填制相应的原始凭证。对于车间、班组在月底已领未用的材料，也应该进行清查盘点，不需要的要及时退库，需要继续使用的应办理转账手续。对在产品和库存材料物资要定期盘点，分析盈亏原因，计价入账。

（4）制定内部转移价格和内部结算制度

实施责任会计制度的企业，对于涉及在企业内部各部门、车间之间进行转移的在产品、半成品和劳务等，都要制定合理的内部转移价格，作为内部结算的依据。采用内部转移价格，可以明确经济责任，简化和减少核算工作，并便于考核责任中心责任预算的完成情况。这部分内容将在第 14 章中阐述。

2.3 生产特点与成本计算方法的关系

产品成本计算，就是将生产经营过程中所发生的生产费用按照成本计算对象，以适当的标准进行归集与分配，以确定产品总成本和单位成本。如何选择合适的成本计算方法来计算产品成本，在很大程度上取决于企业产品生产的特点。

2.3.1 生产特点及其分类

产品生产特点，一般是指按产品的工艺过程特点和产品生产组织两方面所做的分类。产品生产特点不同，成本核算的组织方式（程序）和成本计算的方法也就不同。同时，生产按其在内部职能上的分类，也对成本核算工作的组织产生一定影响。因此，要选择设计好符合生产特点的产品成本计算方法，必须清楚企业生产特点及其分类。

1. 按产品工艺过程的特点分类

产品生产按工艺过程的特点，可以分为装配式生产（平行式生产）和连续式生产。

装配式生产是指各种原材料平行地进行加工，制成各种零（部）件，然后把零（部）件装配成产成品，如自行车、缝纫机、造船等工业的生产。连续式生产是指原材料要经过若干连续加工步骤，才能制成产成品的生产。连续式生产有两种情况：一种是产品生产过程中除最后加工步骤生产产成品外，其他各加工步骤完工产品，都是自制半成品，例如纺织、钢铁等工业的生产；另一种是产品的生产过程不能中断，没有自制半成品或不便于分散在几个不同地点进行的生产，如发电、铸造业、饮料行业的生产等。通常，前者称为多步骤生产，后者称为单步骤生产。从多步骤或单步骤角度来看，装配式生产也属于多步骤生产。

2. 按生产组织方式分类

生产组织方式是指企业生产的专业化程度，即在一定时期内生产产品品种的多少、同种类产品的数量及其生产的重复程度。按产品生产的组织方式，可以分为大量生产、成批生产和单件生产三种类型。

大量生产是指同一品种产品重复不断的生产。其主要特点是生产的产品品种较少，每种产品产量大，通常采用专用设备重复地进行生产，专业化水平高。饮料、钢铁、纺织等工业的生产，都是大量生产。

成批生产是指按照规定的产品批别的数量进行的生产。其主要特点是产品的品种较多，各种产品数量不等，每隔一定时期重复生产一批。一般同时采用专用及通用设备进行生产，机床、服装等工业的生产，都是成批生产。成批生产按每种产品每批投产的数量，又可分为大批生产、中批生产和小批生产。大批生产与大量生产相接近，小批生产与单件生产相接近。

单件生产是根据购买单位订单所提出的特定规格和数量而进行的产品生产。其主要特点是产品品种多，每种产品生产一件或几件后，不再重复生产或不定期重复生产，一般都是采用通用设备进行加工。造船、重型机器等工业的生产，通常都是单件生产。

一般而言，连续式生产在生产类型上都是大量或大批生产；装配式生产可能是大量生产，也可能是小批或单件生产。

需要指出的是，同一企业的各个生产车间（或工段、小组）的生产，可能具有不同的工艺过程特点和不同的生产组织方式。例如汽车制造工业的生产，就整个企业的产品生产来说，一般属于装配式的大量生产，但是其金属加工车间所生产的零（部）件，就大部分可能是连续式的成批生产。

3. 按生产的内部职能分类

按生产的内部职能可以分为基本生产、辅助生产和副业生产。

基本生产是企业直接为完成主要产品而进行的生产，如纺织厂的纺纱、织布，机械厂的铸造、机加工、装配，钢铁厂的炼铁、炼钢、轧钢等都是基本生产。从事这些产品生产的车间称为基本生产车间。

辅助生产是企业为保证基本生产正常进行的生产，它是为基本生产服务而进行的产品生产和劳务供应，如钢铁厂的发电、蒸汽的供应、纺织厂的机修等。从事这些产品生产的车间称为辅助生产车间。

副业生产是为了利用生产主要产品所发生的废料或边角余料进行的产品生产，如钢铁厂利用废渣制造水泥等建筑材料。副业生产的产品一般为副产品。随着技术进步和综合利用的深入开展，副产品的价值可能会逐渐增大，如果副产品在总产值中占有了相当比重，它就成为主要产品了。

2.3.2 产品成本计算方法的构成要素及其选择

产品成本计算方法是指把生产费用在企业生产的各种产品之间、产成品和在产品之间进行分配的方法。

生产特点与产品成本计算方法有密切的关系。由于不同的企业具有不同的产品生产特点，产品成本计算方法必须与产品的生产特点相适应，才能正确计算产品成本。因此，在选择产品成本计算方法时，要清楚产品生产特点与产品成本计算方法之间的关系。它们的关系主要表现在以下四个方面（四要素）：确定成本计算对象、生产费用计入产品成本的程序、确定成本计算期、产品成本在产成品和在产品之间的划分。这四要素也是构成成本计算基本程序的主要内容。

1. 确定成本计算对象

计算产品成本，先要确定成本计算对象。成本计算对象是成本的承担者。确定成本计算对象，是设置产品成本明细账、分配生产费用和计算产品成本的前提。在不同的企业（或车间）里，由于产品生产特点和管理上的要求不同，成本计算对象的确定方式也就不同。

例如，在装配式的单件、成批生产下，由于产品生产是按订单或批别组织的，这就要求计算每张订单或每批产品的成本，其成本计算对象就是产品的订单或批别；在装配式的大量生产下，产成品是由零（部）件装配而成的，要按每一品种的产成品作为成本计算对象。此外，对于可为各种产品所共同使用的自制的"通用件"和"标准件"，往往也作为成本计算对象单独计算其成本。在连续式的大量大批生产下，如果每个加工步骤有自制半成品并需单独计算其成本，就要以各个加工步骤的每种产品作为成本计算对象；如果是没有自制半成品的连续式生产，就以每一品种的产品作为成本计算对象。

总之，成本计算对象主要是根据企业、车间产品生产的特点和成本管理的要求来确定的，一般有产品的品种、产品的订单或批别、产品的类别、各个加工步骤的产品等。

2. 生产费用计入产品成本的程序

生产费用计入产品成本的程序，是指生产过程中所耗用的原材料、燃料、动力、工资、固定资产折旧等各项费用，通过一系列的归集和分配，最后汇总计入产品成本的方法和步骤。

制造企业生产费用计入产品成本，一般有以下几个步骤。

（1）设置生产成本和制造费用明细账

生产成本明细账通常根据生产成本的总分类账户设置。生产成本明细账就是产品成本明细账（或称成本计算单），它按成本计算对象设置，并按成本项目汇总登记产品的成本。辅助生产成本明细账按辅助生产车间分别设置，制造费用明细账分别按基本生产车间和产品的品种、类别设置。

（2）要素费用的汇总与分配

把各种费用的原始凭证及其他有关资料，分别按生产费用要素进行汇总，然后编制各种要素费用分配表，按其用途分配记入有关的生产成本明细账。

对制造产品所发生的直接成本，可直接记入产品成本明细账，对于各基本生产车间所发生的制造费用、各辅助生产车间所发生的费用，分别记入制造费用账户和辅助生产成本明细账。由于这些费用由若干个费用要素组成，因此属于综合性费用，需按一定标准分配记入有关的明细账。

（3）辅助生产成本的计算与分配

把归集在辅助生产成本明细账中的费用，按其所服务的对象，编制辅助生产费用分配表，按一定的分配标准分配记入产品成本明细账及其他有关的明细账。

（4）分配制造费用

把归集在制造费用明细账中的费用，编制制造费用分配表，按一定标准分配记入产品成本明细账。

生产费用计入产品成本总分类核算的程序如图 2-10 所示。

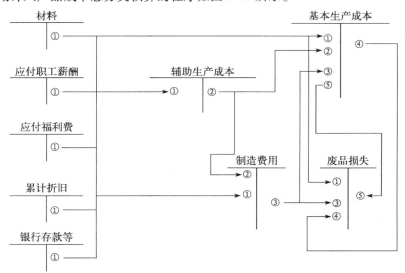

图 2-10 生产费用计入产品成本总分类核算程序图

①要素费用的分配；②辅助生产费用的分配；③制造费用的分配；④废品损失的归集；⑤废品损失的分配。

产品的生产特点，在一定程度上影响生产费用计入产品成本的程序。例如，大量生产单一产品的企业或车间，其发生的全部生产费用，可以直接计入该种或该类产品的成本，而在装配式单件小批生产的情况下，由于产品生产的多样性或分批性，企业所发生的生产费用有一部分可以确定为生产某一种、类、批产品所发生的，可以直接计入该种、类、批产品成本，另一部分费用并不与某一种、类、批产品的生产直接联系，就必须在集合分配账户中先行归集，然后按一定标准在各种、类、批产品成本间进行分配。在装配式大量、大批生产的企业里，由于构成产成品的零件、部件都是成批或大量生产的，为了计算产品的成本，有时需要先计算零（部）件的成本，再计算由零（部）件装配成的产成品成本。又如，在连续式生产的企业里，生产过程中往往有几个生产步骤，因而要分步骤归集各步骤的产品成本，再汇总计算产成品成本。由此可见，生产费用的归集及其计入产品成本的程序是与产品的生产特点密切联系的。

3. 确定成本计算期

成本计算期是指需要间隔多长时间计算一次成本，即每次计算产成品成本的期间。产品生产特点不同，使得对产品成本计算的要求不同，从而产品成本计算期也就有所区别。例如，制造企业中，在大量、大批生产的情况下，每月都有一部分产品完工以供销售，就要求定期按月计算产成品成本；在单件、小批生产情况下，各张订单或各批产品的生产周期各不相同，一般要等到一张订单所列产品或一批产品全部完工之后才能计算其成本，因此，通常以产品的生产周期为成本计算期，因而单件、小批生产企业的产品成本计算具有不定期性质。

不论产品成本计算是否定期，企业的成本计算工作必须经常地、及时地进行，并在每月月终将在账户上的已登记数加以结计，以便考核产品成本的发生情况，并使产品的成本计算能及时进行。

4. 产品成本在产成品和在产品之间的划分

通过上述要素费用和综合费用的分配，本期发生的各项费用，均已分别记入产品成本明细账。在没有在产品或在产品很少的情况下（如发电、供水等企业或车间），产品成本明细账所归集的生产费用，即为完工产品的实际总成本，以实际总成本除以完工产品产量，就可计算出完工产品的实际单位成本。但在大量、大批生产的企业里，月末一般都有一定数量的在产品，这种情况下，每种产品本月发生的生产费用和月初在产品成本之和，就是本月完工产品成本和月末在产品成本的合计数。

要确定完工产品和在产品的成本，就需要把各种产品的成本（包括月初在产品成本和本月发生的生产费用），按一定标准在完工产品和在产品之间进行划分。划分的基本方法将在第3章中阐述。

产品成本在完工产品和在产品之间的分配问题，其实也是计算在产品成本的问题。在产品成本的计算，也与企业产品的生产特点有密切关系。例如，在大量生产单一产品、生产周期很短的情况下（如发电、采煤等），一般没有或很少有在产品，因而不用计算在产品成本。在单件、小批复杂生产的企业里，由于成本计算是不定期进行的，要等到产品完工后才计算产成品成本，在计算产成品成本时，已无在产品存在，因此也没有在产品成本的计算问题。在大批、大量生产的企业里，由于产品生产按规定的品种和类别，周期性地或不断地进行，在计算产成品成本时，总有若干在产品存在，因此必须按照一定标准将产品成本在完工产品和在产品之间进行分配。由此可见，产品的生产特点直接影响着在产品成本的计算。

从以上说明不难看出，产品生产特点不同，成本计算对象、生产费用的归集及其计入产品成本的程序、成本计算期、在产品的计价等也有所区别。上述不同的要素，就构成了各种不同的产品成本计算方法，而成本计算对象一般是决定成本计算方法的主要因素。例如，以产品的品种作为成本计算对象，来归集生产费用计算产品成本的，即为成本计算品种法；以产品的生产批别或订单作为成本计算对象，来归集生产费用、计算产品成本的，即为成本计算分批法；以每个加工步骤的产品作为成本计算对象来归集生产费用，计算出各步骤的自制半成品成本，然后汇总计算产成品成本的，即为成本计算分步法。

本章小结

成本是对为获取既定收益而耗费的资源的一种货币计量。为得到当期或未来收益，应尽量使成本降到最低。因为在收益既定的情况下，企业减少成本就意味着经营更富效率。由于成本与管理相结合，成本的内容往往要服从管理的需要，不同的管理目的需要不同的成本信息。

了解成本和费用的概念及其分类，便于我们掌握成本、费用的具体内容和发生领域。学习成本性态原理及其分类，理解变动成本、固定成本的特性，为在实际工作中强化成本控制理念和灵活运用管理会计的诸多方法打下基础。理解成本核算的原则、成本核算的要求及做好成本核算的各项基础工作，是正确计算产品成本和进行成本管理的前提。

确定成本计算对象、生产费用计入产品成本的程序、确定成本计算期、产品成本在产成品和在产品之间的划分，这四要素是构成成本计算方法的主要内容，其中生产费用计入产品成本总分类核算程序图（见图2-10）是各种成本计算方法的基本和共有程序。掌握生产特点与成本计算方法之间的关系，使我们清楚不同的生产工艺、不同的生产组织应选择相应的成本计算方法。但必须清楚，在生产工艺复杂的大型制造企业，产品成本的计算往往不是用一种成本计算方法就能算出的，需要两种或三种方法的结合使用才能达到正确计算产品成本的目的。

思考题

1. 就成本概念而言，为什么可以有不同的成本概念？
2. 成本按经济用途分类有什么意义？
3. 成本按可辨性分类的意义何在？举例说明直接成本和间接成本的区别。
4. 变动成本的特点是什么？如何对其进行日常控制？
5. 固定成本的特点是什么？如何对其进行日常控制？
6. 成本核算的原则主要有哪几点？为什么应执行这些原则？
7. 怎样理解产品成本计算的概念及生产费用计入产品成本的程序？
8. 理解成本计算方法的主要内容，为什么说成本计算对象是决定成本计算方法最重要的因素？

练习题

资料：设某厂某年1~6月机器维修在相关范围内的情况如表2-3所示。

表 2-3

月份	机器工作小时	维修成本（元）	月份	机器工作小时	维修成本（元）
1	100	140	4	80	130
2	110	170	5	120	150
3	90	150	6	70	130

要求：用高低点法和回归直线法将维修成本分解为单位变动成本与固定成本。

第 3 章

成本费用的归集与分配

学习目标

1. 了解生产费用在各成本计算对象之间归集和分配的方法。
2. 掌握辅助生产费用、制造费用、废品损失与停工损失的归集和分配方法。
3. 掌握生产费用在完工产品和在产品之间进行分配的方法。

重点与难点

1. 各要素费用在各成本计算对象之间分配标准的选择。
2. 辅助生产费用的归集和分配及交互分配法等分配方法的特点与适用性。
3. 生产费用在完工产品和在产品之间分配的意义。
4. 生产费用在完工产品和在产品之间分配的类型。
5. 约当产量法、定额比例法等分配方法的应用。
6. 废品损失的核算。

3.1 材料费用的归集与分配

材料是生产过程中的劳动对象。对于生产过程中发生的材料费用,应首先按其发生的地点和用途进行归集,然后再采用适当的方法进行分配。因此,材料费用的核算包括材料费用的归集和分配两个方面。

3.1.1 材料费用的归集

材料费用的归集是进行材料费用分配的基础和前提,需要做好以下几个方面的工作。

1. 材料的分类

凡在生产过程中直接取之于自然界的劳动对象(如各种矿石、原棉等),一般叫原料;以经过工业加工的产品作为劳动对象(如各种钢材等)的,一般叫材料。在实际工作中,有时会把两者合并起来,称为原材料。在实践中企业使用的材料名目繁多,为此,一般将材料按其用途分为以下几大类。

(1) 原料及主要材料

原料及主要材料是指经过加工后构成产品主要实体的原料和材料，如炼铁企业使用的矿石以及纺织企业使用的原棉和棉纱等。

(2) 辅助材料

辅助材料是指在生产中不构成产品主要实体，只起一定辅助作用的各种材料。有的与产品的主要材料结合形成产品，如染料、油漆等；有的供劳动资料耗用，如起润滑、防护作用的润滑油和防锈剂等；有的为正常劳动提供条件，如各种清洁用具和照明灯具等。

(3) 燃料

燃料是指生产过程中用来燃烧发热的各种材料，包括固体燃料、液体燃料和气体燃料，如煤、油、天然气等。燃料有的直接用于工艺技术过程，如铸造车间用的燃料；有的用于生产动力，如发电车间的燃料；有的用于一般用途，如取暖用的燃料；等等。

(4) 修理用备件

修理用备件是指修理本企业机器设备和运输工具所专用的各种备品备件，如齿轮、轴承、阀门、轮胎等。修理用的一般零件属于辅助材料一类。

(5) 包装物

包装物是指为包装本企业产品，随同产品一起出售或者在销售产品时租给、借给购货单位使用的各种包装物品，如桶、瓶、坛、袋等包装容器。各种包装用材料，如纸张、绳子、铁丝等不属于包装物，而应列入辅助材料一类。

(6) 低值易耗品

低值易耗品是指单项价值在规定限额以下，或者使用期限不满一年，不能作为固定资产管理的各种物品，如工具、管理用具、劳动保护用品等。

上述各种材料还可以按其性质、技术特征和规格等标准进一步分类，以满足实物管理的需要和会计核算的要求。

2. 材料费用归集的基础工作

(1) 购入材料成本的确定

正确确定购入材料的成本是正确计算产品成本中材料成本的前提。材料费用的计算，因企业对材料日常采用的计价方法不同而存在差别。一般情况下，如果企业规模较小，材料的品种规格不多且收发不太频繁，材料可按实际成本计价；若企业规模较大，材料品种规格繁多且收发频繁，材料则应按计划成本计价。

(2) 材料的领用凭证及其控制

企业生产过程中领用材料的品种、数量都很多，为明确各单位的经济责任，便于分配材料费用和不断降低材料消耗，材料的收发过程应办理必要的手续，如需经有关人员签字审核后才能办理材料的收发业务。

领用材料使用的原始凭证主要包括领料单、限额领料单和领料登记表等。车间、部门应根据领用材料的具体情况选择采用某一种领料凭证。到了月末，将各种领料凭证按车间、部门进行汇总，计算出各车间、部门消耗材料的数量和金额，再通过编制材料费用分配表进行材料费用分配的核算。

3. 消耗材料的计量

根据发出材料的有关凭证，可将材料费用列入有关的成本计算对象中。对于库存材料的计量，可采用永续盘存制和实地盘存制两种方法进行核算。

4. 发出材料成本的确定

在材料按计划成本计价的情况下，对于发出的材料，应在相关发出材料的原始凭证中及时反映发出材料的材料成本差异；对于期末库存材料，应按实际成本反映在资产负债表上。采用实际成本进行材料日常核算的企业，发出材料的实际成本可采用先进先出法、月末一次加权平均法、移动加权平均法、个别计价法等方法计算确定。对于不同的材料可采用不同的计价方法。材料计价方法一经确定，不应随意变动。

3.1.2 材料费用的分配

1. 材料费用的分配原则

企业在生产经营活动中消耗着大量材料，这些材料费用发生后，应由谁负担，各负担多少，是需要解决的重要问题之一。通常情况下，材料费用是按部门、用途和受益对象进行分配的。

(1) 直接计入原则

用于产品生产并构成产品主要实体或有助于产品形成的各种材料，其分配原则是直接材料费用直接计入，间接材料费用经分配计入各成本计算对象的"直接材料"成本项目中。直接材料费用是指直接为生产某一种产品所耗用的材料费用，并能直接确定其归属对象，而间接材料费用是指几种产品共同耗用的某种材料费用，不能直接确定其归属对象，需采用简便、合理的方法在几种产品之间进行分配。所谓分配方法的简便是指作为分配标准的资料比较易取得，并且应尽量采用单一标准，避免采用复合标准。所谓分配方法的合理是指所采用的分配方法、分配标准应同各个成本计算对象负担的费用成正比例的因果关系。例如，当分配铸铁件材料费用时，以铸铁件的重量、定额耗用量等作为分配标准就比较合理，若采用生产工时作为分配标准就不合适了。

(2) 间接计入原则

对于生产车间、行政管理等部门耗用的一般材料，应按车间、部门分别列入制造费用和管理费用等有关科目中。

(3) 重要性原则

在材料费用的分配中，对于直接用于生产各种产品的材料，如果数量较少、金额较小，根据重要性原则，可以采用简化的分配方法，全部计入制造费用，以省去一些复杂的计算分配工作。

2. 共耗材料费用的分配

凡直接用于产品生产、构成产品实体的原料和主要材料，如冶炼用矿石、纺织用原棉和机械制造用钢材等，一般按产品品种领用，属于直接费用，应根据领料凭证直接计入该种产品基本生产明细账的"直接材料"成本项目。但如果是由几种产品共同耗用的材料费用，不能分清某一种产品消耗多少，则应采用适当的方法分配，然后再计入有关基本生产明细账中的"直接材料"成本项目。

对于多种产品共同耗用的材料费用，分配标准很多。可以按产品重量、体积和产量进行分配，也可以按材料定额消耗量比例或材料定额成本比例进行分配。企业应根据具体情况选择与原材料发生有密切关系的因素作为分配标准。共耗材料费用的分配公式一般为：

$$共耗材料费用分配率 = \frac{生产车间共耗材料费用总额}{各种产品共耗材料费用分配标准之和}$$

$$某种产品应分配的原材料 = 该种产品分配标准数额 \times 共耗材料费用分配率$$

一般情况下，企业对各种产品都要制定材料消耗定额，因此采用定额耗用量比例法、定额成本法分配费用较为普遍。下面我们举例说明采用这一方法的具体分配过程。

例 3-1 某企业某车间生产领用原材料 600 千克,单价 30 元,生产甲产品 300 件,乙产品 200 件。甲产品单位消耗定额为 1.0 千克,乙产品单位消耗定额为 1.5 千克。采用定额耗用量比例法分配原材料费用。

$$共耗材料费用分配率 = \frac{30 \times 600}{300 \times 1.0 + 200 \times 1.5} = 30(元／千克)$$

$$甲产品应负担材料费用 = 300 \times 1.0 \times 30 = 9\,000(元)$$

$$乙产品应负担材料费用 = 200 \times 1.5 \times 30 = 9\,000(元)$$

例 3-2 某企业生产甲、乙两种产品,共同领用 A、B 两种主要材料,实际费用共计 51 300 元。本月生产甲产品 150 件,乙产品 120 件。甲产品材料消耗定额:A 材料 6 千克,B 材料 8 千克;乙产品材料消耗定额:A 材料 9 千克,B 材料 5 千克。A 材料单价 10 元,B 材料单价 8 元。采用定额成本法分配原材料费用。

$$甲产品材料定额成本 = 150 \times 6 \times 10 + 150 \times 8 \times 8 = 18\,600(元)$$

$$乙产品材料定额成本 = 120 \times 9 \times 10 + 120 \times 5 \times 8 = 15\,600(元)$$

$$共耗材料费用分配率 = \frac{51\,300}{18\,600 + 15\,600} = 1.5$$

$$甲产品应负担的材料费用 = 18\,600 \times 1.5 = 27\,900(元)$$

$$乙产品应负担的材料费用 = 15\,600 \times 1.5 = 23\,400(元)$$

3.1.3 材料费用分配表的编制

各种材料费用的分配是通过编制材料费用分配表来进行的。材料费用分配表是根据归类后的领料凭证和其他有关资料按车间、部门和材料的类别编制的。基本生产车间耗用的直接材料借记"基本生产成本"账户,辅助生产车间耗用的直接材料借记"辅助生产成本"账户;车间、部门耗用的间接材料借记"制造费用"账户;管理部门耗用的材料借记"管理费用"账户;销售部门耗用的材料借记"销售费用"账户;以上费用均贷记"原材料"账户。

材料费用分配表,要根据企业材料日常核算采用的是实际成本还是计划成本而分别按实际成本或计划成本编制。在按实际成本编制时,可根据领料凭证上的实际成本加总填入;按计划成本编制时,表中应分计划成本、差异和实际成本三栏列示。

1. 材料按实际成本编制费用分配表

材料费用分配表按实际成本编制的格式及举例,如表 3-1 所示。

表 3-1 材料费用分配表:按实际成本编制
2019 年 8 月 (金额单位:元)

应借账户		成本(费用)项目	直接计入(变动费用)	分配计入			合计
				分配标准(千克)	分配率	金额	
基本生产成本	甲产品	直接材料	12 000	18 600	1.5	27 900	39 900
	乙产品	直接材料	6 000	15 600	1.5	23 400	29 400
	小计		18 000			51 300	69 300
辅助生产成本	机修车间	材料费				4 100	4 100
	运输车间	材料费				800	800
	小计					4 900	4 900
制造费用		机物料	2 700				2 700
管理费用		材料费				5 500	5 500
销售费用		材料费				4 100	4 100
合计			20 700			65 800	86 500

甲、乙产品需要分配计入的费用为 51 300 元,按甲、乙产品的实际消耗量比例进行分配,甲产品的实际消耗量为 18 600 千克,乙产品的实际消耗量为 15 600 千克。

根据表 3-1,编制会计分录如下。

```
借:基本生产成本——甲产品                          39 900
            ——乙产品                          29 400
    辅助生产成本——机修车间(固定费用)             4 100
            ——运输车间(固定费用)               800
    制造费用——变动费用                           2 700
    管理费用——固定费用                           5 500
    销售费用——固定费用                           4 100
  贷:原材料                                     86 500
```

2. 材料按计划成本编制费用分配表

材料费用分配表按计划成本编制的格式及举例,如表 3-2 所示。

表 3-2　材料费用分配表:按计划成本编制

2019 年 8 月　　　　　　　　　　　　　　　　(金额单位:元)

应借账户		成本(费用)项目	直接计入(变动费用)	分配计入(固定费用)			合计(计划成本)	差异额(差异率1%)	实际成本
				分配标准(千克)	分配率	金额			
基本生产成本	甲产品	直接材料	10 000	18 000	1.2	21 600	31 600	316	31 916
	乙产品	直接材料	5 000	13 600	1.2	16 320	21 320	213.2	21 533.2
	小计		15 000			37 920	52 920	529.2	53 449.2
辅助生产成本	机修车间	材料费				4 000	4 000	40	4 040
	运输车间	材料费				500	500	5	505
	小计					4 500	4 500	45	4 545
制造费用		机物料	2 000				2 000	20	2 020
管理费用		材料费				5 000	5 000	50	5 050
销售费用		材料费				4 400	4 400	44	4 444
合计			17 000			51 820	68 820	688.2	69 508.2

甲、乙产品需要分配计入的费用为 37 920 元,按甲、乙产品的定额消耗量比例进行分配,甲产品的定额消耗量为 18 000 千克,乙产品的定额消耗量为 13 600 千克。

根据表 3-2,编制会计分录如下。

```
借:基本生产成本——甲产品                          31 916
            ——乙产品                          21 533.2
    辅助生产成本——机修车间(固定费用)             4 040
            ——运输车间(固定费用)               505
    制造费用——变动费用                           2 020
    管理费用——固定费用                           5 050
    销售费用——固定费用                           4 444
  贷:原材料                                     68 820
    材料成本差异                                 688.2
```

3.2 人工费用的归集与分配

3.2.1 职工薪酬的构成

职工薪酬是指企业为获得职工提供的服务或解除劳动关系而给予的各种形式的报酬或补偿。其中,企业提供给职工配偶、子女、受赡养人、已故员工遗属及其他受益人等的福利,也属于职工薪酬。根据《企业会计准则第9号——职工薪酬》(2014),职工薪酬包括短期薪酬、离职后福利、辞退福利、股份支付与其他长期职工福利。职工薪酬的具体内容如下。

1. 短期薪酬

短期薪酬是指职工在向企业提供服务的年度报告期结束后12个月内,企业需要向职工支付的劳动报酬。具体包括:职工工资、奖金、津贴和补贴,职工福利费,医疗保险费、工伤保险费和生育保险费等社会保险费,住房公积金,工会经费和职工教育经费,非货币性福利,短期带薪缺勤与短期利润分享计划等。

(1) 职工工资、奖金、津贴和补贴

根据国家统计局《关于职工工资总额组成的规定》,职工工资总额包括计时工资、计件工资、奖金、津贴和补贴、超额劳动和增收节支的劳动报酬、因特殊原因支付的工资以及为维持职工工资水平弥补物价变动影响支付给职工的补贴等。

计时工资是按照计时工资标准和工作时间支付给职工个人的劳动报酬,包括对已完成工作按计时工资标准支付的工资、实行结构工资的企业支付给职工的基础工资和职务(岗位)工资、新参加工作职工的见习工资等。计件工资是指按计件单价和职工完成的合格品数量计算支付的劳动报酬,包括超额累进计件、限额计件、超定额计件等。

奖金、津贴和补贴是指支付给职工的超额劳动报酬和增收节支的劳动报酬、为了补偿职工特殊或额外的劳动消耗和因其他特殊原因支付给职工的津贴,以及为了保证职工工资水平不受物价影响支付给职工的物价补贴等。奖金是在标准工资以外,对职工的超额劳动支付的劳动报酬,按照国家的有关规定和企业内部的奖励标准进行计算。津贴是企业针对职工提供的特殊或额外劳动消耗以及其他特殊原因而支付的津贴,如技术津贴、保健性津贴等,按国家规定的种类和标准计算。补贴是为了保证职工生活水平不受物价变动影响而支付给职工的物价补贴,如粮食补贴、副食补贴等。

(2) 职工福利费

职工福利费是指企业从成本中提取的,为职工提供福利的金额,如职工因公负伤赴外地就医路费、职工生活困难补助,以及按照规定支出的其他职工福利支出。

(3) 社会保险费

社会保险费是指企业按国家规定的基准和比例计算,向社会保险经办机构缴纳的医疗保险金、工伤保险金和生育保险金。对于养老保险金和失业保险金纳入离职后福利核算。

(4) 住房公积金

住房公积金是指企业按照国家《住房公积金管理条例》规定的基准和比例计算,并向住房公积金管理机构缴存的资金。

(5) 工会经费和职工教育经费

工会经费和职工教育经费是指企业为了改善职工文化生活,为提高职工文化水平和业务素质,学习先进技术,用于开展职工活动和教育及职业技能培训而按照工资总额一定比例提取的金额。

（6）非货币性福利

非货币性福利是指企业以自产品或外购商品作为福利发放给职工，或将自己拥有的资产或租赁资产提供给职工无偿使用，或向职工提供企业已支付一定补贴的商品或服务等。如为职工提供免费医疗保健服务、为企业高级管理人员提供无偿使用的住房、以低于成本的价格向职工出售住房等。

（7）短期带薪缺勤与短期利润分享计划

短期带薪缺勤是根据我国《劳动法》规定，企业支付工资或提供补偿的职工缺勤，包括法定休假、年休假、病假、短期伤残、婚假、产假、丧假、探亲假等。利润分享计划是指职工为企业提供服务，企业根据员工工作绩效而与员工达成的基于利润或其他经营成果提供薪酬的协议。利润分享计划包括短期利润分享计划和长期利润分享计划。长期利润分享计划属于其他长期职工福利。在实际运用中，利润分享计划在成熟型企业中显得更为有效。

2. 离职后福利

离职后福利是指企业为获得职工提供的服务而在职工退休或与企业解除劳动关系后，给予的各种形式的报酬和福利，包括设定受益计划（即基本养老保险）和设定提存计划（即补充养老保险）。

3. 辞退福利

辞退福利是指企业因解除与职工劳动关系，或者为鼓励职工自愿接受裁减而给予职工的补偿。

4. 股份支付与其他长期职工福利

股份支付是企业提供给职工以权益形式结算的认股权、以现金形式结算但以权益工具公允价值为基础确定的现金股票增值权等。其他长期职工福利是指除短期薪酬、离职后福利、辞退福利之外所有的职工薪酬，包括长期带薪缺勤、长期残疾福利、长期利润分享计划等。

3.2.2　工资费用核算的基础工作

工资费用的核算是指构成工资总额的计时工资、计件工资、奖金、津贴和补贴、超额劳动和增收节支的劳动报酬、因特殊原因支付的工资以及为维持职工工资水平弥补物价变动影响支付给职工的补贴等，是计算和提取职工福利费和其他短期薪酬（各种社会保险费、住房公积金、工会经费和职工教育经费等）的依据。

为了正确进行工资费用的核算，企业必须建立健全工资费用计算的各项基础工作。企业应当结合自身经营管理的特点和要求，设计工资费用核算所需原始凭证的种类、格式、登记与传递流程。这些原始记录主要有考勤记录、产量记录和工时记录等，它们既是企业进行工资费用计算和进行产品生产（制造）成本计算的基础，也是企业考核劳动消耗定额执行情况，提高出勤率和工时利用率的有效手段。

1. 考勤记录

考勤记录是登记职工出勤、缺勤时间和情况的原始记录。它是企业分析和考核职工工作时间的利用情况，计算计时工资、加班加点工资、病假工资、津贴、补贴等工资的基本依据。同时对企业加强劳动纪律，提高企业管理水平都有重要的意义。企业对职工的考勤工作，一般按整个企业或车间、班组、科室部门分别进行，逐日登记。考勤记录通常采用考勤簿、考勤号牌、考勤卡和考勤钟等形式。

2. 产量记录

产量记录是反映工人或班组在出勤时间内完成产品的数量、耗用生产工时数量和质量完成情况的原始记录。产量记录是计算计件工资的依据，同时也是统计产量和生产工时的依据。产量记录应提供产量、合格品产量、废品产量、生产工时等资料。产量记录的具体内容与编制程序要根据企业产品的性质、生产的工艺过程和车间生产组织的特点设置。它主要包括工作通知单、工序进程单、工作班产量记录等。

（1）工作通知单

在单件小批生产的企业，一般采用"工作通知单"进行产量记录。工作通知单是对职工或班组按工序分配生产任务并记录其生产数量的一种产量凭证，其格式如表3-3所示。

表3-3 工作通知单
2019年8月10日

工作号令	车间	工段	小组	姓名	工号	等级
0198	一车间	一工段	一小组	张晓宇	0198011	5级

产品或订单号	零件编号	工序	机床号	工作等级	计量单位	工时定额		开工时间	完工时间	实用工时	交验数量	合格数量	翻修数量	工废数量	废料数量	缺额	检查员号	废品通知单	工资		
						单位工时	总工时												计件单价	合格品工资	废品工资	合计
15	0A	2	1	5	件	5	45	1	12	50	16	15	1				16	—	20	300	0	300
……																						

采用工作通知单作为产量记录，便于计算工资和工时，但它不能反映产品的连续加工过程，不适用于批量生产的企业。

（2）工序进程单

在批量生产的企业，一般用"工序进程单"作为产量记录。工序进程单通常按照每批产品的整个工艺流程开设，据以分配生产任务和记录产品的加工进程，它弥补了采用工作通知单形式的不足，其格式如表3-4所示。

表3-4 工序进程单
2019年8月15日

车间名称	工段	产品型号	部件及零件编号和名称	投产数量
一车间	一工段	J11T-16	0015 截止阀	20

机床号	任务			工时定额	任务完成情况			检查结果					工作班产量记录编号
	姓名	工序	数量		开工		实际工时	交验数量	合格数量	翻修数量	工废数量	废料数量	检查员	
					日期	时间								
01	王洪	1	20	5	15	8	98	20	18	—	1	1	11	020815
02	张亮	2	18	3	16	8	48	18	16	1	1	—	11	020816
03	赵婧	3	17	2	17	8	38	17	17	—	—	—	11	020817
……														

"工序进程单"要根据产品或零件的整个加工过程，将产品的全部工序列入表中，按顺序登记各道工序的实际产量和工时、产品质量的检查结果以及各工序间零件的交接手续。设置工序进程单，有利于监督产品生产过程，正确执行规定的工艺流程，控制各道工序加工产品的数量，保证成批、均衡地组织生产。它适用于成批生产的企业或车间。

但是"工序进程单"并不能满足产量的统计和工资的计算要求，因此，企业还应当设置

"工作班产量记录"，用于集中反映一个生产班组的产量和所耗用的工时，以满足计算工资和产品成本的需要。

（3）工作班产量记录

工作班产量记录又称工作班报告，是按生产班组设置，反映一个班组工人在一个工作班内所生产产品的数量和所耗用工时的原始记录。工作班产量记录的格式如表 3-5 所示。

表 3-5　工作班产量记录

2019 年 8 月 9 日

工号	姓名	进程单号数	产品型号或订单号	零件编号	零件名称	工序名称	交验数量	交验结果					单位定额工时	完成定额工时	实际工时	计件工资			
								合格数量	返修数量	工废数量	料废数量	短缺数量				计件单价	合格品工资	废品工资	合计
05	陈阳	24	35	45	底盘	1	35	35					4	30	28	9	315		315
----																			

3. 其他凭证

工资费用的归集和分配除了依据考勤记录、产量记录外，还需填制一些其他凭证，如废品通知单，停工通知单，各种奖金、津贴发放的通知单，等等。

3.2.3　工资费用的计算

企业职工工资费用需财务部门在企业人力资源部门提供的职工薪酬方案和相关标准的基础上，根据每位职工的工资标准和考勤记录、产量记录等原始凭证计算。

1. 计时工资的计算

计时工资的计算可采用月薪制与日薪制两种方法。

月薪制是根据职工固定的月标准工资扣除缺勤工资后计算应付计时工资，其中月标准工资为职工当月出满勤所得到的固定工资。月薪制下应付计时工资的计算公式如下：

$$应付计时工资 = 月标准工资 - 缺勤天数 \times 日工资率$$

日薪制是根据职工实际出勤日数和日工资率计算应付计时工资，其计算公式如下：

$$应付计时工资 = 出勤日数 \times 日工资率$$

由此可见，计时工资的计算无论采用月薪制还是日薪制，都需要计算日工资率。日工资率是指职工每日应得的平均工资额。日工资率的计算有以下 3 种方法。

（1）按每月平均工作日数计算

$$每月平均工作日数 = 全年工作日数 \div 12 = (365 - 104 - 11) \div 12 \approx 20.83（天）$$

$$日工资率 = 月标准工资 \div 20.83$$

式中，全年工作日数即每年 365 天减去 104 个双休日和 11 个法定节假日求得。采用这种方法计算所得的日工资率，只要职工月标准工资不变，则各月份均为等额日工资，不包括双休日和法定节假日，工作日出满勤者满工资，双休日和法定节假日缺勤也不扣工资。此方法计算简便，在实务中采用得比较普遍。

（2）按每月固定日历日数 30 天计算

$$日工资率 = 月标准工资 \div 30$$

这种方法的日工资率计算中包括双休日和法定节假日，双休日、节假日照付工资，双休日、节假日期间的缺勤照扣工资。

（3）按每月实际满勤日数计算

$$日工资率 = 月标准工资 \div 当月实际满勤日数$$

其中，当月实际满勤日数＝当月实际日历天数－当月双休日天数－当月法定节假日天数。

采用此方法计算的日工资率，由于每月双休日和节假日天数不同，在月标准工资不变的情况下，按各月不同满勤日数计算的各月份日工资也不相同。法定节假日、双休日不付工资，缺勤期间的节假日、双休日不扣工资。此方法计算出的日工资率最接近实际。

举例说明不同日工资率计算方法下计时工资的计算过程。

例 3-3 职工张超月标准工资为 15 000 元，201× 年 5 月份缺勤 4 天（缺勤期间有星期日 2 天），5 月份有 4 天节假日，7 个休息日，计算其计时工资。

在月薪制下，应付该职工的月计时工资计算如下：

- 按 20.83 天计算日工资率

$$日工资率 = 15\,000 \div 20.83 \approx 720.1（元/天）$$
$$应扣缺勤工资 = 2 \times 720.1 = 1\,440.2（元）$$
$$应付计时工资 = 15\,000 - 1\,440.2 = 13\,559.8（元）$$

- 按 30 天计算日工资率

$$日工资率 = 15\,000 \div 30 = 500（元/天）$$
$$应扣缺勤工资 = 4 \times 500 = 2\,000（元）$$
$$应付计时工资 = 15\,000 - 2\,000 = 13\,000（元）$$

- 按当月实际满勤天数计算日工资率

5 月份 31 天、7 个休息日、4 个节假日，则该月实际满勤天数为：

$$31 - 7 - 4 = 20（天）$$
$$日工资率 = 15\,000 \div 20 = 750（元/天）$$
$$应扣缺勤工资 = 2 \times 750 = 1\,500（元）$$
$$应付计时工资 = 15\,000 - 1\,500 = 13\,500（元）$$

在日薪下，应付该职工的月标准工资计算结果如下：

- 按 20.83 天计算日工资率

$$应付计时工资 = 15\,000 \div 20.83 \times (31 - 7 - 4 - 2) \approx 12\,962.07（元）$$

- 按 30 天计算日工资率

$$应付计时工资 = 15\,000 \div 30 \times (31 - 4) = 13\,500（元）$$

- 按当月实际满勤天数 20 天计算日工资率

$$应付计时工资 = 15\,000 \div 20 \times (20 - 2) = 13\,500（元）$$

2. 计件工资的计算

计件工资是根据确定的计件单价和完成的合格品数量计算的工资。对于由于材料缺陷等客观原因产生的废品即料废，应照付计件工资；对于由于工人加工过失等原因而产生的废品，即工废，则不应支付计件工资。计件工资按照支付对象的不同，可分为个人计件工资与集体计件工资两种。

（1）个人计件工资的计算

对于每个人的经济责任能够明确区分，易于计量其劳动报酬的工作，通常采取个人计件工资的方式。

如果工人在月份内仅生产一种产品，其计件工资可按下式计算：

$$应付计件工资 = (合格品数量 + 料废数量) \times 计件单价$$

如果工人在月份内生产多种产品，且各种产品计件单价不同，则计件工资按下式计算：

$$应付计件工资 = \sum[(某种产品合格品数量 + 该种产品料废数量) \times 该种产品计件单价]$$

计件单价即单位产品耗用的定额工时和生产该种产品所需小时标准工资（也称小时工资率）的乘积。

例 3-4 某企业生产甲产品，其单位产品耗用的定额工时为 5 小时，职工张锋为二级工，小时工资率为 15 元，该工人一天完成了 2 件。计算计件单价和该工人应得的工资。

$$甲产品的计件单价 = 5 \times 15 = 75（元/件）$$
$$该工人应得工资 = 2 \times 75 = 150（元）$$

（2）集体计件工资的计算

当职工集体从事某项工作且不易分清每个职工的经济责任时，可采取集体计件工资的方式。采用集体计件工资时，集体完成合格品的数量乘以计件单价，计算出小组集体计件总工资额，再按照每人贡献大小将集体计件总工资额在小组成员间进行分配。通常做法是按照每人的工资标准和实际工作时间的综合比例进行分配。其计算公式如下：

$$计件工资分配率 = 集体应付计件工资总额 / [\sum(该职工实际工作时数 \times 小时工资率)]$$
$$某职工应付计件工资 = 计件工资分配率 \times (该职工实际工作时数 \times 小时工资率)$$

例 3-5 某车间一组（由 4 名等级不同的工人组成）生产甲产品，本月份完成合格品数量 290 件，计件单价为 16.2 元。小时工资率和实际工作小时数如表 3-6 所示。试计算每名工人应得的计时工资金额。

$$集体应付计件工资总额 = 290 \times 16.2 = 4\,698（元）$$
$$计件工资分配率 = 4\,698 \div 2\,610 = 1.8$$

4 名工人应得计件工资的计算如表 3-6 所示。

表 3-6 计件工资分配表
2019 年 8 月

姓名 ①	等级 ②	小时工资率 ③	实际工作小时 ④	计时工资（元） ⑤=③×④	分配率 ⑥	应付计时工资（元） ⑦=⑤×⑥
张宏	4	8	80	640		1 152
刘芳	3	6	85	510		918
张磊	3	6	95	570	1.8	1 026
沈雁	5	10	89	890		1 602
合计	—	—	349	2 610		4 698

3.2.4 工资费用的归集与分配

1. 工资费用的归集

由于企业工资发放一般采用"后发薪"方式，即平时依据职工提供的劳动，计算应付给职工的工资金额，然后再发放，所以，工资费用的归集主要在"应付职工薪酬"账户的贷方反映。企业应付给职工的工资数额，必须依据有效的工资结算凭证进行计算。工资结算凭证主要有工资结算单和工资结算汇总表。

（1）工资结算单

企业通常按月份分车间（或部门）编制工资结算单，工资结算单应按职工类别反映企业应付职工的工资额。在实际工作中，工资结算单还可用于归集企业发给职工的，除工资总额组成内容以外的其他结算款项，如职工交通补贴费、防暑降温费等以及企业应从职工工资中扣除的企业已代垫或将代付的各种应扣款项。工资结算单格式如表3-7所示。

表3-7 工资结算单

车间或部门：行政管理部门　　　　2019年8月31日　　　　　　　　（单位：元）

姓名	计时工资						计件工资	工资性津贴和补贴		奖金	应发工资	非工资性津贴		代扣款项		实发工资
	标准工资	病假		事假		应发计时工资		岗位津贴	补贴			车贴	房贴	住房公积金	养老保险金	
		天数	应扣金额	天数	应扣金额											
张超	1 500	2	100			1 400			300	500	2 200	100	200	50	100	2 350
……																

（2）工资结算汇总表

企业为了反映全部工资的结算情况，并据以进行总分类核算和汇总全部工资费用，还需编制工资结算汇总表。企业应当按车间、部门和工资的不同用途汇总全部工资费用，因此工资结算汇总表也是企业进行工资费用分配的依据。工资结算汇总表的一般格式如表3-8所示。

表3-8 工资结算汇总表

企业名称：××企业　　　　　　2019年8月　　　　　　　　　　（单位：元）

部门		应付计时工资	工资性津贴和补贴		奖金	计件工资	应付工资合计	非工资性津贴		代扣款项		实发工资
			岗位津贴	副食补贴				车贴	房贴	住房公积金	养老保险金	
基本生产车间	生产工人	63 000	2 200	4 100	3 200	13 000	85 500	3 000	360	1 200	3 200	84 460
	管理人员	1 200		3 100	300		4 600	120	200	110	650	4 160
机修车间	生产工人	26 500	2 100	5 800	1 450		35 850	160	100	400	2 100	33 610
	管理人员	750		200	200		1 150	100	210	120	420	920
运输车间	生产工人	7 500	450	1 500	100		9 550	2 000	400	380	160	11 410
	管理人员	3 300	450	1 200	50		5 000	300	210	200	850	4 460
行政管理部门		11 500		2 100	150		13 750	1 000	100	70	480	14 300
工程部门		1 200		400	450		2 050	800	160	60	120	2 830
销售部门		1 300		350	300		1 950	300	200	60	110	2 280
合计		116 250	5 200	18 750	6 200	13 000	159 400	7 780	1 940	2 600	8 090	158 430

2. 工资费用的分配

每月月末企业应在汇总各部门工资的基础上，按受益对象将其分配计入成本费用。

（1）工资费用的分配对象

企业应当设置"应付职工薪酬"账户，用于核算企业应付给职工的各种薪酬费用，并按照"职工工资""职工福利""社会保险费""住房公积金""工会经费""职工教育经费""非货币性福利""辞退福利""股份支付"等项目设置明细账进行核算。在核算工资费用时，应将不同部门职工的工资费用记入相关成本费用账户。一般来说，基本车间生产工人的工资应由基本生产成本负担；基本生产车间管理人员的工资应由制造费用负担；辅助生产车间人员的工资应由辅助生产成本负担；企业行政管理人员的工资费用应由管理费用负担；企业销售人员的工资应由销售费用负担；在建工程、无形资产负担的职工薪酬，计入建造固定资产或无形资产的成本。

（2）工资费用的分配方法

企业基本生产车间如果只生产一种产品，则工资费用可直接计入基本生产成本明细账中的直接人工成本项目。如果基本生产车间生产多种产品，则需要将基本生产车间的生产工人的工资采用适当的分配方法在各产品之间进行分配。常见的分配标准可按各产品实际工时比例或定额工时进行分配，然后再计入各产品基本生产成本明细账中的直接人工成本项目。计算公式如下：

$$某车间小时平均工资率 = \frac{该车间生产工人工资总额}{该车间各种产品实际工时（或定额工时）}$$

该车间某种产品应分配的工资费用 = 该种产品的实际工时（或定额工时）× 小时平均工资率

例3-6 某企业8月份的工资结算汇总表如表3-8所示。该表中基本生产车间生产甲、乙两种产品，其计件工资为13 000元。其中用于甲产品8 500元，用于乙产品4 500元。应发计时工资、工资性津贴和补贴、奖金等属于间接工资费用，需要按甲、乙产品的实际工时分配。甲产品实际耗用8 000工时，乙产品实际耗用6 500工时。计算各产品应负担的工资费用。

工资费用分配率 =（63 000 + 2 200 + 4 100 + 3 200）÷ 14 500 = 5（元/小时）

甲产品应负担间接工资费用 = 5 × 8 000 = 40 000（元）

乙产品应负担间接工资费用 = 5 × 6 500 = 32 500（元）

甲产品应负担工资费用 = 8 500 + 40 000 = 48 500（元）

乙产品应负担工资费用 = 4 500 + 32 500 = 37 000（元）

（3）工资费用分配表的编制

工资费用的分配是通过编制工资费用分配表进行的，并根据工资费用分配表编制会计分录。依据例3-6计算结果，以及表3-8工资结算汇总表，编制工资费用分配表的格式如表3-9所示。

表3-9 工资费用分配表
2019年8月 (单位：元)

应借账户		成本（费用）项目	直接计入（变动费用）	间接计入（固定费用）			工资费用合计
				分配标准	分配率	金额	
基本生产成本	甲产品	直接人工	8 500	8 000	5	40 000	48 500
	乙产品	直接人工	4 500	6 500	5	32 500	37 000
	小计		13 000	14 500	5	72 500	85 500
辅助生产成本	机修车间	人工费				35 850	35 850
	运输车间	人工费				9 550	9 550
	小计					45 400	45 400
制造费用	基本生产车间	人工费				4 600	4 600
	机修车间	人工费				1 150	1 150
	运输车间	人工费				5 000	5 000
	小计					10 750	10 750
管理费用		工资费				13 750	13 750
在建工程		工资费				2 050	2 050
销售费用		工资费				1 950	1 950
合计			13 000	14 500	5	146 400	159 400

根据表 3-9，其会计处理如下：

借：基本生产成本——甲产品		48 500
——乙产品		37 000
辅助生产成本——机修车间（固定费用）		35 850
——运输车间（固定费用）		9 550
制造费用——基本生产车间（固定费用）		4 600
——机修车间（固定费用）		1 150
——运输车间（固定费用）		5 000
管理费用——固定费用		13 750
在建工程——固定费用		2 050
销售费用——固定费用		1 950
贷：应付职工薪酬——工资		159 400

3.2.5 其他短期薪酬费用的计提与分配

短期薪酬中除职工工资费用外，还包括职工福利费、工会经费和职工教育经费等其他短期薪酬费用，企业发生的其他短期薪酬费用应当按照国家规定，比照工资费用，按用途和发生部门进行计算提取和分配。企业提取的职工福利费一般不超过工资薪金总额的14%；计提的工会经费不超过工资薪金总额的2%；计提的职工教育经费不超过工资薪金总额的2.5%。

其他短期薪酬费用的计算提取与工资费用的分配方向相同，分别借记"基本生产成本""制造费用""劳务成本""管理费用""销售费用""研发支出""在建工程"等账户，贷记"应付职工薪酬"账户，并进行明细分类核算。其他短期薪酬费用的计提和分配是通过编制"其他短期薪酬费用分配表"进行的，如表3-10所示。在实际工作中，"其他短期薪酬费用分配表"也可以和前述"工资费用分配表"一起编制。

其他短期薪酬费用分配表的格式如表3-10所示。

表 3-10 其他短期薪酬费用分配表

2019 年 8 月　　　　　　　　　　　　　　（单位：元）

应借账户		成本（费用）项目	职工福利费（14%）			工会经费（2%）	职工教育经费（2.5%）	其他短期薪酬费用合计
			变动费用	固定费用	合计			
基本生产成本	甲产品	直接人工	1 190	5 600	6 790	970	1 212.5	8 972.5
	乙产品	直接人工	630	4 550	5 180	740	925	6 845
	小计		1 820	10 150	11 970	1 710	2 137.5	15 817.5
辅助生产成本	机修车间	直接人工	0	5 019	5 019	717	896.25	6 632.25
	运输车间	直接人工	0	1 337	1 337	191	238.75	1 766.75
	小计		0	6 356	6 356	908	1 135	8 399
制造费用	基本生产车间	人工费	0	644	644	92	115	851
	机修车间	人工费	0	161	161	23	28.75	212.75
	运输车间	人工费	0	700	700	100	125	925
	小计		0	1 505	1 505	215	268.75	1 988.75
管理费用		工资费	0	1 925	1 925	275	343.75	2 543.75
在建工程		工资费	0	287	287	41	51.25	379.25
销售费用		工资费	0	273	273	39	48.75	360.75
合计			1 820	20 496	22 316	3 188	3 985	29 489

注：本例仅列举了职工福利费、工会经费和职工教育经费三项费用的计算与分配，其他短期薪酬项目的核算本书不再赘述。

根据表 3-10，其会计处理如下：

借：基本生产成本——甲产品　　　　　　　　　　　　　　　8 972.5
　　　　　　　　——乙产品　　　　　　　　　　　　　　　6 845
　　辅助生产成本——机修车间（固定费用）　　　　　　　　6 632.25
　　　　　　　　——运输车间（固定费用）　　　　　　　　1 766.75
　　制造费用——基本生产车间（固定费用）　　　　　　　　　851
　　　　　　——机修车间（固定费用）　　　　　　　　　　 212.75
　　　　　　——运输车间（固定费用）　　　　　　　　　　 925
　　管理费用——固定费用　　　　　　　　　　　　　　　　2 543.75
　　在建工程——固定费用　　　　　　　　　　　　　　　　 379.25
　　销售费用——固定费用　　　　　　　　　　　　　　　　 360.75
　　贷：应付职工薪酬——职工福利费　　　　　　　　　　　22 316
　　　　　　　　　　——工会经费　　　　　　　　　　　　 3 188
　　　　　　　　　　——职工教育经费　　　　　　　　　　 3 985

3.3　其他费用的归集与分配

3.3.1　燃料费用的归集与分配

燃料在生产制造企业属于材料类。由于其耗用性质与原材料有相同之处，所以其归集分配与原材料基本相同。有些企业燃料费用占产品成本的比重较大，按照重要性原则，可以设置"燃料"账户反映核算燃料的成本和燃料的使用分配情况。企业按照实际发生的燃料费用，借记"基本生产成本——××产品（燃料与动力）""制造费用""管理费用""销售费用"等成本费用账户，贷记"燃料"账户。

如果企业耗用的燃料不多，或者企业为简化核算，则无须单设账户核算，作为"原材料"账户的一个明细账户核算。燃料费用的分配，根据直接费用直接计入，间接费用分配计入的原则进行。基本生产车间为产品生产耗用的燃料，借记"基本生产成本——××产品（燃料与动力）"账户，贷记"原材料——燃料"账户；如果生产两种以上产品，耗用的燃料就需要采用一定的分配标准分配计入各产品成本中。燃料费用的分配可按产品数量、重量、体积以及产品所耗燃料的数量等标准进行。

3.3.2　动力费用的归集与分配

动力费用是指企业所耗用的电力、热力等费用。动力费用可以分为自制和外购两种情况。自制动力费用分配属于辅助生产费用分配的内容，本节只涉及外购动力费用的归集与分配。

1. 外购动力费用的归集

外购动力费用一般是指企业从外部购买的各种动力所支付的费用。一般根据动力供应单位（如供电公司）动力计量表上反映的使用量和计价标准支付费用。动力费用在先用后支付的方式下，根据权责发生制和配比原则，在动力供应单位每月的抄表日期固定，且月耗用量相差不多时，可以以当月实际支付的动力费用作为当月动力费用分配的基准数。

2. 外购动力费用的分配

外购动力费用的分配，在企业各车间、部门有仪表记录的情况下，应根据仪表所显示的耗用量为分配标准进行费用的分配；在没有仪表记录的情况下，可以按照一定的标准如生产工时比例、机器工时比例或定额耗用量等进行分配。分配公式为：

$$某车间动力费用分配率 = \frac{该车间动力费用总额}{该车间各产品生产工时之和}$$

$$某种产品应分配的动力费用 = 该产品生产工时 \times 动力费用分配率$$

例 3-7 某企业生产车间 2019 年 8 月外购动力款 12 000 元，直接用于甲、乙两种产品生产。该企业以生产工时比例为标准对动力费用进行分配。其中甲、乙两种产品的生产工时分别为 15 000 小时、9 000 小时。计算甲、乙产品应负担的动力费用。

$$动力费用分配率 = 12\,000 \div (15\,000 + 9\,000) = 0.5（元/小时）$$
$$甲产品应分配的动力费用 = 15\,000 \times 0.5 = 7\,500（元）$$
$$乙产品应分配的动力费用 = 9\,000 \times 0.5 = 4\,500（元）$$

企业外购动力费用在按照一定标准分配后，凡是基本生产车间直接用于产品生产的外购动力费用，借记"基本生产成本"账户的"燃料与动力"项目。需要指出的是，如果企业为简化核算，可以不单设"燃料与动力"成本项目，将动力费合并在"基本生产成本——直接材料"项目内。

基本生产车间为生产管理和办公耗用的动力费用，借记"制造费用"账户，其他单位或部门耗用的动力费用借记"管理费用""销售费用"账户；辅助生产车间耗用的动力费用借记"辅助生产成本"账户，贷记"应付账款"。企业应于期末编制"外购动力费用分配表"。该分配表的内容和格式如表 3-11 所示。

表 3-11 外购动力费用分配表
2019 年 8 月 （单位：元）

借方账户		成本（费用）项目	变动费用	固定费用	合计
基本生产成本	甲产品	燃料及动力	7 500		7 500
	乙产品	燃料及动力	4 500		4 500
	小计		12 000		12 000
辅助生产成本	机修车间	电费		3 100	3 100
	运输车间	电费		2 000	2 000
	小计			5 100	5 100
制造费用		动力费		1 100	1 100
管理费用		动力费		1 400	1 400
销售费用		动力费		1 700	1 700
合计			12 000	9 300	21 300

根据表 3-11，编制会计分录如下：

```
借：基本生产成本——甲产品（变动费用）            7 500
            ——乙产品（变动费用）            4 500
    辅助生产成本——机修车间（固定费用）          3 100
            ——运输车间（固定费用）          2 000
    制造费用——固定费用                       1 100
    管理费用——固定费用                       1 400
    销售费用——固定费用                       1 700
  贷：应付账款                                     21 300
```

3.3.3 折旧费用的归集与分配

折旧费用作为固定资产的磨损价值转移到产品成本中,是成本的构成内容。但折旧费用不单独设置成本项目。按照固定资产的使用车间、职能部门进行核算,分别借记"制造费用""管理费用""销售费用"等账户,贷记"累计折旧"账户。

企业应当编制折旧费用分配表进行折旧费用的分配,并据此编制会计分录,登记有关总账及所属明细账。折旧费用分配表格式如表3-12所示。

表3-12 折旧费用分配表
2019年8月 (单位:元)

项目	制造费用 (基本生产车间)	辅助生产(机修车间、运输车间)		管理费用 (管理部门)	销售费用 (销售部门)	合计
		机修车间	运输车间			
折旧费(固定费用)	33 100	13 600	10 500	11 500	4 600	73 300

根据表3-12,编制会计分录如下:

借:辅助生产成本——机修车间(固定费用) 13 600
　　　　　　　　——运输车间(固定费用) 10 500
　　制造费用——固定费用 33 100
　　管理费用——固定费用 11 500
　　销售费用——固定费用 4 600
　　贷:累计折旧 73 300

3.3.4 其他要素费用的归集和分配

其他要素费用是指企业中除材料、燃料、动力、职工薪酬、折旧费用外的费用支出。它主要包括差旅费,劳动保护费,利息费用,税金支出和租赁费,印刷费,图书、资料、报刊、办公用品订购费,试验检验费,排污费,误餐补助费,交通费补贴,保险费,职工技术培训费等。企业应根据有关付款凭证等,按照费用发生的车间、部门和用途进行归类、汇总,登记"其他费用汇总表",并进行账务处理,登记有关账户。

例3-8 某企业2019年8月支付差旅费、办公费、运输费、广告费、租赁费等费用,根据有关支出凭证归类、汇总后编制的"其他费用汇总表"如表3-13所示。

表3-13 其他费用汇总表
2019年8月 (单位:元)

应借账户	车间或部门	其他费用项目(固定费用)					合计
		办公费	差旅费	运输费	广告费	租赁费	
辅助生产成本	机修车间	3 900	1 100	550			5 550
	运输车间	2 600	1 360				3 960
	小计	6 500	2 460	550	0	0	9 510
制造费用	基本车间	4 200	1 600	420			6 220
管理费用	行政部门	680	1 100	750		1 000	3 530
销售费用	销售部门	1 700	1 750	670	1 500		5 620
合计		13 080	6 910	2 390	1 500	1 000	24 880

根据表 3-13，编制会计分录如下：

借：辅助生产成本——机修车间（固定费用）　　　　　5 550
　　　　　　　——运输车间（固定费用）　　　　　　3 960
　　制造费用——固定费用　　　　　　　　　　　　　6 220
　　管理费用——固定费用　　　　　　　　　　　　　3 530
　　销售费用——固定费用　　　　　　　　　　　　　5 620
　　贷：银行存款　　　　　　　　　　　　　　　　　　　　24 880

3.4　辅助生产费用的归集与分配

辅助生产是指为基本生产车间、企业行政管理部门等单位服务而进行的产品生产和劳务供应。其中有的只生产一种产品或提供一种劳务，如供电、供水、运输等辅助生产；有的则生产多种产品或提供多种劳务，如从事模具、修理用备件的制造以及机器设备的修理等辅助生产。辅助生产提供的产品和劳务，有时也对外销售，但主要是为本企业服务。辅助生产产品和劳务成本的高低，影响到企业产品成本和期间费用的水平。因此，正确、及时地组织辅助生产费用的归集和分配，对于节约费用、降低成本有着重要的意义。

3.4.1　辅助生产费用的归集

辅助生产费用的归集是通过"辅助生产成本"账户进行的。一般应按车间以及产品或劳务的种类设置明细账，账内按照成本项目或费用项目设置专栏。对于直接用于辅助生产产品或提供劳务的费用，应记入"辅助生产成本"账户的借方；对于单设"制造费用"账户的辅助生产车间发生的其他费用，则记入"制造费用——辅助生产车间"账户的借方，然后从"制造费用——辅助生产车间"账户的贷方，直接转入或分配转入"辅助生产成本"账户及其明细账的借方，计算辅助生产的产品或劳务的成本。

有的企业辅助生产车间（部门）的规模较小，发生的制造费用较少，也不对外销售产品或提供劳务，为了简化核算工作，辅助生产车间可以不单独设置"制造费用——辅助生产车间"明细账，而将其发生的费用直接记入"辅助生产成本"账户及其明细账的借方。

机修车间与运输车间的辅助生产成本明细账的格式如表 3-14 和表 3-15 所示。

表 3-14　辅助生产成本明细账

车间名称：机修车间　　　　2019 年 8 月　　　　（单位：元）

2019 年		凭证号数	摘要	固定费用						合计	转出	余额
月	日			原材料	人工费	动力	折旧费	办公费	差旅费	运输费			
8	31	略	材料费用分配（表 3-1）	4 100							4 100		
			工资费用分配（表 3-9）		3 420						3 420		
			外购动力费用分配(表 3-11)			3 000					3 000		
			折旧费用分配（表 3-12）				13 800				13 800		
			其他费用分配（表 3-13）					3 850	1 000	560	5 410		
			合计	4 100	3 420	3 000	13 800	3 850	1 000	560	29 730		
			本月转出									29 730	—

表 3-15 辅助生产成本明细账

车间名称：运输车间　　　　　2019 年 8 月　　　　　（单位：元）

2019 年		凭证号数	摘要	固定费用						合计	转出	余额
月	日			原材料	人工费	动力	折旧费	办公费	差旅费			
8	31	略	材料费用分配（表3-1）	800						800		
			工资费用分配（表3-9）		2 280					2 280		
			外购动力费用分配（表3-11）			2 000				2 000		
			折旧费用分配（表3-12）				10 610			10 610		
			其他费用分配（表3-13）					2 720	1 400	4 120		
			合计	800	2 280	2 000	10 610	2 720	1 400	19 810		
			本月转出								19 810	—

3.4.2 辅助生产费用的分配

由于辅助生产车间生产的产品和提供的劳务种类不同，辅助生产成本及其明细账借方的辅助生产费用，其转出分配的程序也不一样。如工具和模具车间生产的工具、模具及修理用备件等产品成本，应在产品完工入库时，从"辅助生产成本"账户及其明细账的贷方分别转入"低值易耗品"和"原材料"科目的借方。动力、机修和运输等车间生产与提供的电力、修理和运输等产品及劳务所发生的费用，要在各受益单位之间进行分配。

1. 辅助生产费用的分配原则

辅助生产费用的分配就是将辅助生产的产品或劳务成本按各受益对象耗用的数量记入各受益对象的相关账户中。辅助生产费用的分配应遵循以下两项原则。

（1）谁受益谁负担

凡接受辅助生产提供的产品或劳务的部门均应负担辅助生产成本。其中能确认受益对象的，直接计入各受益对象；不能确认的，应按受益比例在各受益部门之间进行分配，多受益多分配，少受益少分配。

（2）分配方法力求简便、合理、易行

辅助生产费用分配方法，既不能只求分配方法简单而忽视成本计算的正确性，也不能一味追求成本精确而将其费用分配方法搞得太复杂。

2. 辅助生产费用的分配原理

根据辅助生产费用的分配原则，各受益部门负担的辅助生产费用可用下列公式计算：

$$\text{某部门应负担的某种辅助生产产品和劳务费用} = \text{某种辅助生产产品和劳务的单位成本} \times \text{该部门受益量}$$

企业内各受益部门受益量的确定，应以科学合理的计量工具作为其耗用的计量标准。凡是可以用仪表计量的，以仪表数作为分配费用的标准；对于没有仪表计量的，应选择合适的计量单位作为计量标准，如机器工时、实用工时等，以便于正确计算产品成本。

3. 辅助生产费用的分配方法

辅助生产部门的产品、劳务主要服务于企业的基本生产车间和管理部门，但在某些辅助生产部门之间也往往存在相互服务的情况，如供电车间为修理车间提供电力，修理车间为供电车间提供修理服务，这就存在辅助生产部门相互分配成本的问题。为解决这一问题，在实务中，通常采用直接分配法、交互分配法、计划成本分配法、代数分配法、顺序分配法等方法进行分配。现对这几种方法分述如下。

(1) 直接分配法

直接分配法是一种不考虑辅助生产部门之间的交互服务，简单地将辅助生产各部门的实际成本在辅助生产部门以外的各受益单位之间进行分配的方法。

$$费用分配率 = \frac{待分配辅助生产费用}{辅助生产车间提供劳务总量 - 为其他辅助车间提供的劳务量}$$

$$各受益部门应负担费用 = 该受益单位耗用量 \times 费用分配率$$

例 3-9 某企业有机修和运输两个辅助生产车间，主要为本企业基本生产车间、行政管理等部门服务，机修车间本月发生费用为 29 730 元，运输车间本月发生费用 19 810 元。各辅助生产车间供应产品或劳务数量，如表 3-16 所示。

表 3-16 辅助生产车间耗用劳务数量表
2019 年 8 月　　　　　　　　　　　　　　　　（金额单位：元）

摘要		机修车间	运输车间
直接费用		29 730	19 810
提供劳务量		26 000 小时	20 000 千米
受益单位及受益数量	基本生产车间	20 000 小时	14 000 千米
	机修车间	—	190 千米
	运输车间	2 216 小时	—
	行政管理部门	1 500 小时	3 000 千米
	专设销售机构	2 284 小时	2 810 千米

采用直接分配法编制的辅助生产费用分配表，如表 3-17 所示。

表 3-17 辅助生产费用分配表（直接分配法）
2019 年 8 月　　　　　　　　　　　　　　　　（金额单位：元）

项目		机修车间	运输车间	合计
待分配辅助生产费用		29 730	19 810	49 540
供应辅助生产以外的劳务数量		23 784 小时	19 810 千米	—
单位成本（分配率）		1.25 元/小时	1 元/千米	
基本生产车间	耗用数量	20 000 小时	14 000 千米	—
	分配金额	25 000	14 000	39 000
行政管理部门	耗用数量	1 500 小时	3 000 千米	—
	分配金额	1 875	3 000	4 875
专设销售机构	耗用数量	2 284 小时	2 810 千米	—
	分配金额	2 855	2 810	5 665
合计		29 730	19 810	49 540

根据表 3-17，分配过程如下。

机修车间费用分配率 = 29 730 ÷ (26 000 - 2 216) = 1.25（元／小时）

运输车间费用分配率 = 19 810 ÷ (20 000 - 190) = 1（元／千米）

根据辅助生产费用分配表即表 3-17，编制会计分录如下。

借：制造费用——固定费用　　　　　　　　　　　　　39 000
　　管理费用——固定费用　　　　　　　　　　　　　4 875
　　销售费用——固定费用　　　　　　　　　　　　　5 665
　贷：辅助生产成本——机修车间　　　　　　　　　　　　　　29 730
　　　　　　　　　——运输车间　　　　　　　　　　　　　　19 810

采用直接分配法，各辅助生产费用只是对外分配，计算工作简便。当辅助生产车间相互提供产品或劳务数量较大时，分配结果往往与实际不符，因此，这种分配方法只适宜在辅助生产内部相互提供产品或劳务不多时，对辅助生产成本和产品制造成本影响不大的情况下采用。

（2）交互分配法

交互分配法是对各辅助生产车间的成本进行两次分配。首先，根据各辅助生产车间相互提供的产品或劳务的数量和交互分配前的单位成本（费用分配率）在各辅助车间之间进行一次交互分配，然后将各辅助生产车间交互分配后的实际费用（交互分配前的成本费用加上交互分配转入的成本费用，减去交互分配转出的成本费用），按对外提供产品或劳务的数量和交互分配后的单位成本（费用分配率），在辅助生产车间以外的各受益单位进行分配。

例 3-10 仍采用例 3-9 中的资料，按交互分配法编制辅助生产费用分配表，如表 3-18 所示。

表 3-18 辅助生产费用分配表（交互分配法）
2019 年 8 月　　　　　　　　　　　　　　　　（金额单位：元）

项目		机修车间			运输车间			合计
		数量（小时）	分配率（元/小时）	分配金额	数量（千米）	分配率（元/千米）	分配金额	
待分配辅助生产费用		26 000	1.143 5	29 730	20 000	0.990 5	19 810	49 540
交互分配	辅助生产——机修			+188.2	−190		−188.2	
	辅助生产——运输	−2 216		−2 534			+2 534	
对外分配辅助生产费用		23 784	1.151 4	27 384.2	19 810	1.118 4	22 155.8	49 540
对外分配	基本生产车间	20 000		23 028	14 000		15 657.6	38 685.6
	行政管理部门	1 500		1 727.1	3 000		3 355.2	5 082.3
	专设销售机构	2 284		2 629.1	2 810		3 143	5 772.1
	合计	23 784		27 384.2	19 810		22 155.8	49 540

根据表 3-18，计算分配过程。

分配过程如下。

(1) 分配前的单位成本

$$机修车间 = 29\,730 \div 26\,000 \approx 1.143\,5(元/小时)$$

$$运输车间 = 19\,810 \div 20\,000 = 0.990\,5(元/千米)$$

(2) 交互分配

$$机修车间转出机修费 = 2\,216 \times 1.143\,5 \approx 2\,534(元)$$

$$运输车间转出运输费 = 190 \times 0.990\,5 \approx 188.2(元)$$

(3) 交互分配后的实际费用

$$机修车间 = 29\,730 + 188.2 - 2\,534 = 27\,384.2(元)$$

$$运输车间 = 19\,810 + 2\,534 - 188.2 = 22\,155.8(元)$$

(4) 交互分配后的单位成本（对外分配单位成本）

$$机修车间 = 27\,384.2 \div 23\,784 \approx 1.151\,4(元/小时)$$

$$运输车间 = 22\,155.8 \div 19\,810 \approx 1.118\,4(元/千米)$$

(5) 对外分配

$$基本生产车间(机修费) = 20\,000 \times 1.151\,4 = 23\,028(元)$$

$$(运输费) = 14\,000 \times 1.118\,4 = 15\,657.6(元)$$

$$行政管理部门(机修费) = 1\,500 \times 1.151\,4 = 1\,727.1(元)$$

$$(运输费) = 3\,000 \times 1.118\,4 = 3\,355.2(元)$$

销售部门(机修费) = 27 384.2 − 23 028 − 1 727.1 = 2 629.1(元)
　　　　(运输费) = 22 155.8 − 15 657.6 − 3 355.2 = 3 143(元)

根据辅助生产费用分配表即表3-18，编制会计分录如下。

(1) 交互分配

借：辅助生产成本——机修车间　　　　　　　　　　　　188.2
　　辅助生产成本——运输车间　　　　　　　　　　　　2 534
　贷：辅助生产成本——机修车间　　　　　　　　　　　　　　2 534
　　　　　　　　　——运输车间　　　　　　　　　　　　　　188.2

(2) 对外分配

借：制造费用——固定费用　　　　　　　　　　　　　　38 685.6
　　管理费用——固定费用　　　　　　　　　　　　　　5 082.3
　　销售费用——固定费用　　　　　　　　　　　　　　5 772.1
　贷：辅助生产成本——机修车间　　　　　　　　　　　　　　27 384.2
　　　　　　　　　——运输车间　　　　　　　　　　　　　　22 155.8

采用交互分配法，辅助生产内部相互提供产品或劳务全部进行了交互分配，从而提高了分配结果的正确性，但各辅助生产车间要计算两次单位成本（费用分配率），进行两次分配，因而增加了计算工作量。

(3) 计划成本分配法

计划成本分配法是指辅助生产车间生产的产品或劳务，按照计划单位成本分配辅助生产费用的方法。辅助生产为各受益单位（包括其他辅助生产车间）提供的产品或劳务，一律按产品或劳务的实际耗用量和计划单位成本进行分配。辅助生产车间实际发生的费用，包括辅助生产交互分配转入的费用在内，与按计划单位成本分配转出的费用之间的差额，可以追加分配给辅助生产以外的各受益单位，但为简化计算工作，也可以全部记入"管理费用"账户。

例3-11　仍按例3-9中的资料，假设机修车间提供劳务的单位计划成本为1.3元，运输车间提供劳务的单位计划成本为1.1元，按计划成本分配法编制辅助生产费用分配表，如表3-19所示。

表3-19　辅助生产费用分配表（计划成本分配法）

2019年8月　　　　　　　　　　　　　　　　　　　　　　（金额单位：元）

摘要		机修车间		运输车间		合计
		数量（小时）	金额	数量（千米）	金额	
提供劳务数量、费用		26 000	29 730	20 000	19 810	49 540
计划单位成本		1.3		1.1		—
按计划成本分配	基本生产车间	20 000	26 000	14 000	15 400	41 400
	机修车间	—	—	190	209	209
	运输车间	2 216	2 880.8	—	—	2 880.8
	行政管理部门	1 500	1 950	3 000	3 300	5 250
	专设销售机构	2 284	2 969.2	2 810	3 091	6 060.2
按计划成本分配合计			33 800		22 000	55 800
原待分配费用			29 730		19 810	49 540
分配转入费用			209		2 880.8	3 089.8
实际费用合计			29 939		22 690.8	52 629.8
实际成本与计划成本差额			−3 861		690.8	−3 170.2

根据辅助生产费用分配表即表3-19，编制会计分录如下。

借：制造费用——固定费用		26 000
辅助生产成本——运输车间		2 880.8
管理费用——固定费用		1 950
销售费用——固定费用		2 969.2
贷：辅助生产成本——机修车间		33 800
借：制造费用——固定费用		15 400
辅助生产成本——机修车间		209
管理费用——固定费用		3 300
销售费用——固定费用		3 091
贷：辅助生产成本——运输车间		22 000
借：辅助生产成本——机修车间		3 861
贷：管理费用——固定费用		3 861
借：管理费用——固定费用		690.8
贷：辅助生产成本——运输车间		690.8

（4）代数分配法

代数分配法是应用代数中多元一次联立方程的原理分配辅助生产成本费用的一种方法。采用这种分配方法，首先应根据各辅助生产车间相互提供产品和劳务的数量，求解联立方程式，计算辅助生产产品或劳务的单位成本；其次根据各受益单位（包括辅助生产内部和外部单位）耗用产品或劳务的数量和单位成本计算分配辅助生产费用。

例 3-12 仍按例 3-9 的资料，假设机修车间提供劳务的单位成本为 x，运输车间提供劳务的单位成本为 y，列联立方程式如下：

$$\begin{cases} 29\,730 + 190y = 26\,000x \\ 19\,810 + 2\,216x = 20\,000y \end{cases}$$

解得，$x = 1.151\,6$ $y = 1.113\,7$

用代数分配法编制辅助生产费用分配表，如表 3-20 所示。

表 3-20 辅助生产费用分配表（代数分配法）
2019 年 8 月
（金额单位：元）

项目		分配率	辅助生产				基本生产车间		行政管理部门		销售部门		分配金额合计
			机修车间		运输车间								
			数量（小时）	金额	数量（千米）	金额	数量	金额	数量	金额	数量	金额	
待分配费用			26 000	29 730	20 000	19 810							49 540
费用分配	机修车间	1.151 6			2 216	2 551.95	20 000	23 032	1 500	1 727.4	2 284	2 630.25	29 941.6
	运输车间	1.113 7	190	211.6			14 000	15 591.8	3 000	3 341.1	2 810	3 217.45	22 361.95
合计				211.6		2 551.95		38 623.8		5 068.5		5 847.7	52 303.55

根据辅助生产费用分配表即表 3-20，编制会计分录如下。

借：辅助生产成本——运输车间		2 551.95
制造费用——固定费用		23 032
管理费用——固定费用		1 727.4
销售费用——固定费用		2 630.25
贷：辅助生产成本——机修车间		29 941.6

借：辅助生产成本——机修车间　　　　　　　　　　　　　　　　211.6
　　制造费用——固定费用　　　　　　　　　　　　　　　　　15 591.8
　　管理费用——固定费用　　　　　　　　　　　　　　　　　 3 341.1
　　销售费用——固定费用　　　　　　　　　　　　　　　　　 3 217.45
　　贷：辅助生产成本——运输车间　　　　　　　　　　　　　　　　　　22 361.95

采用代数分配法，费用分配结果相对准确，但在辅助生产车间较多的情况下，未知数较多，计算复杂。因而这种分配方法适宜在计算工作已经实现电算化的企业中采用。

（5）顺序分配法

顺序分配法也称梯形分配法，是指各辅助生产车间按受益多少的顺序依次排列，受益少的排在最前，先将费用分配出去，受益多的排在后面，后将费用分配出去。该种分配方法不进行交互分配，各辅助生产费用只分配一次，即分配给排列在其后面的辅助生产车间或其他部门，排在其前面的辅助车间则不负担费用。

例 3-13 仍采用例 3-9 的资料，该企业有机修和运输两个辅助生产车间，机修车间耗用运输费为 19 810÷20 000×190 = 188.195（元），运输车间耗用机修费为 29 730÷26 000×2 216 = 2 533.91（元），机修车间耗用运输费较少，而运输车间耗用的机修费用较多，所以按照机修车间、运输车间的顺序排列，先分配机修费，再分配运输费。

采用顺序分配法编制辅助生产费用分配表，如表 3-21 所示。

表 3-21　辅助生产费用分配表（顺序分配法）
2019 年 8 月　　　　　　　　　　　　　　　　　　　（金额单位：元）

借方账户	辅助生产						制造费用		管理费用		销售费用		分配金额合计
	机修车间			运输车间			基本生产车间		行政管理部门		销售部门		
车间部门	劳务数量	待分配费用	分配率	劳务数量	待分配费用	分配率	耗用数量	分配金额	耗用数量	分配金额	耗用数量	分配金额	
	26 000	29 730		20 000	19 810								49 540
机修费	26 000	29 730	1.143 5	2 216	2 534		20 000	22 870	1 500	1 715.25	2 284	2 610.75	29 730
运输费				19 810	22 344	1.127 9	14 000	15 790.6	3 000	3 383.7	2 810	3 169.7	22 344
合计								38 660.6		5 098.95		5 780.45	49 540

根据表 3-21，分配过程如下：

　　　　　机修车间费用分配率 = 29 730÷26 000 ≈ 1.143 5

　　　　　运输车间费用分配率 =（19 810 + 2 534）÷（20 000 - 190）≈ 1.127 9

根据辅助生产费用分配表即表 3-21，编制会计分录如下。

借：辅助生产成本——运输车间　　　　　　　　　　　　　　　　2 534
　　制造费用——固定费用　　　　　　　　　　　　　　　　　22 870
　　管理费用——固定费用　　　　　　　　　　　　　　　　　 1 715.25
　　销售费用——固定费用　　　　　　　　　　　　　　　　　 2 610.75
　　贷：辅助生产成本——机修车间　　　　　　　　　　　　　　　　　29 730
借：制造费用——固定费用　　　　　　　　　　　　　　　　　15 790.6
　　管理费用——固定费用　　　　　　　　　　　　　　　　　 3 383.7
　　销售费用——固定费用　　　　　　　　　　　　　　　　　 3 169.7
　　贷：辅助生产成本——运输车间　　　　　　　　　　　　　　　　　22 344

采用这种分配方法，分配结果的正确性受到一定程度的影响，计算工作量有所增加。这种分配方法只适宜在各辅助生产车间或部门之间相互受益程度有明显顺序的情况下采用。

3.5 制造费用的归集与分配

3.5.1 制造费用的内容与归集

1. 制造费用的内容

制造费用是产品生产的重要组成部分,是指企业各个生产单位(分厂、车间)为组织和管理产品生产或提供劳务而发生的各项费用,是除了直接材料、直接人工外的各种间接费用。制造费用主要包括车间(分厂)管理人员的工资费用、折旧费、办公费、照明费、水电费、取暖费、差旅费、折耗及摊销、安全生产费、运输费、财产保险费、外委业务费、低值易耗品摊销、租赁费、机物料消耗、试验检验费、劳动保护费、排污费、信息系统维护费等。需要指出的是,现行会计准则规定车间固定资产的修理费用不再记入"制造费用"账户,而是记入"管理费用"账户。制造费用归集和分配的核算在"制造费用"账户进行。月末该账户一般没有余额。

2. 制造费用的归集

(1) 制造费用应该按发生地点的不同进行归集

由于企业产品的生产一般需要经过较为复杂的生产加工过程,各生产车间加工的工艺技术、加工时间、加工难易程度不同,因此制造费用在各生产车间的耗费也就不同,所以应分别按各生产车间归集制造费用。月末根据各生产车间组织和管理生产的特点,采用一定的分配标准和分配方法在各成本计算对象之间进行分配,然后计入各成本计算对象的成本中。制造费用明细账可按车间分别设置,对一些重要的、数额大的制造费用项目,还可设置其三级明细账。

制造费用的归集主要体现在制造费用账户借方记录的内容,其内容是一些要素费用,如材料类费用、外购动力费、职工薪酬、折旧费用等。这些费用可通过前述的各种要素费用分配表以及辅助生产费用分配表记入"制造费用"账户的借方,以反映该账户月份内发生的制造费用情况。

(2) 加强制造费用的预算管理

就制造费用的控制而言,每个车间(分厂)应编制制造费用预算,并按制造费用明细项目编制每月或每个季度的预算费用。制造费用预算的编制可采用弹性预算、滚动预算或零基预算的编制方法。

制造费用账户可按照费用项目的性态和具体项目设立专栏,具体格式如表3-22所示。

表 3-22 制造费用明细账

车间名称:第一基本生产车间　　　　　　2019 年 8 月　　　　　　　　　(单位:元)

2019 年		凭证号数	摘要	变动费用	固定费用						合计	转出
月	日			机物料	水电费	人工费	折旧费	修理费	运输费	其他		
8	31	略	原材料费用分配									
			工资费用分配									
			动力费用分配									
			折旧费用分配									
			其他费用分配									
			转入辅助费用									
			本月合计									
			本月转出									

3.5.2 制造费用的分配

1. 制造费用的分配对象

各基本生产车间（或分厂）归集的制造费用，在月末须采用一定的分配标准、采用一定的分配方法，按各成本计算对象受益的比例分配计入各产品成本中。制造费用的分配对象应是各生产车间（分厂）本期所生产的各种产品或所提供的劳务。制造费用的分配应按车间分别进行。

需要指出的是，如果基本生产车间和辅助生产车间都设置制造费用明细账，需要分别进行分配：把辅助生产车间发生的制造费用，由辅助生产车间"制造费用"账户的贷方转入"辅助生产成本"账户的借方，表示由辅助生产成本负担的制造费用分配完成；基本生产车间发生的制造费用，由基本生产车间"制造费用"账户的贷方转入"基本生产成本"账户的借方，表示由基本生产成本负担的制造费用分配完成。如果辅助生产车间不单独设置"制造费用"账户，该辅助生产发生制造费用时，就直接记入"辅助生产成本"账户的借方。

制造费用分配的注意事项如下。

首先，在只生产一种产品的车间或分厂中，制造费用属于直接计入费用，应直接计入该种产品的生产成本。在生产多种产品的车间或分厂中，如果各生产班组按产品品种分工，则各班组本身发生的制造费用也属于直接费用，应直接计入各种产品的成本。车间各班组共同发生的制造费用，一般都属于间接费用，应采用适当的分配方法分别计入该车间（或分厂）的各种产品成本中。

其次，对于制造费用不但要按受益对象进行分配，同时应按成本性态进行归属和分配，这样有利于制造费用的控制和考核。

2. 制造费用分配应遵循的原则

合理分配制造费用的关键是要正确选择分配标准。制造费用包含的内容多、费用项目性质迥异，为制造费用分配方法和标准的选择带来了一定的难度。一般而言，选择制造费用分配标准，应遵循以下 4 个原则。

（1）分配标准应具有"共有性"

各承担制造费用的对象都具有该分配标准的资料。如某一车间的制造费用需要在甲乙两种产品之间分配，分配标准是产品生产量，两种产品的计量单位都是"台"，且加工过程等也雷同。这些基本具备了"共有性"的要求。

（2）分配标准应能体现"比例性"

分配标准与制造费用之间存在着客观的因果比例关系，以达到"多收益多承担，少收益少承担"的要求，使其公平合理地分配。

（3）分配标准应具备易取得和计量性

无论何种分配标准，都应具备容易正确计量、资料也易取得和便于操作的特点，避免烦琐复杂，以便及时合理地计算出各产品所应负担的制造费用。

（4）分配标准应相对稳定

为便于各期制造费用之间的比较分析，分配标准不宜经常改变，应该保持相对稳定。如需变更，应当在会计报表附注中予以说明。

3. 制造费用的分配标准和分配方法

制造费用的分配标准常用的有直接人工工时（实际工时或定额工时）、直接人工成本（实际成本或定额成本）、机器工作小时、材料耗用数量或成本、产品产量、联合分配标准等多种。

如果企业采用作业成本计算法计算产品成本，对制造费用的分配可由若干"成本库"分别进行，按制造费用发生的多种成本动因进行分配，从而使制造费用的分配明细化，提高成本的归属性及可控性（详述可见本书第15章）。

制造费用的分配方法分为三类：实际分配率法、预定分配率法和累计分配率法。

(1) 实际分配率法

实际分配率法是按照本期实际发生的制造费用和本期实际发生的分配标准总量，先计算出制造费用本期实际分配率，然后根据实际分配率和各产品耗用的分配标准量计算出各产品应负担的制造费用数额。其计算公式为：

$$某生产车间制造费用实际分配率 = \frac{该生产车间本期实际制造费用总额}{该生产车间本期分配标准总量}$$

$$某种（类、批）产品应负担的车间制造费用 = 该生产车间制造费用实际分配率 \times 该种（类、批）产品的分配标准量$$

下面主要以直接人工工时为分配标准来举例说明实际分配率法的应用。

1) 直接人工工时（实际或定额）比例分配法。从制造费用的构成内容看，有相当部分的费用与直接人工工时的发生相关，采用这种分配标准，能使劳动生产率同产品负担的制造费用水平联系起来。在超额完成生产计划时，由于产量增加使单位产品耗用工时相对减少，所负担的制造费用也就相应减少，使单位产品制造费用降低，从而正确反映了劳动生产率与制造费用之间的关系，而且大多数企业有完整的工时记录，分配标准资料容易取得，使分配计算工作较为简便。该方法在实际工作中应用较广，如例3-14所示。

例3-14 第一基本生产车间同时生产甲、乙两种产品，本期发生制造费用（假设全部为固定制造费用）共计86 000元。甲产品生产工时数为6 000小时，乙产品生产工时数为4 000小时。甲乙两种产品各自应负担的制造费用计算如下：

$$制造费用分配率 = \frac{86\,000}{6\,000 + 4\,000} = 8.6$$

$$甲产品应负担的制造费用 = 6\,000 \times 8.6 = 51\,600（元）$$

$$乙产品应负担的制造费用 = 4\,000 \times 8.6 = 34\,400（元）$$

这种分配标准，适用于各种产品生产机械化程度相差不大的情况。如果生产单位各种产品的工艺过程、机械化程度差异较大，采用直接人工工时为分配标准，会使工艺过程机械化程度较低的产品负担过多的制造费用，使分配结果与实际发生的制造费用不相符合。

2) 以直接人工工资（直接人工成本）为分配标准。该种方法的适用性与按直接人工工时分配标准基本相同。一般而言，制造费用发生的多少与直接人工工资没有直接的关系。如果各种产品生产工艺过程的机械化程度不高，或者产品加工的技术等级不同，采用这一分配标准，将会使生产工艺机械化程度低、加工技术等级高的产品负担较多的制造费用。而实际上产品加工技术等级的高低只与工资高低有关，与制造费用没有直接的关系。因此这种分配标准仅在各产品的工艺过程、机械化程度和产品加工技术等级大致相同的情况下可以使用。

3) 以机器工时为分配标准。该种方法是按照各产品生产所用机器设备运转时间分配制造费用。在产品生产工艺过程高度机械化和自动化的生产车间，制造费用中的折旧费、动力费等与机器设备使用有密切关系的费用所占比重很大时，采用机器工时为分配标准比较恰当。

4) 以联合分配为分配标准。所谓"联合分配"是根据各生产车间或分厂制造费用中各项费用的特性，划分为若干个类别，然后分别按照不同特性类别的制造费用选择各自恰当的分配标准进行分配的方法，或者说是几种分配标准联合使用的方法。采用这种方法，可以提高每一种分配标准与所分配的制造费用之间的相关程度，从而保证制造费用分配的合理性和正确性。由于这种分配方法要根据所确定的制造费用具体项目分别计算其分配率，分别计算产品应负担的制造费用的不同项目，该方法计算量较大，适用于企业信息化程度高和制造费用在产品成本中比重高的情况。

采用实际分配率法时，企业财会部门需等到会计期末取得制造费用实际资料后才能进行分配，不利于及时计算产品成本。对于有季节性生产特点的企业，生产旺季和淡季的生产量悬殊，而制造费用中有相当部分属于固定费用，如果按实际分配率法分配制造费用，会对各月产品生产成本水平的影响较大，使淡季成本水平偏高，而旺季偏低，这不利于企业进行成本分析。因此，企业可采用预定分配率法分配制造费用。

(2) 预定分配率法

预定分配率法也称计划分配率法，它主要是根据企业正常经营条件下的各生产车间（分厂）制造费用年度预算额和年度计划产量的定额分配标准量，事先计算出各生产车间（分厂）的制造费用预定分配率，然后根据预定分配率和各月实际产量计算的定额分配标准量分配制造费用。

年度计划产量定额分配标准量是根据企业制定的全年计划产量和单位产量分配标准的定额计算的。例如按计划产量和单位产量直接人工定额工时计算的全年直接人工定额工时数量。单位产量分配标准可以选择单位产量直接人工定额工时、单位产量直接人工定额成本或单位产量机器工时定额等。

差异处理：按预定分配率计算分配的制造费用数额与实际发生的制造费用之间的差额平时留在"制造费用"账户中，年末，再根据各种产品已分配数的比例进行一次调整，分配计入 12 月份所生产的产品成本中。预定分配率法的计算公式如下：

$$制造费用预定分配率 = \frac{该年度生产车间制造费用预算总额}{年度该生产车间计划产量定额分配标准总量}$$

$$\begin{matrix}某种（类、批）产品\\应分配的制造费用\end{matrix} = \begin{matrix}制造费用\\预定分配率\end{matrix} \times \begin{matrix}该种（类、批）产品\\实际产量定额分配标准量\end{matrix}$$

$$\begin{matrix}实际制造费用与预定\\分配率分配的差额\end{matrix} = \begin{matrix}实际制\\造费用\end{matrix} - \begin{matrix}按预定分配率分\\配的制造费用\end{matrix}$$

$$差异额分配率 = \frac{差异额}{按预定分配率分配的制造费用}$$

$$\begin{matrix}某种（类、批）产品\\应负担的差异额\end{matrix} = \begin{matrix}该种（类、批）产品按预定\\分配率分配的制造费用\end{matrix} \times \begin{matrix}差异额\\分配率\end{matrix}$$

例 3-15 假设企业某生产车间全年制造费用预算为 600 000 元（假定全部为固定费用），全年各种产品的计划产量为：甲产品 25 000 件，乙产品 10 000 件。单位产品工时定额为：甲产品 6 小时，乙产品 5 小时。1 月份实际产量为甲产品 2 000 件，乙产品 800 件。1 月份实际发生的制造费用为 50 000 元。计算年度预定分配率和 1 月份制造费用分配数额。

$$制造费用年度预定分配率 = \frac{600\,000}{25\,000 \times 6 + 10\,000 \times 5} = 3$$

1 月份制造费用分配情况：

$$甲产品应分配制造费用 = 2\,000 \times 6 \times 3 = 36\,000（元）$$
$$乙产品应分配制造费用 = 800 \times 5 \times 3 = 12\,000（元）$$

编制 1 月份制造费用分配的会计分录：

借：基本生产成本——甲产品　　　　　　　　　　　　　　　　36 000
　　　　　　　　——乙产品　　　　　　　　　　　　　　　　12 000
　贷：制造费用——固定制造费用　　　　　　　　　　　　　　　48 000

1 月份实际制造费用与按预定分配率分配的差额：50 000 – 48 000 = 2 000（元）

这 2 000 元体现在 1 月份"制造费用"账户中为借方余额 2 000 元。

采用预定分配率法分配制造费用，"制造费用"账户的月末余额可能在借方也可能在贷方。借方余额表示实际发生额大于计划分配额，贷方余额表示实际发生额小于计划分配额。全年制造费用实际发生额与按预定分配率分配的差额在年末要进行调整。

例3-16　接例 3-15，假设到年末，全年实际发生制造费用 625 000 元。年末累计已分配制造费用 620 000 元，其中甲产品已分配 400 000 元，乙产品已分配 220 000 元。做出年末差异额的计算及调整差异的分录。

实际制造费用与按预定分配率计算分配的差额为：625 000 – 620 000 = 5 000（元）

$$差异额分配率 = \frac{5\,000}{620\,000} = 0.008\,1$$

甲产品应负担的差异额 = 400 000 × 0.008 1 = 3 240（元）
乙产品应负担的差异额 = 5 000 – 3 240 = 1 760（元）

上述计算表示制造费用计划比实际少分配了 5 000 元，需要做蓝字会计分录追加分配。编制调整分录如下：

借：基本生产成本——甲产品　　　　　　　　　　　　　　　　3 240
　　　　　　　　——乙产品　　　　　　　　　　　　　　　　1 760
　贷：制造费用——固定制造费用　　　　　　　　　　　　　　　5 000

如果实际发生的制造费用小于计划分配额，年末应做冲销多分配制造费用的账务处理。可用红字会计分录冲回多分配的数额。

年末调整分配后，"制造费用"账户应无余额。

采用预定分配率法分配制造费用，不必每月计算分配率，这种方法简化和加快了制造费用的分配工作。利用该种方法还可以避免各月制造费用分配率相差悬殊的弊端，有利于考核和检查制造费用预算执行情况，便于分析各月产生差异的原因。但由于实际发生额与预算数的差额全部由年度最后一个月份负担，如果差异额较大，会影响产品成本的准确性，所以该方法要求企业有较高的预算管理水平。

（3）累计分配率法

上述两种分配率法都是把当月发生的制造费用按受益对象进行分配，属于当月分配法。如果产品生产周期较长（一个月以上），产品生产批次较多，而每月完工产品的批次往往只占全部产品批次的一部分，这种情况下采用当月分配制造费用的方法，就会增加分配和登记成本明细账的工作量。为简化工作量，可以采用累计分配率法分配制造费用。

累计分配率法是在产品完工时一次性分配其应该负担的全部制造费用，对未完工产品暂不分配，其应该负担的费用保留在"制造费用"账户中，累计工时保留在"产品成本明细账"中，待其完工后一次性分配。

累计分配率法多用于产品成本计算的分批法中，详见本书第 4 章的阐述。

4. 制造费用分配表的编制

分配制造费用计入产品成本可通过编制制造费用分配表进行。

例 3-17 某企业生产甲乙两种产品,本月应由产品成本负担的制造费用共计 83 000 元,其中变动制造费用 3 000 元,固定制造费用 80 000 元。按生产工时分配,工时资料及分配结果如表 3-23 所示。

表 3-23 制造费用分配表
2019 年 8 月　　　　　　　　　　　　　　　　　　　　　　（金额单位：元）

应借科目		生产工时	分配率	变动费用	分配率	固定费用	分配金额合计
基本生产成本	甲产品	6 000	0.3	1 800	8	48 000	49 800
	乙产品	4 000		1 200		32 000	33 200
合计		10 000		3 000		80 000	83 000

根据制造费用分配表即表 3-23,编制变动成本计算法的会计分录如下:

```
借：基本生产成本——甲产品                      1 800
           ——乙产品                           1 200
    贷：制造费用——变动费用                              3 000
借：管理费用                                   80 000
    贷：制造费用——固定费用                            80 000
```

如果企业采用完全成本计算法计算产品成本,则会计分录如下:

```
借：基本生产成本——甲产品                     49 800
           ——乙产品                          33 200
    贷：制造费用——基本生产车间                        83 000
```

3.6 生产损失的核算

3.6.1 生产损失核算的意义

企业在生产经营过程中可能会发生一些损失。发生的各种损失按其是否计入产品生产成本,分为生产损失和非生产损失两大类。

生产损失是指在生产过程中由于生产原因而发生的各种损失,如由于产生废品而造成的废品损失,由于机器设备发生故障而被迫停工造成的停工损失等。生产损失都是与产品生产直接有关的损失,因此生产损失应由产品生产成本承担,是产品生产成本的组成部分。如果生产损失数额较小,为简化成本核算可不进行单独核算,但如果生产损失数额较大,为控制生产损失发生的数额及明确经济责任,应进行生产损失的核算。

非生产损失主要是由于企业经营管理或其他原因造成的损失,如坏账损失,存货的盘亏、毁损,汇兑损失,投资损失,非常损失等。非生产损失由于与产品生产没有直接关系,不能计入产品成本,应根据损失的性质和原因计入管理费用等相关账户,并应追究相关人员的责任。

3.6.2 废品损失的概念与核算

1. 废品及废品损失

(1) 废品及其分类

废品是指不符合规定的质量标准和技术条件,不能按原来规定的用途使用,或者需要加工修理后才能使用的产成品、半成品、在产品等。无论是在生产过程中发现的废品,还是入库后发现的废品都要进行核算。

废品按其废损程度和在经济上是否有修复价值，分为可修复废品和不可修复废品两类。可修复废品是指技术上可以修复，而且修复所发生的费用在经济上是合算的。不可修复废品是指在技术上已经不可能修复，或者在技术上虽然能修复，但修复费用在经济上不合算。

（2）废品产生的原因

在产品生产过程中产生废品的原因主要有两种：料废和工废。料废通常是由于材料不符合质量要求或者是由于在产品、半成品不合格造成的。工废通常是由于加工过程中人工的原因造成的，如违反操作规程、看错图纸等。对废品进行料废和工废的分类，涉及经济核算和废品责任的归属，以免生产车间之间互相扯皮，也有利于各级部门和相关人员经济责任的落实。

（3）废品损失的构成内容

废品损失是指因产生废品而发生的报废损失和废品修复费用，其中废品报废损失是指不可修复废品的生产成本扣除收回材料的废料价值损失。废品修复费用是指为修复废品所耗费的材料、动力、生产工人工资及福利费和一些制造费用等修复费用。若有造成废品损失责任人的赔偿款项，应冲减废品损失。

2. 废品损失的核算

（1）设置"废品损失"账户

为反映废品损失情况和加强对废品损失的控制，应该设置"废品损失"账户进行废品损失的归集和分配。发生可修复废品的修复费用和不可修复废品已耗费的成本转入时，记入该账户的借方，不可修复废品回收残料的价值、应收责任人的赔偿款和结转废品净损失时，记入该账户的贷方。"废品损失"账户月末一般没有余额。在废品损失多的情况下，应分别不同的基本生产车间设置废品损失明细账。废品净损失应当由该种产品当月完工产品负担，在产品不负担。

（2）原始凭证的填制

由于可修复废品和不可修复废品的构成内容不同，因此其废品损失核算的原始凭证也有所不同。

1）废品通知单。在产品、半成品、产成品经过质量检验后确认为废品的，应由检验人员填写"废品通知单"，填写废品的名称和数量、废品的部位、产生废品的原因及责任人员、耗费的材料和工时、责任人赔偿金额等。

2）领料单和工作通知单。如果是可修复废品，一般由原生产车间修复，修复过程所领用的材料和所耗用的工时，应填写领料单和工作通知单，并在单内注明"修复废品"字样。

3）废品交库单。如果是不可修复废品，应填写"废品交库单"，在单内要注明废品残料的价值。将"废品交库单"和废品都送交废品仓库或其他废品存放地点。

（3）可修复废品损失的核算

可修复废品的损失是指在修复过程中发生的各项修复费用。如果可修复废品是完工入库后发现的，还需要先将可修复废品的成本从"库存商品"账户的贷方转入"基本生产成本"账户的借方，再进行修复费用的核算。无论是入库前还是入库后，可修复废品产生的修理费用都应根据各种要素费用分配表或者直接根据有关凭证进行归集，借记"废品损失"账户，贷记"原材料""应付职工薪酬"等相关账户。期末将"废品损失"账户所归集的可修复废品的净损失转入"基本生产成本"账户的借方。

例3-18 某企业8月份生产甲产品，本月完工入库800件，单位成本2 500元。完工入库后检测发现可修复废品6件。各种要素费用分配表列明甲产品的废品修复费用为原材料4 400

元、职工薪酬 2 000 元、职工福利费 290 元、制造费用 900 元、过失人承担责任赔偿 300 元。账务处理如下：

由于废品是完工入库后发现的，因此将废品成本从"库存商品"账户的贷方转入"基本生产成本"账户的借方。

借：基本生产成本——甲产品　　　　　　　　　　　　15 000
　　贷：库存商品——甲产品　　　　　　　　　　　　　　　　　15 000

发生修复废品的费用：

借：废品损失——甲产品　　　　　　　　　　　　　7 590
　　贷：原材料　　　　　　　　　　　　　　　　　　　　　　　4 400
　　　　应付职工薪酬　　　　　　　　　　　　　　　　　　　　2 000
　　　　应付职工薪酬——职工福利费　　　　　　　　　　　　　　290
　　　　制造费用　　　　　　　　　　　　　　　　　　　　　　　900

应收赔偿款，冲减废品损失：

借：其他应收款——责任人　　　　　　　　　　　　　300
　　贷：废品损失——甲产品　　　　　　　　　　　　　　　　　　300

废品损失计入成本：

借：基本生产成本——甲产品　　　　　　　　　　　7 290
　　贷：废品损失——甲产品　　　　　　　　　　　　　　　　　7 290

修复完工入库：

借：库存商品——甲产品　　　　　　　　　　　　　22 290
　　贷：基本生产成本——甲产品　　　　　　　　　　　　　　　22 290

（4）不可修复废品损失的核算

不可修复废品的损失是该废品已经消耗的成本。由于不可修复废品的成本与合格品的成本是在一起的，即不可修复废品的成本包括在合格产品成本之内，因此需要采用一定的方法先确定不可修复废品的成本，并将其成本从合格产品成本中转出。确定了不可修复废品的已耗成本后，减去不可修复废品残值和应向责任人索赔的数额后，即可计算出不可修复废品的损失。

确定不可修复废品的已耗成本一般有两种计算方法：一是按实际成本计算；二是按定额成本计算。

1）按实际成本计算。可以根据合格品和不可修复废品实际耗用的总成本，按合格品与不可修复废品的数量比例计算。计算公式如下：

$$不可修复废品已耗直接材料成本 = \frac{直接材料总成本}{合格产品数量 + 废品数量} \times 废品数量$$

$$不可修复废品已耗其他成本项目 = \frac{某成本项目总成本}{合格产品数量 + 废品数量} \times 废品数量$$

例 3-19　某企业 8 月份生产乙产品 500 件，原材料在生产开工时一次投入，在加工 50% 时，发现 8 件不可修复废品，在全部加工完工验收时，又发现两件不可修复废品。乙产品成本计算单中，直接材料 37 000 元；直接人工成本 12 400 元，其中变动费用 5 952 元，固定费用 6 448 元；制造费用 9 176 元，其中变动制造费用 2 976 元，固定制造费用 6 200 元。废品残料回收价值 200 元。根据上述资料，编制废品损失计算表，如表 3-24 所示。

表 3-24　废品损失计算表（按实际成本计算）

车间名称：基本车间　　　2019 年 8 月　　　产品名称：乙产品　　　（金额单位：元）

项目	数量或折合数量（件）	原材料	数量或折合数量（件）	人工费用 变动费用	人工费用 固定费用	制造费用 变动费用	制造费用 固定费用	合计
费用总额	500	37 000		5 952	6 448	2 976	6 200	58 576
费用分配率		74		12	13	6	12.5	
废品成本	10	740	6	72	78	36	75	1 001
减：废品残料		200						200
废品损失		540		72	78	36	75	801

表 3-24 中不可修复废品已耗直接材料、直接人工变动费用计算如下（其他项目略）。

$$不可修复废品已耗直接材料成本 = \frac{37\,000}{490+10} \times 10 = 740$$

$$不可修复废品已耗变动人工费用 = \frac{5\,952}{490+6} \times (8 \times 50\% + 2) = 72$$

根据表 3-24 做会计分录如下。
结转已完工入库废品的成本：
借：废品损失——乙产品　　　　　　　　　　　　　　　1 001
　　贷：基本生产成本——乙产品　　　　　　　　　　　　　　1 001
残料入库，冲减废品损失：
借：原材料　　　　　　　　　　　　　　　　　　　　　200
　　贷：废品损失——乙产品　　　　　　　　　　　　　　　　200
假定应收过失人赔款 100 元，冲减废品损失：
借：其他应收款——责任人　　　　　　　　　　　　　100
　　贷：废品损失——乙产品　　　　　　　　　　　　　　　　100
将废品净损失计入当月同种产品的成本：
借：基本生产成本——乙产品　　　　　　　　　　　　701
　　贷：废品损失——乙产品　　　　　　　　　　　　　　　　701

2）按定额成本计算。根据单位产品的定额成本（计划成本）和发生废品的数量，以及发现废品时已投料和已加工的程度计算废品损失。这种方法计算比较简便，适用于定额资料比较完整和准确的情况。

例 3-20　某车间 8 月生产 A 产品，验收入库后发现不可修复废品 6 件，回收废品残值 200 元。单位产品定额成本为 320 元，其中原材料 250 元，变动人工费用 30 元，固定人工费用 10 元，变动制造费用 10 元，固定制造费用 20 元。编制废品损失计算表，如表 3-25 所示。

表 3-25　废品损失计算表（按定额成本计算）

产品名称：A 产品　　　2019 年 8 月　　　废品数量：6 件　　　（单位：元）

项目	原材料	人工费用 变动费用	人工费用 固定费用	制造费用 变动费用	制造费用 固定费用	合计
单位定额成本	250	30	10	10	20	320
废品定额成本	1 500	180	60	60	120	1 920
减：回收残值	200					200
废品损失	1 300	180	60	60	120	1 720

结转已经完工入库的废品成本：
借：废品损失——A产品　　　　　　　　　　　　　　1 920
　　贷：库存商品——A产品　　　　　　　　　　　　　　　　1 920
残料入库，冲减废品损失：
借：原材料　　　　　　　　　　　　　　　　　　　　200
　　贷：废品损失——A产品　　　　　　　　　　　　　　　　200
废品损失计入成本：
借：基本生产成本——A产品　　　　　　　　　　　　1 720
　　贷：废品损失——A产品　　　　　　　　　　　　　　　　1 720

3.6.3 停工损失的核算

1. 停工损失的确认

停工损失是指企业或生产车间、班组在停工期间内（非季节性停工期间）因计划停产、停电、待料、机器设备发生故障等原因发生的各项费用，包括停工期内发生的材料、燃料、动力费、应支付的生产工人的工资、应计提的福利费和应分摊的制造费用等。

停工计算损失的时间和空间界限，一般由企业主管部门规定。就时间而言，有8小时内的停工，一个月以内、一个月以上的停工；就空间而言，有小组、车间、全厂停工。按时间和空间分类，主要是看损失的大小来决定是否计算停工损失。一般而言范围小的（8小时内、小组停工）可以不计算停工损失，停工期间发生的费用可以直接记入"制造费用"账户，范围大的，如一个月以内的要计算。

不是所有停工造成的损失都作为停工损失处理。因季节性停工和设备修理停工而造成的损失，应在"制造费用"账户中归集，由开工期内的生产成本负担；因自然灾害等原因非正常停工而造成的停工损失，应在"营业外支出"账户中归集，直接计入当期损益。

2. 停工损失的归集与分配

单独核算停工损失的企业，应设置"停工损失"账户进行总分类核算，还要按成本计算对象或地点设置停工损失明细账进行明细分类核算。计算停工损失的原始凭证主要是"停工报告单"。发生停工时，生产单位应及时填制"停工报告单"，注明停工的时间、地点、范围、原因、责任人等内容。"停工损失"明细账内设专栏按有关成本项目分别记录，并按停工原因分别反映，以便明确责任，正确计算产品成本。企业根据停工报告单和各种费用分配表等有关凭证，将应列为停工损失的费用记入"停工损失"账户的借方进行归集；应由过失单位及过失人员或保险公司负担的赔款，应从该账户的贷方转入"其他应收款"等账户的借方。期末，将停工净损失从该账户贷方转出，转入"基本生产成本"账户的借方，由本月产品成本负担。

如果停工的车间生产多种产品，还要采用合理的分配标准，分配计入该车间各种产品成本明细账停工损失成本项目，分配标准和方法与制造费用分配相同。车间编制停工损失分配表，在各种完工产品之间进行分配。除停工超过一个月，车间没有进行产品生产，可以保留期末余额外，"停工损失"账户月末通常无余额。

例3-21 某企业第二车间9月生产丙产品，由于工人操作不当使设备发生故障而停工2天。2天的停工损失费用为7 200元，其中生产工人工资4 000元、职工福利500元、动力费900元、应分摊制造费用1 800元。经确认，由违规操作工人负责赔偿停工损失720元。编制会计分录如下。

借：停工损失——第一车间	7 200	
贷：应付职工薪酬——工资费		4 000
——职工福利费		500
应付账款		900
制造费用		1 800
借：其他应收款	720	
贷：停工损失		720
借：基本生产成本——丙产品	6 480	
贷：停工损失		6 480

3.7　生产费用在完工产品与在产品之间的分配

在本章前述几节中阐述了生产过程中发生的各种要素费用的归集与分配。在这个过程中，应记入本期产品的各种要素费用已经全部记入了"基本生产成本"账户的借方。一个成本计算期内一般都有完工产品和期末在产品，要计算本月完工产品成本，须将本月发生的生产费用加上期初的在产品费用（成本），在本期生产的产成品和在产品之间进行分配，从而计算出本期完工产品的总成本和单位成本及期末在产品成本。其关系可用下列公式表示：

月初在产品成本 + 本月生产费用 = 本月完工产品成本 + 月末在产品成本

由以上关系式可知，如果月初、月末没有在产品，本月发生的生产费用就是本月完工产品成本；如果月初、月末有在产品，本月生产费用合计应在完工产品和月末在产品之间进行分配。

3.7.1　完工产品与在产品的确认

为了更好地掌握各种成本计算方法，在这里有必要说明一下完工产品与产成品的概念。这是两个相近但不完全相同的概念。当产品需要多步骤加工且自制半成品可以出售时，完工产品和在产品就有广义和狭义之分。

1. 狭义完工产品和广义完工产品

狭义完工产品是指已经完成全部生产过程，随时可供销售的产成品。广义完工产品不仅包括狭义产成品，还包括自制半成品。自制半成品是指完成部分生产阶段，已由生产车间转移到以后加工步骤或半成品仓库，但尚未完成全部生产过程有待在企业内进一步加工的半成品。

2. 狭义在产品和广义在产品

狭义在产品是指正停留在生产车间进行加工的在制品和已经完成本车间生产但尚未验收入库的产品。广义在产品不仅包括狭义在产品，而且还包括已经完成部分加工阶段，已由中间仓库验收，但尚未完成全部生产过程的自制半成品。

区分完工产品的广义与狭义和在产品的广义与狭义，对多步骤生产企业和自制半成品出售的情况有实际的应用价值。在本书的第5章"成本计算的分步法"中会涉及这个问题。

3.7.2　在产品核算的意义

在产品核算和控制是企业日常管理工作的重要组成部分。在产品总是处在不断的变化中，零部件多，每道工序变化很大。与材料相比，在产品更难管理。因此在日常管理中，要对在产品每道工序上的投入数量、投产时间、加工进度、实存情况以及在产品的转移、短缺等情况进行记录，以反映在产品在整个生产加工过程中的流转情况。在产品的数量管理和计算其成本，是成本计算工作的一个较为复杂的问题，但越复杂越需要正确地进行在产品的核算。在产品核算的意义主要体现在以下三个方面。

(1) 加强在产品的储存量及移动的核算，可以为编制生产作业计划提供必要的资料

正确、及时地记录、反映在产品投产的数量、批次、投产时间、加工进度等，有利于企业加强生产调度，促进各生产环节相互衔接，也有利于批量产品生产的企业控制产品零部件的配套生产，防止在产品超储积压。

(2) 在产品核算是管理在产品资金的必要手段

通过在产品数量核算和在产品成本计算，反映在产品在各个生产车间、各半成品库的实存数量和所占用的资金量，以便企业在保证生产需要的前提下，尽量压缩在产品储存量，以便加快在产品资金周转速度。

(3) 为会计部门正确计算产品生产成本提供可靠的产量资料

期末在产品结存数量和加工程度，这些资料的正确与否，都会直接影响到在产品成本计算的正确性，从而关系到完工产品成本计算的正确性。

3.7.3 生产费用在完工产品与在产品之间的分配

1. 分配类型

确定完工产品成本与在产品成本划分方法的原则是即要合理又要简便。企业应该根据月末结存在产品数量的多少、在产品结存数量的起落程度、在产品价值的大小、各成本项目占总成本的比重以及企业定额管理基础工作的水平等因素，选择生产费用在完工产品与在产品之间的分配方法。分配方法按在产品成本确定的先后顺序可以分为以下三种类型。

(1) 先确定完工产品成本，再确定月末在产品成本

从生产费用总额中减去完工产品成本，剩余的就是在产品成本。此法适用于大量、大批生产的机械制造业，因为月末在产品特别多。

(2) 先确定月末在产品成本

从生产费用总额中减去在产品成本，剩余的就是产成品总成本。此法一般适用于连续加工式生产、产品比较单一的情况。对在产品先行计价的方法有：在产品按年初成本计价、在产品按定额成本计价、在产品不计价法。这些方法后面详述。

(3) 产成品成本、在产品成本同时算出

此法是选择一种分配标准，同时计算出完工产品成本和在产品成本。具体方法包括约当产量比例法和定额比例法。这种同时算出产成品成本和在产品成本的方法适用于较复杂的一些连续加工式企业，如纺织厂、机械制造业等。

2. 分配方法

(1) 在产品成本不计价法

该方法也称在产品成本忽略不计法。该方法是指虽然月末有在产品，但数量少、价值低，而且各月在产品数量比较稳定的情况下，对月末在产品成本可以忽略不计。采用这种方法是因为月初与月末在产品成本之差很小，不计算在产品成本对产成品成本影响不大。为简化成本计算，可不计算月末在产品成本。这种情况下，本月各产品发生的生产费用就是本月该种产成品的总成本，除以本月产成品数量，即可求得该产品单位产品成本。自来水生产企业、采掘企业等可采用此方法。

（2）在产品成本按年初成本计价法

这是一种对各月月末在产品成本按年初在产品成本计算的方法。各月末在产品的成本固定不变，这样每月发生的生产费用就是该月完工产品的成本。采用这种方法，年末要根据实际盘点的在产品数量，重新调整确定在产品成本，作为次年在产品成本计算的依据。该方法适用于各月月末在产品结存数量较少或者虽然在产品结存数量较多，但各月月末在产品数量比较稳定的情况。

（3）在产品成本按直接材料成本计算法

此方法下，月末在产品只负担直接材料成本，直接人工成本和制造费用全部由本期完工产品成本负担。此法减少了人工成本及制造费用在完工产品与在产品之间的分配工作量，主要适用于直接材料成本在全部产品成本中所占比重相当大的企业，否则会影响完工产品和月末在产品成本的正确性。酿酒、造纸企业可采用这种方法。该方法的计算公式如下：

$$月末在产品成本 = 月末在产品数量 \times 单位产品直接材料成本$$
$$本月完工产品成本 = 月初在产品成本 + 本月生产费用 - 月末在产品成本$$

（4）约当产量比例法

约当产量比例法是将月末结存的在产品数量按其完工程度折算为相当于完工产品的数量，然后按完工产品产量和月末在产品约当产量的比例，计算完工产品成本和月末在产品成本的方法。本月完工产品产量加上月末在产品约当产量称为约当总产量，也简称为约当产量。约当产量比例法适用于月末在产品数量较大、各月末在产品结存数量不稳定的情况。

约当产量比例法的计算公式如下：

$$月末在产品约当产量 = 月末在产品数量 \times 在产品完工程度（投料程度、加工程度）$$

$$约当产量单位成本（成本项目分配率）= \frac{月初在产品成本 + 本月发生的生产费用}{完工产品产量 + 月末在产品约当产量}$$

$$完工产品总成本 = 约当产量单位成本 \times 完工产品产量$$

$$月末在产品成本 = 约当产量单位成本 \times 月末在产品约当产量$$

由上述计算公式可知，约当产量比例法的关键是要把在产品的约当产量确定好。计算月末在产品的约当产量，首先要确定在产品的完工程度。在产品的投料程度和加工程度大多数情况下是不一致的，因此对在产品的完工程度应按投料程度和加工程度分别确定。在在产品完工程度确定好的基础上再计算在产品的约当产量。这样，也应按成本项目的不同分别计算在产品的约当产量：直接材料项目的约当产量按投料程度计算，直接人工、制造费用的约当产量按加工（完工）程度计算。对在产品完工程度的计算，我们分一般情况和复杂情况进行说明，以便于在产品约当产量的确定。

一般（简单）情况：原材料一次投入，加工程度都按 50% 计算。

月末在产品负担的材料成本与在产品的投料程度密切相关。在产品的投料程度是指在产品已投材料占完工产品应投材料的百分比。如果生产过程中原材料一次性投料，这属于投料程序比较简单的情况。生产过程复杂的需要分次投料，如化工、制药等行业或企业。

直接材料在生产开始时一次性投入，这种方式的投料百分比是 100%，不管在产品完工程度如何，在产品和产成品耗用的原材料单位成本是一致的。因此在分配直接材料成本时，在产品约当产量即为在产品的实际数量。

就在产品的加工程度而言，在产品加工程度是指在产品定额工时（或定额成本）占完工产品定额工时（或定额成本）的百分比。一般每道工序都有在产品，每道工序在产品的完工程度很可能不一样，而且某道工序内每件在产品的加工程度也不相同，有的在产品的加工程度在50%以下，有的接近100%，如果月末在产品在各道工序上结存数量比较均衡，为简化核算，在产品的直接人工费用、制造费用的完工程度可按50%平均计算（以50%以上多加工部分去弥补50%以下加工的部分），这样处理也是比较合理的。

复杂情况：直接材料不是一次投入，投料程度也应根据实际情况分别确定。

在生产过程中材料投入形式有在生产开始时一次投入，还有在生产过程中陆续投入和材料分阶段在每道工序开始时投入。由于投入形式不同，在产品投料程度的计算也就不同。

如果月末在产品工序结存数量不均衡，各道工序在产品的加工程度要按工序分别测定。

1) 在产品直接材料成本项目约当产量的计算。

①当直接材料随生产过程陆续投入时，直接材料的投入程度与生产工时投入进度完全一致或基本一致，此时，分配直接材料的在产品约当产量按完工程度计算。在产品以各工序直接材料单位产品消耗定额为依据，各工序投料程度（投料率）按完成本工序投料的50%计算。

计算公式如下：

$$某工序投料程度 = \frac{单位在产品上道工序累计投入直接材料（数量）费用 + 单位在产品本工序投入直接材料（数量）费用 \times 50\%}{单位完工产品直接材料应投（数量）费用} \times 100\%$$

例3-22 某种产品需经两道工序完成，材料是在每道工序随着加工进度陆续投入。单位直接材料消耗定额为500千克，其中，第一道工序消耗定额为300千克，第二道工序消耗定额为200千克。月末在产品数量：第一道工序300件，第二道工序100件。计算月末在产品约当产量。月末在产品投料程度及约当产量计算过程如下：

第一道工序在产品投料程度 $= \frac{300 \times 50\%}{500} \times 100\% = 30\%$　　在产品约当产量 $= 300 \times 30\% = 90$

第二道工序在产品投料程度 $= \frac{300 + 200 \times 50\%}{500} \times 100\% = 80\%$　　在产品约当产量 $= 100 \times 80\% = 80$

计算结果如表3-26所示。

表3-26　在产品约当产量计算表一

工序	本工序直接材料消耗定额（千克）	在产品投料程度	在产品实际产量（件）	在产品约当产量（件）
1	300	30%	300	90
2	200	80%	100	80
合计	500		400	170

②当直接材料分阶段在每道工序开始时投入，月末在产品投料程度可按下列公式计算：

$$某工序投料程度 = \frac{单位在产品上道工序累计投入直接材料（数量）费用 + 单位在产品本工序投入直接材料（数量）费用}{单位完工产品直接材料应投（数量）费用} \times 100\%$$

例3-23 某产品经过三道工序完成，原材料分三道工序在每道工序开始时投入。直接材料消耗定额为1 000元，其中，第一道工序为400元、第二道工序为360元、第三道工序为240元。月末在产品数量：第一道工序100件、第二道工序150件、第三道工序200件。

在产品投料程度及约当产量计算过程如下：

第一道工序在产品投料程度 $= \frac{400}{1000} \times 100\% = 40\%$　　在产品约当产量 $= 40\% \times 100 = 40$

第二道工序在产品投料程度 $= \dfrac{400+360}{1000} \times 100\% = 76\%$ 　　在产品约当产量 $= 76\% \times 150 = 114$

第三道工序在产品投料程度 $= \dfrac{760+240}{1000} \times 100\% = 100\%$ 　　在产品约当产量 $= 100\% \times 200 = 200$

计算结果如表 3-27 所示。

表 3-27　在产品约当产量计算表二

工序	单位产品投料定额（元）	在产品投料程度	在产品实际产量（件）	在产品约当产量（件）
1	400	40%	100	40
2	360	76%	150	114
3	240	100%	200	200
合计	1 000		450	354

2) 在产品直接人工、制造费用成本项目约当产量的计算。

直接材料费用以外的其他费用，主要包括直接人工和制造费用，这些费用的发生与加工程度密切相关，它们随着工艺过程的进行而逐渐增加，产品完工程度越高，该产品应负担的这部分费用也应越多。如果各工序在产品数量和单位产品在各工序的加工程度都相差不多，可以按平均完工率50%计算。分工序计算在产品完工程度的计算公式如下：

$$\text{某工序在产品完工程度} = \dfrac{\text{单位在产品上道工序累计工时定额} + \text{单位在产品本工序工时定额} \times 50\%}{\text{单位完工产品工时定额}} \times 100\%$$

例 3-24　设某产品经过三道工序加工完成，单位产品工时定额200 小时，其中第一道工序100 小时、第二道工序60 小时、第三道工序40 小时。各道工序在产品加工程度均按50%计算。在产品期末结存实际数量第一道工序200 件、第二道工序150 件、第三道工序100 件。

在产品完工程度及约当产量计算过程如下：

第一道工序完工率 $= \dfrac{100 \times 50\%}{200} \times 100\% = 25\%$ 　　约当产量 $= 25\% \times 200 = 50$

第二道工序完工率 $= \dfrac{100 + 60 \times 50\%}{200} \times 100\% = 65\%$ 　　约当产量 $= 65\% \times 150 = 97.50$

第三道工序完工率 $= \dfrac{160 + 40 \times 50\%}{200} \times 100\% = 90\%$ 　　约当产量 $= 90\% \times 100 = 90$

计算结果如表 3-28 所示。

表 3-28　约当产量计算表

工序	单位产品工时定额（小时）	在产品完工程度	在产品实际产量（件）	在产品约当产量（件）
1	100	25%	200	50
2	60	65%	150	97.5
3	40	90%	100	90
合计	200		660	237.5

3) 约当产量比例法例解。

例 3-25　某企业生产乙产品，原材料在开始生产时一次投入。本月完工产品500 件，月末结存在产品100 件，在产品完工程度按平均50%计算，乙产品月初在产品和本月耗用直接材料费用共计23 000 元；直接人工费用5 500 元，其中变动人工费用3 850 元、固定人工费用1 650

元;制造费用 2 750 元,其中变动制造费用 550 元、固定制造费用 2 200 元。根据上述资料,采用约当产量比例法计算乙产品的完工产品成本和月末在产品成本。

根据以上资料,各项生产费用在完工产品和在产品之间分配,如表 3-29 所示。

计算过程如下:

①直接材料约当总产量 = 500 + 100 = 600(件)

$$直接材料约当产量单位成本 = \frac{23\,000}{600} = 38.33(元)$$

完工产品负担的直接材料成本 = 38.33 × 500 = 19 165(元)

在产品负担的直接材料成本 = 23 000 − 19 165 = 3 835(元)

②直接人工和制造费用的约当总产量 = 500 + 100 × 50% = 550(件)

$$变动直接人工约当产量单位成本 = \frac{3\,850}{550} = 7(元)$$

完工产品负担的变动直接人工成本 = 7 × 500 = 3 500(元)

在产品负担的变动直接人工成本 = 7 × 50 = 350(元)

$$固定直接人工约当产量单位成本 = \frac{1\,650}{550} = 3(元)$$

完工产品负担的固定直接人工成本 = 3 × 500 = 1 500(元)

在产品负担的固定直接人工成本 = 3 × 50 = 150(元)

$$变动制造费用约当产量单位成本 = \frac{550}{550} = 1(元)$$

完工产品负担的变动制造费用 = 1 × 500 = 500(元)

在产品负担的变动制造费用 = 1 × 50 = 50(元)

$$固定制造费用约当产量单位成本 = \frac{2\,200}{550} = 4(元)$$

完工产品负担的固定制造费用 = 4 × 500 = 2 000(元)

在产品负担的固定制造费用 = 4 × 50 = 200(元)

把计算结果计入乙产品成本明细账中(乙产品成本计算单),如表 3-29 所示。

表 3-29 产品成本计算单

产品名称:乙产品　　　　　　2019 年 8 月　　　　　　　　　　(单位:元)

项目		直接材料	直接人工		制造费用		合计
			变动费用	固定费用	变动费用	固定费用	
生产费用合计		23 000	3 850	1 650	550	2 200	31 250
完全成本法	完工产品成本	19 165	3 500	1 500	500	2 000	26 665
	月末在产品成本	3 835	350	150	50	200	4 585
变动成本法	完工产品成本	19 165	3 500		500		23 165
	月末在产品成本	3 835	350		50		4 235

编制变动成本计算法的完工产品入库会计分录:

借:库存商品　　　　　　　　　　　　　　　　　　　　　23 165

　　贷:基本生产成本——乙产品　　　　　　　　　　　　　　　　　23 165

编制完全成本计算法的完工产品入库会计分录:

借:库存商品　　　　　　　　　　　　　　　　　　　　　26 665

　　贷:基本生产成本——乙产品　　　　　　　　　　　　　　　　　26 665

(5) 定额成本法

在产品按定额成本计算法是根据月末在产品数量约当产量，单位产品定额成本资料计算出月末在产品的定额成本，并以该定额成本作为月末在产品的实际成本，从产品全部生产费用（月初在产品费用加本月生产费用）中减去月末在产品的定额成本，就是完工产品成本。

这种方法适用于企业定额管理基础工作比较健全，各项消耗定额比较准确、稳定，各月月末在产品数量较少且变化也较均衡的情况，这样月初在产品的定额成本与月末在产品定额成本就会差异较小。因定额与实际的差额全部由当月完工产品承担，如差异较大，就会影响产品成本计算的正确性。

定额成本法计算公式如下：

某产品月末在产品（定额）成本＝月末在产品数量×在产品单位定额成本

某产品完工产品总成本＝该产品本月生产费用合计－该产品月末在产品成本

例 3-26 某企业生产 A 产品，月初在产品成本和本月生产耗费共计为 710 200 元，其中直接材料成本 518 600 元；直接人工成本 69 600 元，其中变动人工费用为 39 600 元、固定人工费用 30 000 元；制造费用 122 000 元，其中变动制造费用 22 000 元、固定制造费用 100 000 元。该月 A 产品生产完工了 1 000 件，月末在产品结存 300 件，A 产品直接材料是在加工开始时一次投入的，月末在产品完成定额工时为 800 小时。A 产品单位定额成本资料：直接材料 400 元/件；直接工资 12 元/工时，其中变动直接人工 7 元/工时、固定直接人工 5 元/工时；制造费用为 20 元/工时，其中变动制造费用 5 元/工时、固定制造费用 15 元/工时。按定额成本法计算本月月末在产品成本和完工产品成本。

表 3-30 的计算过程如下：

在产品应负担费用：
直接材料＝400×300＝120 000（元）
变动人工费用＝7×800＝5 600（元）
固定人工费用＝5×800＝4 000（元）
变动制造费用＝5×800＝4 000（元）
固定制造费用＝15×800＝12 000（元）

完工产品应负担费用：
直接材料＝518 600－120 000＝398 600（元）
变动人工费用＝39 600－5 600＝34 000（元）
固定人工费用＝30 000－4 000＝26 000（元）
变动制造费用＝22 000－4 000＝18 000（元）
固定制造费用＝100 000－12 000＝88 000（元）

计算结果计入产品成本计算单，如表 3-30 所示。

表 3-30　产品成本计算单（定额成本法）

产品名称：A 产品　　　　　　　2019 年 8 月　　　　　　　（单位：元）

项目		直接材料	直接人工		制造费用		合计
			变动费用	固定费用	变动费用	固定费用	
生产费用合计		518 600	39 600	30 000	22 000	100 000	710 200
完全成本法	完工产品总成本	398 600	34 000	26 000	18 000	88 000	564 600
	在产品定额成本	120 000	5 600	4 000	4 000	12 000	145 600
变动成本法	完工产品总成本	398 600	34 000		18 000		450 600
	在产品定额成本	120 000	5 600		4 000		129 600

(6) 定额比例法

定额比例法是以完工产品定额成本（或定额耗用量）和期末在产品的定额成本（或定额耗用量）比例来分配生产费用，计算完工产品成本和月末在产品成本的方法。由于直接材料和直接人工、制造费用的完工产品与在产品定额耗用量（定额成本）比例可能不相等，所以必须按成本项目进行计算。

对于直接材料成本项目，当产品只耗用一种材料时，可按定额耗用量为分配标准。如果是耗用两种或两种以上材料，而且各种材料的计量单位又不一样，应按材料定额成本比例进行分配。直接人工和制造费用一般按定额工时为分配标准（资料易取得）。

定额比例法计算公式如下：

$$完工产品定额消耗量 = 完工产品产量 \times 单位产品消耗定额$$

$$在产品定额消耗量 = 在产品数量 \times 完工率 \times 单位产品消耗定额$$

$$原材料费用分配率 = \frac{月初原材料费用 + 本月发生的原材料费用}{完工产品定额消耗量 + 在产品定额消耗量}$$

$$完工产品应负担的原材料费用 = 完工产品定额消耗量 \times 费用分配率$$

$$在产品应负担的原材料费用 = 在产品定额消耗量 \times 费用分配率$$

$$完工产品定额工时 = 完工产品产量 \times 工时定额$$

$$在产品定额工时 = 在产品数量 \times 完工率 \times 工时定额$$

$$人工（制造）费用分配率 = \frac{月初人工（制造）费用 + 本月发生的人工（制造）费用}{完工产品定额工时 + 在产品定额工时}$$

$$完工产品应负担的人工（制造）费用 = 完工产品定额工时 \times 费用分配率$$

$$在产品应负担的人工（制造）费用 = 在产品定额工时 \times 费用分配率$$

例 3-27 某企业生产丁产品，采用定额比例法计算产品成本，直接材料分配标准用定额成本，工费以定额工时为分配标准。该产品有关定额资料如下：

单位产品直接材料定额成本 300 元，单位产品工时消耗定额 20 小时。某年 6 月份该企业生产完工丁产品 1 000 件，月末结存在产品 200 件，月末在产品直接材料投入 80%，加工程度为 40%。丁产品 6 月初在产品实际成本和本月发生的生产费用为 503 280 元，其中直接材料 375 840 元；直接人工 51 840 元，其中变动人工费用 40 176 元、固定人工费用 11 664 元；制造费用 75 600 元，其中变动制造费用 28 080 元、固定制造费用 47 520 元。计算完工产品成本和在产品成本。

（1）定额成本资料计算如下：

$$完工产品直接材料定额成本 = 1\,000 \text{ 件} \times 300 = 300\,000 \text{（元）}$$

$$月末在产品直接材料定额成本 = 200 \text{ 件} \times 80\% \times 300 = 48\,000 \text{（元）}$$

$$合计 = 300\,000 + 48\,000 \text{ 元} = 348\,000 \text{（元）}$$

$$完工产品直接人工制造费用定额工时 = 1\,000 \text{ 件} \times 20 = 20\,000 \text{（工时）}$$

$$月末在产品直接人工制造费用定额工时 = 200 \text{ 件} \times 40\% \times 20 = 1\,600 \text{（工时）}$$

$$合计 = 20\,000 + 1\,600 = 21\,600 \text{（工时）}$$

（2）完工产品成本和月末在产品成本计算过程如表 3-31 所示。

表 3-31

成本项目	分配率	完工产品成本	在产品成本
直接材料成本	$\frac{375\,840}{348\,000} = 1.08$	$1.08 \times 300\,000 = 324\,000$	$1.08 \times 48\,000 = 51\,840$
变动人工费用	$\frac{40\,176}{20\,000 + 1\,600} = 1.86$	$1.86 \times 20\,000 = 37\,200$	$1.86 \times 1\,600 = 2\,976$
固定人工费用	$\frac{11\,664}{20\,000 + 1\,600} = 0.54$	$0.54 \times 20\,000 = 10\,800$	$0.54 \times 1\,600 = 864$
变动制造费用	$\frac{28\,080}{20\,000 + 1\,600} = 1.3$	$1.3 \times 20\,000 = 26\,000$	$1.3 \times 1\,600 = 2\,080$
固定制造费用	$\frac{47\,520}{20\,000 + 1\,600} = 2.2$	$2.2 \times 20\,000 = 44\,000$	$2.2 \times 1\,600 = 3\,520$

（3）根据上述计算，编制丁产品成本计算单，如表3-32所示。

表3-32 产品成本计算单

产品名称：丁　　　2019年8月　　　完工产品：1 000件　　　（单位：元）

摘要		直接材料	直接人工		制造费用		合计
			变动费用	固定费用	变动费用	固定费用	
生产费用合计		375 840	40 176	11 664	28 080	47 520	503 280
完全成本法	完工产品总成本	324 000	37 200	10 800	26 000	44 000	442 000
	完工产品单位成本	324	37.2	10.8	26	44	442
	月末在产品成本	51 840	2 976	864	2 080	3 520	61 280
变动成本法	完工产品总成本	324 000	37 200		26 000		387 200
	完工产品单位成本	324	37.2		26		387.2
	月末在产品成本	51 840	2 976		2 080		56 896

采用定额比例法分配生产费用，便于企业考核分析成本计划的执行情况。如本例中直接材料的分配率1.08，表示了该成本项目超支（或节约）的百分比。1.08表示实际材料成本是定额成本的108%，即超支8%。因此说在各项消耗定额（或定额成本）比较准确、稳定，且在产品数量较大时，可考虑采用此种方法。

本章小结

生产费用的归集和分配是产品生产成本计算程序的具体操作。本章主要介绍了生产费用的各项要素费用的归集和在各分配对象之间的分配方法，包括材料、燃料和动力、人工费用、辅助生产费用、制造费用、废品损失等的归集和分配。

材料是构成产品成本的主要内容，材料费用的分配要把握"直接计入和间接计入"的原则。人工费用的归集和分配主要是职工薪酬的内容构成及计时工资、计件工资等的计算，同时我们要充分认识到关于职工薪酬相关原始凭证的重要性。辅助生产是为基本生产车间及管理企业职能部门服务的，"辅助生产成本"账户归集的费用，期末要按受益对象分配给各受益单位。应掌握辅助生产费用各种分配方法的特点。制造费用作为生产成本的重要内容，"制造费用"账户借方归集的各项费用期末要分配给各种产品，这就需要掌握制造费用各种分配方法的选择和计算。对于废品损失的核算，我们要深刻理解废品损失的概念、核算意义以及可修复废品和不可修复废品的账务处理。"基本生产成本"账户的借方反映着各种生产费用的归集和基本车间产品成本的确定。在确定完工产品和在产品成本时，约当产量法和定额比例法是计算产品成本最主要的方法，也是实际应用最广泛的方法。

思考题

1. 材料费用分配有哪些方法？如何选择分配方法？
2. 说明职工薪酬的构成内容及计时工资、计件工资的具体计算。
3. 阐述各种辅助生产费用分配方法的优缺点及适用范围。
4. 如何选择制造费用的分配标准？
5. 阐述废品损失核算的意义及账务处理。
6. 说明生产费用在完工产品和在产品之间的分配方法及各自的特点和适用范围。

练习题

1. 资料： 某企业生产甲、乙两种产品，耗用原材料费用共计 64 000 元。本月投产甲产品 100 件，乙产品 200 件。单件原材料费用定额：甲产品 120 元，乙产品 100 元。

要求： 根据上述材料，采用原材料定额费用比例分配甲、乙产品实际耗用的原材料费用。

2. 资料： 某企业基本生产车间生产甲、乙两种产品。2019 年 8 月份生产甲产品 150 件，乙产品 200 件，计件工资总额为 89 000 元，甲产品应负担 50 000 元，乙产品应负担 39 000 元，发生计时工资等间接费用为 48 000 元，甲产品实际工时为 3 000 小时，乙产品实际工时为 5 000 小时。生产工人固定的工资费用按生产工时比例分配，职工福利按工资总额的 14% 计提。其他应付职工薪酬的资料如表 3-33 所示。

表 3-33　应付职工薪酬

部门及用途		变动费用	固定费用
基本生产车间	生产工人工资	89 000	48 000
基本生产车间	管理人员工资		2 500
燃料车间	管理人员工资		2 300
动力车间	管理人员工资		1 500
企业管理部门	管理人员工资		5 000
合计		89 000	59 300

要求： 根据上述资料，编制应付职工薪酬的分配表及有关的会计分录。

3. 资料： 某企业本月完工 A 产品 500 件，原材料开始一次性投入，实际费用为：直接材料 60 000 元；直接人工 14 000 元，其中固定人工费 8 000 元、变动人工费 6 000 元；制造费用 14 500 元，其中固定制造费用 10 000 元、变动制造费用 4 500 元。A 产品合格品为 480 件，不可修复废品 20 件，废品为入库前发现。废品残料作价 500 元入库。

要求：

（1）计算并结转不可修复废品成本。

（2）编制残料入库、结转废品净损失的会计分录。

4. 资料： 企业有修理、运输两个辅助车间，本月发生费用和提供劳务量如表 3-34 所示。

表 3-34　本月费用和提供的劳务量

辅助车间名称		修理车间	运输车间
待分配费用		3 120 元	11 250 元
劳务供应量		2 600 小时	7 500 千米
耗用劳务数量	修理车间		300 千米
	运输车间	400 小时	
	基本生产车间	2 000 小时	5 200 千米
	行政管理部门	200 小时	2 000 千米

要求： 根据上述材料，采用交互分配法、代数分配法分配辅助生产费用并编制会计分录。

5. 第二基本生产车间生产甲、乙、丙三种产品，本期共发生制造费用 11 000 元，其中变动制造费用 8 000 元、固定制造费用 3 000 元。甲、乙、丙三种产品的生产工人工时分别为：甲产品 800 小时、乙产品 450 小时、乙产品 960 小时。

要求：根据资料计算甲、乙、丙三种产品各自应负担的制造费用。

6. **资料**：第一基本生产车间生产甲产品，原材料在生产开始时一次性投入。单位产品工时定额20小时，该产品经过三道工序加工完成。各工序工时定额为：第一道工序4小时，第二道工序8小时，第三道工序8小时，各工序均按50%的完工程度计算完工率。本月完工产品160件，在产品140件，其中，第一道工序40件、第二道工序60件、第三道工序40件。月初及本月发生的生产费用合计分别为：原材料16 200元，工资及福利费8 800元，制造费用9 020元（假设该企业成本不按成本性态分类，产品成本计算采用完全成本计算法）。

要求：
（1）分工序计算在产品完工率和各工序在产品约当产量。
（2）用约当产量比例法计算完工产品成本和在产品成本。

7. **资料**：本月甲产品完工数量500件，在产品数量100件，在产品完工率为60%，材料一次性投入。甲产品月初在产品费用和本月发生的生产费用如表3-35所示。

表3-35 月初在产品费用、本月费用 （单位：元）

成本项目	原材料	人工费用		制造费用		合计
		变动费用	固定费用	变动费用	固定费用	
月初在产品费用	2 040	1 000	1 240	1 150	1 440	6 870
本月生产费用	3 960	2 920	3 240	3 050	3 320	16 490

要求：根据上述资料，用约当产量比例法计算变动成本法、完全成本法的完工产品总成本、完工产品的单位成本和在产品成本。

第 4 章

成本计算的品种法和分批法

学习目标
1. 掌握品种法的特点、适用范围及成本计算程序。
2. 掌握分类法的特点、适用范围及类内产品成本的计算方法。
3. 掌握分批法及简化分批法的特点、适用范围及成本计算程序。

重点与难点
1. 品种法和分批法各自的特点、适用范围及成本计算程序。
2. 简化分批法中基本生产成本二级账户的设置以及累计间接费用的分配和登记。

4.1 成本计算的品种法

4.1.1 品种法的概念和适用范围

品种法是以产品品种为成本计算对象，归集和分配生产费用，计算产品成本的一种成本计算方法。品种法通常适用于大量、大批单步骤生产的企业，如电力、采掘、供水等企业。在这种类型的企业中，生产产品的工艺流程一般具有不可间断性，不需要也不可能按照生产步骤分步计算产品成本；同时大批量的生产也不需要分批计算产品成本，因此只能以产品品种计算产品成本。

另外，对于生产规模较小，或者管理上不要求按照生产步骤分步计算产品成本，或者生产的全过程（从原材料投入至产品完工）集中于一个车间，采用封闭式进行的大批量、多步骤生产的企业或车间，也可以产品品种作为成本计算对象，例如小型化肥厂、小型水泥厂以及大中型企业的供电、供水、供气等辅助生产车间。

品种法是产品成本计算的最基本方法。在制造企业中，企业应当依据生产组织形式、产品生产的工艺流程以及企业成本管理的要求，合理选用产品成本计算方法并最终按照产品品种计算出产品生产成本。

4.1.2 品种法的特点

1. 以产品品种作为成本计算对象

品种法以产品品种作为成本计算对象。对于生产单一品种的企业，产品成本计算单（产品成本明细账）按成本项目设置专栏，生产产品所发生的生产费用全部为直接费用，可依据有关凭证和费用分配表，直接计入该产品成本计算单的相关成本项目，不存在生产费用在各产品成本计算对象之间的分配问题。

对于生产多品种产品的企业，则应按照每一种产品品种分别设置产品成本明细账。生产费用要区分为直接费用和间接费用，能分清由某种产品负担的直接费用，直接计入该产品成本计算单中的相关成本项目；由多种产品共同耗用的间接费用，则应采用适当的分配方法将共同耗用的间接费用在各种产品之间进行分配，编制费用分配表分别计入各种产品成本计算单的相关成本项目中。

2. 以月作为成本计算期

采用品种法进行成本计算的企业，无论是单步骤还是多步骤生产，其生产组织方式大多是大量大批生产，是连续不断地重复生产一种或几种产品，不可能等到全部产品制造完工后再计算产品成本，企业通常按月定期计算产品成本。因此，采用品种法的企业，其成本计算期与会计报告期一致，但与产品生产周期不一致。

3. 生产费用在完工产品与月末在产品之间的分配

在单步骤、大批大量生产的企业，产品生产过程短，月末不存在或存在极少量在产品，在这种情况下，企业可以不计算月末在产品成本，产品成本明细账中按成本项目归集的生产费用就是该产品本月完工产品的总成本。总成本除以该产品的产量，即为该产品的单位成本。

在多步骤、大批量生产的企业，如果管理上不要求按照生产步骤计算产品成本，月末有在产品，且数量较多，则需要将产品成本明细账中归集的生产费用，采用适当的分配方法（如约当产量法、在产品按定额成本计算法、定额比例法等），在完工产品和月末在产品之间进行分配，以便准确计算完工产品成本和月末在产品成本。

4.1.3 品种法的成本计算程序

1. 设置产品成本计算单

按照产品品种设置产品成本计算单（或开设生产成本明细账），归集产品成本计算对象所发生的生产费用，同时在成本计算单中分别按成本项目设置专栏，通常包括直接材料、直接人工和制造费用等项目。本书直接人工成本项目分为变动部分（计件工资）和固定部分（计时工资），制造费用项目分为变动制造费用和固定制造费用两部分。

2. 登记各种费用要素，计算并编制各费用要素分配表

月末，审核有关凭证，根据各项生产费用的原始凭证和其他有关资料，编制各项费用要素分配表，将直接费用直接计入各种产品成本计算单的相关成本项目，间接费用按适当的分配标准进行分配后，分别计入各种产品成本计算单中。

3. 计算并结转完工产品成本

月末，将产品成本计算单中归集的全部生产费用，按照一定方法在完工产品和月末在产品之间进行分配，计算完工产成品总成本和月末在产品成本，并结转完工产成品的成本，根据完工产成品的产量计算完工产成品的单位成本。

4.1.4 品种法应用举例

例 4-1 某企业设有一个基本生产车间，生产甲、乙两种产品，设有一个机修辅助生产车间，提供机修劳务。该企业根据产品的生产特点和管理要求，采用品种法计算产品成本。基本生产车间的原材料在产品投产时一次性投入，机修车间只设置"辅助生产成本"账户，其提供的机修劳务费用假设全部为固定成本，归集后全部转入基本生产车间"制造费用"账户，基本生产车间制造费用按甲、乙两产品的生产工时比例分配。甲、乙两产品采用约当产量法计算完工产成品成本和月末在产品成本。

该企业 2019 年 10 月各品种产品有关成本资料，如表 4-1、表 4-2、表 4-3 及表 4-4 所示。

表 4-1 期初在产品成本
2019 年 10 月 （单位：元）

项目 产品	直接材料	直接人工		制造费用		合计
		变动成本	固定成本	变动成本	固定成本	
甲产品	13 000	3 000	2 000	4 000	5 000	27 000
乙产品	8 500	2 500	1 500	3 500	3 000	19 000
合计	21 500	5 500	3 500	7 500	8 000	46 000

注：期初在产品成本资料来源于甲、乙两产品的成本计算单。

表 4-2 生产产品资料
2019 年 10 月

产品名称	本月投产（件）	本月完工（件）	期末在产品（件）	期末在产品完工程度
甲产品	6 000	8 000	1 000	50%
乙产品	5 000	6 000	1 500	50%

表 4-3 生产工时资料
2019 年 10 月 （单位：小时）

项目	生产工时
甲产品	7 500
乙产品	6 500
基本生产车间一般耗用	—
合计	14 000

表 4-4 生产费用资料
2019 年 10 月 （单位：元）

用途	费用要素	原材料	人工费用	折旧费	外购动力费	预付费用	办公费及其他	合计
甲产品	变动成本	25 000	16 000	—	—	—	—	41 000
	固定成本	—	3 100	—	—	—	—	3 100
乙产品	变动成本	16 000	11 000	—	—	—	—	27 000
	固定成本	—	2 600	—	—	—	—	2 600
基本生产车间一般耗用	变动成本	2 000	4 500	3 600	1 000	—	—	11 100
	固定成本	3 000	950	3 000	2 100	1 000	2 800	12 850
辅助生产车间	变动成本	—	—	—	—	—	—	0
	固定成本	4 500	3 500	1 500	900	—	—	10 400
合计		50 500	41 650	8 100	4 000	1 000	2 800	108 050

注：生产费用资料根据原材料、职工薪酬等费用要素分配表整理编制。

根据上述有关资料，甲、乙两种产品成本计算过程如下。

- 根据原材料费用资料，编制会计分录如下。

借：基本生产成本——甲产品（直接材料）	25 000
——乙产品（直接材料）	16 000
制造费用——基本生产车间（变动成本）	2 000
——基本生产车间（固定成本）	3 000
辅助生产成本——机修车间	4 500
贷：原材料	50 500

- 根据人工费用资料，编制会计分录如下。

借：基本生产成本——甲产品（直接人工变动成本）	16 000
——甲产品（直接人工固定成本）	3 100
——乙产品（直接人工变动成本）	11 000
——乙产品（直接人工固定成本）	2 600
制造费用——基本生产车间（变动成本）	4 500
——基本生产车间（固定成本）	950
辅助生产成本——机修车间	3 500
贷：应付职工薪酬	41 650

- 根据折旧费用资料，编制会计分录如下。

借：制造费用——基本生产车间（变动成本）	3 600
——基本生产车间（固定成本）	3 000
辅助生产成本——机修车间	1 500
贷：累计折旧	8 100

- 根据外购动力费用资料，编制会计分录如下。

借：制造费用——基本生产车间（变动成本）	1 000
——基本生产车间（固定成本）	2 100
辅助生产成本——机修车间	900
贷：应付账款	4 000

- 根据预付费用资料，编制会计分录如下。

借：制造费用——基本生产车间（固定成本）	1 000
贷：预付账款	1 000

- 根据办公费及其他费用资料，编制会计分录如下。

借：制造费用——基本生产车间（固定成本）	2 800
贷：银行存款（库存现金）	2 800

- 根据上述会计分录登记机修车间辅助生产成本明细账，如表 4-5 所示。

表 4-5 辅助生产成本明细账

车间名称：机修车间　　　　　　　　2019 年 10 月　　　　　　　　（单位：元）

日期	摘要	材料费	工资费	折旧费	动力费	合计
10 月 31 日	分配材料费	4 500				4 500
	分配工资费		3 500			3 500
	分配折旧费			1 500		1 500
	分配动力费				900	900
10 月 31 日	合计	4 500	3 500	1 500	900	10 400
10 月 31 日	分配转出	4 500	3 500	1 500	900	10 400

- 根据机修车间辅助生产成本明细账所归集的费用，全部分配转入基本生产车间制造费用账户。编制会计分录如下。

借：制造费用——基本生产车间（固定成本）　　　　　　　　　　　10 400
　　贷：辅助生产成本——机修车间　　　　　　　　　　　　　　　　　　　10 400

- 根据费用资料及上述会计分录，登记基本生产车间制造费用明细账，如表4-6、表4-7所示，并按甲、乙两产品耗用生产工时比例分配制造费用，如表4-8所示。

表4-6　制造费用明细账——变动制造费用

车间名称：基本生产车间　　　　　2019年10月　　　　　　　　（单位：元）

日期	摘要	材料费用	人工费用	折旧费用	动力费用	合计
10月31日	分配材料费用	2 000				2 000
	分配工资费用		4 500			4 500
	分配折旧费用			3 600		3 600
	分配动力费用				1 000	1 000
	合计	2 000	4 500	3 600	1 000	11 100

表4-7　制造费用明细账——固定制造费用

车间名称：基本生产车间　　　　　2019年10月　　　　　　　　（单位：元）

日期	摘要	材料费用	人工费用	折旧费用	动力费用	办公费用	机修费用	合计
10月31日	分配材料费用	3 000						3 000
	分配工资费用		950					950
	分配折旧费用			3 000				3 000
	分配动力费用				2 100			2 100
	分配预付费用					1 000		1 000
	分配办公费用					2 800		2 800
	分配机修费用						10 400	10 400
	合计	3 000	950	3 000	2 100	3 800	10 400	23 250

表4-8　制造费用分配表

车间名称：基本生产车间　　　　　2019年10月　　　　　　　　（金额单位：元）

分配对象	直接工时（小时）	分配率（元/小时）		分配金额		
		变动成本	固定成本	变动成本	固定成本	合计
甲产品	7 500	0.79	1.66	5 925	12 450	18 375
乙产品	6 500	0.79	1.66	5 175	10 800	15 975
合计	14 000			11 100	23 250	34 350

注：变动制造费用分配率：$\frac{11\ 100}{14\ 000} \approx 0.79$（元/小时），固定制造费用分配率：$\frac{23\ 250}{14\ 000} \approx 1.66$（元/小时），保留两位小数，尾差由乙产品负担。

根据表4-8编制会计分录如下。

借：基本生产成本——甲产品（变动制造费用）　　　　　　　　　　5 925
　　　　　　　　　　　（固定制造费用）　　　　　　　　　　12 450
　　　　　　　——乙产品（变动制造费用）　　　　　　　　　　5 175
　　　　　　　　　　　（固定制造费用）　　　　　　　　　　10 800
　　贷：制造费用——基本生产车间（变动制造费用）　　　　　　　　　　　11 100
　　　　　　　　　　　　　　　（固定制造费用）　　　　　　　　　　　23 250

- 根据以上会计分录及各费用分配表，分别登记甲、乙两种产品成本计算单，如表4-9、表4-10所示。

表 4-9 甲产品成本计算单

产品名称：甲产品　　　　　　　2019 年 10 月　　　　　　　产成品产量：8 000 件

摘要	直接材料	直接人工		制造费用		合计
		变动成本	固定成本	变动成本	固定成本	
月初在产品成本	13 000	3 000	2 000	4 000	5 000	27 000
分配本月材料费用	25 000					25 000
分配本月人工费用		16 000	3 100			19 100
分配本月制造费用				5 925	12 450	18 375
合计	38 000	19 000	5 100	9 925	17 450	89 475
约当总产量	9 000	8 500	8 500	8 500	8 500	
结转完工产品成本	33 840	17 920	4 800	9 360	16 480	82 400
单位成本	4.23	2.24	0.6	1.17	2.06	10.3
月末在产品成本	4 160	1 080	300	565	970	7 075

表 4-10 乙产品成本计算单

产品名称：乙产品　　　　　　　2019 年 10 月　　　　　　　产成品产量：6 000 件

摘要	直接材料	直接人工		制造费用		合计
		变动成本	固定成本	变动成本	固定成本	
月初在产品成本	8 500	2 500	1 500	3 500	3 000	19 000
分配本月材料费用	16 000					16 000
分配本月人工费用		11 000	2 600			13 600
分配本月制造费用				5 175	10 800	15 975
合计	24 500	13 500	4 100	8 675	13 800	64 575
约当总产量	7 500	6 750	6 750	6 750	6 750	
结转完工产品成本	19 620	12 000	3 660	7 740	12 300	55 320
单位成本	3.27	2	0.61	1.29	2.05	9.22
月末在产品成本	4 880	1 500	440	935	1 500	9 255

根据甲、乙两产品成本计算单，结转完工产成品成本，编制会计分录如下。

借：产成品——甲产品　　　　　　　　　　　　　　　　82 400
　　贷：基本生产成本——甲产品　　　　　　　　　　　　　　82 400
借：产成品——乙产品　　　　　　　　　　　　　　　　55 320
　　贷：基本生产成本——乙产品　　　　　　　　　　　　　　55 320

4.2 品种法的延伸：分类法

4.2.1 分类法的概念和适用范围

成本计算的分类法是将产品按照一定的标准进行分类，按照产品类别归集生产费用，先计算产品的类别成本，然后再分别计算出各种产品成本的一种方法。

在某些制造企业中，其生产的产品品种、规格繁多，如按照每一产品品种设置成本计算单，成本计算工作量比较繁重。尤其是一些品种相近的产品，许多费用是共同的，在这种情况下，将不同品种和规格的产品按照一定的标准进行分类，以产品类别计算产品成本，可以极大地简化产品成本计算工作。分类法一般适用使用同样的原材料，加工工艺过程基本相同，所产产品品种、规格、型号繁多，可以按照一定标准进行分类的企业和车间，例如无线电子行业的电子元器件的生产、食品厂、制鞋厂、化工行业的试剂生产等。

4.2.2 分类法的特点

1. 以产品类别作为成本计算对象

采用分类法计算产品成本时，首先应将产品划分为不同的类别，以产品类别作为产品成本计算对象，并按产品类别设置产品成本计算单，计算该类完工产品成本和月末在产品成本。需要注意的是，产品类别不能任意划分，可以按照所耗原材料和工艺技术过程是否相近为标准，因技术相近的产品其成本水平也往往相近。产品类别的划分标准通常有以下几种：产品的性质、产品结构、产品所耗用材料和产品生产工艺流程等。

2. 按照一定标准分配类内各种完工产品成本

企业采用分类法在计算出某类产品完工产品成本和月末在产品成本的基础上，需要按照一定标准在类内各种产品之间分配计算类内各种产品的成本，因此该方法下成本计算的准确性取决于分配标准的选择。企业应当选择与产品成本高低具有密切联系的分配标准，例如产品重量或体积、计划成本、产品售价、产品工时定额和材料定额消耗量等，产品各成本项目既可以采用相同的分配标准，也可以采用不同的分配标准。

3. 不是独立的成本计算方法，不能单独使用

分类法是品种法的延伸，即分类法就是把类别作为品种，计算出各类产品成本后，再按照一定的方法，把每类产品的总成本在同类中各产品之间进行分配，求出各种产品成本。因此，它不是一种独立的产品成本计算方法。分类法可以和品种法结合使用，也可以与后面章节所讲的分步法等结合运用。

4.2.3 分类法的成本计算程序

1. 以产品类别作为成本计算对象计算该类完工产品成本和月末在产品成本

分类法以产品类别作为成本计算对象，设置产品成本计算单（产品成本明细账），归集生产费用，计算类内完工产品的总成本和月末在产品成本。

2. 将类内完工产品成本按照一定标准进行分配

企业应当选用合理的分配标准，将各类完工产品总成本，按成本项目在类内各种完工产品之间进行分配，计算并结转各种完工产品总成本和单位成本。

4.2.4 类内产品成本的计算方法

类内产品成本的分配通常根据企业产品生产特点确定，不同成本项目可以采用同一分配标准；也可以根据具体情况采用不同的分配标准，如原材料可按照材料定额消耗量分配，人工费用和其他间接费用可按照工时定额分配。

类内产品成本的计算，一般采用定额比例分配法、系数比例分配法等方法。

1. 定额比例分配法

采用定额比例分配法对类内产品进行分配，是指在计算出类内产品总成本后，按照类内各产品的定额比例进行成本分配，进而计算出类内各种产品成本的方法。该方法一般适用于定额比较健全和稳定的企业。在实务操作中，通常以材料定额消耗量分配材料费用，以定额工时比例分配加工费用。

2. 系数比例分配法

在实务操作中，企业为简化类内不同品种、规格的产品成本分配工作，一般将类内产品分

配标准折合为相对固定的系数（或标准产量），按系数（或标准产量）分配计算并结转类内各种完工产品的成本。因此，分类法又称为系数比例分配法。

确定系数时的具体做法包括以下几个方面。

1）在同类产品中选择一种产量较大、生产较稳定或规格折中的产品作为标准产品，并把该种产品的单位标准系数定为1。

2）将类内其他产品的单位产品的分配标准数据与标准产品的数据进行比较，求出的比值即为其他产品各自的系数。为保证产品成本的可比性，系数一经确定，在一定时期内应保持不变。

$$类内某种产品单位标准系数 = \frac{该种产品的分配标准}{标准产品的分配标准}$$

3）系数确定后，将各种产品的实际产量乘以系数，换算成标准产量（或称为总系数）。

$$类内某产品标准产量 = 该产品实际产量 \times 该产品单位标准系数$$
$$类内某在产品标准产量 = 该在产品数量 \times 完工程度 \times 该产品单位标准系数$$
$$类内标准产品总产量 = \sum 各种产品标准产量 + 类内在产品标准产量$$

4）按照各种产品总系数比例分配计算类内各种产品成本。

$$某成本项目费用分配率 = \frac{该项费用总额}{类内标准产品总产量}$$
$$类内产品负担的某成本项目费用 = 该产品标准产量 \times 该成本项目费用分配率$$
$$类内在产品负担的费用 = 在产品标准产量 \times 费用分配率$$

4.2.5 分类法应用举例（系数比例法）

例4-2 某企业生产20w、30w、40w的日光灯管，因这三种产品的结构所用原材料、工艺过程都相近，把它们合为A类灯管，采用分类法计算产品成本（为简化计算，假设加工费用不按成本性态分类）。类内各完工产品和在产品之间的费用都折合成标准产品产量（系数）计算。A类灯管各产品分配系数计算如表4-11所示。

表4-11 分配系数计算表

类别名称：A类灯管　　　　　　　2019年10月　　　　　　　（金额单位：元）

产品名称	定额成本	系数
20w	2.2	1（以20w为标准产品）
30w	2.64	1.2
40w	3.3	1.5

① 30w灯管单位标准系数 $= \frac{2.64}{2.2} = 1.2$；② 40w灯管单位标准系数 $= \frac{3.3}{2.2} = 1.5$

利用分配系数，将A类日光灯管10月各产成品产量和在产品产量折合成标准产量，如表4-12所示。

表4-12 标准产品产量计算表

类别名称：A类灯管　　　　　　　2019年10月　　　　　　　（金额单位：元）

产品	系数	产成品		在产品			标准产量合计
		实际产量	标准产量	实际产量	完工程度	标准产量	
	①	②	③=①×②	④	⑤	⑥=①×④×⑤	⑦=③+⑥
20w	1	1 200	1 200	1 000	0.3	300	1 500
30w	1.2	1 500	1 800	2 000	0.5	1 200	3 000
40w	1.5	1 000	1 500	1 400	0.6	1 260	2 760
合计			4 500			2 760	7 260

根据上述计算资料编制产成品成本计算表,如表 4-13 所示。

表 4-13 产品成本计算表

类别名称:A 类灯管　　　　　　　　　2019 年 10 月　　　　　　　　　(金额单位:元)

摘要	成品数量	标准产量			成本项目			合计
		产成品	在产品	合计	直接材料	直接人工	制造费用	
月初在产品成本					2 103.6	1 008.2	957.5	4 069.3
本月费用					6 100.2	3 130	2 309.5	11 539.7
合计					8 203.8	4 138.2	3 267	15 609
分配率					1.13①	0.57	0.45	2.15
月末在产品成本			2 760	2 760	3 118.8②	1 573.2	1 242	5 934
产成品成本		4 500		4 500	5 085③	2 565	2 025	9 675
合计		4 500	2 760	7 260	—	—	—	—
20w 灯管成本	1 200	1 200			1 356④	684	540	2 580
20w 灯管单位成本					1.13⑤	0.57	0.45	2.15
30w 灯管成本	1 500	1 800			2 034⑥	1 026	810	3 870
30w 灯管单位成本					1.356⑦	0.684	0.54	2.58
40w 灯管成本	1 000	1 500			1 695⑧	855	675	3 225
40w 灯管单位成本					1.695⑨	0.855	0.675	3.225

注:类内成本计算及各品种成本计算过程如下:

① 直接材料分配率 $= \dfrac{8\ 203.8}{7\ 260} = 1.13$

　直接人工分配率 $= \dfrac{4\ 138.2}{7\ 260} = 0.57$

　制造费用分配率 $= \dfrac{3\ 267}{7\ 260} = 0.45$

② 直接材料月末在产品成本 $= 1.13 \times 2\ 760 = 3\ 118.8$
　直接人工月末在产品成本 $= 0.57 \times 2\ 760 = 1\ 573.2$
　制造费用月末在产品成本 $= 0.45 \times 2\ 760 = 1\ 242$

③ 直接材料产成品成本 $= 1.13 \times 4\ 500 = 5\ 085$
　直接人工产成品成本 $= 0.57 \times 4\ 500 = 2\ 565$
　制造费用产成品成本 $= 0.45 \times 4\ 500 = 2\ 025$

④ 20w 灯管:直接材料成本 $= 1.13 \times 1\ 200 = 1\ 356$
　　　　　　直接人工成本 $= 0.57 \times 1\ 200 = 684$
　　　　　　制造费用成本 $= 0.45 \times 1\ 200 = 540$

⑤ 20w 灯管:直接材料单位成本 $= \dfrac{1\ 356}{1\ 200} = 1.13$

　　　　　　直接人工单位成本 $= \dfrac{684}{1\ 200} = 0.57$

　　　　　　制造费用单位成本 $= \dfrac{540}{1\ 200} = 0.45$

⑥ 30w 灯管:直接材料成本 $= 1.13 \times 1\ 800 = 2\ 034$
　　　　　　直接人工成本 $= 0.57 \times 1\ 800 = 1\ 026$
　　　　　　制造费用成本 $= 0.45 \times 1\ 800 = 810$

⑦ 30w 灯管:直接材料单位成本 $= \dfrac{2\ 034}{1\ 500} = 1.356$

　　　　　　直接人工单位成本 $= \dfrac{1\ 026}{1\ 500} = 0.684$

　　　　　　制造费用单位成本 $= \dfrac{810}{1\ 500} = 0.54$

⑧ 40w 灯管:直接材料成本 $= 1.13 \times 1\ 500 = 1\ 695$
　　　　　　直接人工成本 $= 0.57 \times 1\ 500 = 855$
　　　　　　制造费用 $= 0.45 \times 1\ 500 = 675$

⑨ 40w 灯管:直接材料单位成本 $= \dfrac{1\ 695}{1\ 000} = 1.695$

　　　　　　直接人工单位成本 $= \dfrac{855}{1\ 000} = 0.855$

　　　　　　制造费用单位成本 $= \dfrac{675}{1\ 000} = 0.675$

采用分类法按产品类别归集产品生产费用计算产品成本，不仅可以简化成本核算工作，而且在产品品种、规格繁多的情况下，能够实现分类考核产品成本水平的目标。然而，由于类内各产品成本是按照一定分配标准计算得到的，其计算结果带有一定的假设性。因此，企业在分配标准的选择上，应当依据实际情况选择与成本水平高低有直接关系的分配标准进行分配，从而保证产品成本计算的准确性。

4.3　成本计算的分批法

4.3.1　分批法的概念和适用范围

分批法又称订单法，是以产品批别（或订单）归集生产费用，计算产品成本的一种方法。它主要适用于单件、小批、多步骤生产企业和车间，如船舶制造、重型机械制造、精密仪器制造、专用设备的制造等。同时，也适用于主要产品生产以外的新产品试制或试验、自制设备、工业性修理作业和专项工程等。另外，对于某些单步骤生产的企业或车间，如果是按照小批单件组织生产，管理上又要求分批计算成本时，也可采用分批法计算成本。

4.3.2　分批法的特点

1. 以产品批别（或订单）作为成本计算对象

分批法的主要特点是生产费用要分别按产品的订单或批别来归集，成本计算对象是购买者订货或企业规定的产品批别。要按每一张订单（或内部订单）或每一批产品开设成本计算单（基本生产成本明细账）。

在小批、单件生产的企业，生产计划部门负责组织的产品批别，通常依据客户订单签发一式多份的"生产任务通知单"或内部订单，供应部门按内部订单要求储备材料，生产部门安排生产，财会部门按内部订单设置成本计算单，分别汇总订单（某批）产品的生产费用，计算订单（某批）的生产成本。

需要说明的是，客户的订单与企业用于成本计算的订单可以相同也可以不同。如果一张订单中有多种产品或虽只有一种产品但订货数量较大且要求分批交货时，可将该订单按拆分为几个内部订单来组织生产；如果一张订单中只有一件产品，且属于大型复杂的产品，单位价值较高，生产周期较长，如大型船舶制造，也可按产品的组成部分分批组织生产，计算产品成本；如果在同一时期内，不同订单中有要求生产的相同产品，则为了经济合理地组织生产，生产计划部门可将其合并为一个内部订单，一批组织生产，计算产品成本。

2. 成本计算期与生产周期一致

在分批法下，产成品成本要在订单（批别）产品完工后才计算，所以成本计算是不定期的，其成本计算期与订单产品或批次产品的生产周期是一致的，但各批次产品仍要按月归集生产费用。

3. 生产费用一般不在完工产品和月末在产品之间分配

在分批法下，由于企业按批别或订单归集生产费用，在生产周期结束时，产品成本计算单上归集的费用即为完工产品成本，而未完工批次产品成本计算单中归集的费用，全部为在产品成本，仍然在该批产品成本计算单中保留。因此，在通常情况下，不必将生产费用在批内完工产品和月末在产品之间进行分配。

但是，如果产品批量较大，存在跨月陆续完工或分次交货的情况，则应采取适当的方法计算完工产品和月末在产品成本。当批内跨月陆续完工产品数量不多时，通常的做法是对先完工部分按计划成本、定额成本或近期同种产品的实际成本计算完工产品成本，从产品成本计算单中转出批内完工产品成本，剩余的生产费用即为在产品成本，待该批产品全部完工时，再合并计算该批产品实际总成本和单位成本，对前期陆续完工并已转出的完工产品成本，则不需做账面调整。若批内跨月完工产品的数量较多，则应采用适当的方法，如约当产量法等，将生产费用在完工产品与在产品之间进行分配。

4.3.3 分批法成本核算程序

1. 设立产品成本计算单

财务会计部门根据生产计划部门下达的"生产任务通知单"或内部订单，开设各批次或订单的"产品成本计算单"（或生产成本明细账），并按成本项目设置专栏。

2. 按批别（订单）归集生产费用

各月份根据各项生产费用发生的原始凭证等资料，按产品批别编制各种费用分配表。对于某批次或订单发生的材料费用，直接计入其成本计算单中的"直接材料"项目，对于其发生的人工费用，则区分变动成本与固定成本部分，分别计入"直接人工"专栏下相应项目中。对于发生的制造费用，也应区别变动成本与固定成本部分，分别计入"制造费用"专栏下相应项目中。

3. 计算完工产品成本

产品完工时，计算该批次产品自下单生产至完工所发生的总成本和单位成本，并结转产成品成本。

4.3.4 分批法应用举例

例 4-3 某厂设有一个基本生产车间，生产甲、乙、丙、丁、戊等产品。该厂根据客户的要求按订单分批组织生产，采用分批法计算产品成本。2019 年 11 月有关成本的计算资料，如表 4-14 和表 4-15 所示。

表 4-14　2019 年 11 月月初在产品成本　　　　　　（金额单位：元）

批号	产品名称	批量（件）	直接材料	直接人工		制造费用		合计
				变动成本	固定成本	变动成本	固定成本	
16-1001	甲	600	211 800	20 000	6 700	17 500	80 000	336 000
16-1002	乙	200	134 660	14 340	2 000	4 680	52 000	207 680
16-1003	丙	300	173 850	40 500	12 000	30 250	152 000	408 600
合计			520 310	74 840	20 700	52 430	284 000	952 280

表 4-15　2019 年 11 月生产费用及工时资料　　　　　（金额单位：元）

批号	产品名称	直接材料	制造费用		实用工时（小时）	生产工人人工费用	
			变动成本	固定成本		变动成本	固定成本
16-1001	甲	87 300			60 000		
16-1002	乙	51 739.8			46 660		
16-1003	丙	—			67 500		
16-1104	丁	145 500			200 000		
16-1105	戊	97 000			60 000		
合计	—	381 539.8	250 000	700 000	434 160	200 000	50 000

另知，16-1104、16-1105 为 11 月新投入生产的产品，批量分别为 500 台和 800 台。11 月 16-1001、16-1003、16-1105 批号已全部完工验收入库，16-1104 批号的丁产品只完工了 50 台，按计划成本转出，其中单位产品计划成本为直接材料 300 元、变动人工费用 184.1 元、固定人工费用 78.9 元、变动制造费用 227.76 元、固定制造费用 648.24 元。其余批号尚未完工。

根据上述资料，该厂 2019 年 11 月成本计算如下。

- 月末根据领料单编制会计分录如下。

借：基本生产成本——16-1001 甲　　　　　　　　　87 300
　　　　　　　　——16-1002 乙　　　　　　　　　51 739.8
　　　　　　　　——16-1104 丁　　　　　　　　　145 500
　　　　　　　　——16-1105 戊　　　　　　　　　97 000
　　贷：原材料　　　　　　　　　　　　　　　　　　　　　381 539.8

- 根据工资结算单及有关资料编制应付职工薪酬分配表、制造费用分配表，如表 4-16、表 4-17 所示。应付职工薪酬分配率如下：

$$\text{应付职工薪酬变动成本分配率} = \frac{\text{全月变动人工费用合计}}{\text{生产工人实用工时合计}}$$

$$\text{应付职工薪酬固定成本分配率} = \frac{\text{全月固定人工费用合计}}{\text{生产工人实用工时合计}}$$

表 4-16　2019 年 11 月应付职工薪酬分配表

应借科目	应贷科目	应付职工薪酬				
	分配标准（实用工时）（小时）	分配率（元/小时）	分配金额（元）			
				变动成本	固定成本	合计
基本生产成本	16-1001 甲	60 000	变动成本分配率 = 200 000 ÷ 434 160 = 0.460 7　固定成本分配率 = 50 000 ÷ 434 160 = 0.115 2	27 642	6 912	34 554
	16-1002 乙	46 660		21 496.26	5 375.23	26 871.49
	16-1003 丙	67 500		31 097.25	7 776	38 873.25
	16-1104 丁	200 000		92 122.49	23 024.77	115 147.26
	16-1105 戊	60 000		27 642	6 912	34 554
合计		434 160	0.575 8	200 000	50 000	250 000

注：为了计算方便，尾差全部由丁产品负担。

- 根据表 4-16 应付职工薪酬分配表，编制会计分录如下。

借：基本生产成本——16-1001 甲（变动人工费用）　　　　27 642
　　　　　　　　——16-1001 甲（固定人工费用）　　　　6 912
　　　　　　　　——16-1002 乙（变动人工费用）　　　　21 496.26
　　　　　　　　——16-1002 乙（固定人工费用）　　　　5 375.23
　　　　　　　　——16-1003 丙（变动人工费用）　　　　31 097.25
　　　　　　　　——16-1003 丙（固定人工费用）　　　　7 776
　　　　　　　　——16-1104 丁（变动人工费用）　　　　92 122.49
　　　　　　　　——16-1104 丁（固定人工费用）　　　　23 024.77
　　　　　　　　——16-1105 戊（变动人工费用）　　　　27 642
　　　　　　　　——16-1105 戊（固定人工费用）　　　　6 912
　　贷：应付职工薪酬——变动人工费用　　　　　　　　　　　200 000
　　　　　　　　　　——固定人工费用　　　　　　　　　　　50 000

表 4-17 2019 年 11 月制造费用分配表

应借科目	应贷科目		制造费用			
	分配标准（实用工时）（小时）	分配率（元/小时）	分配金额（元）			
			变动成本	固定成本	合计	
基本生产成本	16-1001 甲	60 000	变动成本分配率＝250 000÷434 160＝0.575 8 固定成本分配率＝700 000÷434 160＝1.612 3	34 548	96 738	132 286
	16-1002 乙	46 660		26 866.83	75 229.92	102 096.75
	16-1003 丙	67 500		38 866.5	108 830.25	147 696.75
	16-1104 丁	200 000		115 170.67	322 463.83	437 634.5
	16-1105 戊	60 000		34 548	96 738	131 286
合计		434 160		250 000	700 000	950 000

- 根据表 4-17 制造费用分配表，编制会计分录如下。

  借：基本生产成本——16-1001 甲（变动制造费用）　　34 548
  　　　　　　　　——16-1001 甲（固定制造费用）　　96 738
  　　　　　　　　——16-1002 乙（变动制造费用）　　26 866.83
  　　　　　　　　——16-1002 乙（固定制造费用）　　75 229.92
  　　　　　　　　——16-1003 丙（变动制造费用）　　38 866.5
  　　　　　　　　——16-1003 丙（固定制造费用）　　108 830.25
  　　　　　　　　——16-1104 丁（变动制造费用）　　115 170.67
  　　　　　　　　——16-1104 丁（固定制造费用）　　322 463.83
  　　　　　　　　——16-1105 戊（变动制造费用）　　34 548
  　　　　　　　　——16-1105 戊（固定制造费用）　　96 738
  　　贷：制造费用——变动制造费用　　　　　　　　　　　　　250 000
  　　　　　　　　——固定制造费用　　　　　　　　　　　　　700 000

- 根据表 4-16、表 4-17 及上述会计分录，登记各产品的产品成本计算单，如表 4-18、表 4-19、表 4-20、表 4-21 及表 4-22 所示。

表 4-18 甲产品成本计算单

批号：16-1001　　　　　　　　　　　　　　　　　　　　　　开工日期：2019 年 10 月
产品名称：甲产品　　　　　　　　　　　　　　　　　　　　完工日期：2019 年 11 月
批量：600 件
（单位：元）

年	月	日	摘要	直接材料	直接人工		制造费用		合计
					变动成本	固定成本	变动成本	固定成本	
	11	1	期初余额	211 800	20 000	6 700	17 500	80 000	336 000
	11	30	本月发生额	87 300	27 642	6 912	34 548	96 738	253 140
	11	30	合计	299 100	47 642	13 612	52 048	17 673.9	589 140
	11	30	完工产品总成本	299 100	47 642	13 612	52 048	176 738	589 140
	11	30	单位成本	498.5	79.403 3	22.686 7	86.748 3	294.563	981.9

表 4-19 乙产品成本计算单

批号：16-1002　　　　　　　　　　　　　　　　　　　　　　开工日期：2019 年 10 月
产品名称：乙产品　　　　　　　　　　　　　　　　　　　　完工日期：月末未完工
批量：200 件
（单位：元）

年	月	日	摘要	直接材料	直接人工		制造费用		合计
					变动成本	固定成本	变动成本	固定成本	
	11	1	期初余额	134 660	14 340	2 000	4 680	52 000	207 680
	11	30	本月发生额	51 739.8	21 496.26	5 375.23	26 866.83	75 229.92	180 708.04
	11	30	合计	186 399.8	35 836.26	7 375.23	31 546.83	127 229.92	388 388.04

表 4-20　丙产品成本计算单

批号：16-1003　　　　　　　　　　　　　　　　　开工日期：2019 年 10 月
产品名称：丙产品　　　　　　　　　　　　　　　完工日期：2019 年 11 月
批量：300 件　　　　　　　　　　　　　　　　　　　　　　　　（单位：元）

年		摘要	直接材料	直接人工		制造费用		合计
月	日			变动成本	固定成本	变动成本	固定成本	
11	1	期初余额	173 850	40 500	12 000	30 250	152 000	408 600
11	30	本月发生额	—	31 097.25	7 776	38 866.5	108 830.25	186 570
11	30	合计	173 850	71 597.25	19 776	69 116.5	260 830.25	595 170
11	30	完工产品总成本	173 850	71 597.25	19 776	69 116.5	260 830.25	595 170
11	30	单位成本	579.5	238.66	65.92	230.38	869.43	1 983.9

表 4-21　丁产品成本计算单

批号：16-1104　　　　　　　　　　　　　　　　　开工日期：2019 年 11 月
产品名称：丁产品　　　　　　　　　　　　　　　完工日期：月末未完工
批量：500 台　　　　　　　　　　　　　　　　　　　　　　　　（单位：元）

年		摘要	直接材料	直接人工		制造费用		合计
月	日			变动成本	固定成本	变动成本	固定成本	
11	30	本月发生额	145 500	92 122.5	23 024.8	115 164.8	32 2462	698 274.1
11	30	50 台完工产品按计划成本转出	15 000	9 205	3 945	11 388	32 412	7 195
11	30	月末在产品成本	130 500	82 917.5	19 079.8	103 776.8	290 050	626 324.1

表 4-22　戊产品成本计算单

批号：16-1105　　　　　　　　　　　　　　　　　开工日期：2019 年 11 月
产品名称：戊产品　　　　　　　　　　　　　　　完工日期：2019 年 11 月
批量：800 台　　　　　　　　　　　　　　　　　　　　　　　　（单位：元）

年		摘要	直接材料	直接人工		制造费用		合计
月	日			变动成本	固定成本	变动成本	固定成本	
11	30	本月发生额	97 000	27 642	6 912	34 548	96 738	262 840
11	30	合计	97 000	27 642	6 912	34 548	96 738	262 840
11	30	完工产品成本	97 000	27 642	6 912	34 548	96 738	262 840
11	30	单位成本	121.25	34.552 5	8.64	43.185	120.922 5	328.55

4.3.5　简化分批法

在批量（单件）生产的企业或车间，当同一月份内投产的产品批数较多且生产周期较长，月末未完工产品的批次也较多的情况下，将各项间接费用在若干批别的产品之间进行分配时，其成本核算的工作量很大。为简化核算，可采用简化了的不分批次计算在产品成本的分批法。该法是对每月发生的间接费用，不是按月在各批产品之间分配，而是将这些间接费用先分别积累起来，设立"基本生产成本"二级账户进行登记。到有完工产品的月份，按照完工产品累计生产工时的比例，在各批完工产品之间再进行分配，从而计算出完工产品的总成本和单位成本。对月末尚未完工的各批产品，其生产成本明细账中只登记该批产品各月发生的直接材料费用和生产工时，对其应负担的间接费用，则暂时保留总数在"基本生产成本"二级账中，暂不分配。因此，简化分批法又称为累计间接费用分配法。

1. 简化分批法的成本核算程序

（1）设置基本生产成本二级账户

设置"基本生产成本"二级账户，在二级账中按成本项目设置专栏，同时增设"生产工时"专栏，用于登记生产过程中耗用的直接材料、直接人工（变动部分和固定部分）、制造费用（变动部分和固定部分）和生产工时。

（2）按产品批别设置基本生产成本明细账户

按产品批别设置"基本生产成本"明细账户，与"基本生产成本"二级账平行登记，平时该"基本生产成本"明细账只登记直接材料和生产工时，在没有完工产品的情况下，不分配间接费用。

（3）分配累计间接费用

在有完工产品的月份时，根据"基本生产成本"二级账户的记录资料，计算累计间接费用分配率，用各批完工产品的累计生产工时分配累计间接费用，并将分配的间接费用计入按产品批别设置的"基本生产成本"明细账中。累计间接费用分配率计算公式如下：

$$全部产品某项累计间接计入费用分配率 = \frac{全部产品该项累计间接费用}{全部产品累计生产工时}$$

$$某批完工产品应负担的某项间接计入费用 = 该批完工产品累计生产工时 \times 全部产品某项累计间接计入费用分配率$$

（4）计算月末在产品成本

最后，将计算出的各批别的完工产品总成本计入基本生产成本二级账，并计算月末在产品成本。

2. 简化分批法举例

例 4-4 某工业企业小批量生产甲、乙、丙三种产品，采用简化分批法计算产品成本。该企业 2019 年 4 月有关成本资料如表 4-23 和表 4-24 所示。

表 4-23　4 月产量资料

批号	产品	产量（件）	投产月份	完工月份
15-201	甲	10	3 月	4 月
15-301	乙	8	3 月	4 月尚未完工
15-302	丙	10	4 月	本月完工 2 台

表 4-24　4 月生产费用及工时资料　　　　（金额单位：元）

产品（批号）	材料费用	人工费用		制造费用		生产工时（小时）
		变动成本	固定成本	变动成本	固定成本	
甲 15-201	1 600			320		
乙 15-301	4 480			1 200		
丙 15-302	19 200					16 000
合计	25 280	4 200	2 600	4 500	2 700	17 520

该企业设立的基本生产成本二级明细账如表 4-25 所示。

表 4-25　基本生产成本二级账（各批产品总成本）　　　（金额单位：元）

日期	摘要	直接材料	生产工时（小时）	直接人工		制造费用		合计
				变动成本	固定成本	变动成本	固定成本	
4月1日	期初余额	68 000	30 400	13 000	7 000	13 800	11 800	113 600
4月30日	本月费用	25 280	17 520	4 200	2 600	4 500	2 700	39 280
4月30日	合计	93 280	47 920	17 200	9 600	18 300	14 500	152 880
	间接费用分配率	—	—	0.358 9①	0.200 3②	0.381 9③	0.302 6④	
4月30日	完工转出	53 440	13 920*	4 996	2 788	5 316	4 212	70 752
4月30日	月末结余	39 840	34 000	12 204	6 812	12 984	10 288	82 128

* 完工转出产品生产工时＝本月完工甲产品累计生产工时＋本月完工丙产品 2 台耗用工时；完工转出成本四舍五入，取整数。
① 人工变动成本间接费用分配率＝17 200÷47 920≈0.358 9
② 人工固定成本间接费用分配率＝9 600÷47 920≈0.200 3
③ 制造费用变动成本间接费用分配率＝18 300÷47 920≈0.381 9
④ 制造费用固定成本间接费用分配率＝14 500÷47 920≈0.302 6

根据以上资料计算各批产品成本，如表 4-26、表 4-27 和表 4-28 所示。

表 4-26　甲产品成本计算单

产品批号：15-201　　　开工日期：3月　　　投产数量：10 台
产品名称：甲产品　　　完工日期：4月　　　完工数量：10 台　　（金额单位：元）

日期	摘要	直接材料	工时（小时）	直接人工		制造费用		合计
				变动成本	固定成本	变动成本	固定成本	
4月1日	期初余额	48 000	10 400					
4月30日	本月发生额	1 600	320					
4月30日	成本累计	49 600	10 720	0.358 9①	0.200 3②	0.381 9③	0.302 6④	
4月30日	完工转出	49 600	10 720	3 847	2 147	4 094	3 244	62 932
4月30日	单位成本	4 960		384.7	214.7	409.4	324.4	6 293.2

注：间接费用分配率，根据基本生产二级账登记。

表 4-27　乙产品成本计算单

产品批号：15-301　　　开工日期：3月　　　投产数量：8 台
产品名称：乙产品　　　完工日期：5月　　　（金额单位：元）

日期	摘要	直接材料	工时（小时）	直接人工		制造费用		合计
				变动成本	固定成本	变动成本	固定成本	
4月1日	期初余额	20 000	20 000					
4月30日	本月发生额	4 480	1 200					
4月30日	月末结余	24 480	21 200					

表 4-28　丙产品成本计算单

产品批号：15-302　　　开工日期：4月　　　投产数量：10 台
产品名称：丙产品　　　本月完工：2 台　　（金额单位：元）

日期	摘要	直接材料	工时（小时）	直接人工		制造费用		合计
				变动成本	固定成本	变动成本	固定成本	
4月30日	本月发生额	19 200	16 000					
4月30日	成本累计	19 200	16 000	0.358 9①	0.200 3②	0.381 9③	0.302 6④	
4月30日	完工转出	3 840	3 200	1 149	641	1 222	968	7 820
4月30日	单位成本	1 920		574.5	320.5	611	484	3 910
4月30日	月末结余	15 360	12 800					

简化的分批法主要是在间接费用的分配方法上，采用了累计工时分配累计费用的方法。每月发生的间接费用先在基本生产二级账中累计，在有完工产品的月份，月末按照该批完工产品的累计生产工时和累计间接费用分配率，计算完工产品应分摊的间接费用，从而计算出完工产品成本，以及应该保留在二级账中的月末在产品成本。在没有完工产品的月份，则不需要分配间接费用，从而简化了费用分配和成本核算工作。

本章小结

品种法是以产品品种作为成本计算对象，归集生产费用，计算产品成本的最基本的成本计算方法。品种法通常适用于大量、大批的单步骤生产企业和管理上不要求分步计算产品成本的大量大批多步骤生产企业。品种法的成本计算期与产品生产周期不一致。品种法的成本计算程序体现着产品成本计算的一般程序，是其他各种成本计算方法的基础。

分类法是品种法的延伸，是在产品可以按照一定标准进行分类的情况下，把产品类别作为成本计算对象，其主要作用是降低了成本计算的工作量，因此它不是一种独立的成本计算方法。

分批法是以产品批别（或订单）作为成本计算对象，归集生产费用，计算产品成本的一种方法。它主要适用于单件、小批多步骤生产的企业。分批法的成本计算期与产品生产周期一致。简化分批法的目的是简化成本核算工作，其主要特点是须设置基本生产成本二级账登记每月发生的间接费用，在有完工批别的月份对各完工批别产品分配各项间接费用，无须分批计算在产品的各项间接费用。该方法主要适用于同一期间（月份）投产的产品批别较多，月末未完工产品的批别也较多，而且各月间接费用水平相差不大的情况。

思考题

1. 简述品种法为什么是最基本的成本计算方法，并说明其适用情况。
2. 简述品种法的成本计算程序。
3. 简述分类法的概念，说明类内完工产品成本应如何计算。
4. 简述分批法的特点及成本计算程序。
5. 说明在分批法下，客户要求的订单和企业安排生产的订单是否一定要一致。
6. 说明简化分批法成本计算的特点和适用范围。

练习题

1. **资料**：某企业设有一个基本生产车间和一个辅助生产车间。基本生产车间生产甲、乙两种产品，采用品种法计算产品成本。基本生产成本明细账设置"直接材料""直接人工"和"制造费用"三个成本项目。辅助生产车间的制造费用不通过"制造费用"科目进行核算。该企业 2019 年 10 月发生如下业务：

（1）本月生产车间领料 50 000 元，其中直接用于甲产品的 A 材料 10 000 元，直接用于乙的 B 材料 15 000 元，甲、乙产品共同耗用的 C 材料 20 000 元（按甲、乙产品的定额消耗量比例进行分配，甲产品的定额消耗量为 4 000 公斤、乙产品的定额消耗量为 1 000 公斤）；车间耗用的消耗性材料 5 000 元，辅助车间领料 6 000 元，共计 56 000 元。

（2）基本生产车间本月报废低值易耗品一批，实际成本为 2 000 元，残料入库，计价 100 元，采用五五摊销法进行核算。

（3）基本生产车间的工人工资 20 000 元（按甲、乙产品耗用生产工时比例进行分配，甲产品的生产工时为 6 000 小时，乙产品的生产工时为 2 000 小时），管理人员工资 4 000 元；辅助生产车间的工人工资 6 000 元，管理人员工资 1 500 元；共计 31 500 元。

（4）按照工资费用的 14% 计提职工福利费。

（5）基本生产车间月初在用固定资产原值 100 000 元，月末在用固定资产原值 120 000 元；辅助生产车间月初、月末在用固定资产原值均为 40 000 元；按月折旧率 1% 计提折旧。

（6）基本生产车间发生其他支出 4 540 元；辅助生产车间发生其他支出 3 050 元；共计 7 590 元，均通过银行办理转账结算。

（7）辅助生产车间提供劳务 9 000 小时，其中为基本生产车间提供 8 000 小时，为企业管理部门提供 1 000 小时，辅助生产费用按工时比例进行分配。

（8）基本生产车间的制造费用按生产工时比例在甲、乙产品之间进行分配。甲产品的原材料在生产开始时一次性投入，直接材料费用按产成品和月末在产品数量的比例进行分配，直接人工费用和制造费用采用约当产量比例法进行分配。甲产品本月完工产成品 1 000 件，月末在产品 400 件。完工率为 40%。乙产品各月在产品数量变化不大，生产费用在产品与在产品之间的分配，采用在产品按固定成本计价法。甲、乙产品月初在产品成本资料如表 4-29 所示。

表 4-29　甲、乙产品月初在产品成本资料　　　　（单位：元）

项目	直接材料	直接人工	制造费用	合计
甲	16 000	11 900	16 600	44 500
乙	9 500	3 500	5 000	18 000

要求：

（1）编制甲、乙产品各项要素费用分配的会计分录。
（2）编制辅助生产费用分配的会计分录。
（3）编制结转基本生产车间制造费用的会计分录。
（4）登记甲、乙产品成本明细账。
（5）计算甲、乙产品成本并编制会计分录。

2. 资料：某工厂生产 A、B 两类产品，按品种法计算类别成本。A 类产品有甲、乙、丙三种规格产品，采用系数法计算类内产品成本；材料费用按材料定额成本计算系数分配，直接人工、制造费用按工时定额计算系数分配，以甲产品为标准产品。2019 年 10 月产成品成本计算资料如下。

A 类产品月初和本月生产费用，如表 4-30 所示。

表 4-30　生产费用情况表　　　　（单位：元）

	直接材料	直接人工	制造费用	合计
月初在产品	8 500	500	600	9 600
本月发生额	61 850	9 750	10 210	81 810

产量：甲产品 500 件，乙产品 400 件，丙产品 450 件。

材料定额成本和工时定额，如表 4-31 所示。

表 4-31　定额及工时表

产品名称	单件材料定额成本（元）	工时定额（小时）
甲产品	320	10
乙产品	280	8
丙产品	384	9

A类产品月末在产品定额成本：直接材料7 800元，直接人工450元，制造费用520元。

要求：计算该类产品总成本和各规格产品成本，编制成本计算表。

3. **资料**：某企业属单件小批多步骤生产企业，按购货单位要求小批生产A、B、C三种产品，产品成本计算采用分批法，该企业有关成本计算资料如下所述。

各生产批别产量和相关费用资料：

（1）301号A产品50件，7月投产，8月全部完工，7月累计费用：直接材料4 000元，直接人工1 000元，制造费用1 200元。8月发生费用：直接人工400元，制造费用500元。

（2）302号B产品100件，7月投产，8月完工60件，未完工40件，7月累计费用：直接材料60 000元，直接人工15 000元，制造费用13 000元。8月发生费用：直接人工7 000元，制造费用6 000元。

（3）303号C产品7件，8月投产，尚未完工，本月发生生产费用：直接材料20 000元，工资福利费5 600元，制造费用4 800元。

其他相关资料：三种产品的原材料均在生产开始时一次性投入。采用约当产量比例法在完工产品和月末在产品之间进行分配，在产品完工程度为50%。

要求：

（1）计算301号产品的成本及相应的会计分录。

（2）计算302号产品的成本及相应的会计分录。

（3）计算303号产品的成本及相应的会计分录。

4. **资料**：某企业生产组织属于小批生产，每月投产多种产品，生产批次多，采用简化分批法计算产品成本。该企业2019年4月的产品批次有：

15-301号A产品10台，2月投产，本月完工；

15-302号B产品15台，3月投产，本月完工；

15-303号C产品8台，3月投产，本月完工2台，完工产品工时2 025小时；

15-304号D产品12台，本月投产，尚未完工。

该企业4月上述四种产品的月初在产品成本资料如表4-32所示。

表4-32 月初在产品成本　　　　　　　　　　　　　　（金额单位：元）

产品批别	累计工时（小时）	直接材料	直接人工	制造费用
累计总数	29 000	30 000	22 000	15 000
其中：15-301号A产品	11 000	9 500		
15-302号B产品	13 000	12 000		
15-303号C产品	5 000	8 500		

本月全部四种产品生产工时17 000小时，其中A产品3 900小时、B产品6 700小时、C产品3 100小时、D产品3 300小时；本月发生的直接人工费用总额为12 960元，制造费用总额为8 920元；D产品本月开工，投入原材料费用24 000元。四种产品均为生产时一次性投料。

要求：

（1）计算累计间接费用分配率，编制A、B、C、D四种产品成本计算单。

（2）根据要素费用分配表登记完工产品成本汇总表。

第 5 章

成本计算的分步法

学习目标
1. 掌握分步法的特点、计算程序及适用范围。
2. 掌握逐步结转分步法与平行结转分步法各自的特点和适用性。

重点与难点
1. 广义在产品和狭义在产品的含义。
2. 逐步结转分步法的特点和成本计算程序。
3. 综合结转分步法的特点及成本还原的基本原理。
4. 平行结转分步法下在产品数量的确定及该方法中计入产成品成本"份额"的确定。

5.1 分步法概述

5.1.1 分步法定义及适用范围

产品成本计算的分步法，是以每种产品经过的每一生产步骤作为成本计算对象，按照每一步骤的成本计算对象归集生产费用，计算产品成本的一种方法。它主要适用于大量大批复杂生产且管理上要求分步骤计算产品成本的企业或车间，如冶金、纺织、机械制造等。

5.1.2 分步法的特点

1. 成本计算对象

分步法的成本计算对象是最后步骤的各种产成品及其所经过的每一加工步骤的半成品或零部件。产品成本计算单（基本生产成本明细账）按成本计算对象开设。需要注意的是，这里所说的生产步骤不一定与实际的生产步骤一致，与实际的生产车间也不一定完全一致，有可能将相关步骤合并，也有可能分拆复杂的加工步骤。在按生产步骤设立生产车间的企业中，一般可以将生产车间视为生产步骤，这样分步骤计算产品成本便是分车间计算产品成本。为了简化产品成本计算工作，可以把多个生产车间合并作为一个生产步骤计算成本；相反企业也可以根据需要把车间内的一个生产工段（或几个工段合并）作为一个生产步骤。

2. 成本计算期

由于大量大批复杂生产的生产周期较长，产品往往会跨月连续生产并陆续完工，一般每月月末均有完工产品，因此成本计算是按月定期进行。成本计算期与会计报告期一致，与产品生产周期不一致。

3. 生产费用需要在完工产品和在产品之间分配

由于大量大批复杂生产的产品往往跨月陆续完工，月末通常有在产品，因此还需要把各步骤的生产费用合计，采用适当的方法在完工产品与在产品之间进行分配，正确计算完工产品成本和在产品成本。

4. 各步骤之间成本的结转

由于产品生产是按步骤进行的，上一步骤生产的半成品是下一步骤的加工对象，因此为了计算各种产成品成本，还需要按照产品品种结转各步骤成本（或份额）。

5.1.3 分步法核算的一般程序

1. 开设产品成本计算单

按照各生产步骤，为每个成本计算对象（每步的每种产品）设立产品成本计算单，汇集该步骤产品发生的各项生产费用。

2. 归集生产费用

每月按成本计算对象汇集和分配生产费用，编制各种费用分配表，登记产品成本计算单。

3. 计算各步骤完工产品成本（或计入产成品成本份额）和在产品成本

月末，将各步骤产品成本计算单上归集的生产费用合计，采用适当的方法在完工产品和在产品之间进行分配，以便计算各步骤完工产品成本（或计入产成品成本份额）和在产品成本。

4. 计算每种产成品的总成本和单位成本

月末，按产品品种结转各步骤半成品成本（或计入产成品成本份额），计算出每种产成品的总成本和单位成本。

采用分步法时，由于各企业的生产特点和成本管理的要求不同，以及出于简化核算的考虑，在结转各步骤的成本时，按结转方式的不同将分步法分为逐步结转分步法和平行结转分步法。

5.2 逐步结转分步法

5.2.1 逐步结转分步法概述

逐步结转分步法是按照产品加工步骤的先后顺序，逐步计算并结转半成品成本，前一步骤的半成品成本，随着半成品实物转移到后一步骤的产品成本中，直到最后步骤累计计算出产成品成本的一种成本计算方法。该方法的最大优点是能够提供各步骤完整的半成品成本资料，因此该方法也称为"计算半成品成本法"。它适用于半成品对外销售定价等管理上要求提供半成品成本资料较为复杂的大量大批生产的企业。

逐步结转分步法的成本计算程序如图 5-1 所示。

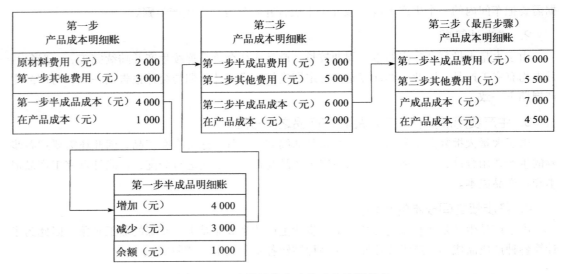

图 5-1　逐步结转分步法的成本计算程序

从图 5-1 可以看出，在逐步结转分步法下，各步骤完工转出的半成品成本，应该从各步骤的产品成本明细账中转出；各步骤领用的半成品成本，构成各领用步骤的一项生产费用，被称为半成品费用，应该计入各领用步骤的产品成本明细账中。如果半成品完工后，通过半成品库收发的，需要设置"自制半成品"账户，在自制半成品验收入库时，应编制借记"自制半成品"账户，贷记"基本生产成本"账户的会计分录，下一步骤从自制半成品库领用时，再编制相反的会计分录，但与基本生产成本的明细科目有别。如果半成品完工后，不通过半成品库收发，而是在各车间之间直接结转，则借记"基本生产成本——转入车间"账户，贷记"基本生产成本——转出车间"账户的账务处理。

5.2.2　逐步结转分步法的特点

1. 生产费用的归集范围

各生产步骤的产品成本计算单既归集本步骤新发生的生产费用，又归集所耗半成品的费用。

2. 半成品成本随半成品实物转移

不论半成品实物是在各生产步骤之间转移，还是通过半成品库收发，半成品成本都随半成品实物的转移而转移。只是在半成品入库、出库时需要通过"自制半成品"记录。

3. 生产费用在各步骤的完工产品和狭义在产品之间分配

每步产品成本计算单上归集的生产费用，月末要在本步骤的完工产品和本步骤狭义在产品之间进行分配，狭义在产品仅指期末本步骤尚未完工的产品。常用的分配方法有约当产量法、定额耗用量比例法和定额成本法。

由逐步结转分步法的特点可知，逐步结转分步法实际上是品种法的多次连续应用。即在采用品种法计算出第一步的半成品成本以后，按照下一步的耗用数量计入下一步的生产费用；下一步再一次采用品种法归集所耗半成品的费用和本步骤其他费用，计算其半成品成本；如此逐步结转，直到最后一步计算出产成品成本。

逐步结转分步法，按照半成品成本在下一步产品成本明细账中的反映方式不同，又可分为综合结转和分项结转两种方法。

5.2.3 综合结转分步法

采用这种结转法是将各生产步骤所耗用的半成品费用，以一个独立的"直接材料"或专设的"半成品"成本项目计入其产品成本明细账中。半成品成本的综合结转可以按实际成本结转，也可以按计划成本结转。因此，综合结转法又有按实际成本综合结转和按计划成本综合结转两种方法。本书只介绍按实际成本结转。

1. 综合结转分步法的成本计算

采用这种结转方法时，各步骤所耗上一步的半成品费用，应根据所耗半成品的数量乘以半成品的实际单位成本计算。具体而言分两种情况，一种是上一步完工半成品直接转入本步骤，则其成本也直接从上一步生产成本明细账转入；如果从半成品库领用自制半成品，由于各月所产半成品的单位成本不同，因而所耗半成品的单位成本要采用先进先出法、全月一次加权平均法等发出存货的计价方法进行计算。

例 5-1 某企业大量生产甲产品，该产品需要经过三个步骤连续加工制成。原材料在生产开始时一次性全部投入，第一步由第一车间完成，其完工产品称为 A 半成品，第一车间完工的 A 半成品直接移交第二车间；第二步由第二车间完成，其完工产品称为 B 半成品，B 半成品完工后先入自制半成品库；第三步由第三车间完成，第三车间从自制半成品库领用 B 半成品对其加工成甲产成品，领用自制半成品成本采用全月一次加权平均法计价。该企业采用综合结转分步法计算产品成本（生产费用合计在完工产品和在产品之间分配采用约当产量法）。

该企业 2019 年 3 月有关成本计算资料（费用资料、产量记录）整理如表 5-1、表 5-2 所示。其中，表 5-1 "月初在产品成本"根据上月各产品成本明细账"月末在产品成本"数据填列，"本月发生的费用"根据本月各种费用分配表整理取得。根据上述资料分别计算各步骤产品成本。

表 5-1 2019 年 3 月费用资料 （单位：万元）

项目		月初在产品成本			本月发生的费用		
		一车间	二车间	三车间	一车间	二车间	三车间
直接材料		390			1 610		
半成品	变动成本法		1 680	1 200		待定	待定
	完全成本法		2 184	1 696		待定	待定
直接人工	变动费用	120	290	120	800	1 270	1 364
	固定费用	60	176	49	400	760	481
制造费用	变动费用	180	230	105	1 200	1 070	1 220
	固定费用	88	150	34	740	682	390
合计		838	3 030	2 004	4 750		

表 5-2 产量记录 （产量单位：件）

项目	一车间	二车间	三车间	在产品完工率
月初在产品	10	18	8	
本月投产	40	42	48	
本月完工	42	44	50	
月末在产品	8	16	6	50%

第一车间完工产品成本的计算如表 5-3 所示。

表 5-3 产品（A 半成品）成本明细账

第一车间　A 半成品　　　　　2015 年 3 月　　　　　　（金额单位：万元）

年 月	日	摘要	直接材料	直接人工 变动费用	直接人工 固定费用	制造费用 变动费用	制造费用 固定费用	合计
3	1	月初在产品成本（完全成本法）	390	120	60	180	88	838
3	31	本月生产费用	1 610	800	400	1 200	740	4 750
3	31	本月生产费用合计	2 000	920	460	1 380	828	5 588
3	31	约当总产量（件）	50	46	46	46	46	
3	31	完全成本法完工半成品单位成本	40	20	10	30	18	118
3	31	转出完全成本法完工半成品总成本	-1 680	-840	-420	-1 260	-756	-4 956
3	31	变动成本法完工半成品单位成本	40	20		30		90
3	31	变动成本法完工半成品总成本	1 680	840		1 260		3 780
3	31	月末在产品成本（完全成本法）	320	80	40	120	72	632

表 5-3 中直接材料项目在产品约当产量 = 8 × 100% = 8

直接材料项目约当总产量 = 42 + 8 = 50

其他成本项目在产品的约当产量 = 8 × 50% = 4

其他成本项目的约当总产量 = 42 + 4 = 46

表 5-3 中每个成本项目完工半成品的单位成本由该成本项目的本月生产费用合计除以该项目的约当总产量求得；每个成本项目完工半成品的总成本由该成本项目完工半成品的单位成本乘以该成本项目完工半成品产量求得；每个成本项目月末在产品的总成本由该成本项目的本月费用合计减去该成本项目完工半成品的总成本求得。

根据第一车间的完工产品转移单编制下列会计分录。

借：基本生产成本——二车间 B 半成品　　　　　　　　4 956
　　贷：基本生产成本——一车间 A 半成品　　　　　　　　　　　4 956

第二车间完工产品成本的计算如表 5-4 所示。

表 5-4 中半成品项目在产品约当产量 = 16 × 100% = 16

半成品项目的约当总产量 = 44 + 16 = 60

其他成本项目在产品的约当产量 = 16 × 50% = 8

其他成本项目的约当总产量 = 44 + 8 = 52

表 5-4 中每个成本项目完工半成品的单位成本由该成本项目的本月费用合计除以该项目的约当总产量求得；每个成本项目完工半成品的总成本由该成本项目完工半成品的单位成本乘以该成本项目完工半成品产量求得；每个成本项目月末在产品的总成本由该成本项目的本月生产费用合计减去该成本项目完工半成品的总成本求得。

根据半成品交库单编制下列会计分录。

借：自制半成品——B 半成品　　　　　　　　　　　　9 152
　　贷：基本生产成本——二车间 B 半成品　　　　　　　　　　　9 152

表 5-4　产品（B 半成品）成本明细账

第二车间　B 半成品　　　　　　　　　2019 年 3 月　　　　　　　　　（金额单位：万元）

年		摘要	半成品（A）		直接人工		制造费用		合计
月	日		变动成本	完全成本	变动费用	固定费用	变动费用	固定费用	
3	1	月初在产品成本（完全成本法）	1 680	2 184	290	176	230	150	3 030
3	31	本月生产费用	3 780	4 956	1 270	760	1 070	682	8 738
3	31	本月生产费用合计	5 460	7 140	1 560	936	1 300	832	11 768
3	31	约当总产量（件）	60	60	52	52	52	52	
3	31	完全成本法完工半成品单位成本		119	30	18	25	16	208
3	31	转出完全成本法完工半成品总成本		−5 236	−1 320	−792	−1 100	−704	−9 152
3	31	变动成本法完工半成品单位成本	91		30		25		146
3	31	变动成本法完工半成品总成本	4 004		1 320		1 100		6 424
3	31	月末在产品成本（完全成本法）	1 456	1 904	240	144	200	128	2 616

根据半成品交库单和第三车间领用半成品的领用单，登记自制半成品明细账如表 5-5 所示。

表 5-5　自制半成品明细账

产品名称：B 半成品　　　　　　　　　2019 年 3 月　　　　　　　　　（金额单位：万元）

月初结存			本月增加			本月累计			本月领用				月末结存		
	总成本			总成本			总成本			单位成本		总成本			总成本	
数量（件）	变动成本法	完全成本法	数量（件）	变动成本法	完全成本法	数量（件）	变动成本法	完全成本法	数量（件）	变动成本法	完全成本法	变动成本法	完全成本法	数量（件）	变动成本法	完全成本法
16	2 366	3 358	44	6 424	9 152	60	8 790	12 510	48	146.5	208.5	7 032	10 008	12	1 758	2 502

根据第三车间领用半成品的领用单编制下列会计分录。

借：基本生产成本——三车间甲产品　　　　　　　　　　10 008
　　贷：自制半成品——B 半成品　　　　　　　　　　　　　　　10 008

第三车间完工产品成本的计算如表 5-6 所示。

表 5-6　产品成本明细账

第三车间甲产成品　　　　　　　　　2019 年 3 月　　　　　　　　　（金额单位：万元）

年		摘要	半成品（B）		直接人工		制造费用		合计
月	日		变动成本	完全成本	变动费用	固定费用	变动费用	固定费用	
3	1	月初在产品成本（完全成本法）	1 200	1 696	120	49	105	34	2 004
3	31	本月生产费用	7 032	10 008	1 364	481	1 220	390	13 463
3	31	本月生产费用合计	8 232	11 704	1 484	530	1 325	424	15 467

（续）

年		摘要	半成品（B）		直接人工		制造费用		合计
月	日		变动成本	完全成本	变动费用	固定费用	变动费用	固定费用	
3	31	约当总产量（件）	56	56	53	53	53	53	
3	31	完全成本法产成品单位成本		209	28	10	25	8	280
3	31	转出完全成本法产成品总成本		−10 450	−1 400	−500	−1 250	−400	−14 000
3	31	变动成本法产成品单位成本	147		28		25		200
3	31	变动成本法产成品总成本	7 350		1 400		1 250		10 000
3	31	月末在产品成本（完全成本法）	882	1 254	84	30	75	24	1 467

表 5-6 中半成品项目在产品约当产量 = 6×100% = 6

半成品项目的约当总产量 = 50+6 = 56

其他成本项目在产品的约当产量 = 6×50% = 3

其他成本项目的约当总产量 = 50+3 = 53

表 5-6 中每个成本项目完工产成品的单位成本由该成本项目的本月生产费用合计除以该项目的约当总产量求得；每个成本项目完工产成品的总成本由该成本项目完工产成品的单位成本乘以该成本项目完工产成品的产量求得；每个成本项目月末在产品的总成本由该成本项目的本月生产费用合计减去该成本项目完工产成品的总成本求得。

根据产成品交库单编制下列会计分录。

借：库存商品——甲产品　　　　　　　　　　　　　　　14 000
　　贷：基本生产成本——三车间甲产品　　　　　　　　　14 000

2. 综合结转分步法的成本还原

采用综合结转分步法结转成本，各步骤所耗半成品的成本是以"半成品"或"直接材料"项目综合反映的，这样计算出来的产成品成本，不能反映原始的成本构成，不便于进行成本分析和业绩评价，因此需要进行成本还原。

成本还原是将完工产成品成本中的"半成品"这个综合的成本项目，分解为"直接材料""直接人工"和"制造费用"等原始的成本项目，以求得按原始成本项目反映的产成品成本资料。

成本还原的程序是：从成本计算的最后一个步骤开始按照成本计算的相反顺序，依次还原。三步骤还原二次，二步骤还原一次，依次类推，直到"半成品"项目的综合费用全部还原为原始成本项目时为止。然后，将各步骤相同的成本项目相加，即可得到按原始成本项目反映的产成品成本资料。

在具体进行成本还原时，可以采用还原率法进行还原。该方法的计算公式为：

某步骤还原分配率 = 本步骤待还原的综合成本 ÷ 本月上一步骤完工半成品总成本

以还原分配率分别乘以本月上步所产该种半成品各个成本项目的成本，即可将本月产成品所耗该种半成品的综合成本进行还原。下面仍然以例 5-1 资料为例进行成本还原，编制产成品成本还原计算表如表 5-7 所示。

表 5-7 产成品成本还原计算表

2019 年 3 月　　　　　　　　　　　　　　　　　　（单位：万元）

行次	摘要	直接材料	B 半成品	A 半成品	直接人工 变动费用	直接人工 固定费用	制造费用 变动费用	制造费用 固定费用	合计
1	还原前产成品成本		10 450		1 400	500	1 250	400	14 000
2	本月二车间完工 B 半成品成本			5 236	1 320	792	1 100	704	9 152
3	一次还原（还原率 = 1.14）		-10 450	5 969.04	1 504.8	902.88	1 254	819.28①	
4	本月一车间完工 A 半成品成本	1 680			840	420	1 260	756	4 956
5	二次还原（还原率 = 1.20）	2 016		-5 969.04	1 008	504	1 512	929.04②	
6 = 1 + 3 + 5	还原后完全成本法产成品总成本	2 016			3 912.8	1 906.88	4 016	2 148.32	14 000
7	还原后完全成本法产成品单位成本	40.32			78.26	38.14	80.32	42.96③	280
8	还原后变动成本法产成品总成本	2 016			3 912.8		4 016		9 944.8
9	还原后变动成本法产成品单位成本	40.32			78.26		80.32		198.9

注：表中①②③的数字含尾差。

- 第一次还原

$$还原率 = 10\,450 \div 9\,152 = 1.14$$

$$A\ 半成品的费用 = 1.14 \times 5\,236 = 5\,969.04$$

$$直接人工变动费用 = 1.14 \times 1\,320 = 1\,504.8$$

$$直接人工固定费用 = 1.14 \times 792 = 902.88$$

$$变动制造费用 = 1.14 \times 1\,100 = 1\,254$$

$$固定制造费用 = 10\,450 - 5\,969.04 - 1\,504.8 - 902.88 - 1\,254 = 819.28$$

- 第二次还原

$$还原率 = 5\,969.04 \div 4\,956 = 1.2$$

$$直接材料费用 = 1.2 \times 1\,680 = 2\,016$$

$$直接人工变动费用 = 1.2 \times 840 = 1\,008$$

$$直接人工固定费用 = 1.2 \times 420 = 504$$

$$变动制造费用 = 1.2 \times 1\,260 = 1\,512$$

$$固定制造费用 = 5\,969.04 - 2\,016 - 1\,008 - 504 - 1\,512 = 929.04$$

成本还原后，变动成本法完工产品的总成本和单位成本与还原前变动成本法完工产品的总成本和单位成本不等（还原后总成本是 9 944.8，还原前总成本是 10 000），其原因是按照成本计算程序计算出的三车间完工产品中的半成品变动成本是历史的加权平均成本（既含有月初在产品的成本结构，又有本月新形成的成本结构，通过半成品库收发自制半成品时，成本结构也有加权因素），其成本结构与上一步本月所产半成品的成本结构不同，而成本还原时半成品成本中的各变动成本的比重是按照上一步本月所产半成品的成本结构还原的，所以有些差异。

由例 5-1 计算可知，综合结转分步法可以在各生产步骤的产品成本明细账中反映各个步骤所耗半成品成本的水平和本步骤加工费用的水平，有利于各个生产步骤的成本管理。但需要进行成本还原,增加了核算工作量。

5.2.4 分项逐步结转分步法

采用这种结转法是将各生产步骤所耗半成品成本,按照成本项目分别转入其产品成本明细账的各个成本项目中。如果半成品通过半成品库收发,那么在自制半成品明细账中登记半成品成本时,也要按照成本项目分别进行登记。

例5-2 假定某企业的甲种产品生产分两个步骤,分别由两个车间进行。2019年3月第一车间完工甲半成品60件,交半成品库验收;第二车间按照所需数量向半成品库领用,第二车间所耗半成品费用按全月一次加权平均单位成本计算。二车间3月完工70件产成品。两个车间月末的在产品均按定额成本计价。

该企业2019年3月有关成本计算资料(费用资料)整理如表5-8所示,其中,表5-8"月初在产品成本"根据上月各产品成本明细账"月末在产品成本"数据填列,"本月发生的费用"根据本月各种费用分配表整理取得。

表5-8 2019年3月费用资料 (单位:万元)

项目		月初在产品成本		本月发生费用			月末在产品定额成本	
		一车间	二车间	一车间	二车间新投入费用	二车间领用半成品成本	一车间	二车间
直接材料		1 500	1 020	3 500		待定	2 000	1 530
直接人工	变动费用	900	2 200	4 000	7 600	待定	1 300	3 420
	固定费用	300	1 100	1 600	3 100	待定	100	1 758
制造费用	变动费用	600	1 040	1 500	4 500	待定	900	1 477
	固定费用	150	240	750	1 500	待定	300	405
合计		3 450	5 600	11 350	16 700		4 600	8 590

第一车间甲半成品的成本计算,如表5-9所示。

表5-9 产品成本明细账

第一车间 甲半成品 2019年3月 (单位:万元)

年		摘要	直接材料	直接人工		制造费用		成本合计
月	日			变动费用	固定费用	变动费用	固定费用	
3	1	月初在产品成本(完全成本法)	1 500	900	300	600	150	3 450
3	31	本月生产费用	3 500	4 000	1 600	1 500	750	11 350
3	31	本月生产费用合计	5 000	4 900	1 900	2 100	900	14 800
3	31	转出完全成本法完工半成品总成本	−3 000	−3 600	−1 800	−1 200	−600	−10 200
3	31	完全成本法完工半成品单位成本	50	60	30	20	10	170
3	31	变动成本法完工半成品总成本	3 000	3 600		1 200		7 800
3	31	变动成本法完工半成品单位成本	50	60		20		130
3	31	月末在产品成本(完全成本法)	2 000	1 300	100	900	300	4 600

表5-9中每个成本项目完工半成品总成本等于该项目本月生产费用合计减去该项目月末在产品成本,每个成本项目完工半成品单位成本等于该成本项目完工半成品总成本除以该成本项目完工半成品产量。

根据第一车间的半成品交库单编制下列会计分录:

借:自制半成品——甲半成品　　　　　　　　　　　　　　　　　10 200
　　贷:基本生产成本——一车间甲半成品　　　　　　　　　　　　　　　　10 200

参照表 5-10，根据自制半成品出库凭证编制下列会计分录：

借：基本生产成本——二车间甲产品　　　　　　　　　　　　　　13 940
　　贷：自制半成品——甲半成品　　　　　　　　　　　　　　　　　　13 940

表 5-10　自制半成品明细账

产品名称：甲半成品　　　　　　　　2019 年 3 月　　　　　　　　（单位：万元）

摘要	直接材料	直接人工		制造费用		合计
		变动费用	固定费用	变动费用	固定费用	
月初结存（40 件）	2 170	2 600	1 080	940	435	7 225
本月入库（60 件）	3 000	3 600	1 800	1 200	600	10 200
本月累计（100 件）	5 170	6 200	2 880	2 140	1 035	17 425
单位成本	51.70	62	28.8	21.4	10.35	174.25
二车间领用（80 件）	4 136	4 960	2 304	1 712	828	13 940
月末结存（20 件）	1 034	1 240	576	428	207	3 485

表 5-11 中每个成本项目完工产成品总成本由该项目本月生产费用合计减去该项目月末在产品成本，每个成本项目完工产成品单位成本由该成本项目完工产成品总成本除以该成本项目完工产成品产量。

采用分项结转法结转半成品成本，可以直接、正确地提供按原始成本项目反映的企业产品成本资料，便于从整个企业的角度考核和分析产品成本计划的执行情况，不需要进行成本还原。但是，这一方法的成本结转工作比较复杂，而且在各步骤完工产品成本中看不出所耗上一步骤半成品费用是多少，本步骤加工费用是多少，不便于进行各步骤完工产品的成本分析。因此，分项结转法一般适用于管理上要求按原始成本项目计算产品成本，而不要求计算各步骤完工产品所耗半成品费用和本步骤加工费用的企业。

表 5-11　产品成本明细账

第二车间甲产成品　　　　　　　　　2019 年 3 月　　　　　　　　（单位：万元）

年		摘要	直接材料	直接人工		制造费用		合计
月	日			变动费用	固定费用	变动费用	固定费用	
3	1	月初在产品成本（完全成本法）	1 020	2 200	1 100	1 040	240	5 600
3	31	本月本车间生产费用		7 600	3 100	4 500	1 500	16 700
3	31	领用半成品成本	4 136	4 960	2 304	1 712	828	13 940
3	31	本月费用合计	5 156	14 760	6 504	7 252	2 568	36 240
3	31	转出完全成本法产成品总成本	−3 626	−11 340	−4 746	−5 775	−2 163	−27 650
3	31	完全成本法产成品单位成本	51.8	162	67.8	82.5	30.9	395
3	31	变动成本法产成品总成本	3 626	11 340		5 775		20 741
3	31	变动成本法产成品单位成本	51.8	162		82.5		296.3
3	31	月末在产品成本（完全成本法）	1 530	3 420	1 758	1 477	405	8 590

根据产成品交库单编制下列会计分录：

借：库存商品——甲产品　　　　　　　　　　　　　　　　　　　　27 650
　　贷：基本生产成本——二车间甲产品　　　　　　　　　　　　　　　27 650

5.2.5　逐步结转分步法的优缺点

1. 逐步结转分步法的优点

（1）能提供各个生产步骤的半成品成本资料

在逐步结转分步法下，每一步骤的生产费用合计月末都要在本步骤的完工产品（最后步骤是产成品，前面各步骤为半成品）和在产品之间分配，计算每一步骤的完工产品的总成本和单位成本。除最后一步骤外，前面各步骤产品成本明细账能提供完工半成品成本资料，这样也便于为出售半成品提供制定价格的依据。

（2）便于各步骤在产品实物和成本的同时管理

各生产步骤的半成品成本随着其实物的转移而同时结转，从而便于各步骤在产品实物和成本的同时管理。

（3）便于各该步骤的成本管理

各生产步骤的产品成本既包括本步骤新发生的费用，又包括所耗半成品的成本，所以能全面反映每步的生产耗费水平，便于各步骤的成本管理。

2. 逐步结转分步法的缺点

（1）成本计算的及时性差

各生产步骤逐步计算并结转半成品成本，后面步骤的成本计算必须等到前面步骤的成本数据计算出来以后才能进行，致使成本计算的及时性差。

（2）成本计算工作量大

采用综合结转分步法需要进行成本还原；采用分项结转分步法各步骤成本结转的工作量大。这些都不利于简化和加速成本核算工作。

5.3 平行结转分步法

5.3.1 平行结转分步法概述

在采用分步法的大量、大批多步骤生产的企业中，有的企业各生产步骤所产半成品的种类很多，但并不需要计算半成品成本。因此，为了简化和加速成本计算工作，在计算各步骤产品成本时，可以不计算各步骤所产半成品成本，也不计算各步骤所耗上一步骤的半成品成本，而只计算本步骤发生的各项生产费用以及这些费用中应计入最后步骤完工产品成本的"份额"。将相同产品的各步骤成本明细账中的这些份额平行结转、汇总，即可计算出该种产品的产成品成本。这种结转各步骤成本的方法就是平行结转分步法，也称不计列半成品成本分步法。平行结转分步法的成本计算程序，可以用图 5-2 列示。

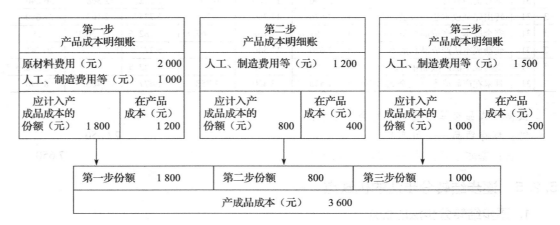

图 5-2　平行结转分步法的成本计算程序

从图 5-2 平行结转分步法成本计算程序图中可以看出，各生产步骤不计算也不结转半成品成本，只是在企业的最后步骤完工产品入库时，才将各步骤生产费用中应计入产成品成本的份额，从各步骤产品成本明细账中转出，从"基本生产成本"账户的贷方转入"库存商品"账户的借方。采用这种方法，不论半成品是在各步骤之间转移，还是通过半成品库收发，都不进行账务处理。

5.3.2 平行结转分步法的特点

1. 生产费用的归集范围

各生产步骤只归集本步骤新发生的生产费用，不归集所耗用半成品的费用。

2. 各步骤之间不结转半成品成本

不论半成品实物是在各生产步骤之间直接转移，还是通过半成品库收发，半成品成本不随半成品实物转移而结转。因此，也无须开设"自制半成品"科目。

3. 期末各步骤的生产费用合计要在最后步骤的完工产成品（以下称最终完工产品）和广义在产品之间进行分配

为了计算各步骤生产费用合计中应计入最终完工产品成本的"份额"，必须将每一步骤的生产费用合计分为计入最终完工产品成本的部分和计入尚未最后加工成产成品的广义在产品成本部分。各步骤广义在产品是指尚未完成本步骤加工的在产品和已完成本步骤加工但尚未形成最终产成品的半成品。期末每步骤广义在产品具体包括以下内容：期末本步骤尚未完工的在产品；期末本步骤半成品库结存的半成品；已转到以后各步骤进一步加工，但尚未最后形成产成品的半成品（即月末后面各步的狭义在产品以及后面各步半成品库月末库存半成品）。每步的广义在产品数量用公式表示如下：

月末某步广义在产品数量 = 月末本步狭义在产品数量 + 月末本步库存半成品数量
+ 月末后面各步骤狭义在产品耗用本步骤半成品数量
+ 月末后面各步骤库存半成品耗用本步骤半成品数量

如果每步生产费用合计期末在最终完工产品和本步骤广义在产品之间采用约当产量法分配，则相关计算公式如下：

某步骤应计入最终完工产品成本的份额 = 最终完工产品耗用该步骤半成品的数量
× 该步骤半成品单位成本

$$该步骤半成品单位成本 = \frac{该步骤月初在产品成本 + 该步骤本月发生的生产费用}{该步骤约当总产量}$$

该步骤约当总产量 = 最终完工产品耗用该步骤半成品数量
+ 该步骤广义在产品约当产量

该步骤广义在产品约当产量 = 月末该步骤狭义在产品的约当产量
+ 月末该步骤库存半成品数量
+ 月末以后各步骤狭义在产品耗用该步骤半成品数量
+ 月末以后各步骤库存半成品耗用该步骤半成品数量

4. 将各步骤生产费用合计中应计入最终完工产品成本的"份额"平行结转、汇总计算该种最终完工产品的总成本和单位成本

例 5-3 某企业 2019 年 3 月乙产品的生产分三个车间进行，每个车间是一个生产步骤。一车间生产 A 半成品，完工后直接交二车间进一步加工成 B 半成品，二车间完工后的半成品直

接交三车间，三车间对 B 半成品加工成乙产成品。一件乙产品耗用一件 B 半成品，一件 B 半成品耗用一件 A 半成品。原材料在生产开始时一次全部投入，生产费用在产成品与在产品之间的分配，采用约当产量法。企业采用平行结转分步法计算产品成本。

成本核算的基本资料如表 5-12 ~ 表 5-17 所示。

表 5-12 产量资料 （产量单位：件）

项目	月初在产品	本月投产	本月完工	月末在产品	在产品完工程度（%）
一车间	10	140	130	20	50
二车间	20	130	135	15	60
三车间	30	135	160	5	80

表 5-13 成本资料 （单位：万元）

摘要		月初在产品成本			本月发生费用		
		一车间	二车间	三车间	一车间	二车间	三车间
直接材料		620			1 380		
直接人工	变动费用	700	612	420	1 580	1 650	2 040
	固定费用	170	220	98	400	650	476
制造费用	变动费用	100	68	68	280	193	342
	固定费用	210	169	25	550	440	139
合计		1 800	1 069	611	4 190	2 933	2 997

表 5-14 产品成本明细账

一车间　A 半成品　　　　2019 年 3 月　　　　　　　（单位：万元）

年		摘要	直接材料	直接人工		制造费用		合计
月	日			变动费用	固定费用	变动费用	固定费用	
3	1	月初在产品成本（完全成本法）	620	700	170	100	210	1 800
3	31	本月生产费用	1 380	1 580	400	280	550	4 190
3	31	本月生产费用合计	2 000	2 280	570	380	760	5 990
3	31	完全成本法半成品单位成本	10	12	3	2	4	31
3	31	完全成本法计入最终完工产品成本份额	-1 600	-1 920	-480	-320	-640	-4 960
3	31	变动成本法半成品单位成本	10	12		2		24
3	31	变动成本法计入最终完工产品成本份额	1 600	1 920		320		3 840
3	31	月末在产品成本（完全成本法）	400	360	90	60	120	1 030

一车间成本计算：

直接材料半成品单位成本 = 2 000 ÷ (160 + 5 + 15 + 20) = 10

直接材料应计入产成品成本份额 = 10 × 160 = 1 600

直接材料应计入在产品成本份额 = 10 × (20 + 15 + 5) = 400

直接人工变动费用半成品单位成本 = 2 280 ÷ (160 + 5 + 15 + 20 × 50%) = 12

直接人工变动费用应计入产成品成本份额 = 12 × 160 = 1 920

直接人工变动费用应计入在产品成本份额 = 12 × (5 + 15 + 20 × 50%) = 360

直接人工固定费用半成品单位成本 = 570 ÷ (160 + 5 + 15 + 20 × 50%) = 3

直接人工固定费用应计入产成品成本份额 = 3 × 160 = 480

直接人工固定费用应计入在产品成本份额 = 3 × (5 + 15 + 20 × 50%) = 90

变动制造费用半成品单位成本 = 380 ÷ (160 + 5 + 15 + 20 × 50%) = 2

变动制造费用应计入产成品成本份额 = 2 × 160 = 320

变动制造费用应计入在产品成本份额 = 2 × (5 + 15 + 20 × 50%) = 60

固定制造费用半成品单位成本 = 760 ÷ (160 + 5 + 15 + 20 × 50%) = 4

固定制造费用应计入产成品成本份额 = 4 × 160 = 640

固定制造费用应计入在产品成本份额 = 4 × (5 + 15 + 20 × 50%) = 120

表5-15 产品成本明细账

二车间　B半成品　　　　　　　　　2019年3月　　　　　　　　　（单位：万元）

年		摘要	直接人工		制造费用		合计
月	日		变动费用	固定费用	变动费用	固定费用	
3	1	月初在产品成本（完全成本法）	612	220	68	169	1 069
3	31	本月生产费用	1 650	650	193	440	2 933
3	31	本月生产费用合计	2 262	870	261	609	4 002
3	31	完全成本法半成品单位成本	13	5	1.5	3.5	23
3	31	完全成本法计入最终完工产品成本份额	-2 080	-800	-240	-560	-3 680
3	31	变动成本法半成品单位成本	13		1.5		14.5
3	31	变动成本法计入最终完工产品成本份额	2 080		240		2 320
3	31	月末在产品成本（完全成本法）	182	70	21	49	322

二车间成本计算：

直接人工变动费用半成品单位成本 = 2 262 ÷ (160 + 5 + 15 × 60%) = 13

直接人工变动费用应计入产成品成本份额 = 13 × 160 = 2 080

直接人工变动费用应计入在产品成本份额 = 13 × (5 + 15 × 60%) = 182

直接人工固定费用半成品单位成本 = 870 ÷ (160 + 5 + 15 × 60%) = 5

直接人工固定费用应计入产成品成本份额 = 5 × 160 = 800

直接人工固定费用应计入在产品成本份额 = 5 × (5 + 15 × 60%) = 70

变动制造费用半成品单位成本 = 261 ÷ (160 + 5 + 15 × 60%) = 1.5

变动制造费用应计入产成品成本份额 = 1.5 × 160 = 240

变动制造费用应计入在产品成本份额 = 1.5 × (5 + 15 × 60%) = 21

固定制造费用半成品单位成本 = 609 ÷ (160 + 5 + 15 × 60%) = 3.5

固定制造费用应计入产成品成本份额 = 3.5 × 160 = 560

固定制造费用应计入在产品成本份额 = 3.5 × (5 + 15 × 60%) = 49

表5-16 产品成本明细账

三车间　乙产品　　　　　　　　　2019年3月　　　　　　　　　（单位：万元）

年		摘要	直接人工		制造费用		合计
月	日		变动费用	固定费用	变动费用	固定费用	
3	1	月初在产品成本（完全成本法）	420	98	68	25	611
3	31	本月生产费用	2 040	476	342	139	2 997
3	31	本月生产费用合计	2 460	574	410	164	3 608
3	31	完全成本法产成品单位成本	15	3.5	2.5	1	22
3	31	完全成本法计入完工产品成本份额	-2 400	-560	-400	-160	-3 520
3	31	变动成本法产成品单位成本	15		2.5		17.5
3	31	变动成本法计入完工产品成本份额	2 400		400		2 800
3	31	月末在产品成本（完全成本法）	60	14	10	4	88

三车间成本计算：

直接人工变动费用半成品单位成本 = 2 460 ÷ (160 + 5 × 80%) = 15

直接人工变动费用应计入产成品成本份额 = 15 × 160 = 2 400

直接人工变动费用应计入在产品成本份额 = 15 × 5 × 80% = 60

直接人工固定费用半成品单位成本 = 574 ÷ (160 + 5 × 80%) = 3.5

直接人工固定费用应计入产成品成本份额 = 3.5 × 160 = 560

直接人工固定费用应计入在产品成本份额 = 3.5 × 5 × 80% = 14

变动制造费用半成品单位成本 = 410 ÷ (160 + 5 × 80%) = 2.5

变动制造费用应计入产成品成本份额 = 2.5 × 160 = 400

变动制造费用应计入在产品成本份额 = 2.5 × 5 × 80% = 10

固定制造费用半成品单位成本 = 164 ÷ (160 + 5 × 80%) = 1

固定制造费用应计入产成品成本份额 = 1 × 160 = 160

固定制造费用应计入在产品成本份额 = 1 × 5 × 80% = 4

表 5-17 乙产品成本汇总表
2019 年 3 月　　　　　　　　　　　　（单位：万元）

车间份额	直接材料	直接人工		制造费用		合计
		变动费用	固定费用	变动费用	固定费用	
一车间份额	1 600	1 920	480	320	640	4 960
二车间份额		2 080	800	240	560	3 680
三车间份额		2 400	560	400	160	3 520
完全成本法产成品总成本	1 600	6 400	1 840	960	1 360	12 160
完全成本法产成品单位成本	10	40	11.5	6	8.5	76
变动成本法产成品总成本	1 600	6 400		960		8 960
变动成本法产成品单位成本	10	40		6		56

借：库存商品——乙产品　　　　　　　　　　　　　　　12 160
　　贷：基本生产成本——一车间　　　　　　　　　　　　4 960
　　　　　　　　　　　　二车间　　　　　　　　　　　　3 680
　　　　　　　　　　　　三车间　　　　　　　　　　　　3 520

例 5-4　某企业 2019 年 3 月甲产品的生产分三个车间进行，每个车间是一个生产步骤。一车间生产 A 半成品，完工后入 A 半成品库；二车间从 A 半成品库领用 A 半成品将其进一步加工成 B 半成品，二车间 B 半成品完工后直接入 B 自制半成品库；三车间从 B 半成品库领用 B 半成品将其加工成甲产品。一件甲产品耗用两件 B 半成品，一件 B 半成品耗用一件 A 半成品。原材料只在一车间投入且与加工进度一致，生产费用在产成品与在产品之间的分配采用约当产量法。企业采用平行结转分步法计算产品成本。

成本核算的基本资料如表 5-18 ~ 表 5-24 所示。

表 5-18　产量资料　　　　　　　　　（产量单位：件）

项目	月初在产品	本月投产	本月完工	月末在产品	在产品完工程度（%）
一车间	10	40	44	6	50
二车间	13	40	48	5	60
三车间	1	26	25	2	50

表 5-19 库存半成品的数量资料   （单位：件）

项目	月初结存	本月入库	本月领用	月末结存
A 半成品	3	44	40	7
B 半成品	9	48	52	5

表 5-20 成本资料   （单位：万元）

摘要		月初在产品成本			本月发生费用		
		一车间	二车间	三车间	一车间	二车间	三车间
直接材料		126			170		
直接人工	变动费用	60	174	15	88	260	245
	固定费用	34	80	9	40	106	199
制造费用	变动费用	90	172	6	132	200	124
	固定费用	170	210	2	200	286	76
合计		480	636	32	630	852	644

表 5-21 产品成本明细账

一车间　A 半成品　　　　　2019 年 3 月　　　　　　　　（单位：万元）

年		摘要	直接材料	直接人工		制造费用		合计
月	日			变动费用	固定费用	变动费用	固定费用	
3	1	月初在产品成本（完全成本法）	126	60	34	90	170	480
3	31	本月生产费用	170	88	40	132	200	630
3	31	本月生产费用合计	296	148	74	222	370	1 110
3	31	约当总产量	74	74	74	74	74	
3	31	完全成本法半成品单位成本	4	2	1	3	5	15
3	31	完全成本法计入产成品成本份额	200	100	50	150	250	750
3	31	变动成本法半成品单位成本	4	2		3		9
3	31	变动成本法计入产成品成本份额	200	100		150		450
3	31	月末在产品成本（完全成本法）	96	48	24	72	120	360

一车间约当总产量 = 6 × 50% + 5 + 2 × 2 + 7 + 5 + 25 × 2 = 74

表 5-22 产品成本明细账

二车间　B 半成品　　　　　2019 年 3 月　　　　　　　　（单位：万元）

年		摘要	直接人工		制造费用		合计
月	日		变动费用	固定费用	变动费用	固定费用	
3	1	月初在产品成本（完全成本法）	174	80	172	210	636
3	31	本月生产费用	260	106	200	286	852
3	31	本月生产费用合计	434	186	372	496	1 488
		约当总产量	62	62	62	62	
3	31	完全成本法半成品单位成本	7	3	6	8	24
3	31	完全成本法计入产成品成本份额	350	150	300	400	1 200
3	31	变动成本法半成品单位成本	7		6		13
3	31	变动成本法计入产成品成本份额	350		300		650
3	31	月末在产品成本（完全成本法）	84	36	72	96	288

二车间约当总产量 = 5 × 60% + 2 × 2 + 5 + 25 × 2 = 62

表 5-23 产品成本明细账

三车间　甲产品　　　　　　　　2019 年 3 月　　　　　　　　（单位：万元）

年		摘要	直接人工		制造费用		合计
月	日		变动费用	固定费用	变动费用	固定费用	
3	1	月初在产品成本（完全成本法）	15	9	6	2	32
3	31	本月生产费用	245	199	124	76	644
3	31	本月生产费用合计	260	208	130	78	676
		约当总产量	26	26	26	26	
3	31	完全成本法产成品单位成本	10	8	5	3	26
3	31	完全成本法计入产成品成本份额	250	200	125	75	650
3	31	变动成本法产成品单位成本	10		5		15
3	31	变动成本法计入产成品成本份额	250		125		375
3	31	月末在产品成本（完全成本法）	10	8	5	3	26

三车间约当总产量 = 25 + 2 × 50% = 26

表 5-24 甲产品成本汇总表

2019 年 3 月　　　　　　　　　　　　　　（单位：万元）

车间份额	直接材料	直接人工		制造费用		合计
		变动费用	固定费用	变动费用	固定费用	
一车间份额	200	100	50	150	250	750
二车间份额		350	150	300	400	1 200
三车间份额		250	200	125	75	650
完全成本法的总成本	200	700	400	575	725	2 600
完全成本法的单位成本	8	28	16	23	29	104
变动成本法的总成本	200	700		575		1 475
变动成本法的单位成本	8	28		23		59

借：库存商品——甲产品　　　　　　　　　　　　　　　2 600
　　贷：基本生产成本——一车间　　　　　　　　　　　　　750
　　　　　　　　　　　二车间　　　　　　　　　　　　1 200
　　　　　　　　　　　三车间　　　　　　　　　　　　　650

5.3.3　平行结转分步法的优缺点

1. 平行结转分步法的优点

（1）能加速成本计算工作

各步骤可以同时计算产品成本，然后将应计入完工产品成本的份额平行结转汇总计入产成品成本，不必逐步结转半成品成本，从而能够加速成本计算工作。

（2）能简化成本计算工作

能够直接提供按原始成本项目反映的产成品成本资料，不必进行成本还原，使成本计算工作减少。

2. 平行结转分步法的缺点

（1）不利于各步骤成本管理

不能提供各步骤半成品成本资料及各步骤耗用上一步骤半成品费用的资料，因而不能全面反映各步骤生产耗费水平，不利于各步骤的成本管理。

(2) 各步骤在产品的成本管理和实物管理脱节

由于各步骤之间不结转半成品成本，使半成品实物转移与成本结转脱节，因而不能为各步骤在产品的成本管理和实物管理提供资料。

5.3.4　逐步结转分步法与平行结转分步法的区别

1. 在产品的含义不同

逐步结转分步法下，在产品是狭义的，即仅指本步骤期末尚未完工的在产品，它的成本是按所在地点反映的，有利于在产品资金的管理。平行结转分步法下，在产品是广义的，它不仅包括本步骤期末尚未完工的在产品，还包括经过本步骤加工完毕，但还没有最后成为产成品的一切半成品。

2. 半成品成本的处理方法不同

逐步结转分步法下，由于半成品可能对外销售，所以每月要计算各步骤完工半成品成本，并随着半成品的转移其成本也转移。平行结转分步法下，一般不计算半成品成本，半成品成本不随着其实物的转移而结转，其成本仍留在原始发生步骤的产品成本明细账内。

3. 成本计算的及时性不同

逐步结转分步法下的产品成本是按加工步骤的顺序逐步累计起来的，本步骤产品成本的计算必须在上一步成本计算完毕的基础上进行。平行结转分步法下期末各步骤可以同时计算其产品成本。

本章小结

本章主要介绍了分步法的定义、适用范围、特点、分步法的种类及其成本计算程序。其中分步法的适用范围、特点和种类是基础，分步法的成本计算是核心。

由于分步法是以产品经过的生产步骤为成本计算对象，按照每一步骤的成本计算对象归集生产费用，计算产品成本。要掌握分步法下的成本计算，必须先清楚分步法的适用范围，理解分步法的适用范围对掌握分步法的特点、种类及其成本计算有着重要的意义。

分步法根据是否需要计算各步骤半成品的成本为标志分为逐步结转分步法和平行结转分步法。

逐步结转分步法适用于企业要求提供自制半成品成本信息的情况，在逐步结转分步法下，按照半成品成本在下一步骤成本明细账中反映的方式不同，又可分为综合结转法和分项结转法。综合结转分步法由于每步所耗上一步半成品成本在本步基本生产成本明细账中以一个独立的"半成品"项目列示，所以计算出的产成品成本不能反映原始的成本构成，为便于进行成本分析，需要进行成本还原。成本还原的关键是清楚成本还原的对象和依据。分项结转分步法道理比较简单、直观，理解了其特点即可掌握。

平行结转分步法适用于企业不需要了解自制半成品成本信息的情况。确定各步骤应计入最终产成品成本的"份额"是掌握这种方法的关键。"份额"的确定过程就是每一步骤的生产费用在完工产品和月末在产品之间进行分配的过程。平行结转分步法下的完工产品是指最后步骤的完工产品，每步应计入完工产品的费用，也就是该步骤生产费用应计入最终产成品成本的"份额"，平行结转法下的月末在产品，则是就整个企业而言的广义在产品，其范围既包括本步骤加工中的在产品，又包括本步骤已经完工转入半成品库或下一步骤尚未最后形成产成品的产品。

思考题

1. 试述分步法的特点和适用性。
2. 试述综合结转分步法与分项结转分步法的异同。
3. 说明在逐步结转分步法和平行结转分步法下,生产费用在完工产品和月末在产品之间分配时,其完工产品和月末在产品的定义和数量的确定有什么区别。
4. 在综合结转法下为什么要进行成本还原?如何进行成本还原?
5. 企业计算产品成本时几种成本计算方法是否可以同时结合使用?

练习题

1. **资料**:某企业大量生产丙产品,该产品需要经过三个步骤连续加工制成。原材料在第一步随加工进度逐步投入,以后各步骤过程中不再投料。第一步骤由第一车间完成,其完工产品称为甲半成品,第一车间完工的甲半成品直接移交第二车间;第二步骤由第二车间完成,其完工产品称为乙半成品,乙半成品完工后直接移交第三车间;第三步骤由第三车间完成即是丙产品。一件丙产品耗用一件乙产品,一件乙产品耗用一件甲产品。生产费用在完工产品与在产品之间的分配采用约当产量法。该企业 2019 年 5 月有关成本计算资料如表 5-25 和表 5-26 所示。

表 5-25 本月费用资料 (单位:元)

项目		月初在产品成本			本月发生的费用		
		一车间	二车间	三车间	一车间	二车间	三车间
直接材料		400			1 400		
半成品	变动成本		2 200	1 700		待定	待定
	完全成本		3 150	2 305		待定	待定
直接人工	变动费用	340	370	305	1 100	950	1 200
	固定费用	190	150	128	530	378	560
制造费用	变动费用	280	250	176	800	630	770
	固定费用	140	100	80	400	252	350
合计		1 350	4 020	2 994	4 230		

表 5-26 产量记录 (产量单位:件)

项目	一车间	二车间	三车间	在产品完工率(%)
月初在产品	15	20	10	
本月投产	25	30	35	
本月完工	30	35	40	
月末在产品	10	15	5	60

要求:开设成本计算单,采用综合结转分步法计算产品成本并进行成本还原(还原率保留小数点后两位)。

2. **资料**:假定某企业的甲种产品生产分两个步骤,分别由两个车间进行。2019 年 8 月第一车间完工甲半成品 50 件,直接交第二车间进一步加工成甲产成品,第二车间完工 100 件甲产成品。两个车间月末的在产品均按定额成本计价。

该企业 2019 年 8 月有关成本计算资料如表 5-27 所示。

表 5-27　本月费用资料　　　　　　　　　　　　　　（单位：元）

项目		月初在产品成本		本月发生费用			月末在产品定额成本	
		一车间	二车间	一车间	二车间新投入费用	二车间领用半成品成本	一车间	二车间
直接材料		3 000	2 100	10 500		待定	2 800	1 900
直接人工	变动费用	1 800	4 400	8 000	8 000	待定	1 200	4 100
	固定费用	600	2 200	4 800	3 600	待定	500	2 000
制造费用	变动费用	1 200	2 000	4 500	6 000	待定	1 000	1 800
	固定费用	300	400	2 200	2 000	待定	200	400
合计		6 900	11 100	30 000	19 600		5 700	10 200

要求：开设成本计算单，采用分项结转分步法计算产品成本。

3. **资料**：某企业分两个车间生产甲产品，原材料在一车间生产开始时一次性投料，一车间生产甲半成品，完工后入自制半成品库，二车间从自制半成品库领用甲半成品将其加工成甲产成品，一件甲产成品耗用一件甲半成品。已知月初自制半成品库结存甲半成品 10 件。生产费用在完工产品与在产品之间的分配采用约当产量法。成本计算的其他资料如表 5-28 和表 5-29 所示。

表 5-28　产量记录　　　　　　　　　　　　（产量单位：件）

项目	一车间	二车间	在产品完工率（％）
月初在产品	20	20	
本月投产	60	50	
本月完工	70	65	
月末在产品	10	5	80

表 5-29　本月费用资料　　　　　　　　　　　　（单位：元）

项目		月初在产品成本		本月发生费用	
		一车间	二车间	一车间	二车间
直接材料		630		690	
直接人工	变动费用	490	395	590	985
	固定费用	260	114	280	300
制造费用	变动费用	394	152	470	400
	固定费用	154	57	170	150
合计		1 928	718	2 200	1 835

要求：开设成本计算单，采用平行结转分步法计算产品成本。

案例链接

某电机厂成本核算实例

一台电机由机壳、有绕组的定子铁芯、转子、小盖、端盖、接线盒座、接线盒盖、接线板、轴承和螺栓等零部件组装而成。某电机厂生产电机所用的零部件除轴承、接线板和螺栓从外部购入外，其他零部件均由本企业生产，然后由组装车间组装成产成品。影响成本计算方法的有关资料如下。

1. 生产工艺过程

该厂共设置七个基本生产车间组织产品生产。第一基本生产车间是冲片车间，该车间从原材料库领用硅钢片后将它加工成两种零部件，即定子铁芯和转子槽片，加工完毕后把二者分别转交第二、第三基本生产车间。第二基本生产车间是定子车间，该车间将转来的定子铁芯进一步加工成有绕组的定子铁芯，完工后转交第七基本生产车间。第三基本生产车间是转子车间，该车间将转来的转子槽片进一步加工成转子，完工后转交第七基本生产车间。第四基本生产车间是铸造车间，该车间从原材料库领用面包铁高温熔铸成机壳、小盖、端盖、接线盒座、接线盒盖的毛坯，然后转交第五基本生产车间。第五基本生产车间是金工车间，该车间将转来的机壳、小盖、端盖、接线盒座、接线盒盖的毛坯进行精加工后转交第六基本生产车间。第六基本生产车间是清洗车间，该车间将转来的精加工后的机壳、小盖、端盖、接线盒座、接线盒盖进行清洗，烘干后转交第七基本生产车间。第七基本生产车间是组装车间，该车间从外购半成品库领用轴承、接线板和螺栓，再把它们与从第二、第三、第六基本生产车间转来的零部件一块组装成产成品。每个车间月末既有完工产品又有在产品，在产品数量较多且各月末数量变化不大。

2. 产品种类

该厂以生产中型电机为主，主要产品根据产品的性能和工艺技术特征分为七个系列，分别是 Y 系列 152 种，Y2 系列 156 种，YF 系列 353 种，YK 系列 245 种，YJF 系列 206 种，YSB 系列 86 种，YFT 系列 73 种。其中 Y 系列、Y2 系列属于普通标准电机，企业每月有固定的生产量，其他系列都属于专特产品，根据客户的订单安排生产。

3. 基础管理情况

该厂成本核算的基础工作比较好，有完善的成本核算原始凭证；有完善准确的原材料、工时、费用定额，企业对定额执行结果有明确的奖惩制度；有严密的材料物资计量、验收、领发、盘存制度；该厂用 ERP 进行管理，成本核算的所有资料都录入 ERP 系统。所投产的产品分车间按品种分别下发生产任务单，生产任务单上不仅注明产品名称、产量、完工时间等基本内容，还注明该产品所耗每种原材料的定额、工时定额和费用定额。

4. 销售情况

该厂所有的产成品和零部件均对外销售。

该厂采用两级成本核算模式计算产品成本。首先，各车间根据该车间当月每个生产任务单所列定额资料分别计算各任务单中完工产品在本车间新发生的定额成本（该定额成本只包括本车间新投入的费用，不包括所耗上步转来的半成品的成本），不计算在产品成本。月末将本车间当月实际发生的直接材料、直接人工和制造费用总额与该车间当月所有完工产品定额总成本的差异（由于定额准确，该差异很小），按照各种完工产品的定额成本在各种完工产品之间进行分配，计算出该车间每种完工产品的实际成本，同时录入 ERP 系统，但是每个车间完工产品的成本并不随该车间完工产品同时转移到下一步。其次，厂部财务部门的成本科根据当月每种完工电机所耗用的各种零部件以及车间计算出来并已经录入 ERP 系统的每个零部件在各车间的生产成本资料，先计算出每个零部件在全厂各车间总的生产成本，再计算每种完工产品的单位成本，同时将完工产品在每个车间的加工成本从该车间基本生产成本明细账中转出。

资料来源：作者对石家庄某电机企业的实际调查，2011。

分析点评：

1. 从案例可知该企业产品根据产品性能和工艺技术特征分为几个系列，而且每个系列的产品品种都比较多，根据常规，企业可以采用分类法计算产品成本，但是本企业没有采用分类法而是采用平行结转分步法计算产品定额成本和实际成本。这主要是因为该企业采用 ERP 进行管理。采用平行结转分步法计算产品的定额成本和实际成本，其结果不仅使企业成本核算的工作量简化，而且比采用分类法的成本计算数据准确。

2. 该企业月末将生产费用合计全部计入完工产品成本，这虽然省略了生产费用在完工产品和期末在产品之间纵向分配的工作量，但会使当月完工产品成本虚增。该企业由于每个车间月末在产品数量较多且各月末数量变化不大，可以采用按年初固定数额计算等简单方法确定月末在产品成本。

思考：

1. 阐述该企业的生产组织类型。
2. 你认为该企业的成本管理有哪些可借鉴之处？
3. 你认为该企业是否可以同时采用分类法计算产品成本？

第 6 章

联产品、副产品和等级产品的成本计算

学习目标

1. 理解联产品、副产品的生产特点。
2. 掌握联产品的成本计算程序及其在实务操作中的应用。

重点与难点

1. 联产品、副产品及等级产品成本计算与品种法成本计算的异同。
2. 联产品"分离点"的理解及联合成本的分配方法。

6.1 联产品的成本计算

6.1.1 联产品的含义

联产品是指在企业生产过程中,使用同种原材料,经过同一生产过程,同时生产出两种或两种以上的主要产品。如炼油厂使用同一原油,经过相同生产过程催化分解后同时提炼出汽油、轻柴油、重柴油等联产品,这些产品虽然性质和用途不同,但均为炼油厂生产的主要产品。通常情况下,只要生产联产品中的一种,则必须生产其全部联产品。

联产品可根据各联产品之间的产量增减关系分为补充联产品和代用联产品。补充联产品是指一种联产品的产量增加或减少会导致其他联产品的同比例地增加或减少。代用联产品是指一种联产品的增加会导致另一种联产品的减少。

6.1.2 联产品成本计算的特点

联产品是在生产过程中使用同一种原材料,经过同一生产过程,在某一"点"上分离出不同的产品。联产品有时可能在生产过程中的某一步骤中先分离出某一种联产品或在生产过程终了时进行全部分离。联产品分离出来的时点称为"分离点"。联产品在分离前,各联产品成本不可能单独归集和分配,只能将其合并为一类,按照分类法的成本计算程序汇总分离前所发生的各项料、工、费。联产品在分离后,如不需进一步加工即可销售或结转,其成本即为分配的联产品成本；如分离后仍需继续加工生产，则需要根据分离后产品的生产特点，选择适当的成本计算方法计算分离后各联产品的加工成本。通常将分离前各产品发生的成本称为"联合成本"，分离后各产品发生的成本称为"可归属成本"。因此，各联产品的成本应当包括其所应负担的联合成本加上分离后的可归属成本。

6.1.3 联产品的成本分配方法

联产品分离前一般可采用分类法计算联合成本，并在各联产品之间进行分配，企业可根据具体情况选用适当的分配方法。常用的分配方法有实物计量分配法、系数分配法和相对销售价值分配法等。

1. 实物计量分配法

实物计量分配法是将联合成本按照分离点上各种联产品的实物量（如重量、容积、长度等）比例进行分配的一种方法。其计算公式为：

$$联产品分配率 = \frac{联合成本合计}{各联产品实物数量之和}$$

$$某种产品应分配的联合成本 = 该联产品实物数量 \times 联产品分配率$$

例 6-1 某企业使用某种原材料经过同一生产过程生产出 A、B、C 三种联产品。其中联产品 A 需要进一步加工后销售，联产品 B 和联产品 C 可直接对外销售。联合成本为 26 000 元，其中原材料 16 000 元、生产工人工资 4 000 元、制造费用 6 000 元。A 产品可归属成本 3 000 元（其中直接材料 1 300 元、生产工人工资 800 元、制造费用 900 元），采用实物计量分配法分配如下。

假定本期生产 A 产品 40 千克、B 产品 70 千克、C 产品 20 千克，按实物计量比例分配过程如表 6-1 所示。

表 6-1 联合成本按实物计量比例计算分配表

产品名称	产量（kg）	分配率	联合成本分配（元）	单位成本（元/kg）
A 产品	40		8 000	200
B 产品	70		14 000	200
C 产品	20		4 000	200
合计	130	200	26 000	

注：联产品分配率 $= \frac{26\ 000}{130} = 200$。

企业采用实物计量分配法，联合成本计算简便，企业中各种联产品均可使用实物单位计量，分配标准容易取得。但是采用该种方法的假设前提是各联产品单位成本完全相同，联合成本仅与实物量直接相关且成正比例变动，而实际情况往往并非如此。因此，这种方法仅适用于联产品成本与实物量密切相关、销售单价相近的联产品的成本分配。

2. 系数分配法

系数分配法又称标准产量比例法，是根据各种联产品的实际产量，按系数将其折算成标准产量来分配联合成本的一种方法。其具体计算步骤如下。

第一，确定各种联产品的系数，并用每种联产品的产量乘以各自的系数，计算出各种联产品的标准产量。设定标准产品的分配系数为 1。

$$某种产品的分配系数 = \frac{该种产品的分配标准}{标准产品的分配标准}$$

第二，计算联合成本分配率。

$$联合成本分配率 = \frac{联合成本合计}{各联产品标准产量之和}$$

第三，计算各种联产品应负担的联合成本。

$$某种产品应分配的联合成本 = 该联产品标准产量 \times 联合成本分配率$$

例 6-2 承例 6-1，该企业对联产品的分配采用系数分配法，假定以产量为标准确定系数，以 A 产品作为标准产品，标准产品系数确定为 1，各产品应负担的联合成本如表 6-2 所示。

表 6-2 联合成本按系数分配表　　　　　　　　　　（金额单位：元）

产品名称	产量（kg）①	系数 ②	标准产量 ③=①×②	联合成本 ④	分配率（kg）⑤	联合成本分配 ⑥=③×⑤
A 产品	40	1	40			6 028.8
B 产品	70	1.75	122.5			18 464
C 产品	20	0.5	10			1 507.2
合计			172.5	26 000	150.72	26 000

注：计算保留小数点后两位小数，尾差全部由 B 产品负担，联合成本分配率 = $\frac{26\,000}{172.5} \approx 150.72$。

根据上述计算结果，编制 A 产品成本汇总计算表（见表 6-3）。

表 6-3 A 产品成本汇总计算表　　　　　　　　　　（金额单位：元）

费用项目	分离前的联合成本总额 ①	各成本项目占总成本比重（%）②=①÷26 000	A 产品分配的联合成本总额 ③	各成本项目分配的联合成本 ④=②×③	可归属成本 ⑤	A 产品总成本 ⑥=④+⑤
直接材料	16 000	61.54		3 710.12	1 300	5 010.12
直接人工	4 000	15.38		927.23	800	1 727.23
制造费用	6 000	23.08		1 391.45	900	2 291.45
合计	26 000		6 028.8	6 028.8	3 000	9 028.8

企业采用系数分配法分摊联产品的联合成本，其实质是按照产量加权的总系数分配联合成本，该方法比按实物计量直接分配要准确。由此可见，保证各种联产品成本分配正确性的关键是系数的确定是否适当。

3. 相对销售价值分配法

相对销售价值分配法是指按照各种联产品的销售价值作为分配比例进行联产品成本分配的一种方法。

采用销售价值分配法，计算公式如下：

$$联合成本分配率 = \frac{联合成本合计}{各联产品销售价值之和}$$

$$某种产品应分配的联合成本 = 该联产品销售价值 \times 联合成本分配率$$

这里的销售价值是指按产品产量计算的产品销售收入，是已售产品价值与未售产品价值之和。

例 6-3 承例 6-1、例 6-2，销售价值分配法下联合成本分配如表 6-4 所示。

表 6-4　联合成本按相对销售价值分配表

名称 产品	A 产品	B 产品	C 产品	合计
产量（kg）	40	70	20	130
销售单价（元/kg）	280	240	220	—
销售收入（元）	11 200	16 800	4 400	32 400
继续加工成本（元）	3 000			3 000
净收入（元）	8 200	16 800	4 400	29 400
分配率				0.884 4
联合成本分配（元）	7 252.08	14 857.92	3 890	26 000
单位成本（元/kg）	181.302	212.256	194.5	

注：联合成本分配率 = $\dfrac{26\,000}{29\,400} \approx 0.884\,4$，尾差全部由 C 产品负担。

相对销售价值分配法将联产品的成本分配与最终价值联系在一起，认为联产品的成本分配与各种产品的最终获利能力存在一定比例关系，然而产品成本的高低并非都与产品售价相关，售价高的产品其生产成本未必高，因此，该方法一般适用于产品售价与成本高低密切相关，联产品分离后不需要继续加工，且价格波动不大的情况。

6.2　副产品和等级产品的成本计算

6.2.1　副产品的成本计算

1. 副产品的含义

副产品是指企业在生产其主要产品的过程中，附带生产出的一些非主要产品。副产品虽不是企业的主要产品，但具有一定的社会和经济价值。如炼油厂提炼原油过程中产生的渣油、石油焦，制皂生产中产生的甘油等。

副产品与联产品均为使用相同原材料，经过同一生产过程，而生产的产出物。二者的区别在于副产品经济价值相对较低，在企业全部生产产品中所占比重较小，而且联产品销售收入较高，其生产的好坏与企业的经济收益直接相关。

另外，从产品之间的关系上看，一般而言，所有联产品均为企业的主要产品，而副产品是依附于主要产品，附带生产出来的，不是企业的主要生产目的，对企业生产影响不大。

联产品和副产品虽然各自具有明显的特点，但它们的区分并不是绝对的，在某些情况下甚至可以互相转化。随着科技的进步，生产流程的不断优化，原有的副产品，其经济用途可能会扩大，经济价值随之提高，从而使其由企业的副产品上升为联产品。而在联产品中，由于替代材料的出现，可能使得部分联产品销量和售价都受到影响，从而降为副产品。

2. 副产品成本计算

由于企业的副产品价值相对较低，在生产成本中的占比较小，可以采用简化的成本计算方法。副产品的成本在与主要产品成本分离前，先将二者归为一类，按照分类法归集费用，计算总成本，将主、副产品分离前的成本视为联合成本，然后将副产品成本按照一定方法计价，从总成本中扣除，扣除后的成本即为主要产品的成本。由此可见，副产品的成本计价是计算主要产品成本的关键。

副产品的成本计价通常可分为以下四种情况。

（1）副产品成本不计价

对分离后不再加工，且价值较低的副产品，可以不负担分离前的产品成本，副产品成本不计价,将副产品的销售收入直接列作其他业务收入处理。

(2) 副产品按照销售价格扣除销售税金、销售费用后的余额计价

对分离后不再加工,但价值较高的副产品,通常以销售价格扣除销售税金、销售费用和按正常利润率计算的销售利润后的余额计价,并以此作为分离成本时联合成本中副产品应负担的部分。如果副产品在分离后还需进一步加工才能售出,采用该方法对副产品计价时,还应从销售价格中扣除继续加工的成本。

(3) 副产品按照分离后继续加工成本计价

对分离后仍需继续加工才能出售的副产品,如果其价值较低,则在成本计算中,副产品成本只包括分离后继续加工的成本,分离前发生的联合成本全部由主要产品负担。如果副产品价值较高,为保证产品成本计算的合理性和准确性,副产品需同时负担继续加工成本和分离前发生的联合成本。

(4) 副产品按照固定值计价

对于在同一生产过程中产出的副产品较多时,为了简化计算,副产品成本可按照事先确定的固定值计价,从主要产品成本中扣除。其中,固定值可以为固定单价,也可以为计划单位成本。如果市价波动频繁、副产品成本变动较大时,该方法会影响主要产品成本计价的准确性,因此,应及时调整副产品的固定值。

3. 副产品成本的扣除方式

副产品成本计算出来后,还应考虑副产品成本如何从联合成本中扣除的问题,扣除的方式主要由副产品成本占分离前联合成本的比重决定:当副产品中直接材料费用所占比重较大或副产品成本占分离前联合成本比重很小时,可直接将副产品成本从分离前联合成本中"直接材料"项目中扣除;当副产品成本中各成本项目之间比重相差不大,或副产品成本占分离前联合成本一定比重时,需要将副产品成本按比例从分离前联合成本各项目中扣除。

4. 副产品成本计算举例

例 6-4 假设某企业在生产主要产品 A 产品的同时,生产出 B、C 和 D 三种副产品。本月月末没有在产品,B 产品按售价扣减销售税费等项目后的余额计算,并按比例从联合成本各成本项目中扣除;C 产品按固定的单价计算,D 产品由于数量较少、价值较低,采用简化方法不予计价。B 产品分离后仍需继续加工才能出售,C 和 D 两种副产品无须再继续加工,成本计算有关资料及计算结果如表 6-5 和表 6-7 所示。

表 6-5 有关成本费用资料 （单位:元）

项目	直接材料	直接人工	制造费用	合计
月初在产品成本	1 480	660	230	2 370
本月发生的生产成本	28 600	13 900	6 780	49 280
B 产品分离后继续加工成本		500	580	1 080
合计	30 080	15 060	7 590	52 730

表 6-6 产量及售价资料

产品名称	产量（kg）	单位售价（元）	单位销售税费（元）	扣减后的单位售价（元/kg）	固定单价（元/kg）
A 产品	8 260				
B 产品	770	20	8.5	11.5	
C 产品	135				3
D 产品	1				

表 6-7　完工产品成本计算表　　　　　　　（单位：元）

成本项目	月初在产品成本 ①	本月发生费用 ②	联合成本合计 ③	比重（%）④	C产品成本 ⑤	B产品成本 分离前 ⑥	B产品成本 分离后 ⑦	B产品成本 合计 ⑧	A产品成本 ⑨
直接材料	1 480	28 600	30 080	58	405	4 509.5	—	4 509.5	25 165.5
直接人工	660	13 900	14 560	28		2 177	500	2 677	12 383
制造费用	230	6 780	7 010	14		1 088.5	580	1 668.5	5 921.5
合计	2 370	49 280	51 650	100	405	7 775	1 080	8 855	43 470

注：C产品成本 = 135 × 3 = 405（元）；B产品分离前总成本 =（11.5 - 1 080 ÷ 770）× 770 ≈ 7 775（元）。
③ = ① + ②；⑧ = ⑥ + ⑦；⑨ = ③ - ⑤ - ⑥。

6.2.2　等级产品的成本计算

等级产品是指企业使用相同原材料，经过同一生产过程，生产出的品种相同但等级或质量有差别的产品。等级产品按照导致产品质量差别的原因可分为两种：一种是由于经营管理不善、工人技术操作不慎等主观原因导致的等级品，如布匹印染过程中的搭色、漏印的次品布等；另一种是由于原材料质量或工艺过程要求不同等客观原因导致的等级品，如洗煤过程中产生的精煤、洗块煤、煤泥等。

需要注意的是，等级品不同于废品，等级品是合格品，而废品为非合格品。等级产品与联产品、副产品也存在异同。相同点是它们都是使用同种原材料，经过同一生产过程生产出的产品。不同点是等级品是品种相同而质量不同的产品，而联产品与副产品则是不同品种的产品。

等级产品的成本计算，应根据不同情况进行。对于由主观原因导致的等级品，其单位成本与合格产品成本相同，各等级产品单位水平一致，低等级产品由于降价销售导致的损失，反映了企业管理中需要努力改正之处；对由于客观原因造成的等级品，一般可以按计划售价作为分配标准，将各等级产量折合为标准产量，采用系数比例法分配计算各等级产品成本。

本章小结

本章主要介绍了联产品、副产品以及等级产品的含义及其成本计算方法。

联产品与副产品均为联合生产过程的产物，其与副产品的主要区别是经济价值较大，属于企业的主要产品，其生产的好坏直接影响企业的经营效益。联产品分离前采用分类法计算的联合成本，需要在各联产品之间进行分配，企业可根据具体情况选用适当的分配方法。常用的分配方法有实物计量分配法、系数分配法和相对销售价值分配法等。

副产品是企业在生产主要产品的过程中，附带生产出的一些非主要产品。副产品虽不是企业的主要产品，但具有一定的经济价值。副产品根据其是否需要再加工和经济价值的大小不同，可以有不计成本、按固定值计价、只负担继续加工成本、既负担继续加工成本又负担联合成本等几种计价方法。其成本计算相对简化，在与主要产品成本分离前，先按照分类法归集费用，计算总成本，将主、副产品分离前的成本视为联合成本，然后将副产品成本按照一定方法计价，从总成本中扣除，扣除后的成本即为主要产品的成本。

等级产品是指企业使用相同原材料，经过同一生产过程，生产出的品种相同但等级或质量有差别的产品。等级产品按照导致产品质量差别的原因可分为两种：一种是由经营管理不善、工人技术操作不慎等主观原因导致的等级品；另一种是由于原材料质量或工艺过程要求不同等客观原因导致的等级品。等级产品的成本确定不难，但防止等级产品的出现，加强企业内部相关环节的控制是重点。

思考题

1. 什么是联合成本？如何进行联合成本的分配？
2. 理解联产品、副产品与等级品的联系与区别，它们各自的成本计算特点是什么。
3. 企业应如何加强对等级产品的控制，进而减少等级产品的出现。

练习题

资料：某工业企业采用同种原材料同时生产出 A、B 两种联产品和 C 副产品。2019 年 10 月产品成本资料如下：

10 月生产 A 产品 2 000 千克、B 产品 2 500 千克、C 产品 50 千克，月初、月末均无在产品。本月发生生产费用：直接材料 300 000 元、直接人工 95 000 元、制造费用 105 000 元，共计 500 000 元。

单位售价资料：A 产品 200 元/千克、B 产品 250 元/千克、C 产品 20 元/千克（销售费用 0.1 元、利润率 40%）。

要求：

（1）计算副产品的实际成本。
（2）联产品按产量平均计算成本。
（3）联产品按产品单位售价的系数分配计算成本（B 产品为标准产品）。
（4）如果 A 产品在分离后继续加工后出售，可归属成本为直接材料 8 000 元、直接人工 2 000 元、制造费用 2 500 元。计算 A 产品总成本和单位成本。

第 7 章

变动成本计算法

学习目标

1. 理解变动成本计算法产生的意义。
2. 掌握变动成本计算法的特点及与全部成本计算法的主要区别。
3. 掌握变动成本计算法与全部成本计算法对分期计算损益产生的不同影响。
4. 了解变动成本计算法的优点与局限性。

重点与难点

1. 变动成本计算法的主要特点。
2. 变动成本计算法与全部成本计算法在资料相同的情况下产品利润额不同的原因。

7.1 变动成本计算法的意义及特点

分析业务量与成本之间的相互关系,把成本区分为固定成本和变动成本,对于企业经营管理,尤其是对预测、决策与控制而言,都具有十分重要的意义。如何在日常会计核算中及时提供变动成本和固定成本的资料?产品成本核算中如果采用变动成本计算法就能完成这一任务。

7.1.1 变动成本计算法的意义

1. 变动成本计算法的产生

20 世纪 30 年代,变动成本计算法产生于美国。第二次世界大战以后,随着市场竞争的日益激烈,企业管理者对经营活动的预测、决策、规划和控制逐渐加强,对变动成本和固定成本信息的使用频率日益提高,从而使变动成本计算法广泛传播,并在西方发达国家企业中广为运用。这种方法自 20 世纪 80 年代初传入我国,经历了消化、吸收和应用的过程。特别是我国 2016 年发布的《管理会计基本指引》和《管理会计应用指引》,为企业更加广泛地运用管理会计的诸种方法提供了很好的帮助。由于变动成本计算法的理论基础源于成本性态分析,而管理会计许多方法又基于成本性态分析，如短期决策的分析方法，因此，随着我国管理会计更加广泛的应用，该方法还会在实践中得到进一步的完善。

2. 变动成本计算法的含义

变动成本计算法（variable costing）是与全部成本计算法（full costing），又称完全成本计算法相对应的一个新概念。全部成本计算法是我国目前采用的制造成本计算法，是指在计算产品成本时，把生产过程中所消耗的直接材料、直接人工和全部制造费用都包括在内的一种成本计算方法。而变动成本计算法是指在计算产品成本时，只包括直接材料、直接人工（计件工资）和变动制造费用，不包括固定制造费用，将固定制造费用作为期间费用的一种成本计算方法。

3. 采用变动成本计算法的理由

变动成本计算法认为，固定制造费用，又称固定制造成本，是为企业提供一定的生产经营条件而发生的费用，同产品实际生产量没有数量上的直接联系，不会随产量的增加而增加，也不会随产量的减少而减少。但它却随会计期间的到来而发生，随会计期间的消逝而结束，因而它与会计期间联系密切，当期发生的固定制造费用实际上是当期的期间费用，不应该递延到下一个会计期间。所以，把当期发生的固定制造费用列入期间成本，作为当期实现收益的减除项目，更符合"收益与费用相配比"的会计原则，更能准确地评价企业在当期的经济效益。

下面以例题的形式，从单一时期的生产、销售情况看其特点。

例 7-1 某企业只生产一种甲产品，有关资料如下：全年生产 2 000 件，每件产品直接材料 5 元，直接工资 3 元，变动性制造费用 2 元，固定性制造费用全年共 12 000 元。假定期初无存货，本年销售 1 500 件，每件售价 25 元。

首先按两种成本计算法分别计算出甲产品的单位成本：

全部成本计算法 = (5 + 3 + 2) + 12 000 ÷ 2 000 = 16（元）

变动成本计算法 = 5 + 3 + 2 = 10（元）

按两种成本计算法编制收益表，如表 7-1 所示。

表 7-1　收益表　　　　　　　　　　　　　　　　（单位：元）

项　目	变动成本计算法	全部成本计算法	项　目	变动成本计算法	全部成本计算法
销售收入	37 500	37 500	贡献毛益	22 500	
产品成本	20 000	32 000	固定成本	12 000	
期末存货	5 000	8 000	息税前利润	10 500	13 500
销售成本	15 000	24 000			

从表 7-1 可以看出，变动成本计算法与全部成本计算法的产品成本构成不同。全部成本计算法的单位产品成本中，每件产品吸收了固定性制造费用 6（=12 000÷2 000）元，按全部成本计算法计算当期收益表的产品销售成本和当期资产负债表上的存货成本（库存产成品）时每件按 16 元计价，期末存货成本就是 8 000 元；采用变动成本法计算时，本期发生的固定性制造费用 12 000 元全部从销售收入中扣除，存货成本每件按 10 元计价，期末存货成本是 5 000 元，两种方法下期末存货成本相差 3 000（=8 000 - 5 000）元，也就使两种方法下的利润相差 3 000 元。

7.1.2 变动成本计算法的特点

变动成本计算法的特点可以通过与全部成本计算法的比较体现出来。具体来说，两种方法的区别主要体现在以下几个方面。

1. 成本划分标准及类别不同

全部成本计算法按照成本经济用途将全部成本分为生产成本和非生产成本两大类。变动成本计算法按照成本性态将全部成本分为固定成本和变动成本两大类。

2. 产品成本构成内容不同

全部成本计算法的产品成本由全部生产成本（包括直接材料、直接人工和全部制造费用）构成。非生产成本作为期间成本。变动成本计算法的产品成本由变动生产成本构成。变动非生产成本和固定成本（包括生产和非生产）作为期间成本。

以上是变动成本计算法与全部成本计算法的主要区别，其他区别都是由此派生出来的。

3. 计算盈亏的公式不同

1）全部成本计算法计算盈亏的公式：

$$销售收入 - 已销产品的生产成本 = 销售毛利$$

其中，已销产品的生产成本 = 期初产品存货成本 + 本期生产成本 − 期末产品存货成本。

$$销售毛利 - 营业费用（期间成本） = 税前利润$$

其中，营业费用 = 销售费用 + 管理费用。

根据这两个公式编制的利润表称为"职能式利润表"。

2）变动成本计算法计算盈亏的公式：

$$销售收入 - 变动成本 = 贡献毛益$$

其中，变动成本 = 变动生产成本 + 变动销售费用 + 变动管理费用。

$$贡献毛益 - 固定成本 = 税前利润$$

其中，固定成本 = 固定制造费用 + 固定销售费用 + 固定管理费用。

根据这两个公式编制的利润表称为"贡献式利润表"。

4. 利润表的格式不同

按全部成本计算法编制的传统式利润表是将所有成本项目按生产、销售、管理等经济职能进行排列，主要是适应外界有经济利益关系的团体或个人的需要而编制的。而按变动成本计算法编制的贡献式利润表是将所有成本项目按成本性态排列，主要是为了便于计算贡献毛益，适应企业内部管理当局规划与控制经济活动的需要而编制的。

7.2 变动成本计算法与全部成本计算法的比较

从上述两种方法的区别中可看出，变动成本计算法的主要特点是产品成本的构成内容与全部成本计算法不同。这个特点对分期计算损益有很大影响，表现为在产销不平衡时，两种方法确定的损益不同。下面举例做分析说明。

7.2.1 连续各期生产量稳定而销售量变动的情况下，两种方法对分期损益的影响

例 7-2 东风工厂三个会计年度生产、销售和成本等有关资料如表 7-2 所示（第一年期初存货量的成本水平与期末存货量的成本水平相同）。试按不同计算方法编制利润表。

表7-2　东风工厂三个会计年度生产、销售和成本情况

	第一年	第二年	第三年
期初存货量（件）	500	500	1 000
当年生产量（件）	2 000	2 000	2 000
当年销售量（件）	2 000	1 500	2 500
期末存货量（件）	500	1 000	500

销售及成本资料（元）		单位产品成本（元）			
每件售价	20	全部成本计算法		变动成本计算法	
生产成本：		变动生产成本	10	变动生产成本	10
单位变动成本	10	固定生产成本	2		
年固定性制造费用总额	4 000	（=4 000÷2 000）			
年销售及管理费用					
固定成本	6 000				
变动成本	—	合计	12	合计	10

现根据上述资料，分别按全部成本计算法和变动成本计算法编制利润表，如表7-3所示（第一年的年初成本水平与第二年、第三年的成本水平相同）。

表7-3　东风工厂利润表　　　　　　　　　　　　　　　　　　（单位：元）

	第一年	第二年	第三年
（全部成本计算法）			
销售收入	40 000	30 000	50 000
销售成本			
（1）期初存货成本	6 000	6 000	12 000
（2）本期生产成本	24 000	24 000	24 000
（3）期末存货成本	6 000	12 000	6 000
本期销售成本	24 000	18 000	30 000
销售毛利	16 000	12 000	20 000
销售及管理费用	6 000	6 000	6 000
税前利润	10 000	6 000	14 000
（变动成本计算法）			
销售收入	40 000	30 000	50 000
销售变动成本	20 000	15 000	25 000
贡献毛益	20 000	15 000	25 000
固定成本			
（1）固定性制造费用	4 000	4 000	4 000
（2）固定性销售及管理费用	6 000	6 000	6 000
固定成本合计	10 000	10 000	10 000
税前利润	10 000	5 000	15 000

将表7-3中两种成本计算的税前利润进行对比，可以发现如下情况。

● 第一年的税前利润，两种成本计算法的结果相同。

这是由于当年的生产量与销售量相同，期初存货量与期末存货量相等且成本水平相等，全部成本计算法期初存货和期末存货负担的固定生产成本也相等，因而这两种成本计算法的税前利润是相同的。

● 第二年的税前利润，全部成本计算法比变动成本计算法多。

第二年产量大于销量，期末存货大于期初存货500件，全部成本计算法税前利润比变动成本法的税前利润多1 000（=6 000－5 000）元。这是由于两种方法期末存货成本计价不同，全部成本计算法每件按12元计算，变动成本计算法每件按10元计算，全部成本计算法期末存货

的固定生产成本为 2 000(＝2×1 000)元,期初存货的固定生产成本为 1 000(＝2×500)元,期末存货固定生产成本大于期初的 1 000 元在全部成本计算法下要转入下一期,从下一期的收入中扣除,所以全部成本计算法的税前利润比变动成本计算法的税前利润多 1 000 元。

- 第三年的税前利润,全部成本计算法比变动成本计算法少。

第三年产量小于销量,期末存货小于期初存货 500 件,全部成本计算法的税前利润比变动成本计算法的税前利润少 1 000(＝14 000－15 000)元。由于期初存货的固定生产成本是 2 000元,期末存货的固定生产成本是 1 000元,期初大于期末的 1 000元要在全部成本计算法的当期收入中扣除,所以全部成本计算法的税前利润比变动成本计算法的税前利润少了 1 000 元。

7.2.2 连续各期销售量稳定而生产量变动的情况下,两种方法对分期损益的影响

例 7-3 胜利工厂三个会计年度生产、销售和成本等有关资料,如表 7-4 所示。请按两种成本计算法编制利润表。

表 7-4　胜利工厂三个会计年度生产、销售和成本情况

	第一年	第二年	第三年
期初存货量（件）	—	—	1 000
当年生产量（件）	2 000	3 000	1 200
当年销售量（件）	2 000	2 000	2 000
期末存货量（件）	—	1 000	200

销售及成本资料（元）		单位产品成本（元）						
		全部成本计算法			变动成本计算法			
每件售价	20	年度	第一年	第二年	第三年	年度	第一年	第二年	第三年
生产成本:		变动生产成本	10	10	10	变动生产成本	10	10	10
单位变动成本	10								
年固定性制造费用总额	6 000	固定生产成本	3	2	5				
年销售及管理费用									
固定成本	4 000	合计	13	12	15	合计	10	10	10
变动成本	0								

根据上述资料,按两种成本计算法编制的利润表,如表 7-5 所示。

表 7-5　胜利工厂利润表　　　　　　　　　　　（单位:元）

	第一年	第二年	第三年
（全部成本计算法）			
销售收入	40 000	40 000	40 000
销售成本			
（1）期初存货成本	0	0	12 000
（2）本期生产成本	26 000	36 000	18 000
（3）期末存货成本	0	12 000	3 000
本期销售成本	26 000	24 000	27 000
销售毛利	14 000	16 000	13 000
销售及管理费用	4 000	4 000	4 000
税前利润	10 000	12 000	9 000
（变动成本计算法）			
销售收入	40 000	40 000	40 000
销售变动成本	20 000	20 000	20 000
贡献毛益	20 000	20 000	20 000
固定成本			
（1）固定性制造费用	6 000	6 000	6 000
（2）固定性销售及管理费用	4 000	4 000	4 000
固定成本合计	10 000	10 000	10 000
税前利润	10 000	10 000	10 000

从表 7-5 可以看出，采用变动成本计算法，虽然 3 年的生产量不同，但只要销售量相同，3 年的税前利润相等。这是由于采用变动成本计算法，在单价成本水平不变的情况下，销售量相同，销售收入相同，按销售量计算的成本也相同，所以，3 年的税前利润都相等；而采用全部成本计算法，3 年的税前利润则不同。第二年最多，第一年次之，第三年最少。这是因为，第二年的生产量（3 000 件）大于销售量（2 000 件），期末存货比期初存货增加了 1 000 件，且每件吸收了 2 元的固定性制造费用转入下期，使第二年的销售成本减少了 2 000 元，因而税前利润增加了 2 000 元；第三年的生产量（1 200 件）小于销售量（2 000 件），由第二年期初转入的存货带入 2 000 元的固定性制造费用，而期末存货带走 1 000 元固定性制造费用，使第三年的销售成本增加了 1 000（=2 000－1 000）元，因而税前利润减少 1 000 元。

通过分析例 7-2 和例 7-3 的两种情况，说明不同的成本计算法对分期损益会产生不同的影响，其差额就是采用全部成本计算法期末存货与期初存货所含固定生产成本的差额。这种影响在一般情况下，可概括为以下三点。

- 若生产量＝销售量（或期初、期末无存货或期初、期末存货的固定生产成本相等），两种成本法计算的税前利润相等。
- 若生产量＞销售量（或期末存货的固定生产成本＞期初存货的固定生产成本），全部成本计算法的税前利润大于变动成本计算法的税前利润。
- 若生产量＜销售量（或期末存货的固定生产成本＜期初存货的固定生产成本），全部成本计算法的税前利润小于变动成本计算法的税前利润。

两种方法下利润的差额可以用下式表示：

$$差额 = 期末存货量 \times 期末存货单位固定生产成本 - 期初存货量 \times 期初存货单位固定生产成本$$

由此可知，两种成本计算法下利润之间的关系式：

$$全部成本法下的利润 = 变动成本法下的利润 + 期末存货量 \times 期末存货单位固定生产成本 - 期初存货量 \times 期初存货单位固定生产成本$$

7.3 变动成本计算法的优点与局限性

7.3.1 变动成本计算法的优点

变动成本计算法是满足企业加强内部管理的需要而产生的，由于它能够揭示产量与成本变动之间的变化规律，因而有助于企业加强成本管理，强化预测、决策等各项管理职能。它的主要优点表现在以下几个方面。

1. 为管理当局提供有利于预测和决策分析的信息

在一般的决策分析过程中，要根据业务量与成本的依存关系来判断各种备选方案的预期效益。变动成本计算法是在对业务量与成本的依存关系进行科学分析的基础上来计算和提供有关重要经济信息的。利用这些信息（如固定成本、变动成本、贡献毛益、贡献毛益率、税前利润等），能够帮助管理当局深入进行本量利分析和贡献毛益分析，如预测保本点、规划目标利润、目标销售量或销售额、目标成本、编制弹性预算、正确进行短期经营决策等。显然，采用全部成本计算法无法做到这一点。

2. 更符合"收益与费用相配比"这一公认会计原则的要求

按照"收益与费用相配比"的原则，会计记录在一定期间内发生的收益和费用，必须归属于这一会计期间,以便客观公正地计算和评价这一期间的经济效益。变动成本计算法一方面把与产量有密切联系的直接材料、直接人工和变动制造费用计入产品成本,使它们随产品的销售而转为销售成本,若当期产品销售的比例大,则转移的成本比例也大;另一方面则把与产量增减无直接关系但与会计期间相关的固定制造费用计入当期损益,将其与当期的收益相配合,比较符合"收益与费用相配合"的会计原则。

3. 便于分清企业内部各部门的经济责任,有利于进行成本控制和业绩评价

一般来说,变动生产成本的升降能够反映供应部门和生产部门的实际业绩。采用变动成本计算法计算的成本,便于实行标准成本制度,便于分清有关因素对成本升降的影响和寻求降低成本的途径,正确评价各部门的业绩,找到降低成本的途径和措施。

4. 促使管理当局重视销售环节,防止盲目生产

采用变动成本计算法计算损益,在销售价格、单位变动成本和产品销售结构不变的条件下,企业的盈利将随销售量的扩大而同时、同方向扩大。这给企业管理当局提供一个重要的信息:只要扩大销售就能增加盈利,促使管理当局重视销售,以销定产,提高资金利用效果。

5. 简化成本核算

采用变动成本计算法计算成本,不需要在不同的成本对象之间分配固定成本,这就简化了成本计算工作,并且在很大程度上避免了间接费用分摊中的主观随意性。

7.3.2 变动成本计算法的局限性

变动成本计算法的优点虽然是明显的,但它也有一定的局限性,主要表现在以下两个方面。

1. 不符合公认成本概念的要求

按照目前世界各国的会计原则的要求,产品成本应包括固定成本。我国会计准则也提出同样的要求。如果企业按变动成本计算法计算产品成本,其会计报表就不能被企业外部有关各方所承认。在资产评估时,企业存货如果根据变动成本估价,就会低估了资产价值。

2. 不能适应长期经济决策的需要

在长期投资决策中,相关范围并不存在,再加上通货膨胀和技术进步等因素的影响,固定成本与变动成本界限的划分会受到一些影响。

本书在前述的成本会计中,把变动成本与固定成本的信息资料体现在了产品成本计算单(基本生产明细账)中,在一定程度上避免了变动成本计算法的局限性。

7.3.3 两种方法的结合

在实际工作中特别需要把变动成本计算法与全部成本计算法有机结合,形成一个既完整又便于日常成本控制和成本管理,并为企业预测、决策提供及时有用的成本信息系统。本书从第3章起至第5章对两种方法结合的日常成本信息资料的提供进行了较为详细的阐述。第8章有关多元化标准成本制度的阐述,对两种成本方法的结合及企业建立适合成本核算与成本控制要求的成本管理制度也有着积极和重要的指导作用。

本章小结

变动成本计算法的前提条件是成本按性态分类,其产品成本只包括变动生产成本。变动

成本计算法不仅是一种成本计算方法,还可以为短期决策、全面预算、责任会计等提供重要的成本信息资料,为管理会计诸种成本技术方法的应用奠定了基础,如贡献毛益这一重要概念就是基于变动成本的概念而提出的,本量利分析也是在成本按性态分类的基础上展开的。

变动成本计算法与全部成本计算法的主要区别在于全部成本计算法把成本按照经济用途分为生产成本和非生产成本两大类,其产品成本由全部生产成本(直接材料、直接人工和全部制造费用)构成,非生产成本作为期间成本。变动成本计算法要求成本按照成本性态分为固定成本和变动成本两大类,其产品成本由变动生产成本构成,变动非生产成本和固定成本作为期间成本。变动成本计算法的期间成本比全部成本计算法的期间成本多了一项固定生产成本(又称制造费用)。正是由于这些主要区别,使得两种方法在相同资料下计算的当期利润往往会产生差异。

变动成本计算法的特点决定了它不仅仅是一种成本计算方法,更体现在这种方法提供的成本信息和由此产生的重要概念在企业成本控制和管理中起着重要的作用。变动成本计算法的诸多优点,如当期利润多少不受生产量变动影响,只要多销售利润就增加,盲目生产和销售环节出现问题都可以及时反映出来。把握变动成本计算法的实质,将变动成本计算法与实际工作相结合具有重要的意义,也是我们学习和掌握这种方法的真谛所在。

思考题

1. 简述变动成本计算法产生的背景和意义。
2. 说明变动成本计算法与全部成本计算法的主要区别体现在哪些方面。
3. 为什么在资料相同的情况下变动成本计算法与全部成本计算法下的利润会产生差额?
4. 简述变动成本计算法在我国应用的可行性与必要性。
5. 理解变动成本计算法的优点。

练习题

1. **资料**:

(1)某厂制造甲产品,2019年第一季度有关情况如表7-6所示。

表7-6 产销及存货数量 (单位:件)

摘要	1月	2月	3月
期初存货	0	0	200
本期生产量	1 000	1 200	800
本期销售量	1 000	1 000	1 000
期末存货	0	200	0

(2)产品销售单价为70元,单位变动成本为30元。
(3)固定制造费用总额每月12 000元。
(4)销售及管理费用每月15 000元(全部是固定费用)。(本厂存货计价采用先进先出法)

要求:分别按全部成本计算法、变动成本计算法编制该厂2019年度第一季度(按月列示)的利润表。

2. **资料**:某厂甲产品2019年第一季度销售量、生产量情况如表7-7所示。

表 7-7　第一季度销售量、生产量情况　　　　　　　　　（单位：件）

摘要	1月	2月	3月
生产量	1 000	1 000	1 000
销售量	800	1 200	1 000

其他资料同上题。

要求：

（1）分别按全部成本计算法、变动成本计算法编制该厂 2019 年第一季度（按月列示）的利润表。

（2）为什么两种成本计算方法计算的利润不同？

案例链接

利凯工艺制品有限公司二车间完成任务了吗

利凯工艺制品有限公司日常采用全部成本计算法计算成本。公司在某月末公布业绩考核报告后，二车间负责人李杰情绪低落。原来，李杰自该月初任职以来积极开展降低成本的活动，严格监控成本支出。但是在月末的业绩考核中，公司认为二车间没有完成计划成本任务，这令人困惑的结果严重打击了其工作积极性。

财务负责人了解情况后召集成本核算人员寻找原因，看看问题到底出在哪里，该车间计划与实际成本资料如下。

当月计划产量 5 000 件，材料消耗实行定额管理，材料消耗定额 6 元；工人工资实行计件工资，计件单价 3 元；在制作过程中需用专用刻刀，每件工艺品限领 1 把，单价 1.3 元；劳保手套每生产 10 件工艺品领 1 副，单价 1 元；当月固定资产折旧费 8 200 元，摊销办公费 800元，保险费 500 元，租赁仓库费 500 元。

车间实际生产时根据当月订单组织生产了 2 500 件，车间负责人李杰充分调动生产人员的工作积极性，改善加工工艺，严把质量关，杜绝了废品，最终使材料消耗由定额的每件 6 元降低到每件 4.5 元；领用专用刻刀 2 400 把，计 3 120（ = 1.3 × 2 400）元。

经了解该公司在考核二车间业绩时采用全部成本计算法，其分析结果如下。

该车间本月计划单位成本为：

$$6 + 3 + 1.3 + 1/10 + (8\ 200 + 800 + 500 + 500)/5\ 000 = 12.4(元)$$

则按该计划单位成本计算的本月实际产量 2 500 件的计划成本为：

$$12.4 \times 2\ 500 = 31\ 000(元)$$

该车间本月实际生产 2 500 件的实际成本为：

$$4.5 \times 2\ 500 + 3 \times 2\ 500 + 3\ 120 + 2\ 500 \times 1/10 + (8\ 200 + 800 + 500 + 500) = 32\ 120(元)$$

因此，该公司认为二车间实际成本（32 120 元）大于计划成本（31 000 元），没有完成计划成本任务。为此，公司财务人员积极商讨对策，分析应该如何考核二车间的业绩才算合理。

资料来源：张立明. 浅谈变动成本法的应用及案例分析［J］. 内蒙古煤炭经济，2011（3）.

分析点评：

1. 如果该公司采用变动成本计算法，则该车间发生的固定资产折旧费、办公费、保险费及租赁仓库费均为固定制造费用，不计入产品成本。其计划单位变动生产成本包括直接材料费用 6 元，直接人工费用 3 元，变动制造费用 1.4 元（专用刻刀费用 1.3 元，劳保手套费用 0.1

元),计划单位变动生产成本为 10.4 元。

$$按实际产量 2\,500 件计算的计划成本 = 10.4 \times 2\,500 = 26\,000 (元)$$

实际完成 2 500 件的变动生产成本发生额为:

直接材料费用 11 250 元(=4.5×2 500,材料消耗定额由 6 元降低到 4.5 元),

直接人工费用 7 500 元(=3×2 500,与计划没有变化),

变动制造费用 3 370 元,其中:专用刻刀费用 3 120 元(专用刻刀实际领用 2 400 把,比计划节约 100 把),

劳保手套费用 250 元(=1×2 500/10,与计划没有变化)。

按实际产量 2 500 件计算的实际成本 = 11 250 + 7 500 + 3 370 = 22 120 (元)。

从上面计算结果看,二车间实际成本(22 120 元)小于计划成本(26 000 元),说明二车间不仅完成了计划成本任务,而且比计划成本还降低了 3 880(= 26 000 - 22 120) 元。其主要原因是:材料消耗定额每件减少 1.5 元,共节约 3 750(= 1.5 × 2 500) 元,专用刻刀节约 100 把,共节约 130(= 1.3 × 100) 元。

2. 该企业按全部成本计算法确定的单位产品计划成本 12.4 元中,包括了车间主任不能控制的费用,如折旧费、保险费、租赁费。车间主任不能控制的费用不应作为其考核的内容,如果车间主任对车间办公费有可控的权力,可以单列一项作为考核标准。因此,企业采用变动成本法计算和考核产品成本有利于分清责任人职责。

思考:

1. 你对上述分析点评有何见解?全部成本计算法与变动成本计算法的主要区别是什么?企业采用变动成本计算法的意义何在?

2. 结合前面成本会计的学习,说明在产品成本计算单中列示变动成本计算法和全部成本计算法的成本资料对企业进行成本控制与管理的意义。

第 8 章

目标成本控制

学习目标

1. 了解成本控制的意义及原则。
2. 理解标准成本制定的一般方法与原则。
3. 掌握传统标准成本的制定及差异的计算与分析。
4. 理解多元化标准成本制度的意义及特征。

重点与难点

1. 市场标准成本的理念。
2. 传统标准成本制度的制定、差异的计算与分析。
3. 多元化标准成本制度的内容构架及与传统标准成本制度的联系和区别。

8.1 成本控制概述

8.1.1 成本控制的意义

目标成本是企业为保证目标利润的实现而设定的一种预计成本。目标成本的表现形式多样，如标准成本、计划成本、预算成本、成本企划等。企业加强对目标成本的控制，对提高盈利能力和企业发展潜力有重要意义。

成本控制是成本管理的核心内容，它通常是根据成本预测和成本决策所确定的目标，对生产经营活动中的各种耗费进行事前和事中控制，及时发现偏差，并采取相应的措施进行调节和干预，以最终保证预定目标成本的顺利实现。

企业成本控制系统作为企业实施内部控制制度的一个子系统，应具备成本信息多元化、决策性、控制性的特点，其职能定位为成本核算管理事前控制、事中控制和事后控制为一体的管理型控制。

事前控制也是前馈控制，是指在产品投产前对影响成本的各项经济活动进行事前规划、审核、确定目标成本；事中控制也是过程控制，是指在成本的形成过程中对实际发生的各种成本、费用进行限制、约束、指导和监督，保证目标成本的实现；事后控制也是反馈控制，是指成本、费用发生之后，分析发生差异的原因，提出改进措施，为下一个成本循环的目标成本确定提出依据。总之，成本的事前控制主要是确定成本标准；事中控制主要是围绕成本标准，对各项开支进行控制；事后控制主要是分析考核，为改进下一期的生产经营做出贡献。

8.1.2 成本控制的原则

成本控制是一项复杂细致而又艰巨的任务，是一个系统工程。成本控制应依据一定的原则进行。一般来说，成本控制的原则有以下几条。

1. 全面性原则

所谓"全面性原则"，是指企业在成本控制过程中，应调动企业内部各部门及全体职工对成本形成的全过程进行控制。它包括全员控制和全过程控制。

全员控制是指企业各部门的各个职工均应树立高度的成本控制责任感，积极主动地参与成本控制，使专业成本控制与群众普遍控制相结合，使每个职工关心成本数额的高低，关心企业效益的好坏。只有树立全员控制的责任感，才能使成本控制落实于每个职工的每个工作岗位，并在任何时刻都不放松成本控制，才有可能实现较好的成本控制，防止浪费。

全过程控制是指成本控制应在成本形成的整个过程中进行。成本控制不应仅限于制造过程，还应包括产品的研发设计阶段、材料采购和销售过程，使成本在整个产品生命周期内得到有效控制，以降低成本，提高经济资源利用率。

2. 增收与节支并重原则

所谓"增收与节支并重原则"，是指成本控制不仅要贯彻厉行节约的方针，杜绝浪费，还要广开财源，增加收入。成本控制不仅仅是消极被动的约束、限制和监督，也应积极的干预和指导，做到防护性控制、反馈控制和事前控制相结合，既贯彻成本最低原则，又坚持收入最高原则，双管齐下，增强成本控制效果。

3. 责权利相结合原则

成本控制应与企业的经济责任制度相结合，一方面赋予成本控制部门或人员一定的职责与使命，同时也赋予他们一定的权限使他们拥有一定的权限行使成本控制的权利，为成本控制的顺利进行打下基础和提供保障，并定期进行绩效考评，依优劣而奖罚，做到责权利相结合，以充分调动各部门、各职工成本控制的积极性和主动性。

4. 目标管理原则

所谓目标管理原则，是指企业管理部门以既定的某方面目标作为管理的出发点和依据。成本控制按目标管理原则进行，即要以已确定的目标成本为依据，对企业的生产经营活动进行控制，将目标成本按责任中心分解为责任成本，落实到成本中心，进行分口、分级管理，保证目标成本的顺利实现。

5. 例外管理原则

所谓例外管理原则，是指在日常实施全面控制的同时，有选择地分配人力、物力和财力，抓住那些重要的、不正常的、不符合常规的关键性成本差异所采取的行动。采取例外管理原则的优点在于：一方面可以通过分析实际脱离标准的原因来达到日常成本控制的目的，另一方面可以检验标准本身是否先进适宜。

在实际工作中，确定"例外"的标准通常可考虑如下几项标志。

(1) 重要性

一般来说，只有数额较大的差异才应给予足够的重视，才称为"例外"。其金额的大小通常以成本差异占标准或预算的百分率来界定。

(2) 一贯性

如果有些成本差异虽未达到重要性标准，但却一贯在控制线的上下限附近徘徊，也应引起管理人员足够的重视，称为"例外"。

(3) 可控性

"例外"应以管理人员能够控制的成本项目为限，凡管理部门和人员无法控制的成本项目（如税率），即使相对数额较大，也不应视为"例外"。

(4) 特殊性

凡是对企业的长期获利能力产生重要影响的成本项目，即使差异金额未达到重要性程度，也应视为"例外"，并查明原因。

8.2 传统标准成本的制定和成本差异计算分析

标准是用来衡量绩效的一种基础。标准成本与其他标准一样，是用来衡量企业成本控制和成本管理业绩的。标准成本是运用科学方法，预计产品应达到的目标单位成本。标准成本制度是根据事先制定的标准成本，在生产过程中和生产过程后，将标准成本与实际成本比较，揭示成本差异，据以加强成本管理和考核评价的一种控制制度。传统标准成本制度的内容包括标准成本的制定、实际成本与标准成本差异的计算及对成本差异的处理。

8.2.1 制定标准成本的一般方法（步骤）

标准成本的制定属于前馈性成本控制。需要考虑的因素主要是注重市场动态的变化（市场成本）、参照历史成本资料和工程技术资料，制定出对企业管理最为有用的标准。标准成本的制定一般可采用下列方法或步骤。

1. 成立制定标准委员会（小组）

由于制造企业生产过程复杂，任何一个部门都难以掌握和制定全厂所有各部门的标准，应该成立专门小组负责全厂各部门主要标准的制定。参加人员应该由各车间、部门负责人和生产第一线的业务骨干组成。

2. 利用各种技术方法

如组织模拟生产，以测定该产品所需料、工、费，据以确定其标准耗费量。

3. 利用接近计划的历史成本资料

制定标准成本不能忽视过去经验。接近计划期的成本资料往往是未来的最佳预测。

4. 采用价值工程

价值工程是一种技术经济的分析方法，是通过对产品或作业进行功能成本分析，以最低的成本实现产品必要的功能。产品的多余功能无补于产品质量，却增加了成本。价值工程法确定目标成本的思路也是制定产品标准成本必须要考虑的一个重要因素。

5. 确定具体成本资料的提供者

财务部门要提供和解释过去的投入产出的会计记录，并在标准的制定过程中起到一种协调者的作用。工程技术部门提供生产技术方面的资料,如数量标准、价值工程的有关成本资料。生产第一线负责人和业务骨干要提供没有经验就几乎不能预见的实际问题。劳动人事部门要提供决定各种等级职工的预期价格。采购部门是材料价格资料的最重要来源地。价格标准一般由采购部门和财务部门研究确定。

8.2.2　制定标准成本应注意的因素

标准成本的制定并不是一劳永逸的。由于高速发展的技术环境,增加了修订标准成本的难度。现代科学技术的高速发展,新技术层出不穷,加速了产品更新换代,许多产品的生命周期往往只有几年。这迫使企业的竞争手段不再是单纯依赖于低成本,而是通过开发新产品,向消费者提供新异的优良性能等。这就要求我们确定的标准成本应是企业一定时期的奋斗目标,应和企业的目标管理相结合。随着企业奋斗目标的改变,标准成本应相应调整和建立新的标准(目标)成本体系。下面几点是企业制定和修订标准成本应注意的因素。

1. 分别制定"标准成本"与"预算成本"

由于标准成本是单位目标成本的概念,而对成本中不易按单位制定标准的成本项目,可按部门预算进行控制。如对直接材料、直接人工等直接或变动的费用项目,应该采用标准(目标)成本进行控制;而对间接固定制造费用、销售与行政管理费用,采用部门责任预算成本的形式,更便于对具体项目进行控制。

2. 牢固树立"市场标准成本"理念

20世纪40年代,可以说是市场驱动的标准成本时代。许多新产品的生命周期缩短,是构成使用市场驱动的标准成本的理由。产品生命周期是指从其研究开发开始,到顾客不再购买,直到产品退出市场为止所经过的时期。市场驱动的标准成本法认为除了成本之外,还由市场决定着产品价格,根据市场允许的价格来决定市场允许的成本,即价格 - 利润 = 成本。这种方法也被称为"价格引导"的成本计算法。这种市场驱动的标准成本要求企业必须不断地改进技术和降低成本耗费才能获得预期的利润。我国一些先进企业已把这种价格引导成本法用于企业目标成本管理、预算管理和责任会计制度的实施过程中,并取得了显著效果。因此,不能狭义地理解标准成本是一套工艺技术标准,应将其拓展为企业按市场价格要求的成本,并作为企业一定时期的成本奋斗目标。所以,市场标准成本有其合理性和市场激励性。

3. 以非财务测评指标充实传统标准成本制度的考核评价体系

在经济全球化的市场中,随着竞争的日益加剧,以产品质量为中心和以客户为中心成为企业的发展战略。企业管理控制系统必须以一些非财务测评指标,如市场占有率、送交货率、顾客满意度、订单生产占有率,等等,来充实传统标准成本系统。

8.2.3　传统标准成本的制定及差异的计算与分析

制定标准成本,应根据产品成本项目制定其标准。在全部成本计算法下,其标准成本的具体项目由直接材料成本标准、直接人工成本标准、制造费用标准构成。在变动成本计算法中制造费用标准只包括变动性制造费用标准。制定标准成本的基本公式为:

$$标准成本 = 数量标准 \times 价格标准$$

标准一经制定,就应编制标准成本卡(standard cost card)。

在生产多品种的企业里,应为每一种产品编制一张标准成本卡;在多工序生产的企业里,还应为每个工序编制一张标准成本卡。这里以单一品种、单一工序的标准成本卡为例。假定生产甲产品，只用一种原材料、一个级别的工人。该企业与编制标准成本卡有关的资料如下。

1）产能标准总工时：50 000 人工小时。
2）标准产量：10 000 件。
3）变动制造费用预算额：20 000 元。
4）固定制造费用预算额：32 000 元。甲产品标准成本卡如表 8-1 所示。

表 8-1　甲产品标准成本卡　　　　　　　　　　　　　（金额单位：元）

项目	标准耗用量	标准价格	单位标准成本
直接材料	4 千克	5 元/千克	20
直接人工	5 小时	2 元/小时	10
变动制造费用	5 小时①	0.4 元/小时③	2
固定制造费用	5 小时②	0.64 元/小时④	3.2
合计			35.2

① 同直接人工标准耗用小时；
② 同直接人工标准耗用小时；
③ 20 000 元 ÷ 50 000 小时 = 0.4 元/小时；
④ 32 000 元 ÷ 50 000 小时 = 0.64 元/小时。

成本差异（cost variance）是指产品实际成本与标准成本的差额。如果实际成本超过标准成本，所形成的差异称为不利差异，用"U"（unfavorable variance）来表示；反之，如果实际成本低于标准成本，所形成的差异称为有利差异，用"F"（favorable variance）来表示。成本差异对管理当局而言，是一种重要的"信号"，可据此发现问题，具体分析差异形成的原因和责任，进而采取相应的措施，实现对成本的控制，促进成本的降低。

由于标准成本是根据标准数量和标准价格计算的，而实际成本是根据实际用量和实际价格计算的，成本差异总额是由用量变动或价格变动引起的，因此，成本差异的通用模式可表述为：

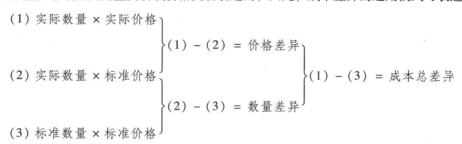

1. 直接材料标准成本的制定及差异的计算与分析

（1）直接材料标准成本的制定

确定直接材料标准成本，数量标准应按产品耗用的各种材料分别计算。价格标准主要由采购部门确定，包括买价和采购费用，也要按各种材料分别计算。

　　　　某单位产品耗用某种材料的标准成本 = 价格标准 × 用量标准
　　　　某单位产品直接材料标准成本 = ∑ 该产品所耗用的各种材料标准成本

（2）直接材料成本差异的计算分析

直接材料差异指产品直接材料的实际成本与标准成本之间的差异，包括材料数量差异和材料价格差异两部分。前者由材料实际耗用量与标准耗用量（实际产量 × 单位产品标准耗用量）不同引起；后者由材料实际价格与标准价格不同引起。材料数量差异和材料价格差异的计算公式如下：

　　　　材料数量差异 =（实际用量 × 标准价格）-（标准用量 × 标准价格）
　　　　　　　　　　 =（实际用量 - 标准用量）× 标准价格

$$材料价格差异 = (实际价格 × 实际用量) - (标准价格 × 实际用量)$$
$$= (实际价格 - 标准价格) × 实际用量$$

计算结果正数为超支,负数为节约。

例8-1 某厂D产品的单位产品材料耗用定额为10千克,每千克标准价格为1元,若该年5月实际完成D产品150台,实际耗用材料1 450千克,实际单价为1.1元,计算材料数量差异和材料价格差异。

$$材料数量差异 = (1\,450 - 150 × 10) × 1 = -50(元)(F)$$
$$材料价格差异 = (1.1 - 1) × 1\,450 = 145(元)(U)$$

通常采购部门具有购料价格的控制权,因此,价格差异一般由采购部门负责。数量差异一般应由生产部门负责,但有时也可能是采购部门的责任,应做具体分析。

2. 直接人工标准成本的制定及差异的计算与分析

(1) 直接人工标准成本的制定

确定直接人工的标准成本,其中数量标准是生产单位产品所需要的标准工作时间,包括对产品的直接加工所用工时、必要的间歇和停工时间所用的工时,按产品的加工步骤(或工序)分别计算。价格标准是工资率标准,采用计时工资制下,就是每一标准工时应负担的工资。

$$某单位产品耗用直接人工的标准成本 = 价格标准 × 用量标准$$
$$某单位产品直接人工标准成本 = \sum(小时工资率 × 工时标准)$$

(2) 直接人工标准成本差异的计算与分析

直接人工差异指生产工人工资的实际发生额与按实际产量和标准工资计算的工资额之间的差额,包括直接人工效率差异(又称"数量"差异或工时利用差异)和直接人工工资率差异(又称"价格"差异)两部分,其计算方法与直接材料差异的计算方法相同,只需将其中的"数量"用"工时"代替,"价格"用"工资率"代替即可。其计算公式为:

$$直接人工效率差异 = (实际工时 × 标准工资率) - (标准工时 × 标准工资率)$$
$$= (实际工时 - 标准工时) × 标准工资率$$
$$直接人工工资率差异 = (实际工资率 × 实际工时) - (标准工资率 × 实际工时)$$
$$= (实际工资率 - 标准工资率) × 实际工时$$

计算结果正数为超支,负数为节约。

例8-2 如例8-1中D产品的直接人工标准工时为每台10小时,每小时标准工资率为2元,实际耗用1 550小时,实际生产量150台,实际工资率为1.8元,计算直接人工效率差异和工资率差异。

$$直接人工效率差异 = (1\,550 - 150 × 10) × 2 = 100(元)(U)$$
$$直接人工工资率差异 = (1.8 - 2) × 1\,550 = -310(元)(F)$$

工资率差异形成的原因,大多是由生产中使用不同工资等级的工人引起的。效率差异形成的原因,主要是由于工人的熟练程度、设备的原因、管理的问题,也可能是由于原材料的质量问题引起的。

3. 制造费用标准成本的制定及差异的计算与分析

(1) 制造费用标准成本的制定

确定制造费用的标准成本,其中数量标准是指单位产品应耗用的工时,价格标准是指制造费用分配率标准。制造费用分配率标准,取决于以下两方面因素。

1) 产能标准总工时,一般是指直接人工(机器工作)标准总工时,是计划产量乘以单位产品标准工时。

2）制造费用预算总额，按固定费用、变动费用分别编制。固定制造费用预算总额是反映在计划产量下应耗用的固定制造费用预算数额，变动制造费用预算总额也是反映在计划产量下应耗用的变动制造费用预算数额。制造（固定、变动）费用预算额除以产能标准总工时，即为制造费用的分配率标准。其计算公式如下：

$$\frac{\text{标准变动（固定）}}{\text{制造费用分配率}} = \frac{\text{变动（固定）制造费用预算总额}}{\text{产能标准总工时}}$$

变动（固定）制造费用标准成本 = 标准变动（固定）制造费用分配率 × 工时标准

（2）变动制造费用差异的计算与分析

变动制造费用差异是指实际变动制造费用和标准变动制造费用之间的差额，包括变动制造费用效率差异（"数量"差异）和变动制造费用耗费差异（"价格"差异）两部分。前者指按实际耗用工时计算的变动制造费用与按标准工时计算的变动制造费用之间的差额；后者是指实际发生的变动制造费用和按实际工时计算的标准变动制造费用的差额。其计算公式为：

$$\frac{\text{变动制造费用}}{\text{效率差异}} = \left(\text{实际工时} \times \frac{\text{变动制造费用}}{\text{标准分配率}}\right) - \left(\text{标准工时} \times \frac{\text{变动制造费用}}{\text{标准分配率}}\right)$$

$$= (\text{实际工时} - \text{标准工时}) \times \frac{\text{变动制造费用}}{\text{标准分配率}}$$

$$\frac{\text{变动制造费用}}{\text{耗费差异}} = \left(\frac{\text{变动制造费用}}{\text{实际分配率}} \times \text{实际工时}\right) - \left(\frac{\text{变动制造费用}}{\text{标准分配率}} \times \text{实际工时}\right)$$

$$= \left(\frac{\text{变动制造费用}}{\text{实际分配率}} - \frac{\text{变动制造费用}}{\text{标准分配率}}\right) \times \text{实际工时}$$

计算结果正数为超支，负数为节约。

例 8-3 如例 8-1 中 D 产品标准工时为 10 小时，变动制造费用标准分配率为 0.5 元，实际耗用 1 550 小时，实际生产量 150 台，实际分配率为 0.45 元，计算变动制造费用效率差异和变动制造费用耗用差异。

变动制造费用效率差异 = (1 550 - 150 × 10) × 0.5 = 25（元）(U)

变动制造费用耗费差异 = (0.45 - 0.5) × 1 550 = -77.5（元）(F)

变动制造费用效率差异实质上反映实际生产过程中工时的利用效率，是实际工时脱离标准导致的费用差异；变动制造费用的耗费差异反映耗费水平，即每小时业务量支出的变动制造费用脱离了标准导致的费用差异。

（3）固定制造费用差异的计算与分析

固定制造费用在相关范围内不受生产活动水平变动的影响，因此对固定制造费用的控制可以按照固定费用预算进行控制。固定制造费用成本差异是指在实际产量下固定制造费用实际发生额与其标准发生额之间的差额，其计算公式如下：

$$\frac{\text{固定制造费用}}{\text{成本差异}} = \frac{\text{实际产量下实际}}{\text{固定制造费用}} - \frac{\text{实际产量下标准}}{\text{固定制造费用}}$$

$$= \frac{\text{实际产量}}{\text{实际工时}} \times \frac{\text{固定制造费用}}{\text{实际分配率}} - \frac{\text{实际产量}}{\text{标准工时}} \times \frac{\text{固定制造费用}}{\text{标准分配率}}$$

式中，成本差异是在实际产量的基础上计算出来的。由于产量的变动只会对单位产品中的固定制造费用产生影响；产量增加时，单位产品负担的固定制造费用会减少；产量减少时，单位产品负担的固定制造费用会增加。由此可知，实际产量与设计生产能力所规定的产量或计划产量的差异会对单位产品所负担的固定制造费用产生影响。固定制造费用成本差异的分析方法通常有两因素分析法和三因素分析法两种。

1) 两因素分析法。两因素分析法是将固定制造费用成本差异分为固定制造费用预算差异和固定制造费用生产能力利用差异两部分。

固定制造费用预算差异，也称固定制造费用耗费差异，是指固定制造费用实际发生额与固定制造费用预算数额之间的差额。其计算公式为：

$$固定制造费用预算差异 = 固定制造费用实际数 - 固定制造费用预算数$$

固定制造费用生产能力利用差异，也称固定制造费用除数差异，是指实际产量的标准工时与产能标准总工时产生的差异。其计算公式如下：

$$固定制造费用生产能力利用差异 = 固定制造费用预算 - 实际产量标准工时 \times 固定制造费用标准分配率$$

或，

$$= (标准产能总工时 - 实际产量标准工时) \times 固定制造费用标准分配率$$

$$= (计划产量标准工时 - 实际产量标准工时) \times 固定制造费用标准分配率$$

计算结果正数为超支，负数为节约。

例 8-4 如例 8-1 中 D 产品固定制造费用预算为 600 元，计划产量 120 台，实际产量 150 台，实际固定制造费用为 675 元，计算固定制造费用预算差异和固定制造费用生产能力利用差异。

$$固定制造费用标准分配率 = 600 \div (120 \times 10) = 0.5$$

$$固定制造费用预算差异 = 675 - 600 = 75(元)(U)$$

$$固定制造费用生产能力利用差异 = 600 - (150 \times 10 \times 0.5) = -150(元)(F)$$

或，

$$= (120 \times 10 - 150 \times 10) \times 0.5 = -150(元)(F)$$

固定制造费用预算差异表示固定制造费用实际支付额与预算额之差，应根据节约或超支情况分析客观和主观原因。固定制造费用生产能力利用差异并不表示支付固定制造费用的超额或节约，该差异主要是反映计划生产能力的利用程度。原因在于，即使实际固定制造费用与预算一样，只要实际产量与计划产量有出入，仍然会产生少分配或多分配的情况，该差异的基本特点可概述如下：

- 若计划产能标准总工时等于实际产量标准工时，则没有生产能力利用差异。
- 若计划产能标准总工时大于实际产量标准工时，则生产能力利用差异为不利差异，表示计划生产能力尚未得到充分利用。
- 若计划产能标准总工时小于实际产量标准工时，则生产能力利用差异为有利差异，表示计划生产能力已得到充分利用。

2) 三因素分析法。三因素分析法是将固定制造费用成本差异分为预算差异、闲置能量差异和效率差异三部分。不同的是三因素法将两因素法中的"生产能力利用差异"进一步分解为闲置能量差异和效率差异。闲置能量差异是实际工时未达到预算生产能量而形成的差异，效率差异是实际工时脱离标准工时而形成的差异。其计算公式如下：

$$固定制造费用闲置能量差异 = 固定制造费用预算 - 实际产量实际工时 \times 固定制造费用标准分配率$$

$$= 计划产量标准工时 \times 固定制造费用标准分配率 - 实际产量实际工时 \times 固定制造费用标准分配率$$

$$= (计划产量标准工时 - 实际产量实际工时) \times 固定制造费用标准分配率$$

$$\begin{aligned}\text{固定制造费用} \atop \text{效率差异} &= \frac{\text{实际产量}}{\text{实际工时}} \times \text{固定制造费用} \atop \text{标准分配率} - \frac{\text{实际产量}}{\text{标准工时}} \times \text{固定制造费用} \atop \text{标准分配率} \\ &= \left(\frac{\text{实际产量}}{\text{实际工时}} - \frac{\text{实际产量}}{\text{标准工时}}\right) \times \text{固定制造费用} \atop \text{标准分配率}\end{aligned}$$

依上述例 8-3、例 8-4 的资料计算如下：

$$\text{固定制造费用闲置能量差异} = 600 - 1\,550 \times 0.5 = -175(\text{元})(\text{F})$$
$$\text{固定制造费用效率差异} = (1\,550 - 150 \times 10) \times 0.5 = 25(\text{元})(\text{U})$$

三因素分析法的闲置能量差异（-175 元）与效率差异（25 元）之和为 -150 元，与两因素分析法中的"生产能力利用差异"数额相同。

8.2.4 成本差异的期末账务处理

在传统标准成本制度下，"生产成本""产成品"账户都是按标准成本记录反映的。为反映实际成本的资料，一般在期末对各项成本差异进行调整。成本差异的处理可以采取以下两种方法。

1. 直接处理法

直接处理法即将本期发生的各种差异全部计入利润表，由本期收入补偿，视同于销售成本的一种差异处理方法。其具体做法是在会计期末，将所有的各项成本差异转入"本年利润"账户，或者先将其转入"主营业务成本"账户，然后再将产品销售成本总额（标准成本加减各项成本差异）转入"本年利润"账户。采用这种方法的依据是本期差异应体现本期成本控制的业绩，要在本期利润上予以反映。这种方法的账务处理比较简单。但是，如果差异数额较大或者制定的标准成本不符合实际的正常水平，则不仅使存货成本严重脱离实际成本，而且会歪曲本期经营成果。因此，在成本差异数额不大时采用此种方法为宜。

2. 递延法

递延法即把本期的各类差异按标准成本的比例在期末存货成本和本期销售成本之间进行分配，从而将期末存货成本和产品销售成本调整为实际成本的一种成本差异处理方法。这种方法强调成本差异的产生与存货和销售都有联系，不能只由本期销售成本负担，应该有一部分差异随期末存货递延到下期去，但分配差异工作过于烦琐。

8.3 多元化标准成本制度的意义及特征

在应用高科技和弹性制造系统进行"顾客化"生产的条件下，产品成本的绝大部分（80% 以上）取决于产品的"研究与开发阶段"和"设计阶段"，这一发展趋势已经形成。因此，必须变革我国传统产品成本管理理念，以多元化的现代标准成本控制制度适应高新技术经济对企业成本管理的要求。

多元化标准成本控制制度，由适应成本费用核算、控制及各种管理需要的多种成本概念、账户结构设置、内容构架、成本（费用）标准的制定及差异评价等内容构成，成为同时体现成本核算、成本控制、成本决策等现代企业生产经营需要的成本管理体系。它使成本核算一方面为定期编制财务报告提供成本信息资料，另一方面为企业管理层提供具有高度相关性和充分可靠性的成本信息，如有关预测决策、成本控制、考核评价等相关成本资料以及产品定价所需的成本资料等，使企业能利用不同成本信息服务于不同目的，为企业在多方面提高经济效益服务。多元化标准成本制度与传统标准成本制度相比，从核算、管理范围、控制评价对象到评价指标等方面都有拓展，其特点表现为成本概念多元化、内容控制全面化、核算控制"账表"结合、考核评价责任化，为企业进行全过程、全方位的成本管理工作提供及时有用的成本信息，发挥在管理中核算、在核算中管理的重要作用。多元化标准成本制度的特征体现在成本构成内容多元、强调成本项目控制点的确定、产品成本的记录简便且明晰和加强期间成本控制等方面。

8.3.1 成本构成内容多元化

1. 产品生产成本（产品制造成本）

我国现行会计制度规定采用制造成本法计算产品成本。因此，多元化标准成本制度应以制造成本为计算基础，换言之，账簿资料能及时反映制造成本信息。

2. 变动成本和固定成本

成本按性态分类，便于掌握成本与业务量之间的规律性联系，可以为企业正确地进行管理决策和改善经营管理提供许多有价值的信息资料，有助于分析成本升降的真正原因。多元化标准成本制度的日常核算应及时体现变动成本和固定成本的信息资料，因此，在产品生产成本明细账中，应该同时反映产品变动生产成本和产品全部生产成本的信息资料。这样，既便于管理会计诸多种技术方法的应用，又便于为财务会计与管理会计在企业管理实务中的结合奠定基础（该部分内容在第 4 章、第 5 章中已有阐述）。

3. 目标成本

目标成本是指产品、劳务、工程项目等在其生产经营活动开始前，根据预定的目标所预先制定的成本。目标成本是企业职工进行成本控制的奋斗目标，因此目标成本涵盖了责任成本、标准成本的内容。责任成本、标准成本是进行目标成本管理与控制过程中的具体表现。无论是在产品设计阶段还是在产品生产、销售过程中，都必须有目标成本作为标准衡量成本工作的绩效，找出实际成本与目标成本产生差异的原因，以继续改进成本。

8.3.2 内容构架：标准成本的制定与差异评价、产品成本的记录反映和期间成本控制

现代科学技术的发展，使企业生产过程和生产组织发生了重大变革，由各项管理活动引起的费用消耗大幅度上升，多元化标准成本控制制度应该把产品成本的控制、期间成本的控制放在同等重要的位置。标准成本的制定要既方便实际工作中的操作，又有利于控制点的确定。

1. 标准成本的制定及差异的分析评价和控制点的确定

（1）直接材料标准成本的制定及差异的分析评价和控制点的确定

直接材料标准成本的确定，与本章前面的阐述基本相同。数量标准应按产品耗用的各种材料分别计算。价格标准主要由采购部门确定，包括买价和采购费用，也要按各种材料分别计算。

差异的分析评价：直接材料成本价格差异的分析评价对象，主要在企业的采购部门。价格差异体现在采购部门责任预算的执行情况上，首先，应由企业采购部门进行自查。这对激励采购部门平时加强节约采购费用，提高责任感有着积极的推动作用。其次，由企业财会部门做横向比较，分析归纳做出价格差异的总体评价。直接材料用量差异是实际单位产品耗用量与标准耗用量之差。影响直接材料用量差异的因素很多，如工人的技术熟练程度和责任感、加工设备的完好程度、产品质量要求、材料质量和规格等。量差的分析对象主要是生产部门，但也要具体情况具体分析。如有时出现的材料量差为超支差异，但超支的真正原因是采购部门所购材料

的质量降低。这种差异发生地点在生产部门，根源却在采购部门，这一责任就应由采购部门加倍负责。直接材料用量差异的分析评价工作应由车间、工段、班组逐级完成，这也是构成其产品责任成本的考核指标之一。

(2) 直接人工标准成本的制定及差异的分析评价和控制点的确定

直接人工标准成本的制定，其数量标准是在现有的生产技术条件下，生产单位产品所需要的工作时间，包括对产品直接加工所用工时、必要的间隙和停工时间以及在不可避免的废品上所用的工时。应按产品的加工步骤分别计算工时标准，然后汇总确定单位产品工时数量标准。价格标准是指工资率标准。我国生产工人工资的支付形式主要有计件工资和计时工资两种。

1) 计件工资直接人工标准成本的制定。此种方式下直接人工的标准成本，就是计件工资的单价。计件工资单价是根据加工单位产品所需耗用的定额工时和按加工该产品的工人等级计算的小时标准工资（也称小时标准工资率）的乘积确定的。其计算公式如下：

$$计件工资单价 = 工人某一等级的小时标准工资率 \times 单位产品工时定额$$

例 8-5 甲零件加工等级为三级，三级工日标准工资为 40 元。甲零件单位产品定额工时为 0.5 小时，计算甲零件计件单价。

$$三级工小时工资率 = 40 \div 8 = 5(元／小时)$$
$$甲零件计件单价 = 5 \times 0.5 = 2.5(元)$$

差异的分析评价：在计件工资制度下，直接人工成本的差异分析，主要看实际所用工时是否超过单位产品（或零部件）定额工时。因为在计件工资制度下，实际支付工人的工资率与标准工资率一般没有太大的差异，事先已定好该种产品就要由该级工人生产（如与事先规定有差异，则是车间人力安排不当），产量完不成的原因主要是工时的利用程度问题。如本例按标准工时应完成 16 件，但实际每件产品耗用了 1 小时，只完成了 8 件，那就只给 8 件的工资 20 元，而如果该工人实际完成了 18 件，则应给他 45 元工资。由该例我们可以看出，计件工资的实质是按件计价，工资所对应的业务量是件数，因此计件工资具有变动成本的特征。计件工资所对应的发生对象是直接从事产品生产的第一线的工人，计件工资的控制点应是第一线工人的工时利用程度。

2) 计时工资直接人工标准成本的制定（与本章 8.2.3 中的 2. 基本相同）。此种方式下，直接人工标准成本的制定，用公式表示：

$$某单位产品直接人工标准成本 = \sum(标准小时工资率 \times 工时消耗定额)$$
$$标准小时工资率 = 生产工人工资预算数 \div 产能标准总工时$$
$$产能标准总工时 = 计划产量 \times 单位产品工时消耗定额$$

差异的分析评价：计时工人工资的差异，主要反映的也是工时利用程度，如单位产品工时消耗定额是 5 工时，而实际用了 6 工时，说明工时利用不好，没有达到标准。至于工资率差异，反映的是人力安排不当。

我们已知计时工资直接人工标准成本的制定是根据标准小时工资率乘以工时消耗定额制定的，但这里需要注意两点：标准小时工资率的计算和计时工资的含义。

标准小时工资率的计算，是依据生产工人工资预算数除以产能标准总工时得出的，由此可知标准小时工资率是一个平均数，而产能标准总工时是计划产量与单位产品工时消耗定额的乘积，假设单位产品实际工时消耗与单位产品标准工时消耗一致，生产工人工资预算数与其实际发生额一致，如果产品实际生产量与产品计划生产量不一样，其结果是，实际小时工资率也会与标准小时工资率产生差异。其问题的实质是生产能力利用上的差异。

对计时工资一般意义上的理解是一天给多少工资，计时工资所对应的业务量是以"天"为单位计算，可知计时工资具有固定成本的性质。计时工资所对应的发生对象一般是车间管理人员、技术人员和辅助工人等按天计发工资的人员，所以对计时工资的控制应以这类工人的工资薪酬总额为控制点。

(3) 变动制造费用标准成本的制定及差异的分析评价和控制点的确定

根据变动成本的特点，即单位业务量（单位产品或单位工时）的变动成本是不变的，变动制造费用标准成本的制定，应以每件产品或每工时耗用变动制造费用标准来确定。下面以车间修理费用进行分析说明。

如修理一台机器设备，计划安排三级工修理，1 工时应耗用 5 元，这 5 元就是价格标准，且属于变动性修理费。修好这台机器应耗用工时数量为 3 小时，5 元/小时 ×3 小时 =15 元，这 15 元就是修这台机器设备的变动制造费用标准成本。

差异的分析评价：如果实际发生的是 18.9（ =5.4×3.5）元，实际成本比标准成本超支 3.9 元，分析时就可依据 5 元这一价格标准和数量标准 3 工时来各自找原因。从职工安排找原因：标准要求用三级工，而实际用了四级工（5.4 元），造成价格（工资率）超支（5.4 −5）×3.5 =1.4（元）；从工作时间上找原因：实际用了 3.5 工时，因劳动生产率（工时利用率）不高造成的费用超支（3.5 −3）×5 =2.5（元）。在此基础上进一步从车间、人力资源管理部门、工人等控制点落实超支差异（1.4 +2.5 =3.9）的责任。这样，以单位业务量为主要控制点来制定变动制造费用标准，使费用耗费的价格标准与数量标准界限非常清晰，有利于查找产生差异的主观、客观原因和进行责任的追究。

(4) 固定制造费用标准成本的制定及差异的分析评价和控制点的确定

传统固定制造费用差异分析方法有二分法、三分法两种。二分法中的固定制造费用生产能力利用差异（也叫产量差异或除数差异），所反映的是计划生产能力的利用程度，把产量变化的因素包括在内了，其差异说明的是实际生产量大于或小于计划生产量下的固定制造费用的相对节约或相对超支，这种相对节约或相对超支是由固定制造费用在相关范围内其总额保持不变的特性所决定的，而不是固定制造费用绝对额的节约或超支，所以二分法、三分法的实际应用价值不大。因此，对固定制造费用主要应以控制总额作为控制点，对产品计划产量的控制完全可以单独列示，这样做还可以强化不同岗位的经济责任和明确责任的归属。固定制造费用标准成本的制定，采用固定制造费用预算总额的控制方法即可，但需遵循重要性原则确定具体的费用项目，制定其预算总额的控制标准。

差异的分析评价：分析差异时，应按费用项目逐项进行，根据固定制造费用预算指标分析其费用总额的实际发生与预算之差的主客观原因并进行考核评价。固定制造费用的特性决定其与业务量没有直接的因果关系，因此对其考核评价应侧重人的主观能动行为。对固定制造费用差异超支或节约，应做出主客观原因的评判并作为下次制定其预算指标的参数。

2. 产品成本的记录反映

标准成本制定完后，作为考核依据怎样在账户资料中及时反映，怎样在执行标准中加强事中核算与控制，是多元化标准成本控制制度的重要内容。其具体做法如下。

(1) 调整"制造费用"总分类账户的设置，对"制造费用"分设"固定制造费用"和"变动制造费用"两个总分类账户

我国采用制造成本法计算产品成本，要求生产费用按经济用途分为生产成本和非生产成本，不要求成本按成本性态分类，而成本按性态分类是管理会计的基础理论之一，而且管理会计的许多技术方法要求成本按性态分类。为使日常成本核算资料能为管理会计诸多种方法所利用，可通过调整账户记录达到目的。对"制造费用"分设"固定制造费用"和"变动制造费用"两个总分类账户（或明细账户），归集发生在生产领域的变动费用和固定费用的实际发生额。这样，便于成本预算的控制、考核和责任的归属，并可以依据车间、班组的成本预算指标追究各级责任人的责任。一般情况下，制造费用的责任不会属于销售领域和企业管理领域（特殊情况例外）。而且，这样处理也有利于确定变动成本计算法和制造成本计算法下的利润，以满足企业内部管理和对外财务报告对利润信息的要求。

（2）以账表结合方式改变传统标准成本核算模式，在账户记录中以实际成本反映日常成本核算信息

在传统标准成本制度下，"生产成本""产成品"账户都是按标准成本记录反映的。耗用各项费用时，贷方有关账户按实际成本记账，借方记"生产成本"账户的按标准成本记账。脱离标准成本的差异分别计入"材料成本差异""直接人工成本差异""制造费用差异"等账户，各差异账户借方反映超支数，贷方反映节约数。产品完工从"生产成本"账户转入"产成品"账户时，也按标准成本结转。这种核算方式每月必须及时结转成本差异，以求出产品实际成本。

多元化标准成本制度要求"生产成本"和"产成品"账户借贷方都以实际成本反映生产费用的发生和完工产品成本的结转。在"产品生产成本明细账"（产品成本计算单）中记录和反映变动成本、固定成本信息。产品成本明细账中的项目可按变动成本和固定成本分设栏次，以及时提供单位产品变动生产成本和单位产品全部生产成本的信息，具体步骤可见第 5 章。至于产品生产成本标准或预算数及与实际成本的差异，在各车间、工段、班组以成本差异记录分析表或台账的形式反映。通过填制"生产成本差异分析表"来记录和反映标准成本的完成情况、成本差异的数额及其产生差异的原因。"生产成本差异分析表"如表 8-2 所示。

表 8-2 ××车间（工段或班组）生产成本差异分析表

成本项目 责任者	直接材料				直接人工				变动制造费用				固定制造费用
	计划	实际	差异	原因	计划	实际	差异	原因	计划	实际	差异	原因	（略）
王俊琴（××材料）	1.82	1.8	-0.02		0.8	1	0.2		0.22	0.2	-0.02		
...													
...													
...													

对车间（工段或班组）生产成本差异分析表的说明如下。

1）该表"原因"栏只能写产生差异的简单原因，应附另页较为详细地说明产生差异的主观和客观原因，确认差异的发生原因、重要性和处理方法，这样才能保证预算执行的质量和预算控制的效果。企业应该建立由上而下对预算执行过程的差异进行及时分析和处理的制度，这样才能真正起到事中控制的作用。因此，应由车间或工段、班组负责人签署意见，使预算的跟踪执行过程落到实处，并明确责任归属。

2）该表格式只是一个较粗的框架，实际工作中还应细化。如直接材料，如果工人王俊琴所从事的工序需用多种材料，应按材料类别分别填列计划数、实际数、差异数；计划栏、实际栏、差异栏也应按价格、耗用量分别列示；变动制造费用也应按费用明细项目在三个栏次中按价格、数量（工时或产量）分别列示；固定制造费用按费用明细项目分别列示，分析各项固定费用产生差异数额的原因。

3）该表应按生产分厂、车间、工段或班组分别设置。由于生产分厂或车间，要求比较系统、全面地进行考核，涉及的成本项目比较多，而工段或班组往往控制和考核一项或几项主要指标。因此，在实际工作中，企业应结合生产组织和工艺技术特点设置，以体现该表的中心思想：明示预算成本，记录实际成本，分析差异及责任归属，对表中格式和内容再行细化。

"生产成本"和"产成品"账户借贷方都以实际成本记录反映，丰富了产品生产成本明细账内容，也强化了生产一线原始记录，这样做不仅大大简化了传统标准成本制度调整成本差异账项的工作量，更强化了控制管理的力度。由于车间基层管理者和生产第一线的职工都是成本差异记录分析表或台账的直接或间接填报者，因而对实际费用为什么超支或节约掌握着第一手信息。他们既是预算成本的参与制定者，又是预算的执行人，对差异产生的原因最有发言权。可以说，以"账表"结合方式改变传统标准成本核算模式，也是激发职工参与企业管理，提高个人综合素质，加强责任制的一种有效方式。

3. 期间成本（期间费用）控制

在我国，期间成本一般指管理费用、销售费用和财务费用。这类成本的归属期只有一个，即于发生的当期直接转作本期费用，因而与产品实体流动的情况无关，不能计入期末存货而是在发生期全部从利润中抵消。由于期间成本的发生主要是在企业的职能管理部门，所以对期间成本实施先进的预算管理方法有利于企业发展目标的实现。企业职能管理部门属于企业的"上层建筑"，企业职能部门管理水平的提高，直接影响着企业整体管理质量的上升。因此，必须加强对期间成本的控制管理。

期间成本管理三部曲，即责任预算的编制、日常核算和分析评价。

(1) 责任预算的编制

编制期间成本责任预算应坚持两个原则：第一个原则是由三大职能部门（管理、销售、财务）编制预算，在此基础上把各项费用预算指标分级分层落实责任者；第二个原则是对期间成本按成本性态分类，具体制定每项费用的考核标准。对变动性期间成本，依据其与业务量之间的依存关系主要采用单耗标准作为考核指标。对固定性期间成本，同样依据其与业务量之间的依存关系控制其费用总额，而且为了有效地控制固定性期间成本，在编制预算时应以零基预算为主、增量预算为辅的方式编制。

编制期间应强化专项预算的控制。期间成本中一些与决策相关的大笔数额的费用应以"专项预算"形式加以控制，如产品研究开发成本、广告设计成本，这类费用一旦决策确定为支出，就立刻成为沉没成本。这类固定性期间成本在企业中都能被某些人控制，至少在决策时是这样，而且在企业资源寿命期内能被部分的控制，如停止一项正在做的广告节目。这类费用往往涉及企业战略决策的实施，应视同资本支出决策编制专项预算进行控制。

(2) 日常核算

按成本性态设置账户。按照财务会计制度的要求对期间成本进行会计账务处理，在实际工作中企业基本都能做到，但核算费用的最终目的是降低消耗，因此，必须围绕对费用的控制展开核算。对期间成本的核算和控制，基本思路是对管理费用、财务费用和销售费用分别按成本性态设置账户，如通过设置变动管理费用、固定管理费用、变动销售费用、固定销售费用总分类账户，来归集发生在管理领域和销售领域的变动费用和固定费用的实际发生额。对于重要性费用项目，如广告费、技术开发费等必须开支或开支金额大的费用项目，应按职能部门类别和费用项目类别开设明细分类账户分别进行核算，而且开设的明细分类账户应与期间成本责任预算的内容相对应，如广告费为销售费用账户的一个明细分类账户，账内记载了各广告费明细项目的实际发生额。销售部门责任预算中广告费这一大类项目的开支预算和主要的明细费用项目预算额必须与广告费明细账户的内容相对应，以便于对各费用项目的日常控制和考核评价。

（3）分析评价

期间费用的分析评价应建立在事前责任预算编制和日常核算控制的基础上。分析评价内容就是责任预算制定的考核指标，可以以"责任预算执行情况报告表"的形式进行考核评价。对于其具体格式设计，企业可根据对期间成本的总要求、责任层次划分等具体情况自行设计，但应满足三点要求：第一点是基本格式应有预算数、实际发生数和差异数三个栏次；第二点是分变动费用和固定费用两大内容分别列示；第三点是注意结合企业内部报表的要求，尽量避免内容或形式的重复，与企业内部报表体系结合能使企业最高管理当局更方便地了解职能部门业绩。

"责任预算执行情况报告表"一般定期进行，但可根据具体费用项目的重要性分旬报和半月报或月报。如果利用报告表数据资料不能看出问题的实质，还必须附有文字报告，以文字的针对性说明分析有助于对问题做出公正、客观的评价。

下面以销售费用为例，说明其责任预算执行情况报告表的格式。

例 8-6　某企业生产一种甲产品，本月生产量为 300 件，实际发生的销售费用总额为 1 000 元，其中，变动性费用中销售佣金每件 1 元，计 300 元，包装费每件 1.5 元，计 450 元，共计 750 元；固定性费用中保险费 100 元、广告费 100 元、运输费 50 元，共计 250 元。该企业制定的销售佣金单位标准为每件 0.8 元，包装费单位标准为每件 1.2 元；固定销售费用预算总额为 300 元，其中保险费 120 元、广告费 150 元、运输费 30 元。该企业账务处理略，其销售费用预算执行情况报告表格式如表 8-3 所示。

表 8-3　销售费用预算执行情况报告表　　（单位：元）

项目 责任	变动性销售费用								固定性销售费用											
	销售佣金				包装费				保险费				广告费				运输费			
责任者	计划	实际	差异	原因	计划	实际	差异	原因	计划	实际	差异	原因	计划	实际	差异	原因	计划	实际	差异	原因
张明	0.8	1	0.2	略	1.2	1.5	0.3	略	120	100	-20	略	150	100	-50	略	30	50	20	略
⋮																				

8.3.3　举例

例 8-7　某企业只生产一种甲产品，本月生产量为 20 000 件，月销售量为 18 000 件，存货计价采用先进先出法。甲产品销售单价 5 元。本月发生的生产费用：直接材料 36 000 元，直接人工（计件工资）20 000 元，变动制造费用 4 000 元，固定制造费用 10 000 元。销售及管理费用：变动销售费用 3 000 元，变动管理费用 1 500 元，固定销售费用 3 200 元，固定管理费用 1 800 元。产品全部完工入库。

有关会计账务处理如下：

- 借：生产成本　　　　　　　　　　　　　　　　70 000
  　　贷：材料　　　　　　　　　　　　　　　　　　36 000
  　　　　应付职工薪酬　　　　　　　　　　　　　　20 000
  　　　　变动制造费用　　　　　　　　　　　　　　 4 000
  　　　　固定制造费用　　　　　　　　　　　　　　10 000

- 借：库存商品　　　　　　　　　　　　　　　　　　　　70 000
    贷：生产成本　　　　　　　　　　　　　　　　　　　　　70 000
- 借：主营业务成本　　　　　　　　　　　　　　　　　　63 000
    贷：库存商品　　　　　　　　　　　　　　　　　　　　　63 000
- 借：本年利润　　　　　　　　　　　　　　　　　　　　63 000
    贷：主营业务成本　　　　　　　　　　　　　　　　　　　63 000
- 借：主营业务收入　　　　　　　　　　　　　　　　　　90 000
    贷：本年利润　　　　　　　　　　　　　　　　　　　　　90 000
- 借：本年利润　　　　　　　　　　　　　　　　　　　　　9 500
    贷：变动销售费用　　　　　　　　　　　　　　　　　　　3 000
        变动管理费用　　　　　　　　　　　　　　　　　　　1 500
        固定销售费用　　　　　　　　　　　　　　　　　　　3 200
        固定管理费用　　　　　　　　　　　　　　　　　　　1 800

生产成本明细账如表 8-4 所示，账户之间的对应关系如图 8-1 所示。

表 8-4　生产成本明细账（甲产品）

实际生产量：20 000 件　　　　　　年　月　日　　　　　　　　（单位：元）

项 目	直接材料	直接人工（计件）	直接人工（计时）	变动制造费用	固定制造费用	合计
期初余额（略）						
本期发生额	36 000	20 000		4 000	10 000	70 000
本期合计	36 000	20 000		4 000	10 000	70 000
完工产品单位制造成本	1.8	1		0.2	0.5	3.5
完成产品单位变动生产成本	1.8	1		0.2		3
结转完工产品制造成本	36 000	20 000		4 000	10 000	70 000

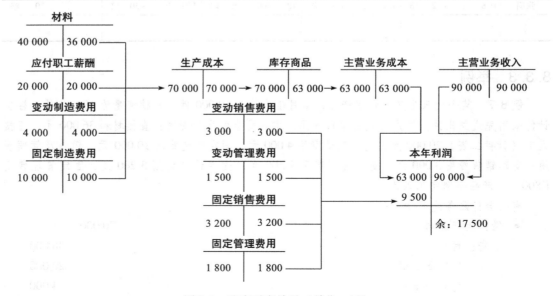

图 8-1　账户对应关系（单位：元）

多元化标准成本制度兼容了广义和狭义成本控制两方面的内容，从而构成了其主要特点。就其核算对象而言，包含产品生产成本核算和期间成本核算两个方面；就其控制而言，两方面核算都具备成本前馈性控制、日常反馈性控制和事后成本的分析评价，很好地反映了产品制造成本、产品责任成本和变动成本计算法的内涵。这样一种多元化成本统一核算控制体系，为提高企业经营管理的科学化程度奠定了基础，也为企业计算机会计管理软件的设计及内部管理局域网的实施提供了简便易行的思路。

本章小结

成本控制是成本管理的核心内容。一家企业成本控制的好坏，直接关系到企业利润水平的高低。通过了解成本控制的原则，使我们理解成本控制的重要性。

成本标准的制定是实施成本控制的首要环节，坚持"市场成本"理念制定标准成本，应将标准成本拓展为企业按市场要求的成本，并作为企业一定时期的成本奋斗目标。

传统标准成本制度的内容包括标准成本的制定、成本差异的计算与分析及成本差异的账务处理。由于标准成本是根据标准数量和标准价格制定的，而实际成本是根据实际用量和实际价格确定的，因此我们计算成本差异时，只要掌握了计算差异的通用模式，就非常便于各个成本项目差异的确定。

传统标准成本制度是企业按目标进行管理的具体体现，是实施成本管理的重要内容。但在我国实践中应用得不广泛，一是由于传统标准成本制度对日常成本差异的分析和账务处理，在操作上比较复杂，使一些企业存在"畏惧"心理；二是不便于正确区分差异产生的具体原因。

本书提倡的多元化标准成本制度与传统标准成本制度相比，在核算、管理范围、控制评价对象、评价指标等方面都有拓展。其特点表现为成本概念多元化、内容控制全面化、核算控制"账表"结合、考核评价责任化，为企业进行全过程、全方位的成本控制和管理提供及时有用的成本信息，发挥在管理中核算、在核算中管理的作用。实施多元化标准成本制度，可使成本控制与管理的视角更加广阔。多元化标准成本制度详细说明计件工资、计时工资不同的控制点；提出以单位业务量确定变动制造费用标准；指出固定制造费用控制点主要是其预算总额与实际发生总额所产生的差异；主张以账表结合方式改变传统标准成本制度账户记录和复杂的调差形式，使标准成本制度在实际工作中的执行变得简便易行。

思考题

1. 简述成本控制的意义与原则。
2. 在制定成本标准时，如何树立"市场成本"的理念？
3. 说明传统标准成本制度标准成本的确定、成本差异的计算与分析。
4. 理解多元化标准成本制度的意义并掌握该制度的构成内容。
5. 结合一家企业，说明多元化标准成本制度的具体实施。
6. 多元化标准成本制度与传统标准成本制度相比有哪些方面的优势？

练习题

1. **资料**：蓝天服装厂对各项产品均建立标准成本制度，本年度男式滑雪衫每件的标准成本及实际成本的发生情况如下。

该厂在本会计期间共生产滑雪衫4 800件，其标准成本与实际成本的比较如表8-5所示。

表 8-5

a）单位产品标准成本单

成本项目	价格标准	用量标准	标准成本（元）
直接材料	2.10元/米	4.00米	8.40
直接人工	4.50元/小时	1.6小时	7.20
变动制造费用	1.8元/小时	1.6小时	2.88
合计			18.48

b）实际成本发生情况

成本项目	实际价格	实际用量	实际成本（元）
直接材料	2.00元/米	4.4米	8.80
直接人工	4.85元/小时	1.4小时	6.79
变动制造费用	2.15元/小时	1.4小时	3.01
合计			18.60

要求：

（1）计算标准成本与实际成本的总差异。

（2）计算直接材料、直接人工以及变动制造费用的价格差异和用量差异。

2. **资料：** 庆成公司本年度的固定制造费用及其他相关情况如下：

固定制造费用预算数	120 000元
固定制造费用支付数	123 400元
预计产能总工时	40 000小时
本年度实际耗用总工时	35 000小时
本年度实际产量应耗标准工时	32 000小时

要求： 计算固定制造费用的预算差异和生产能力利用差异。

案例链接

丰田汽车公司的成本企划

丰田汽车公司是世界十大汽车工业公司之一，也是日本最大的汽车公司，创立于1933年。其早期的丰田牌、皇冠、光冠、花冠汽车名噪一时，近来的克雷西达、凌志豪华汽车也极负盛名。20世纪60年代初，丰田汽车公司在新车开发和车型更新中创立了新的管理会计制度——成本企划。1973年第一次石油危机之后，丰田汽车利用成本企划大幅降低成本，迅速扩大了市场份额，成本企划真正成为一种确保目标利润的手段。成本企划从改变产品的设计成本入手解决了当时传统成本管理无法解决的汽车成本骤升问题。

成本企划就是从新产品的基本构想立案至生产开始阶段为降低成本及确保利润而实行的各种管理活动，是生产阶段前的各阶段降低成本、进行利润管理的综合性经营管理制度，其基本实施程序如下。

1. 新产品成本企划的提出

丰田汽车公司通常每4年实施一次全新改款，新型车上市前3年左右就正式展开成本企划。每一车种配备一位负责新车开发的产品经理（product manager），丰田称之为首席设计师（chief engineer）。以产品经理为中心，对产品企划构想加以推敲，做出新车类型开发提案。开发提案的内容包括车子式样及规格（长、宽、重量、引擎的种类、总排气量、最高马力、变速比、减速比、车体构成等）、开发计划、目标售价及预计销量等。其中目标售价及预计销量经由与业务部门充分讨论（考虑市场动向、竞争车种情况、新车型所增加新机能的价值等）后制定。开发提案经高级主管组成的产品企划机能会议核准承认后，即进入决定成本企划目标的阶段。

2. 新产品成本企划目标的确定

第一步，参考公司的长期目标来决定目标利润率，再用目标销售价格减去目标利润得出目标成本（target cost），即目标成本＝目标销售价格－目标利润。第二步，算出估计成本（estimated cost）。汽车的零组件大小总共合约有2万件，但在开发新车时并非2万件都会变更，通常变更的约5 000件。因此有效估计成本就是以现有车型的成本加减变更零组件新旧成本差额算出来的。目标成本与估计成本的差额为成本企划目标，用公式表示为成本企划＝目标成本－估计成本。第三步，进入开发设计阶段，即实施成本企划活动以达到成本企划目标，以产品经理为主导，结合各部门的专业人员加入产品开发计划，组成跨职能的委员会。委员会的成员包括来自设计、技术、采购、业务、生产、会计等部门的人员，委员会作为跨职能领域的横向组织，展开具体的成本企划活动，共同合作达成目标。

3. 新产品成本企划目标的分配

按新款汽车的构造、机能将成本企划目标进一步细化分配给负责设计的各个设计部门，例如引擎部、驱动设计部、底盘设计部、车体设计部、电子技术部、内装设计部。这个过程是由产品经理依据以往的成绩、经验及合理根据等，与各设计部门进行数次协调讨论后决定的。除按机能分类，并按成本费用形态（素材费、购买零件费、直接人工等）区分，设计部门为便于掌握目标达成活动及其达成情况，还可能将成本目标更进一步地按零件区别细分。

4. 产品设计与价值工程活动

成本企划活动的目标细分至各设计部后，各设计部即开始从事设计及价值工程（value engineering，VE）活动。对设计部门来说，其目标不仅是要设计出符合顾客需求且具有良好品质及机能的产品，而且必须达成其成本目标。至于中间过程要降低多少材料费、加工费等，则由各设计部门视其创意而定。

设计部门根据各种零件的目标成本及其他相关部门提供的资讯制成"试作图"，再根据试作图实际试作。丰田汽车公司成本企划的有关部门，主要有财务部（含会计）的成本管理科及技术部的成本企划科，成本管理科的职责是确定目标利润、估计内制零件的价格，是掌控整体实绩的部门；成本企划科则是负责成本预估、确认设计部门目标达成及负责价值工程活动的部门。成本企划科估计试作出的新产品的成本，若估计出的成本与目标成本间仍有差距，则各部署协力实施价值工程检讨，依照检讨结果对试作图加以修正，再根据试作图实际试作、估计其成本，若仍未达目标成本则再实施价值工程、修改试作图。重复画制、修改试作图→实际制作（试作）→估计成本（估计成本如何随着设计变更而改变）→（未达目标成本）实施价值工程（如改善材料的式样、零件数、加工方法、加工时间等）的程序，通常会经3次试作，直至机能、品质、成本的各目标达成，设计作业方告完成，此时生产用的正式图纸也成功出炉。

5. 生产准备及进入批量生产

进入生产准备阶段，要检查确认生产设备及组装线的准备状况，决定具体的制造程序、产品售价。采购部门开始进行外购零件的价格交涉,要根据正式图纸进行最终试作,成本企划科进行最后成本估计,以确认已达目标成本(若因产品问题或生产问题而未达成,则再实施价值工程活动)。通常,唯有目标成本已确认达成,此新车型方能进入批量生产,因为如果允许未达目标成本的新车型批量生产,即使该产品得以销售,也无法获得预期的目标利润,甚至可能导致亏损。进入生产阶段 3 个月后(如果有异常,较可能于最初 3 个月发生),检视目标成本的实际达成状况,评估成本企划实绩,确认责任归属,以评价成本企划活动的成果,至此,新车型的成本企划活动正式结束。

资料来源:王棣华,田玉华. 丰田汽车成本企划实施案例分析 [J]. 标准科学,2010(7).

分析点评:

1. 成本企划的责任者:产品经理

丰田汽车公司按新产品类别设置负责新产品开发及新产品的成本、投资、制造、销售等各方面的产品经理。从责任会计的观点来看,有必要设置专司达成目标成本的产品经理,从而有助于有效地实现目标。

2. 成本企划的主要特点:前馈控制

成本企划的实质是成本的前馈控制,上述资料中已详细说明,用公式表示成本企划=目标成本−估计成本,它不同于传统的成本反馈控制。传统的成本控制方法下,由于生产设备、方法、技术等生产条件与产品设计式样等在企划设计阶段几乎都已确定,产品成本的大部分(约 8 成)便随之确定。因此,若等产品设计制造完成后再从事改善,不但可能需花费额外的成本,且降低成本的空间有限,尤其在自动化、信息化高速发展的现代社会,可改善的空间更是有限,而成本企划要求将降低产品成本的"重心"由传统的生产阶段追溯至开发、设计阶段,对成本对象的起始点进行透彻的分析,避免后续制造过程的大量无效作业耗费成本,从而使成本控制的源头前移至产品设计阶段,不但使成本改善的空间大大增加,也使成本支出与产品效能紧密结合起来,因此可以说,成本企划是一种先导性和预防性的控制方式。

3. 丰田汽车公司的团队管理

成本企划打破原有的产品开发程序,以产品经理为主导,组成一个跨职能的团队,由团队的各成员适时地提供必要资讯,协调合作(例如设计部执行图面设计及 VE 活动;生产技术部预估生产条件,通过沟通获知需做哪些准备或检讨工作;采购部估计外购零件的价格,提前从设计部门获知各个零组件的设计构想及其目标成本,与供应商接触并探讨达成目标成本的方法;业务部提供有关市场销售价格与式样等的资讯,并对售价与式样的关系做出调整;会计部根据业务部、技术部等部门提供的资讯,估计内制零件的价格,并随时掌控成本变化的情形等),共同努力达成目标。

思考:

1. 绘出丰田汽车公司成本企划的步骤。
2. 结合我国企业的实际情况谈谈你对成本企划模式有何认识?

第 9 章

本量利分析

学习目标

1. 理解本量利分析的意义,掌握其在保本及盈利状态下的应用。
2. 掌握贡献毛益、保本点、安全边际等重要概念及其应用意义。
3. 理解利润敏感分析的意义、掌握敏感分析及其对企业经营管理的影响。

重点与难点

1. 本量利分析、贡献毛益、贡献毛益率的方程式及其变形公式和应用。
2. 各因素变化对利润的影响分析,如何采取综合措施实现目标利润。
3. 安全边际及安全边际率。
4. 利润敏感性分析。

9.1 本量利分析概述

虽然成本性态分析解决了成本总额与业务量在数量方面的依存关系,解读了降低成本、提高利润的基本途径,但无法满足企业决策、计划与控制的要求。一般而言,追求利润最大化是决策者的必然选择。为此,管理者需要了解成本、业务量与利润之间的依存关系,构建易于操作且行之有效的数学模型,并利用这个模型,估算各变量对息税前利润(EBIT)的影响,或在目标利润确定的情况下,为定价、营销以及控制成本服务。本量利分析应运而生。

本量利分析是成本、业务量和利润依存关系分析的简称,又称 CVP 分析。它着重研究成本、业务量和利润之间的数量依存关系,揭示其变化规律,同时为企业的预测、决策、规划和控制提供依据。

由于企业管理实践的复杂性,为简化因素分析的过程,本量利分析的基本假定如下:

1)企业的全部成本按成本习性可分为固定成本和变动成本两部分。
2)固定成本与变动成本都有其相关范围。
3)企业每期生产的产品均可在当期销售出去。

4）产销结构稳定，在多品种产销条件下，各种产品的销售收入在销售收入总额中也可以保持不变。

9.1.1 本量利的基本方程式及其变形

企业管理的终极目标是提高利润而非单纯降低成本，为此，需要进一步研究成本、利润与业务量之间的关系。将成本分解为固定成本与变动成本后，仅能解决提高业务量与降低单位成本的问题，但增加效益还有赖于收入的提高，所以，在成本习性的基础上进一步考虑收入因素才能形成完整的本量利分析。

1. 本量利的基本方程式

因为：

$$总成本 = 固定成本总额 + 变动成本$$
$$= 固定成本总额 + 销量 \times 单位变动成本$$
$$息税前利润 = 总收入 - 总成本$$

所以：

$$息税前利润 = 总收入 -（固定成本总额 + 变动成本总额）$$
$$= 销量 \times 单价 -（销量 \times 单位变动成本 + 固定成本总额）$$
$$= 销量 \times 单价 - 销量 \times 单位变动成本 - 固定成本总额$$

该方程式为本量利分析最基本的形式，明确表述了销售量、单价、单位变动成本及固定成本总额与息税前利润之间的变量关系，给出方程式右侧的参数变量就能确定息税前利润。息税前利润包括税前目标利润和利息费用。

例 9-1 某企业只产销甲产品，每月发生固定成本总额 2 000 元。产品单价 10 元，单位变动生产成本 6 元，计划产销量 1 000 件，预期息税前利润为多少？

$$预期息税前利润 = 销量 \times 单价 - 销量 \times 单位变动成本 - 固定成本总额$$
$$= 1\,000 \times 10 - 1\,000 \times 6 - 2\,000 = 2\,000（元）$$

2. 本量利的基本方程式的变形

在预计的目标息税前利润和其他条件已知的情况下，可以分别确定等式右侧的销售量、单价、单位变动成本及固定成本总额等参数值。

(1) 确定单价

$$单价 = 单位变动成本 + \frac{固定成本 + 目标利润}{销售量}$$

(2) 确定销售量

$$销售量 = \frac{固定成本 + 目标利润}{单价 - 单位变动成本}$$

(3) 确定单位变动成本

$$单位变动成本 = 单价 - \frac{固定成本 + 目标利润}{销售量}$$

(4) 确定固定成本总额

$$固定成本总额 = 销量 \times 单价 - 销量 \times 单位变动成本 - 目标利润$$

值得注意的是，本量利分析中所指的利润为息税前利润（EBIT），如果企业将税后利润确定为经营目标，应将税后利润还原为息税前利润再计算相关指标。

$$税前目标利润 = \frac{目标税后利润}{1 - 所得税率}$$

9.1.2 贡献毛益的方程式及其变形

1. 贡献毛益及基本方程式

贡献毛益又称贡献边际或边际贡献，是指产品的销售收入扣除其变动成本后的余额。企业贡献毛益总额首先用于补偿固定成本总额，余额是对企业的贡献。如果贡献毛益总额大于固定成本总额，企业经营盈利；如果贡献毛益总额等于固定成本总额，企业盈亏持平；如果贡献毛益总额小于固定成本总额，企业会发生经营亏损。

贡献毛益有三种表现方式，分别为单位贡献毛益、贡献毛益总额和贡献毛益率。

（1）单位贡献毛益

单位贡献毛益是单价与单位变动成本之间的差额。

（2）贡献毛益总额

贡献毛益总额是销售收入总额与其变动成本总额之间的差额。

（3）贡献毛益率

贡献毛益率是贡献毛益总额与销售收入总额的百分比，或单位贡献毛益与单价的百分比。其计算公式为：

$$贡献毛益率 = \frac{贡献毛益总额}{销售收入总额} \times 100\% = \frac{单位贡献毛益}{单价} \times 100\%$$

需要指出的是，变动成本既包括制造过程中的变动生产成本，也包括变动营销及变动管理费用，与此相对应，贡献毛益也分为制造贡献毛益（生产贡献毛益）和产品贡献毛益（总营业贡献毛益）。通常，如果在贡献毛益前未加定语，那么贡献毛益即指产品贡献毛益，即销售收入扣除了全部变动成本后的余额。

例 9-2 如果以例 9-1 的资料为例进一步分析，假设甲产品单位变动销售与变动管理费用为 1.5 元，固定销售及固定管理费用总额为 2 000 元。确定甲产品单位制造贡献毛益、制造贡献毛益总额、单位产品贡献毛益、产品贡献毛益总额及息税前利润。

$$单位制造贡献毛益 = 单价 - 单位变动生产成本 = 10 - 6 = 4(元)$$

$$制造贡献毛益总额 = 销售收入 - 变动生产成本 = 销量 \times 单位制造贡献毛益$$
$$= 1\,000 \times 10 - 1\,000 \times 6 = 1\,000 \times 4 = 4\,000(元)$$

制造贡献毛益总额扣除变动销售及变动管理费用，其差额即为产品贡献毛益总额。

$$单位产品贡献毛益 = 单位制造贡献毛益 - 单位变动及销售管理费$$
$$= 4 - 1.5 = 2.5(元)$$

$$产品贡献毛益总额 = 制造贡献毛益总额 - 变动销售及变动管理费用总额$$
$$= 4\,000 - 1\,000 \times 1.5 = 2\,500(元)$$

产品贡献毛益与固定成本总额之间的差额为息税前利润，亦即产品贡献毛益总额在补偿全部固定成本总额后，其余额即为息税前利润。其基本方程式为：

$$息税前利润 = 贡献毛益总额 - 固定成本总额$$
$$= 销量 \times 单位产品贡献毛益 - 固定成本总额$$

$$息税前利润 = 2\,500 - 2\,000 = 500(元)$$

2. 贡献毛益方程式的变形

息税前利润具体还取决于企业的销量、单位贡献毛益和固定成本总额的高低。给出贡献毛益基本方程式右侧的参数，可以确定息税前利润水平的高低；反之，在息税前利润确定的前提下，也可以计算销量、单位贡献毛益和固定成本总额。

（1）确定销量

$$销量 = \frac{固定成本 + 目标利润}{单位贡献毛益}$$

（2）确定单位贡献毛益

$$单位贡献毛益 = \frac{固定成本 + 目标利润}{销量}$$

（3）确定固定成本

$$固定成本 = 销量 \times 单位贡献毛益 - 目标利润$$

9.1.3 贡献毛益率方程式及其变形

1. 贡献毛益率与变动成本率

贡献毛益率是贡献毛益总额与销售收入总额的百分比或单位贡献毛益与单价的百分比，其计算公式为：

$$贡献毛益率 = \frac{贡献毛益总额}{销售收入总额} \times 100\% = \frac{单位贡献毛益}{单价} \times 100\%$$

因此，

$$贡献毛益总额 = 销售收入总额 \times 贡献毛益率$$

由贡献毛益率的方程式可知，贡献毛益总额取决于在一定规模销售收入下贡献毛益率的高低。加权平均贡献毛益率会受到不同产品获利能力及其收入在销售收入总额中所占比重的影响，所以，增加息税前利润还与提高贡献毛益率有关，企业可以通过调整产品结构增加利润。

与贡献毛益率相对应的概念是变动成本率，变动成本率是指变动成本总额在销售收入总额中所占比重或单位变动成本与单价的比值关系。其计算公式为：

$$变动成本率 = \frac{变动成本总额}{销售收入总额} \times 100\% = \frac{单位变动成本}{单价} \times 100\%$$

由于单位贡献毛益是单价与单位变动成本间的差额，所以，贡献毛益率与变动成本率存在互补关系：

$$贡献毛益率 + 变动成本率 = 1$$

所以，在多品种产销情况下，还可以用贡献毛益率的基本方程式确定息税前利润。

$$\begin{aligned}息税前利润 &= 贡献毛益总额 - 固定成本总额 \\ &= 销售收入总额 \times 贡献毛益率 - 固定成本总额 \\ &= 销售收入总额 \times (1 - 变动成本率) - 固定成本总额\end{aligned}$$

本公式可用于多品种生产的情况。

例 9-3 根据例 9-2 的资料确定甲产品的贡献毛益率、变动成本率和息税前利润。

$$\begin{aligned}贡献毛益率 &= \frac{贡献毛益总额}{销售收入总额} \times 100\% = \frac{单位贡献毛益}{单价} \times 100\% \\ &= \frac{2\,500}{10\,000} \times 100\% = \frac{2.5}{10} \times 100\% = 25\%\end{aligned}$$

$$\begin{aligned}变动成本率 &= \frac{变动成本总额}{销售收入总额} \times 100\% = \frac{单位变动成本}{单价} \times 100\% \\ &= \frac{7\,500}{10\,000} \times 100\% = \frac{7.5}{10} \times 100\% = 75\%\end{aligned}$$

息税前利润 = 10 000 × 25% − 2 000 = 10 000 × (1 − 75%) − 2 000 = 500(元)

2. 贡献毛益率方程式的变形

只要目标利润明确，在其他条件已知的前提下，就可以根据贡献毛益率方程式求证企业为实现既定利润应达到的销售收入总额、贡献毛益率和固定成本总额等指标。

（1）确定销售收入

$$销售收入 = \frac{固定成本 + 目标利润}{贡献毛益率} = \frac{固定成本 + 目标利润}{1 - 变动成本率}$$

（2）确定贡献毛益率

$$贡献毛益率 = \frac{固定成本 + 目标利润}{销售收入}$$

（3）确定固定成本总额

$$固定成本总额 = 销售收入 \times 贡献毛益率 - 目标利润$$

通过本量利之间的基本关系，可以为企业提供从多渠道实现既定目标利润、落实经济责任的理论依据。

9.2 盈亏临界分析与利润敏感性分析

9.2.1 盈亏临界分析

公司是以盈利为目的的经济组织，追求利润最大化是公司管理层的必然选择。由于盈利是在保本基础上管理水平的升华，所以盈亏临界分析是本量利分析的基本内容之一。研究盈亏临界点的目的是为企业决策提供依据，明确在什么情况下企业能够盈利，什么情况下企业将发生亏损，并为减少亏损或增加利润寻找努力的方向。

1. 盈亏临界点的确定

盈亏临界点又称保本点或损益平衡点，是指使企业的销售收入总额与销售成本总额相等，在经营上不赔不赚的状态，盈亏临界点表现为息税前利润等于零或贡献毛益总额恰好补偿固定成本总额时的销售量或销售收入。

（1）盈亏临界点的销售量

$$息税前利润 = 销量 \times 单价 - 销量 \times 单位变动成本 - 固定成本总额$$
$$= 销量 \times (单价 - 单位变动成本) - 固定成本总额$$

当上式中利润为零时，计算出的销售量即为盈亏临界点的销售量。其计算公式为：

$$盈亏临界点销售量 = \frac{固定成本总额 + 0}{单价 - 单位变动成本} = \frac{固定成本总额}{单位贡献毛益}$$

例9-4 某公司生产A产品，单价为10元，单位变动成本为6元（其中单位变动生产成本4元，单位变动销售及行政管理费2元），固定成本总额为20 000元（其中制造费用8 000元、固定销售及行政管理费12 000元），甲产品目前产销量为8 000件。要求确定甲产品盈亏临界点的销售量。

$$盈亏临界点销售量 = \frac{20\,000}{10 - 6} = \frac{20\,000}{4} = 5\,000(件)$$

盈亏临界点销售量适用于单一产品分析。

(2) 盈亏临界点销售额

对于同时生产并销售多种产品的企业，由于不同产品的单价不同，各种产品的计量单位不同，销售量不能直接累加，就无法根据销售量确定盈亏临界水平，此时可计算盈亏临界点销售额。

由于销售收入是销售量与单价的乘积，所以，盈亏临界点的销售额可在盈亏临界点销售量的基础上换算，即：

$$盈亏临界点销售额 = 盈亏临界点销售量 \times 单价$$
$$= \frac{固定成本总额}{单价 - 单位变动成本} \times 单价 = \frac{固定成本总额}{1 - 变动成本率} = \frac{固定成本总额}{贡献毛益率}$$

$$目标利润 = 销售收入 \times 贡献毛益率 - 固定成本总额$$

在上式中利润等于零的情况下，盈亏临界点销售额为：

$$盈亏临界点销售额 = \frac{固定成本总额}{贡献毛益率}$$

盈亏临界点销售额既可用于多品种生产并销售的企业，也可以用于单一产品的分析。根据例 9-4 的资料，确定甲产品盈亏临界点销售额。

$$盈亏临界点销售额 = 5\,000 \times 10 = \frac{20\,000}{40\%} = 50\,000(元)$$

(3) 多品种条件下的盈亏临界分析

对单一产品而言，在售价和成本水平确定的情况下，确定销售多少件产品能够保证企业不亏损并不困难。生产多种产品时，可利用贡献毛益率方程式确定盈亏临界点销售收入，主要以加权平均贡献毛益率法为主。

$$加权平均贡献毛益率 = \frac{贡献毛益总额}{销售收入总额} \times 100\%$$
$$= \frac{\sum(某种产品销售收入 \times 该产品贡献毛益率)}{销售收入总额}$$
$$= \sum(某种产品销售收入比重 \times 该产品个别贡献毛益率)$$

例 9-5 某企业产销 A、B 和 C 三种产品，每月固定成本总额 10 800 元，相关资料如表 9-1 所示。

表 9-1 　A、B、C 三种产品资料　　　　　　　　　　（金额单位：元）

项目	A 产品	B 产品	C 产品	合计
产销量（件）	1 000	2 000	2 500	
单价	50	15	8	
单位变动成本	40	9	6	
单位贡献毛益	10	6	2	
贡献毛益总额	10 000	12 000	5 000	27 000
贡献毛益率（%）	20	40	25	
销售收入	50 000	30 000	20 000	100 000
销售比重（%）	50	30	20	

要求：确定企业的加权平均贡献毛益率、贡献毛益总额、综合保本销售收入、各种产品保本销售收入、企业息税前利润和每种产品的息税前利润水平。

$$加权平均贡献毛益率 = \frac{27\,000}{100\,000} \times 100\% = 27\%$$

或，
$$= 50\% \times 20\% + 30\% \times 40\% + 20\% \times 25\% = 27\%$$

$$贡献毛益总额 = 100\,000 \times 27\% = 27\,000(元)$$

$$综合保本销售收入 = \frac{固定成本总额}{加权平均贡献毛益率} = \frac{10\,800}{27\%} = 40\,000(元)$$

各种产品保本销售收入 = 综合保本销售收入 × 各种产品占销售收入的比重

A 产品保本销售收入 = 40 000 × 50% = 20 000(元)

B 产品保本销售收入 = 40 000 × 30% = 12 000(元)

C 产品保本销售收入 = 40 000 × 20% = 8 000(元)

企业息税前利润 =（销售收入总额 − 综合保本销售收入）× 加权平均贡献毛益率
　　　　　　　=（100 000 − 40 000）× 27% = 16 200(元)

各种产品的息税前利润 = 各产品安全边际额 × 个别贡献毛益率

A 产品息税前利润 =（50 000 − 20 000）× 20% = 6 000(元)

B 产品息税前利润 =（30 000 − 12 000）× 40% = 7 200(元)

C 产品息税前利润 =（20 000 − 8 000）× 25% = 3 000(元)

应该注意的是，综合保本销售收入按收入权重分解就是各种产品的保本销售收入，但由于每种产品的贡献毛益率不同，每一种产品的利润额不能按比重简单分解，而是由每种产品的安全边际额和对应的个别贡献毛益率决定的。

综上所述，对同时产销多种产品的企业而言，影响息税前利润的因素除单价、单位变动成本、销售量和固定成本总额以外，还应考虑产品的品种结构。如果市场有需求，企业应尽量安排贡献毛益率高的产品的产销比重，适当减少贡献毛益率低的产品的比重。

（4）盈亏临界点作业率

对于不同规模的企业而言，盈亏临界点的销售量（或销售额）虽然可以说明保本的问题，但很难解释生产能力的利用程度，为此，有必要确定盈亏临界点作业率指标。

盈亏临界点作业率是指盈亏临界点销售量（或销售额）占企业正常销售量（或销售额）的比重，其计算公式如下：

$$盈亏临界点作业率 = \frac{盈亏临界点销售量(额)}{企业正常销售量(额)} \times 100\%$$

通过对例 9-4 资料进一步分析，企业盈亏临界点作业率为：

$$盈亏临界点作业率 = \frac{5\,000}{8\,000} \times 100\% = 62.5\%$$

盈亏临界点作业率越小，说明企业保本需要利用的生产能力占正常生产能力的比重越低。由于企业的生产经营能力是按照正常销售水平来规划的，企业应尽量充分利用生产经营能力。上式中盈亏临界点作业率为 62.5%，表明企业生产能力至少利用 62.5% 才能保本，超出部分才可以为企业创造利润。同时也说明，盈亏临界点作业率越低，企业的获利越高，因为正常销售量超过盈亏临界点作业率时的销售量，才是为企业创造利润的销售量。加强盈亏临界点作业率的分析有助于提高企业生产能力的利用程度，提高经济效益。

2. 安全边际及相关指标

安全边际是指正常销售量（额）超过盈亏临界点销售量（额）的差额。该指标反映企业经营的安全程度。安全边际越大，即超过盈亏临界点销售量（额）越大，盈利的安全程度越高；反之，安全边际越小，即销售量（额）越接近盈亏临界水平，经营的安全程度越低。如果低于盈利临界点销售量（额），企业就会亏损。安全边际有安全边际量、安全边际额和安全边际率三种表现方式。

(1) 安全边际量

安全边际量是正常或实际销售量超过盈亏临界点销售量的水平。其计算公式为：

$$安全边际量 = 正常或实际销售量 - 盈亏临界点销售量$$

根据例 9-4 资料计算：

$$安全边际量 = 8\,000 - 5\,000 = 3\,000(件)$$

(2) 安全边际额

安全边际额是正常或实际销售收入超过盈亏临界点销售收入的差额。其计算公式为：

$$安全边际额 = 正常或实际销售收入 - 盈亏临界点销售收入$$

现仍以例 9-4 中资料进行分析：

$$安全边际额 = 80\,000 - 50\,000 = 30\,000(元)$$

(3) 安全边际率

为便于不同企业或不同产品之间的比较，最佳的表现形式是用相对数，即安全边际率。安全边际率是指安全边际量（额）与正常或实际销售量（额）的比值，其计算公式为：

$$安全边际率 = \frac{安全边际量(额)}{正常或实际销售量(额)} \times 100\%$$

由例 9-4 可知，A 产品的安全边际率为：

$$安全边际率 = \frac{80\,000 - 50\,000}{80\,000} \times 100\% = 37.5\%$$

安全边际量（额）与安全边际率越大，发生亏损的可能性越低，企业经营越安全。

确定盈亏临界点时，假定产品的单价和成本水平不变，但在实际工作中各种指标频繁发生变化，如果销量减少或单价下降，或者单位变动成本或固定成本增加，企业就有可能由保本状态转为亏损，分析安全边际的目的是更加谨慎地对企业经营状态进行评价。参照西方国家管理的成功经验进行分析，企业经营安全的经验数据如表 9-2 所示。

表 9-2 经营安全检测标准

安全边际率	10%以下	10%~20%	20%~30%	30%~40%	40%以上
安全程度	危险	值得注意	较安全	安全	很安全

由于正常或实际销售量被分为盈亏临界点销售量和安全边际量两部分，所以安全边际率与盈亏临界点作业率存在互补关系，即：

$$安全边际率 + 盈亏临界点作业率 = 1$$

安全边际是正指标，安全边际指标越大越好，增加安全边际的途径包括提高单价、降低单位变动成本、减少固定成本总额和增加销售量（或销售收入），在多品种产销情况下，还可调整产品品种结构。

企业的目标是设法追求利润，为此在固定成本总额不变的前提下，企业会力争贡献毛益的最大化。在盈亏临界点，企业的全部固定成本及保本业务量下所发生的变动成本已经得到补偿，安全边际能够为企业提供利润，即安全边际中的贡献毛益是企业的盈利。引入安全边际的概念，息税前利润可以有多种表达方式：

$$\begin{aligned}
息税前利润 &= 销售收入 - 变动成本总额 - 固定成本总额 \\
&= 贡献毛益总额 - 固定成本总额 \\
&= 正常销售收入 \times 贡献毛益率 - 盈亏临界点销售收入 \times 贡献毛益率 \\
&= (正常销售额 - 盈亏临界点销售额) \times 贡献毛益率
\end{aligned}$$

$$= 安全边际额 \times 贡献毛益率$$
$$= (正常销售量 - 盈亏临界点销售量) \times 单位贡献毛益$$
$$= 安全边际量 \times 单位贡献毛益$$

如果上式两侧同除以正常或实际销售额,可得:

$$销售利润率 = 安全边际率 \times 贡献毛益率$$
$$= (1 - 盈亏临界点作业率) \times (1 - 变动成本率)$$

上式为我们提供了销售利润率的另一种表达方式。对于企业而言,从整体讲可以从降低成本、减少开支和纳税筹划等方面提高销售利润率,还可以通过提高安全边际率(或降低盈亏临界点作业率)或提高贡献毛益率(或降低变动成本率)提高企业利润水平。

9.2.2 本量利分析图

1. 基本本量利分析图

将成本、业务量和利润的关系反映在两维坐标系中,横轴代表销量,纵轴代表收入、成本和利润,即为本量利分析图,其可以清晰地反映企业的盈亏状态。用图示表达的本量利的相互关系,一目了然、更加形象直观,而且便于理解。

(1) 基本本量利分析图绘制步骤

首先,选定直角坐标系,以横轴代表销售量,纵轴则表示成本、收入和利润。

其次,在纵轴上标定固定成本的数值,以此点(0,固定成本)为起点,绘制一条与横轴平行的固定成本线。

再次,以点(0,固定成本)为起点,以单位变动成本为斜率,绘制总成本线。

最后,以坐标原点(0,0)为起点,以单价为斜率,绘制销售收入线。

基本本量利分析图如图 9-1 所示。

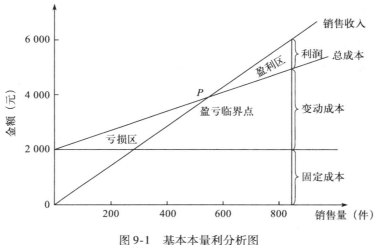

图 9-1 基本本量利分析图

(2) 基本本量利分析图所表达的意义

固定成本线与横轴之间的距离为固定成本值,它不受产销量变动的影响。总成本线与固定成本线之间的截距为变动成本,它随产销量的变化呈正比例变动。总成本线与横轴之间的距离为总成本,它是变动成本与固定成本之和。销售收入线与总成本线的交点代表盈亏临界点,原点与该点之间是亏损区,产销量在此区间,会亏损;超过盈亏临界点,进入盈利区,会盈利。

2. 贡献毛益分析图

贡献毛益分析图的特点是，先绘制出变动成本线，在此基础上，以点（0，固定成本）为起点画一条与变动成本线平行的总成本线，其他部分绘制方法与基本本量利分析图相同。贡献毛益分析图如图 9-2 所示。

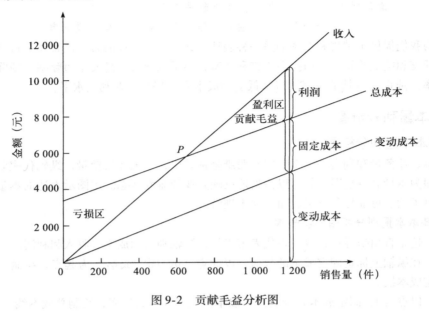

图 9-2　贡献毛益分析图

由图 9-2 可见，销售收入首先用来补偿变动成本，剩余为贡献毛益。贡献毛益随销售量增加而扩大，当其达到固定成本总额的水平时，企业处于盈亏临界状态；当其超过固定成本总额后，企业盈利，否则亏损。

9.2.3　利润敏感性分析

由本量利分析的基本方程式可知，影响利润的因素有单价、销售量、单位变动成本和固定成本总额等，它们从不同的方向以不同程度影响着利润。在市场经济条件下，应研究如何利用各种经济因素对利润的不同影响，达到事半功倍的效果，为此，需要进行利润的敏感性分析。

所谓的敏感性分析是指研究和分析一个系统因周围环境和条件发生变化，而引起的状态或输出结果改变的程度。利润敏感性分析是研究每个参数值以相同的方向和幅度改变后，在其他因素不变的情况下，利润会发生多大程度的变化。反之，每个指标各自变化到什么程度，企业仍然不至于亏损。

1. 敏感系数的确定

单价、销售量、单位变动成本和固定成本总额的变化都会影响利润，但每个因素独自变化时，对息税前利润的影响程度各不相同。有些参数小幅变化，目标值就明显改变；有些参数即使自身变化很大，但对利润的影响微乎其微。敏感与否是相对而言的，进行利润敏感性分析意在经营管理实践中抓住主要矛盾。

方法一：对于参数变量敏感程度可用敏感系数表示。

$$\text{敏感系数} = \frac{\text{目标值变动百分比}}{\text{参数值变动百分比}}$$

例 9-6 某企业产销 B 产品，单价 5 元，单位变动成本 4 元，固定成本总额 40 000 元，当前产销量 100 000 件。计算当前利润水平，并分析每个因素提高 10% 的情况下对息税前利润的影响，确定各参数值的敏感系数。

$$息税前利润 = 100\,000 \times (5 - 4) - 40\,000 = 60\,000(元)$$

(1) 单价变动的敏感程度

$$单价变动后的利润 = 100\,000 \times [5 \times (1 + 10\%) - 4] - 40\,000 = 110\,000(元)$$

$$目标值变动百分比 = \frac{110\,000 - 60\,000}{60\,000} \times 100\% = 83.3\%$$

$$单价敏感系数 = \frac{+83.3\%}{+10\%} = +8.33$$

单价与息税前利润同方向变化，单价每上涨 1%，息税前利润会增加 8.33%；反之，单价每下降 1%，息税前利润则减少 8.33%。

(2) 单位变动成本的敏感程度

$$单位变动成本变动后的利润 = 100\,000 \times [5 - 4 \times (1 + 10\%)] - 40\,000 = 20\,000(元)$$

$$目标值变动百分比 = \frac{20\,000 - 60\,000}{60\,000} \times 100\% = -66.7\%$$

$$单位变动成本敏感系数 = \frac{-66.7\%}{+10\%} = -6.67$$

单位变动成本与息税前利润反方向变化，单位变动成本每上涨 1%，息税前利润减少 6.67%；反之，单位变动成本每下降 1%，息税前利润则上升 6.67%。

(3) 销售量的敏感程度

$$销售量变动后的利润 = 100\,000 \times (1 + 10\%) \times (5 - 4) - 40\,000 = 70\,000(元)$$

$$目标值变动百分比 = \frac{70\,000 - 60\,000}{60\,000} \times 100\% = 16.7\%$$

$$销售量敏感系数 = \frac{+16.7\%}{10\%} = +1.67$$

销售量与息税前利润同方向变化，销售量每增加 1%，息税前利润会增加 1.67%；反之，销售量每减少 1%，息税前利润下降 1.67%。

(4) 固定成本总额的敏感程度

$$固定成本变动后的利润 = 100\,000 \times (5 - 4) - 40\,000 \times (1 + 10\%)$$
$$= 56\,000(元)$$

$$目标值变动百分比 = \frac{56\,000 - 60\,000}{60\,000} \times 100\% = -6.67\%$$

$$固定成本敏感系数 = \frac{-6.67\%}{+10\%} = -0.67$$

在其他因素不变的情况，固定成本总额每增加 1%，息税前利润会下降 0.67%；反之，固定成本总额减少 1%，息税前利润会提高 0.67%。

用上述公式计算敏感系数，需要在经济事项完成之后方能确定各因素的敏感系数，无法对预测、控制风险提供帮助。事实上，在确定各参数值的敏感系数时，假定各参数值单独发生变化，即只改变某一参数值，其他参数值维持当前的水平，因此，每个参数值的变化只直接影响中间变量，息税前利润会通过中间变量间接受到影响，因此，可以用更为简单的方法确定各参数值的敏感系数。其关系如表 9-3 所示。

表 9-3 敏感系数与参数值及目标值关系

参数值	中间变量	目标值
单价	销售收入	
单位变动成本	变动成本总额	息税前利润
销售量	贡献毛益总额	
固定成本总额	固定成本总额	

根据表 9-3 的关系可知，某因素单独变化时，参数值与中间变量同方向同比例变化，中间变量与目标值的比值等同于参数值与目标值的比值，因此，可以借助基期资料计算报告期的敏感系数。

方法二：利用基期资料确定敏感系数。

$$某参数值敏感系数 = \frac{该参数值中间变量基期数}{目标值基期数}$$

根据例 9-6 中数据计算：

$$单价敏感系数 = \frac{100\,000 \times 5}{60\,000} = +8.33$$

$$单位变动成本敏感系数 = \frac{-100\,000 \times 4}{60\,000} = -6.67$$

$$销售量敏感系数 = \frac{500\,000 - 400\,000}{60\,000} = +1.67$$

$$固定成本敏感系数 = \frac{-40\,000}{60\,000} = -0.67$$

根据上述分析，敏感系数具有下列结论。

1）参数值的敏感程度是按照各参数值敏感系数的绝对值由大到小排列。

2）敏感系数为正数表明参数值与目标值同方向变化，负数表明参数值与目标值反方向变化。

3）盈利产品单价最敏感，销售量不会最不敏感。

4）根据本量利各要素之间的关系可知，单价与单位变动成本的灵敏度之差为业务量的敏感系数，业务量与固定成本的敏感系数相差 1。

就本例而言，单价是最敏感的，其次是单位变动成本，再次是销售量，最不敏感的是固定成本总额。该企业为增加利润应首先考虑提高单价，再考虑降低单位变动成本和增加销售量，由于固定成本敏感系数最小，所以其为最不敏感因素。但敏感性分析有局限性，例如，单价上升时销量会由于价格弹性的作用而下降，而非固定不变，而单位变动成本也由于采用高效率的固定资产而降低。为此，有必要对利润分析多因素共同变动的影响。

2. 参数变量临界值的确定

对于企业而言，提高利润是最朴素的愿望，但有时不得不做出让步，底线是保证企业不亏损。所谓临界值就是指进行相关决策时，以保证企业不亏损为前提确定的各因素变动的最大限度，超过这一水平，企业的经营会发生实质性变化。由于销售量下降和单价降低使利润减少，所以，企业可以承受的最低销售量和最低价格以不亏损为限，而由于单位变动成本和固定成本增加使利润降低，企业只能接受一定上限的单位变动成本和固定成本总额，此方法也称为最大最小法。

除根据传统方法计算每个参数值所允许的最大或最小变量外，还可以利用敏感系数加以确定。因为由盈利转变为亏损,目标值变动百分比为负100%,所以,每个因素所允许的极限变量很容易确定下来。

$$某参数值最大(最小)值 = \frac{-100\%}{该参数值敏感系数}$$

现仍以例9-6中的资料为例。

(1) 单价的最小值

由于单价与利润同方向变化,所以单价降低到使利润为零时的水平是企业所能够容忍的最小值。

因为,
$$单价敏感系数 = \frac{利润变动百分比}{单价变动百分比}$$

所以,
$$单价变动百分比 = \frac{利润变动百分比}{单价敏感系数} = \frac{-100\%}{8.33} = -12\%$$

$$单价最小值 = 5 \times (1 - 12\%) = 4.4(元)$$

$$息税前利润 = 100\,000 \times (4.4 - 4) - 40\,000 = 0$$

即只要单价的降幅不超过12%,控制在4.4元以上,其他因素保持不变,企业仍有可能盈利。但是,企业采取"薄利多销"的政策提高企业或产品的竞争力时另当别论。

(2) 单位变动成本的最大值

由于单位变动成本与利润反方向变化,所以单位变动成本的提高会使息税前利润降低并趋近于零,此时的单位变动成本是企业所能接受的最大值。

$$单位变动成本变动百分比 = \frac{利润变动百分比}{单位变动成本敏感系数} = \frac{-100\%}{6.67} = +15\%$$

$$单位变动成本最大值 = 4 \times (1 + 15\%) = 4.6(元)$$

$$息税前利润 = 100\,000 \times (5 - 4.6) - 40\,000 = 0$$

如果因为原材料涨价、人工费用的增加等原因引起单位变动成本的提高,企业的息税前利润就会减少,为保证盈利,单位变动成本的最高升幅应控制在15%以内,即如果单位变动成本不超过4.6元,企业还不至于发生亏损。

(3) 销售量的最小值

销售量增加利润会提高,销售量下降利润会减少,当其减少到盈亏临界点的水平时,是企业可以容忍的最小的销售量。

$$销量变动百分比 = \frac{利润变动百分比}{销量敏感系数} = \frac{-100\%}{1.67} = -60\%$$

$$销售量最小值 = 100\,000 \times (1 - 60\%) = 40\,000(件)$$

$$息税前利润 = 40\,000 \times (5 - 4) - 40\,000 = 0$$

在现有水平下,销售量的降幅不能超过60%,即企业若保证盈利,其销售量应不低于40 000件,否则会发生亏损。

(4) 固定成本总额的最大值

在确定利润的过程中,固定成本是唯一不通过中间变量而直接影响息税前利润的因素,而固定成本总额与息税前利润的反方向变化也使得人们希望其不要超过某一上限。

$$固定成本变动百分比 = \frac{利润变动百分比}{固定成本敏感系数} = \frac{-100\%}{-0.67} = +150\%$$

$$固定成本最大值 = 40\,000 \times (1 + 150\%) = 100\,000(元)$$

$$息税前利润 = 100\,000 \times (5 - 4) - 100\,000 = 0$$

当企业确需在现有基础上增加固定成本时，其所允许的固定成本总额最高开支额应控制在 100 000 元以内，否则企业会由盈利转为亏损。

前文所述及的分析过程都是以待求变量以外的因素不变为前提的，在市场经济条件下，各因素之间的相互影响会使问题变得更为复杂。掌握每一个数据的变化程度及其极限水平，有助于提高决策的正确性，通过抓主要矛盾，从而使经营活动控制在盈利的范围内。

9.3 本量利分析的应用

企业经营管理的目标是息税前利润最大化。由于各参数值变化会影响利润水平的高低，所以努力增加销售量、提高单价、尽量减少固定成本总额或降低单位变动成本是增加息税前利润必经的途径。盈亏临界点分析是基于保本的角度，但企业经营绝对不能仅满足于保本，而必须要为实现既定利润对各项工作做出部署和安排。

9.3.1 各因素变动对利润的影响

企业在进行生产经营活动之前，应知晓各因素在已有水平下所决定的利润，并分析每个因素的改变可能对利润产生的影响，从而判定某个经济行为在经济上是否具有可行性。

例 9-7 甲公司产销 C 产品，单价 10 元，单位变动成本为 4 元，固定成本总额为 4 000 元，目前的产销量为 2 000 件。

$$当前 C 产品息税前利润 = 2\,000 \times (10 - 4) - 4\,000 = 8\,000(元)$$

如果上述因素中一个或多个发生变化，就有可能使息税前利润改变。盈利企业希望赚得更多，亏损企业渴望扭亏为盈，没有企业愿意被动地接受环境带来的不利影响，多数企业则会迎难而上，主动出击，以化解外部环境带来的不利影响。

外部环境对各个企业的影响是公平的，当外部环境发生利好变化时，本企业利润增加的同时其他企业的利润也会增加，本企业并无特别的优势可言。当外部环境恶化时，企业应主动调整战略，从而将不利影响降低到最低程度。

（1）扩大产品影响力

仍沿用例 9-7 的资料，假设该企业为扩大 C 产品的影响，拟作广告宣传，由于知名度提高，销售量会增加 20%，确定广告费用的上限。

$$改变后的息税前利润 = 2\,000 \times (1 + 20\%) \times (10 - 4) - 4\,000 = 10\,400(元)$$

$$增加的息税前利润 = 10\,400 - 8\,000 = 2\,400(元)$$

从短期效应来看，实施广告宣传增加的 2 400 元息税前利润是广告费用的上限，该公司本次广告宣传费如果超过 2 400 元，本次行动得不偿失。但需要说明的是，广告可能会带来长期的社会影响，甚至会沉淀为品牌文化，仅从一朝一夕的效果上进行分析是不够的。

（2）提高产品质量

仍沿用例 9-7 的资料，假设该企业拟对员工进行技术培训，工作效率的提高预计使产品的单位变动成本下降 3%，确定职工培训费的上限。

$$改变后的息税前利润 = 2\,000 \times [10 - 4 \times (1 - 3\%)] - 4\,000 = 8\,240(元)$$

$$增加的息税前利润 = 8\,240 - 8\,000 = 240(元)$$

由于培训员工使效率提高，利润增加 240 元。如果培训费不超过 240 元就能够在当年增加的息税前利润中得到补偿。当然，由于员工技术水平提高不仅会影响当年利润水平，所以即使员工培训费高于 240 元，企业也应当统筹考虑。

（3）提高产品价格

仍沿用例 9-7 的资料，设该企业 C 产品一直以来委托经销商销售，为提高产品的价格，该公司准备以业务提成的方式鼓励本企业员工自行销售，因为减少了中间环节，单价可以提高 15%，由于员工的努力，C 产品销售量还将增加 5%，确定业务员提成的上限。

改变后的息税前利润 = $2\,000 \times (1 + 5\%) \times [10 \times (1 + 15\%) - 4] - 4\,000 = 11\,750$（元）

增加的息税前利润 = $11\,750 - 8\,000 = 3\,750$（元）

积极的推销政策的采用使企业息税前利润增加了 3 750 元，这是推销人员努力的结果，如果兑现承诺，企业支付给推销员的提成应不超过 3 750 元。由于产品推销的影响是短期效应，通常不会增加企业的未来价值，所以应谨慎对待业务提成。

在经营过程中，企业所采取的任何行动都要付出代价，所以企业必须权衡利弊得失，力争使每一分钱的支出都物有所值。

9.3.2 目标利润下各因素应达到的水平

大多数企业会事先制订利润计划，并将其作为目标加以管理，为此，企业应整合现有资源，争取最大限度地实现利润目标。

1. 目标利润下某因素应达到的水平

为实现既定的利润水平，可以提高单价、增加销售量、减少固定成本或降低单位变动成本。如果借助单一渠道就能够顺利达到利润目标，说明企业尚有潜力可以挖掘，企业可以进一步提高利润水平，全面提升自身的管理水平。

例 9-8 若甲公司不满足现状，拟提高利润 25%，达到 10 000 元，可采取如下相应措施。

（1）提高单价

因为，
$$10\,000 = 2\,000 \times 单价 - 2\,000 \times 4 - 4\,000$$

$$目标单价 = 单位变动成本 + \frac{固定成本 + 目标利润}{销售量} = 4 + \frac{4\,000 + 10\,000}{2\,000} = 11（元）$$

如果其他条件不变，单价至少要提高到 11 元，才能够确保目标利润的实现。

（2）增加销售量

$$目标销售量 = \frac{固定成本 + 目标利润}{单价 - 单位变动成本} = \frac{4\,000 + 10\,000}{10 - 4} = 2\,333.33 \approx 2\,334（件）$$

因为，
$$10\,000 = 销售量 \times (10 - 4) - 4\,000$$

如果其他条件不变，销售量增加到 2 334 件，就能够实现目标利润。

（3）减少固定成本

因为，
$$10\,000 = 2\,000 \times (10 - 4) - 固定成本$$

$$目标固定成本 = 销售量 \times (单价 - 单位变动成本) - 目标利润$$
$$= 2\,000 \times (10 - 4) - 10\,000 = 2\,000（元）$$

如果企业能够将固定成本控制在 2 000 元以内，即使不改善其他条件，预计的目标利润也能实现。

（4）降低单位变动成本

因为，
$$10\,000 = 2\,000 \times 10 - 2\,000 \times 单位变动成本 - 4\,000$$

$$\text{目标单位变动成本} = \text{单价} - \frac{\text{固定成本} + \text{目标利润}}{\text{销售量}} = 10 - \frac{4\,000 + 10\,000}{2\,000} = 3(元)$$

如果其他条件不变，单位变动成本控制在 3 元以内，增加 25% 的利润的目标也能够顺利实现。

2. 采取综合措施实现目标利润

在现实生活中，影响利润的各因素是相互作用的，一个指标的改变往往会带来一系列的变化。这种方向不同、影响不一的变化使企业很难完全借助单一措施实现目标利润，往往需要多管齐下，充分调动各部门的积极性，让大家共同参与到为实现目标利润而做的努力中来。

甲公司为了充分利用闲置生产能力，准备将产品降价出售，为了通过产品的市场占有率，企业拟采取"薄利多销"的措施，拟将价格下调 10%，为此，销售量必须达到 2 800 件。其计算过程为：

$$\text{目标销售量} = \frac{\text{固定成本} + \text{目标利润}}{\text{新单价} - \text{单位变动成本}} = \frac{4\,000 + 10\,000}{10 \times (1 - 10\%) - 4} = 2\,800(件)$$

销售部门认为尽最大努力也仅能销售 2 500 件，并鼓励生产部门共同参与，为落实目标利润，单位变动成本应控制为 3.4 元。其计算过程为：

$$\text{目标单位变动成本} = \text{新单价} - \frac{\text{固定成本} + \text{目标利润}}{\text{新销量}} = 9 - \frac{4\,000 + 10\,000}{2\,500} = 3.4(元)$$

生产部门经过初步分析后认为，以现有的生产技术，目前只能将单位变动成本控制在 3.6 元，欲完成 10 000 元的目标利润，还需要从降低固定成本入手。

$$\text{目标固定成本} = \text{新销量} \times (\text{新单价} - \text{新单位变动成本}) - \text{目标利润}$$
$$= 2\,500 \times (9 - 3.6) - 10\,000 = 3\,500(元)$$

如果降价 10% 是必需的，要想完成 10 000 元的目标利润，至少要同时达到销售量 2 500 件，单位变动成本控制在 3.6 元，固定成本减少到 3 500 元。否则，需要各部门再次协商，进一步寻求增加销售量或降低成本费用的途径，经多轮反复后，如果确实难以完成目标利润，应对目标利润进行实事求是的修正。

虽然本量利分析是基于一些假定条件进行的，但本量利分析可以解决企业经营中的利润规划、经营风险的控制和短期决策等问题。

本章小结

管理的重心在于经营，经营的重心在于决策。在经营决策中广泛应用的本量利分析是在成本习性分析和变动成本计算法的基础上自然引入利润因素，建立在诸多假定条件之上的本量利分析模型。模型揭示出影响息税前利润的因素有产销量、单价、单位变动成本和固定成本总额，多品种生产的条件下还可以通过调整品种结构增加利润，而进一步推导形成的贡献毛益和贡献毛益率方程式则从增加收入、提高产品的贡献毛益率和调整品种结构等方面解释利润形成的路径。模型的变形公式则为分析研究欲达到息税前目标利润应采取的定价措施、促销策略和成本方案提供了理论依据。

盈亏临界分析可以让管理者心中有数，以确保企业在残酷的市场竞争中努力实现盈利，计算安全边际和安全边际率指标则进一步使管理者从影响利润的多视角去客观评价经营的安全程度和寻求提高利润的途径。

由于单价、产销量、单位变动成本和固定成本总额从不同方向、不同程度影响息税前利润,所以管理利润时不能简单地"一视同仁",而应做到"长幼有序",利润敏感性分析可以排列特定情况下影响利润的诸因素的顺序,使管理者在利润形成的过程中抓住关键因素,做到事半功倍。

总之,本量利分析可以帮助管理者决策盈亏平衡的产销量,或者面对既定的市场份额,了解和决策能够实现目标利润的成本底线。

思考题

1. 阐述本量利分析的基本公式,说明本量利分析的意义。
2. 何谓贡献毛益和贡献毛益率?有何作用?
3. 阐述保本点的实质及其在单一产品、多品种情况下的应用。
4. 理解安全边际和安全边际率的意义。如何利用该指标评价企业经营的安全程度?
5. 为何进行利润敏感性分析?各因素敏感系数如何计算?各因素敏感系数与利润有何关系?

练习题

1. **资料**:有甲、乙、丙、丁四家企业,各产销一种产品,有关资料如表9-4所示。

表9-4　产品资料

企业名称	销量(件)	销售收入(元)	变动成本总额(元)	单位贡献毛益(元)	固定成本总额(元)	利润或亏损(元)
甲	8 000	82 000	42 000	?	18 000	?
乙	2 000	42 000	?	?	15 000	5 000
丙	7 000	?	50 000	4	?	8 000
丁	?	60 000	?	3	15 000	15 000

要求:根据贡献毛益与成本习性的关系,计算并填列表中的"?",并写出计算过程。

2. **资料**:有A、B、C、D四种产品,有关资料如表9-5所示。

表9-5　产品资料　　　　　　　　　　　　(金额单位:元)

产品名称	销售收入	变动成本总额	贡献毛益率(%)	固定成本总额	利润或亏损
A	450 000	270 000	?	?	40 000
B	?	?	40	86 000	(6 000)
C	350 000	210 000	?	80 000	?
D	?	190 000	40	?	13 000

要求:根据贡献毛益率与成本习性的关系,计算表中的"?",写出计算过程并将结果填入表格中。

3. **资料**:某公司下年度有关资料如下:

销售收入	125 000 元
变动成本总额	100 000 元
固定成本总额	10 000 元

要求:

(1) 确定下年度预期利润。

(2) 在下列情况下，预期利润为多少？① 贡献毛益增加（或减少）10%；② 销售量增加（或减少）10%；③ 固定成本增加（或减少）10%；④ 变动成本增加（或减少）10%；⑤ 单价降低10%，销售量增加10%；⑥ 单价和单位变动成本分别降低10%，销量和固定成本增加10%。

(3) 盈亏临界点销售额和安全边际率各为多少？

4. **资料**：某公司只产销一种产品，年产销量1 100件，单价80元，单位变动成本55元，固定成本总额20 000元。

要求：

(1) 计算该公司该年盈亏临界点销售额和安全边际率，并评价公司经营是否安全？

(2) 若该公司下年度准备在现有利润的基础上利润翻一番，公司应在单价、单位变动成本、固定成本总额和销售量方面采取什么措施？

(3) 计算各因素的敏感系数并由大到小排序。

5. **资料**：华兴公司只产销一种产品（单位：件），本年度单位变动成本6元，变动成本总额84 000元，利润18 000元。若该公司下年度销售单价不变，变动成本率维持40%不变。

要求：

(1) 预期下年度保本销售量。

(2) 若下年度销售量提高15%，计算利润额。

6. **资料**：某公司销售甲产品，有关资料如表9-6所示。

表9-6 甲产品销售收入和费用 （单位：元）

项目	每件
单价	5
进价	4
销售佣金	0.25（单位变动成本4.25）
每年固定费用	
其中：房租	5 500
工资	17 600
用具	2 100
其他	4 800
合计	30 000

要求：

(1) 如果销售35 000件，利润（亏损）多少？

(2) 如果每件佣金增加0.05元，销售量达到50 000件，保本销售量是多少？利润（亏损）多少？

(3) 如果销售佣金改为每年固定支付8 000元，保本销售量是多少？这种改变是否可行？为什么？

(4) 如果销售佣金改变为达到保本点后每件增加0.15元，销售量50 000件时利润为多少？与(2)比较哪个方案更好？

(5) 根据(3)计算能够使采取销售佣金的方案与固定销售工资的方案的利润相同时的销售量。

7. **资料**：某公司产销甲、乙两种产品，有关资料如表9-7所示。

表 9-7　产品资料　　　　　　　　　　　　　　　　　　（单位：元）

摘要	甲产品	乙产品	合计
销售收入			
甲 1 000 件，800 元	800 000		
乙 2 000 件，500 元		1 000 000	1 800 000
变动成本总额	600 000	600 000	1 200 000
固定成本	150 000	200 000	350 000
总成本费用	750 000	800 000	1 550 000
税前利润	50 000	200 000	250 000
所得税（40%）			100 000
净利润			150 000

要求：

（1）计算每种产品的贡献毛益率及公司的加权平均贡献毛益率（保留小数点后两位数）。

（2）计算公司的综合保本销售额（保留整数元）。

（3）假定公司下年度想获得税后利润 300 000 元，预计销售价格、单位变动成本、固定成本总额以及销售结构都不变，预计下年度的销售额（保留整数元）。

（4）该公司准备扩大销售到气候较冷的地区。公司认为来年的销售量会有所增加，甲、乙产品将各销售 3 000 个，甲产品的单价维持 800 元不变，乙产品的单价将提高到 570 元。两种产品的单位变动成本保持不变。因广告宣传固定成本总额将增加 80 000 元，该部分成本由两种产品平均分摊。

①对比按照预计的销售结构所获得的利润总额与按照新的市场安排的销售结构所获得的利润有何不同？企业采取的措施是否有效？

②计算该公司预计下年度在新的销售结构下综合保本销售收入。

案例链接

聚焦物流顽疾

随着物价持续上涨，各国经济发展面临较大的通货膨胀压力。物价高企原因很多，物流费用难辞其咎。遍布中国的高速公路，对大力发展经济起到了重要作用，但是高额的通行费用也助推了物价的持续上涨。目前，全球 70% 的收费公路在中国，中国目前已形成纵横交错、遍布全国的公路网络，未来还要发展 6 万千米的收费公路。除了过路过桥费，上路行驶的司机们还经常要承受另外一笔巨额的费用——公路罚款。

公路罚款中原因最多的是超载，货主选择超载也是无奈之举。以从内蒙古鄂尔多斯运煤到河南西峡县为例，每吨煤的运费是 345 元，如果按照规定装载 30 吨，跑一趟需要运费 10 350 元，如果刨去 1 600 元的过路费，5 000 元的油费，两名司机 900 元的工资，3 天 450 元的饭费，200 元的装卸费，还能剩下 2 200 元。但是，算上汽车的折旧费、保养费、车险、轮胎消耗费用，不仅这 2 200 元所剩无几，甚至还要赔本。因此，在权衡利弊之后，几乎所有的大货车都会超载。由于道路通行费用太高，从事长途货运 90% 的大货车都存在超载、超限现象，运输水泥、工业盐、矿石、煤的大货车更是 100% 超载。

多拉快跑是货主、司机摊薄运输费用的共同选择，交通运政、公安交通管理局等部门加大对超载的处罚力度，虽经治理，情况有所好转，但并未从根本上解决这一难题。

<small>资料来源：聚焦物流顽症：公路罚款每辆车一年罚三万。经济半小时（CCTV2）。改编。</small>

分析点评：

1. 公路货运是国家经济的命脉，但是这条经济命脉并不通畅，作为公路运输主体的货运司机自身没有能力降低过路过桥费、油费等支出，竞争日趋激烈的运输业又迫使司机压价接活儿，为了获取利益甚至仅能保本，除了求助于"社会人员"以降低罚款这样的酌量性固定成本外，超载似乎成为他们唯一的选择，因为超载可使单位运输费用降低。司机把成本、利润、业务量这三者之间的关系运用在应对公路运输罚款中，反映出来的是"上有政策、下有对策"。对于任何个体而言，本量利分析可以用在一个事项的预测和经营管理中，而对国家的宏观管理而言，"利"应是基于民强上的国富，"本"应是各种宏观管理制度的正确执行而使各项费用支出绝对额和相对数降低，"量"应是宏观管理政策、方针的协调控制。

2. 从1987年开始，"贷款修路、收费还贷"PPP项目管理成为中国公路建设的新模式。据美国公路管理局的官方数字，美国收费高速公路仅占总里程的8.8%。所以，在美国高速公路上开车一般很少看见收费站，即使偶尔遇到一些，费用也非常便宜。即使我们认为收费偏高的日本高速公路也可以打折。解决司机超载的问题从本案例来看不是罚款手段所能解决的，它折射出的是公路建设和使用如何变得公开、透明的制度问题。

思考：

1. 对案例中的有关支出按成本性态进行分类。
2. 根据案例资料确定运输量的保本点。
3. 你对案例和上述分析评价有何看法？根据案例相关资料你认为解决超载的途径是什么？能否根治？

第 10 章

短期预测

学习目标

1. 理解预测在管理会计工作中的重要性及其与其他职能的关系。
2. 掌握预测分析的方法及其适用范围。
3. 运用预测方法对销售、成本、利润以及资金需求量进行预测。

重点与难点

1. 各类预测方法的选择与运用，定性预测与定量预测相结合。
2. 销售量预测应考虑的因素和适用方法。
3. 资金需求量预测方法的运用。

10.1 预测概述

10.1.1 经营预测的含义

"预则立，不预则废"，有效的预测可以保证企业少走弯路，是科学决策的基础和保障。经营活动是按照既定的规划通过生产、销售等活动实现利润，具有一定的规律性。

所谓经营预测就是根据生产经营活动的历史资料和所获取的现有相关信息，运用科学的预测方法，对未来经济活动的经济效益和发展趋势做出预计和推测的过程。

10.1.2 预测的分类

1. 按预测时间的长短，分为短期预测和长期预测

短期预测是对一年以内发展前景的预测。预测时间在一年以上的一般属于长期预测。预测的时期越短，影响预测结果的因素越明朗，越容易预测，而长期预测因未来不确定性较强，预测分析误差较大。本章主要阐述短期预测的内容和方法。

2. 短期预测按其内容分为销售预测、成本预测、利润预测和资金需求量的预测

就企业经营活动而言，短期预测分析一般是针对销售量、成本和利润等来进行的。当企业

经营活动正常进行时，会表现出对资金的依赖，为此，还需要预测资金需求量。本章后续内容将分别就这四项内容的预测意义和方法展开阐述。

10.1.3 预测分析的一般程序

无论企业进行短期预测还是长期预测，预测分析的程序基本一致。

1. 确定预测对象

首先必须明确预测具体对象，在此基础上确定预测内容和范围，并规定预测的期限以及预测对象的计量方式。

2. 搜集信息资料

生产经营活动是相互关联的一系列指标构成的有机整体，准确而全面的历史数据和经营环境有助于提高预测的准确度。企业必须具备预测对象完整的历史数据，尽可能多地搜集竞争对手的信息及市场相关信息，以确保预测的有效性。

3. 选择预测方法

不同的预测对象，因其所体现出的规律和受其他因素影响程度不同而千差万别，预测方法也不尽相同。通常要根据预测的目的和占有资料的情况，选择恰当、行之有效的预测方法。对能够建立数学模型的预测对象，应反复分析比较，以确定适合的定量预测条件；对缺乏定量资料，或者不易进行定量分析的预测对象，应结合经验选择适当的定性预测方法。预测方法并非越复杂越好，关键是预测方法应能最大限度地与预测对象相匹配。

4. 进行预测

企业运用收集的信息，运用所选定的预测方法，对预测对象进行预测，提出预测方案和结果。

5. 分析预测误差并进行修正

由于预测面向未来，具有很大的不确定性，加之因素复杂多变，运用所选择的预测方法得出预测结果，不一定完全符合实际。决策者应对预测信息进行修正，确保预测结果更接近实际情况，以加强预测的指导作用。

10.1.4 预测分析的基本方法

预测分析的方法很多，但总的来看，按其性质一般可分为两类，即定量预测法和定性预测法。

1. 定量预测法

定量预测法又称为数量分析法。它是根据经济变量的相互依存关系和历史资料所表现出的经济规律，借助经济变量的逻辑关系和变化规律来建立数学模型，充分揭示有关变量之间的数量关系，并利用这一模型预计预测对象未来可能体现的数量水平。由于借助历史数据建立的模型具有一定的时效性，定量分析模型也只能在特定阶段使用。定量预测法又可分为趋势分析法和因果关系分析法等。

2. 定性预测法

定性预测法主要是依靠专家学者扎实的专业技能以及主观判断分析能力和相关专业人员丰富的实践经验，在充分考虑外部宏观环境、行业发展动态以及充分了解竞争对手战略的基础上，对某一事物的性质及未来的发展趋势做出预计和推测。由于经营活动受到越来越多因素的影响，而且外部宏观环境（政治、经济、社会文化和技术等）大多具有不可测性，加之竞争对手刻意保密，很多情况下预测对象难以量化。定性分析法带有很强的主观性，通常在原始资料缺失或没有规律可循以及影响因素过于复杂，无法进行定量分析的情况下采用，如专家判断法、市场调查法等。

定性预测法与定量预测法并不相互排斥，二者是相辅相成的。在实际工作中，即使历史资料能够清晰地揭示出规律，也要把定量分析法和定性分析法结合起来，用定性预测法预测外部环境为预测对象引领方向，再运用定量预测法提高精准度，以提高预测效果。

10.2 销售预测

10.2.1 销售预测的意义

销售预测是根据企业销售的历史资料和消费者对产品需求的变化，并根据未来特定期间有关产品和服务的发展变化趋势，对销售所进行的科学预计和推测。

作为以盈利为目的经济组织，企业的出发点和归宿是获取最大利润，因此销售预测是预测分析的基本内容。企业必须了解消费者需求动向，遵循"以销定产"原则，进行有效的销售预测。企业应了解本企业产品市场占有情况，客观评价自身的竞争地位，采取积极有效措施，使企业在激烈的市场竞争中求得生存和发展。销售预测是预测的起点，对于成本预测、利润预测和资金需求预测也有着重要的影响。

由于影响企业销售的因素很多，既有外部原因也有内部因素，故销售预测可采取定性分析与定量分析相结合的预测方法。

10.2.2 销售预测的定性分析方法

1. 判断分析法

判断分析法是指销售人员依靠丰富的销售经验凭直觉进行预测，再由销售经理加以综合分析，得出企业总体销售预测的一种方法。销售人员常年耕耘于销售一线，最接近和了解市场，熟悉自己所销售的产品及所负责区域消费者的消费习惯，对市场趋势和企业在竞争中所处的地位都很清楚，能够迅速做出判断。此外，企业采取参与型预算的编制时，销售人员的参与便于分解落实销售任务，调动其积极性，体现预算的激励效应。但是出于"自利性"和绩效考核的需要，销售人员提供的预测数据往往会出现偏差，因此需要销售经理在平衡企业资源的基础上进行修正，对整个企业做出销售预测结论。

该方法具有方便、快捷、成本低和便于业绩考核的优点，具有较高的实用价值。需要注意的是，一线人员的参与可能导致"预算松弛"。

2. 专家预测法

专家预测法是利用专家学者熟悉外部环境、了解市场趋势和竞争对手的优势，依靠其渊博的知识，对企业一定期间特定产品的销售数据做出判断和预计的一种方法。其具体又包括德尔菲法和专家会议法。

（1）德尔菲法

德尔菲法又称专家调查法，是在 20 世纪 40 年代由 O. 赫尔姆和 N. 达尔克首创，经过 T. J. 戈尔登和兰德公司进一步发展而成。1946 年兰德公司首次利用这种方法进行预测，并迅速被广泛采用。该方法采用通信的方式,分别将所需要解决的问题发送给各位专家,征询其意见,整理出综合意见和预测问题再分别反馈给专家,反复征询意见并多次反馈,最终取得比较一致的预测结果。

该方法的特点是各位专家"背对背",专家之间互不见面,专家只与调查人员联系,经过多轮调查得到专家对问卷所提出问题的看法,经反复论证,最终汇总成专家一致的意见作为预测的结果。该方法具有广泛的适用性。

(2) 专家会议法

专家会议法是由企业选定一定数量的专家组织专家会议,发挥专家集体智慧,对预测对象未来的发展趋势及其状况做出判断的一种预测方法,具体又分为头脑风暴法、交锋式会议法以及混合式会议法。该方法由各路专家组成专家小组,围绕主题畅所欲言,通过召开座谈会的方式,进行充分、广泛的调查、研究和讨论,激发专家的灵感,产生成长性思维。

该方法的特点是专家"面对面",通过集体讨论和研究相互启发,以弥补个人意见的不足;通过内外信息的交流与反馈,产生"思维共振",短期内得到具有成效的创新性成果。该方法的缺点是预测结果可能会被少数权威人士的意见左右。

3. 市场调查法

市场调查法是系统地搜集、记录、整理有关市场营销的信息资料,分析了解市场状况和发展趋势,为企业销售预测和营销决策提供客观、正确的资料。根据调查内容的不同,市场调查法又分为市场环境调查、市场状况调查、销售可能性调查,还可以对消费者的需求、企业的产品种类、产品价格、影响销售的社会和自然因素、销售渠道等开展调查。

(1) 对市场环境的调查

国家政策、经济发展水平、科技进步和社会文化对本企业产品销售的影响具有外部性,企业必须把握政策导向,以政策引导企业的市场营销。在此基础上,根据产品的销售量、价格、成本、产品竞争激烈程度以及经营风险的不同,对本企业产品所处的产品生命周期的阶段进行分析判断,并通过调查来分析本企业产品的主要竞争压力究竟来自潜在进入者、替代品威胁、上游的供应商还是下游的消费者,产业内的其他企业所生产的产品会不会抢走本企业的市场份额。企业通过宏观环境和行业分析把握产品的市场销售前景。

(2) 对竞争对手的调查

商场如战场,企业既要清楚本企业产品的竞争实力,也要了解竞争对手的情况,包括产品的研发设计、生产制造、销售以及售后服务等方面的未来目标,知己知彼,正确评价本企业产品的市场地位。

(3) 对消费者的调查

顾客就是上帝,企业将这种理念当作企业使命是实现销售的源泉。消费者的经济状况、消费心理、个人爱好、风俗习惯甚至宗教信仰等都会影响其对企业产品的需求。掌握消费者的爱好和购买意图等是市场调查工作一项很重要的内容。

通过综合调查,在充分了解国家政策、市场环境、竞争对手以及消费者需求的基础上,结合其他方法进行销售预测。

10.2.3 销售预测的定量分析方法

定量预测是应用数学方法,对与销售有关的经济信息进行科学加工,建立相应的数学模型,充分揭示各自变量与销售之间的规律性并做出相应的预测。其具体方法又可以分为以下两种。

1. 趋势分析法

趋势分析法是指按时间的先后顺序，将企业与销售有关的历史资料排列成系列的销售数据，通过归纳数据的变化规律，利用趋势外推原则来推测未来销售变动趋势。常用的趋势分析法又可以分为算术平均法、加权平均法、指数平滑法等。

（1）算术平均法

算术平均法是把若干历史时期的销售资料作为参照值，假定历史各期对未来的影响程度完全相同，计算出历史资料的简单平均数，并将算术平均值作为下期销售的预测值。其计算公式如下：

$$预计销售量(额) = \frac{各期销售量(额)之和}{期数} = \frac{\sum x}{n}$$

例 10-1 某企业 2019 年 1~6 月某产品的销售量资料如表 10-1 所示。

表 10-1　2019 年 1~6 月产品销售量　　　　　　（单位：件）

月份	1	2	3	4	5	6
实际销售量	425	430	440	430	460	455

根据表 10-1 的资料，运用算术平均法预测 7 月的销售量：

$$预计 7 月销售量\ x_7 = \frac{425 + 430 + 440 + 430 + 460 + 455}{6} = 440(件)$$

算术平均法的优点是计算简便，但该法没有考虑市场变化趋势，将远期和近期的实际销售量对未来预测值的影响同等看待，故可能会使预测结果误差较大。算术平均法一般适用于产品市场销售比较稳定的生活必需品预测。

（2）加权平均法

由于市场环境不断变化，距离预测期越远，环境相似度越低。加权平均法通常是根据"近大远小"的原则，将历史各期的观测值与对应的权数相乘之积求和，然后除以权数之和，求出其加权平均数，并将其作为预测期销售量。按照各观察期的观测值预期影响的不同程度分别确定适当的权数，是运用加权平均法的关键。根据权数确定方法的不同，移动平均法的权数是通过历史周期与预测期的远近确定的。加权平均数应该同时满足下列两个条件：

1）权数 w_i 取值在 0 到 1 之间，并且越接近预测期，权数越大。
2）权数之和 $\sum w_i$ 等于 1。

加权移动平均法的计算公式如下：

$$\hat{x}_t = \frac{\sum x_i w_i}{\sum w_i}$$

式中，w_i 为各期的权数，其他符号同前。

例 10-2 沿用例 10-1 中表 10-1 的资料，假定移动期数为 4，按照自然权数得到 7 月的预计销售量，计算如下：

$$\hat{x}_7 = \frac{440 \times 1 + 430 \times 2 + 460 \times 3 + 455 \times 4}{1 + 2 + 3 + 4} = 450(件)$$

加权平均法中的权数也可以根据"近大远小"的原则人为设置，只要保证权数之和等于 1。仍以 4 期为移动期，假设各期的权数为 0.1、0.2、0.3 和 0.4，确定 7 月的销售量。

$$\hat{x}_7 = 0.1 \times 440 + 430 \times 0.2 + 460 \times 0.3 + 455 \times 0.4 = 450(件)$$

加权平均法既考虑了锁定的历史各期的观测值，也考虑了环境影响的相似度，根据"近大远小"的原则确定权数，但完全依据历史数据而没有考虑到环境变化对预期数据的影响。为此，可以考虑应用指数平滑法。

（3）指数平滑法

指数平滑法是在加权平均法的基础上发展起来的一种时间序列预测法，它以加权因子（即平滑系数α）以及（1-平滑系数α）分别作为基期实际销售数和基期预计销售数的权数，计算出两者的加权平均数，以此作为预测期销售的预计数。其计算公式如下：

$$\hat{x}_{t+1} = \hat{x}_t + \alpha(x_t - \hat{x}_t)$$
$$= \alpha x_t + (1-\alpha)\hat{x}_t$$

式中，α为平滑系数，取值范围是 $0<\alpha<1$，确定销售的历史资料对预期销售的影响，作为经验数据，其取值范围通常在 0.3~0.7 之间；$\hat{x}_{t+1}$ 为 $t+1$（预测期）的预计销售量；$\hat{x}_t$ 为基期的预测值。

指数平滑法实际上也是加权平均法的一种。该方法预测值的大小取决于基期实际数值与基期预测值之差以及对差数所加权数（平滑系数）α的大小。在基期实际数值与基期预测值的差数中，一部分是由于事物本身的发展引起的，需要修正；另一部分则可能是由于偶然性因素引起的，一般不予纠正。α就是指由于事物本身的发展引起的差额占总差额的比重，如 α=0.6 说明基期实际数值与基期预测值的差数中有 60% 需要修正。在实际运用时，若 x_t 与 $\hat{x}_t$ 的偏离较大，则α取大一些，以相应提高近期实际数值对预测值的影响；反之，则适当缩小α的取值，以相应提高近期预计资料对销售量的影响。

例 10-3 仍沿用例 10-1 的资料，假定 1 月预计销售量为 440 件，假设平滑指数为 0.3，对该企业 2~7 月的销售量进行预测，各月的销售量预测值如表 10-2 所示。

表 10-2　1~6 月的销售量预测

月份	αx_{t-1}	$(1-\alpha)\hat{x}_{t-1}$	$\hat{x}_t$
1			440
2	0.3×425	(1-0.3)×440	436
3	0.3×430	(1-0.3)×436	434
4	0.3×440	(1-0.3)×434	436
5	0.3×430	(1-0.3)×436	434
6	0.3×460	(1-0.3)×434	442
7	0.3×455	(1-0.3)×442	446

注：中间过程四舍五入保留整数。

与加权平均法相比，指数平滑法有两个优点：一是它考虑了各因素变化对报告期销售量的影响，借助预测前一期的历史资料与预测数据，并根据其差额，用任意的平滑系数α都可以确定报告期的预测值，比较灵活简便；二是该方法不同程度地考虑了各期所有的历史数据。

2. 因果预测法

因果预测法通常是对影响销售的各个因素进行分析，确定影响销售的主要因素，找到产品销售（因变量）与相关因素（自变量），并据此确定主要因素及其与产品销售数之间的函数关系，建立数学模型，进行产品销售预测。

回归分析法是因果预测分析中最常用的方法。影响产品销售的因素十分复杂，若多个因素同时影响产品销售，建立的方程式为多元回归方程。但由于各因素对产品销售影响的程度各不相同（有主有次），在函数关系中包括所有的变量并不现实，因此假定影响预测对象的因素只有一个，根据其相关关系建立一元直线回归方程式，通过建立 $y = a + bx$ 预测产品销售量。

(1) 确定影响产品销售量的主要变量

当有两个以上影响因素时，须采用多元线性回归 $y = \alpha + \beta x_1 + \cdots + \varepsilon$，影响因素越多，建立的函数模型越复杂，预测结果可能因各因素之间交叉影响反而降低预测的精准度，因此计算过程并非越复杂越好。为了简化计算过程，应尽量选择重要因素，或者将多重因素合成为一个因素。

(2) 根据有关资料确定因变量销售量 y 与自变量 x 之间的数量关系并建立因果预测模型

假设只有一个自变量 x 的话，则可以根据回归分析原理建立一元方程式 $y = a + bx$。

(3) 函数关系确定以后，可根据未来有关自变量 x 的变动情况，预测销售量 y

将直线回归模型 $y = a + bx$ 应用于销售预测时，y 代表销售量，x 代表影响销售变动的主要因素（如个人可支配收入、相关产品的销售量、需求价格弹性和收入价格弹性等）。a 表示基本销售量，b 表示随影响销售的主要因素变动而变动的销售量。

其中，参数 a 和 b 的计算公式如下：

$$a = \frac{\sum y - b \sum x}{n}$$

$$b = \frac{n \sum xy - \sum x \sum y}{n \sum x^2 - (\sum x)^2}$$

例 10-4 YS 公司专门生产电冰箱的压缩机，而决定电冰箱压缩机销售量的主要因素是电冰箱的销售量。假设近 5 年全国电冰箱的生产量统计资料和 YS 公司电冰箱压缩机的实际销售量资料如表 10-3 所示。

表 10-3 YS 公司相关资料

年度	2014	2015	2016	2017	2018
压缩机销售量 y（万只）	20	25	30	36	40
电冰箱生产量 x（万台）	100	120	140	150	165

若计划年度（2019 年）预计全国电冰箱的生产量为 200 万台，利用因果预测法预测 2019 年 YS 公司电冰箱压缩机的销售量。

首先，计算整理数据资料如表 10-4 所示。

表 10-4 数据计算表

年度	电冰箱生产量 x（万台）	压缩机销售量 y（万只）	xy	x^2
2014	100	20	2 000	10 000
2015	120	25	3 000	14 400
2016	140	30	4 200	19 600
2017	150	36	5 400	22 500
2018	165	40	6 600	27 225
合计	675	151	21 200	93 725

其次，根据表 10-4 的计算结果，代入公式，分别确定参数 b 和 a 的值。

$$b = \frac{5 \times 21\,200 - 675 \times 151}{5 \times 93\,725 - 675 \times 675} \approx 0.313$$

$$a = \frac{151 - 0.313 \times 675}{5} \approx -12.06$$

最后，将 b 和 a 的值代入直线回归模型方程，预计 2019 年 YS 公司压缩机销售量 $y = a + bx = -12.06 + 0.313 \times 200 = 50.54$（万只）。

企业无论用哪种方法，定量分析法都不可能将所有的影响因素纳入一个函数数学模型中，因此，要将定性分析与定量分析相结合，同时尽量利用大数据发现市场趋势、客户偏好、隐藏模式及其他有用信息，将大数据分析纳入企业未来营销管理的范畴，从源头入手满足消费者的需求。

10.3 成本预测

10.3.1 成本预测的意义

成本预测是根据企业的经营目标，充分考虑预测期影响成本的各种因素，采用定性分析与定量分析相结合的方法，预测成本的变动趋势，预计成本的发生水平和目标成本的一项管理活动。成本预测是成本预算的基础和绩效考核的依据。财务会计侧重于历史数据的确认、计量和报告，管理会计则侧重于成本的预测、决策、预算控制和考核。成本预测可为企业正确进行生产经营决策和绩效考核提供重要的信息资料。

现代企业成本预测应服从企业的总体战略，各部门、各层级单位都应以经营目标为基准进行协调，以保证整个企业成本预测的协调一致。

10.3.2 成本预测步骤

成本预测的步骤一般包括以下三步。

1. 根据企业战略目标和经营目标，提出初选的目标成本

目标成本是为实现目标利润和与竞争对手相比有竞争优势所应达到的成本水平，也是企业未来一定期间成本管理应达到的目标。它的表现形式可以是"标准成本""计划成本""定额成本"。

2. 提出成本降低方案

企业在提出成本预测初始数据的基础上通过改进产品设计、改善经营管理和控制业务流程等方面入手，有利于提高产品品质及促进企业降低产品成本。

(1) 改进产品设计

生产产品消耗多少材料、人工、燃料动力等很大程度上取决于研发设计。产品设计不合理，或过度追求功能多元化，会造成不必要的浪费。最佳的产品设计应当以最低的成本支持最必要的功能。

(2) 重视业务流程再造

能否合理地组织和管理生产与产品成本高低密切相关，如企业内部生产组织设置合理、工艺方案的选择与工艺环节合理衔接、树立"产品消耗作业，作业消耗资源"的作业成本管理思想、杜绝或减少非增值作业等来提高资源的利用效率等，这些措施都能使企业内部业务流程更加优化。

(3) 加强重要管理费用项目的控制

管理费用涵盖的内容较多，而其中费用的研发支出，一旦发生，数额都比较大，所以对数额大的管理费用项目，不但要兼顾长短期利益相结合的原则，还应根据具体费用项目确定相应的控制措施。

3. 正式确定目标成本

在成本预测初始数据的基础上，进一步测算采取各项措施对成本降低的影响，结合已修订的目标成本，最终确定正式的成本预测数据。

10.3.3 成本预测方法

成本预测可以采集成本的历史数据，通过对规律的归纳，预测企业计划期内完成特定业务量发生的成本水平，包括总成本和单位产品成本。

成本预测中的加权平均法是指根据若干时期单位变动成本和固定成本总额的历史资料，遵循"近大远小"的原则确定权数，计算加权平均的单位变动成本和固定成本水平，利用建立的成本预测模型，预测报告计划期成本水平。其计算公式为：

$$y = a + bx = \frac{\sum a_i w_i}{\sum w_i} + \frac{\sum b_i w_i}{\sum w_i}x$$

加权平均法的权数包括自然权数和饱和权数。

例 10-5 某公司生产甲产品，2014~2018 年的固定成本与单位变动成本数据如表 10-5 所示。

表 10-5 （单位：元）

年度	固定成本 a	单位变动成本 b
2014	22 000	26
2015	21 000	25
2016	21 500	25
2017	25 000	23
2018	26 000	22

要求：用加权平均法预测 2019 年的成本，建立成本预测模型，并预测生产 10 000 件甲产品的总成本和单位成本（假定五期的权数分别为 0.03、0.07、0.15、0.25 和 0.5）。

解：因为

$\sum a_i w_i = 22\,000 \times 0.03 + 21\,000 \times 0.07 + 21\,500 \times 0.15 + 25\,000 \times 0.25 + 26\,000 \times 0.5$
$= 24\,605（元）$

$\sum b_i w_i = 26 \times 0.03 + 25 \times 0.07 + 25 \times 0.15 + 23 \times 0.25 + 22 \times 0.5 = 23.03（元）$

所以

$$\text{成本预测模型 } y = a + bx = 24\,605 + 23.03x$$

$$2019 \text{ 年甲产品总成本的预测值} = 24\,605 + 23.03 \times 10\,000 = 254\,905（元）$$

$$\text{甲产品单位成本的预测值} = \frac{254\,905}{10\,000} \approx 25.49（元）$$

加权平均法适用于企业成本按成本性态分类，且具有详细的固定成本与变动成本历史资料的情况。

10.4 利润预测

10.4.1 利润预测的意义

利润是企业在一定时期的经营成果，是经营活动中生产销售、成本控制和价格等因素的综合表现，它反映了企业经营目标的实现程度和管理水平的高低。

利润作为生产经营活动的结果，其预测准确与否对企业进行生产经营决策意义重大。利润可以分为营业利润、利润总额、息税前利润和净利润等，本章的利润预测是息税前利润。息税前利润公式如下：

$$息税前利润 = 净利润 + 所得税 + 利息费用$$

需要说明的是，由于利润表中并不单独提供"利息费用"数据，所以，在实际中可以用财务费用替代利息费用。

对目标利润进行预测，首先需要确定计划期间企业可望实现的利润水平，在此基础上进一步分析企业计划期间的实际生产能力、生产技术条件、市场环境等因素，将企业的目标利润确定下来。所以，企业应对影响利润的各因素（如销售价格、销售量、变动成本、固定成本总额等）进行合理预测，以确保利润的实现。

10.4.2 目标利润预测

1. 目标利润预测的一般程序

确定目标利润是一项涉及面广、难度较大的工作，主要有以下步骤。

(1) 确定利润率标准

凡是能够获取的利润率数据，只要能搜集到企业相关指标，都可以用以确定利润基数。一般常用的利润率标准有销售利润率、资金利润率和成本利润率等。企业通过进行调查研究，了解当前同行业利润率的水平或社会平均的利润率指标，从中选择最能反映本企业盈利水平的利润率作为目标利润率标准。为调动企业各方面积极性和主动性，利润率标准应符合实际。

(2) 计算目标利润基数

根据下列公式计算目标利润基数：

$$目标利润基数 = 预计销售收入 \times 销售利润率$$

或，
$$目标利润基数 = 预计资金平均占用额 \times 资金利润率$$

或，
$$目标利润基数 = 预计总成本 \times 成本利润率$$

从公式中可知，目标利润预测是以预计销售收入、资金平均占用额或总成本等指标的预测值为基础，利润率指标、销售收入、资金平均占用额或总产值的预测值准确与否，直接影响到目标利润的准确程度。

(3) 对目标利润基数进行修正

为了保证目标利润的实现，需将目标利润基数与基期的利润额进行比较分析，企业从单项因素和综合因素进行测算评价，从中选出最优方案。若最终方案偏离企业的实际水平，需修正目标利润基数。

(4) 正式确定目标利润并分解纳入预算体系

最终确定的目标利润反映的是企业未来可能实现的最佳利润水平。目标利润一经确定就应纳入预算体系，层层分解落实，以指导企业各方面的生产经营活动。

2. 企业目标利润预测举例

例 10-6 某企业产销甲产品，销售单价为 300 元/件，单位变动成本为 150 元/件，固定成本为 100 000 元，本年度实现销售 1 000 件，若保持当前各指标的水平，当前息税前利润为 50 000 元。企业不满足目前的利润水平，该企业决定采用竞争对手的销售利润率 20% 预测计划期本企业的目标利润。

现分析如下。

$$当前企业利润 = 1\,000 \times (300 - 150) - 100\,000 = 50\,000(元)$$
$$计划期目标利润基数 = 300 \times 1\,000 \times 20\% = 60\,000(元)$$

(1) 采取单项措施实现目标利润

由本量利分析的基本原理可知，增加利润可采取的措施包括增加产销量、提高销售单价、降低单位变动成本和减少固定成本等。假设采取单一措施来实现目标利润，计算分析如下。

1）目标利润的销售量为：

$$\frac{100\,000 + 60\,000}{300 - 150} \approx 1\,067(件)$$

增加销量 67 件，即销售量增长 6.7% 可以实现利润目标。

2）目标利润的单位变动成本为：

$$300 - \frac{100\,000 + 60\,000}{1\,000} = 140(元/件)$$

单位变动成本降低 10 元，单位变动成本降低率为 6.7%，可实现目标利润。

3）目标利润的固定成本为：

$$(300 - 150) \times 1\,000 - 60\,000 = 90\,000(元)$$

压缩固定成本开支 10 000 元，固定成本降低率为 10%，可实现目标利润。

4）目标利润的单价为：

$$150 + \frac{100\,000 + 60\,000}{1\,000} = 310(元)$$

提高销售单价 10 元，销售单价增长率 3.3%，可实现目标利润。

可见，企业采取上述任何一项单项措施均可保证目标利润的实现，但如果企业处于激烈的市场竞争环境或产业衰退阶段，上述措施很可能无法实现。企业可以考虑多渠道共同努力的综合措施。

(2) 采取综合措施实现目标利润

上述分析没有考虑各指标之间的相互制约关系，而是假定某一因素单独变化，其他因素不变。在实际工作中，单价提高往往带来销售量的下降，固定成本总额的下降往往是以提高单位变动成本为代价的。采取单项措施往往不易保障目标利润的实现，需要多管齐下，考虑多种因素确保目标利润的实现。如果多种因素共同作用（设此为"最优"的方案）还不能达到目标利润基数的要求，说明目标利润基数定得过高，需要修改目标利润基数。

10.5　资金需求量预测

资金需求量预测是指在销售预测、成本预测和利润预测的基础上根据企业未来生产经营规模和资金利用效果，运用一定的方法，预计和推测企业未来一定时期内资金的需求量（或追加量）。由于企业所有的活动都需要资金支持，所以影响资金预测的要素十分复杂，一般情况下，影响资金需求量最基本的因素是预测期的预计销售水平。因此，良好的销售预测是资金需求量预测的基础。

预测资金需求量常用的方法有销售百分比法和资金习性预测法。

10.5.1　销售百分比法

销售百分比法，就是根据基期资产、负债各个项目与销售收入之间的依存关系，确定其比率并假定其在未来时期保持不变，根据计划期销售增长额预测资金追加量。销售百分比法的基本原理是会计恒等式，该方法是资金预测最常用的方法。

采用销售百分比法预测资金需求量的程序如下所示。

1. 分析基期资产负债表各个项目与销售收入总额之间的依存关系，计算资产销售百分比和负债销售百分比

（1）资产类项目

企业实现销售收入会引起货币资金、应收账款及存货等流动资产项目的变化，此类项目的金额会随销售额的增长按比例增加。固定资产是否需要增加，则视基期的固定资产生产能力是否饱和确定：如果基期固定资产的利用已达饱和状态，再增加销售超出现有生产能力，就需要添置设备；如果固定资产尚未充分利用，则可利用剩余生产能力产销更多的产品，而长期投资和无形资产等非流动资产与销售收入之间不存在稳定的变量关系，此类项目一般不随销售额的增长而增加。

（2）负债类项目

企业增加收入需要购买更多的材料，如果赊购材料引起应付账款、应付票据等流动负债项目的增加，应交税金和其他应付款等流动负债项目通常也会因销售的增长而增加。至于长期负债和股东权益等项目，则一般不随销售的增长而增加。

对资产负债表中随销售额增长而增加的各个项目，确定其占销售额的百分比，并假定其保持不变，根据增加的收入分别确定增加的资产和增加的负债。

$$增加的资产 = 增加的销售收入 \times \frac{A}{S_0}$$

$$增加的负债 = 增加的销售收入 \times \frac{L}{S_0}$$

2. 分析计算留存收益对外部融资需求的影响

只要公司有盈利并且不打算全部支付股利，留存收益就会使股东权益自然增长，留存收益可以部分满足企业的融资需求。需要说明的是，如果企业有金融资产，在需要追加资金时应优先出售金融资产。

$$增加的股东权益 = 预计销售收入 \times 预计销售净利润率 \times 留存收益率$$

3. 利用会计恒等式，根据下列公式计算计划期间预计对外追加的资金数额（利用留存收益后需要追加的资金）

$$\Delta F = \left(\frac{A}{S_0} - \frac{L}{S_0}\right) \times (S_1 - S_0) - S_1 R_0 (1 - d_1)$$

式中，ΔF 为计划期间预计对外追加的资金数额；S_0 为基期的销售收入总额；S_1 为计划期的销售收入总额；A 为资产负债表中随销售额变动的资产项目基期金额；L 为资产负债表中随销售额变动的负债项目基期金额；$\left(\frac{A}{S_0} - \frac{L}{S_0}\right)$ 为资本销售百分比与负债销售百分比的差；R_0 为预计销售利润率；d_1 为计划期的股利发放率。

例 10-7 假设某公司在 2019 年度销售收入的实际数额为 500 000 元，获得税后净利 40 000 元，并发放了股利 10 000 元。经分析，该企业基年生产能力已达饱和状态。该公司 2019 年度期末的简略资产负债表，如表 10-6 所示。

表 10-6　资产负债表
2019 年 12 月 31 日　　　　　　　　　　　　　　　　　　　　　　　　（单位：元）

资产		负债及所有者权益	
1. 现金	10 000	1. 应付账款	50 000
2. 应收账款	85 000	2. 应交税金	25 000
3. 存货	100 000	3. 长期负债	115 000
4. 厂房设备（净额）	150 000	4. 普通股股本	200 000
5. 无形资产	55 000	5. 留存收益	10 000
资产总计	400 000	权益总计	400 000

假设该公司在计划期间（2020 年）销售收入总额预计达到 1 000 000 元，仍然保持 2019 年的销售净利润和股利支付率水平，并仍按基期股利发放率支付股利。要求预测 2020 年需要追加资金的数量。

首先，根据 2019 年期末资产负债表各项目的性质，分析其与当年销售收入总额的依存关系。公司的厂房设备利用率已达饱和状态。该公司每 1 元销售额占用现金 0.02 元，占用应收账款 0.17 元，占用存货 0.2 元，占用固定资产 0.3 元，形成应付账款 0.1 元，形成应交税金 0.05 元。2019 年 12 月 31 日资产负债表中随销售收入变动的项目销售百分比，如表 10-7 所示。

表 10-7　2019 年资产负债表销售百分比　　　　　　　　　　　　　　　（单位：元）

资产项目	金额（A）	销售百分比（A/S_0，S_0 =50 万元）	负债及所有者权益项目	金额（L）	销售百分比（L/S_0，S_0 =50 万元）
1. 现金	10 000	2%	1. 应付账款	50 000	10%
2. 应收账款	85 000	17%	2. 应交税金	25 000	5%
3. 存货	100 000	20%	3. 长期负债	115 000	—
4. 厂房设备（净额）	150 000	30%	4. 普通股股本	200 000	—
5. 无形资产	55 000	—	5. 留存收益	10 000	—
$\sum A/S_0$		69%	$\sum L/S_0$		15%

由表 10-7 中合计值可知：$\dfrac{\sum A}{S_0} - \dfrac{\sum L}{S_0} = 69\% - 15\% = 54\%$，即该公司每增加 1 元的销售额需追加外部资金 0.54 元。

2020 年增加的资金需求量计算如下：

$$1\,000\,000 - 500\,000 = 500\,000(元)$$
$$500\,000 \times (69\% - 15\%) = 270\,000(元)$$
$$S_1 R_1 (1 - d_1) = 1\,000\,000 \times 8\% \times (1 - 25\%) = 60\,000(元)$$
$$2020 年预计需追加的外部资金数额 = 54\% \times 500\,000 - 60\,000 = 210\,000(元)$$

销售百分比法在预测资金需求量的过程中，假定有关资产、负债项目同销售收入成比例增长，上述要素不一定与销售收入存在稳定关系，且数据不一定保持不变。所以，该方法较适用于近期追加资金量的预测。如要做较长期的资金预测，需将各年销售量作为原因变量，资金需求量作为结果变量进行回归分析，以提高预测的准确度。

10.5.2　资金习性预测法

资金习性预测法是根据资金需求量与产销量之间的内在联系，利用一系列历史资料求得二者之间存在的函数关系，建立数学模型，预测未来资金需求量的方法。

所谓资金习性，是指资金的变动同产销量变动之间的依存关系。按照资金同产销量之间的依存关系，可以把资金区分为不变资金、可变资金和半变动资金。

不变资金是指在一定的产销量范围内，不受产销量变动的影响而保持固定不变的那部分资金，具体包括维持正常经营而占用的最低数额的现金，现有信用条件下的应收账款，原材料的保险储备，必要的成品储备，以及厂房、机器设备等固定资产占用的资金。

可变资金是指随产销量的变动而成同比例变动的那部分资金，如直接构成产品实体的原材料、外购件等占用的资金。另外，最低储备以外的现金、存货、应收账款等也具有可变资金的性质。

半变动资金是指虽然受产销量变化的影响，但不成正比例变动的资金。半变动资金可采用高低点分析法、直线回归分析法等将其划分为不变资金和变动资金两部分。

在预测资金需求量时，将销售量作为自变量，以资金需求量作为因变量。假定资金需求量与销售量之间存在线性关系，则可用直线回归方程确定参数，进行资金需求量预测。预测模型方程为：

$$y = a + bx$$

式中，y 为资金需求量，a 为不变资金（即不随销售量变化而变动的部分），b 为单位销售量所需的可变动资金，x 为销售量。

根据历年 y 与 x 的数值，将它们代入方程式求解参数 a、b 值，建立 $y = a + bx$ 模型，进而预测出计划期的资金需求量。

参数 a、b 值的计算公式为：

$$a = \frac{\sum y - b \sum x}{n}$$

$$b = \frac{n \sum xy - \sum x \sum y}{n \sum x^2 - \sum x \sum x}$$

例 10-8　某企业近五年产销量和资金需求量如表 10-8 所示。

表　10-8

年度	2014	2015	2016	2017	2018
产销量（万件）（x）	40	43	42	44	48
资金需求量（万元）（y）	25	27	26	28	29

若该企业计划年度（2019 年）预计产销量为 52 万件，预计产销 52 万件的资金需用量并预测该企业 2019 年度需追加多少资金。

根据表 10-8 的资料计算整理数据如表 10-9 所示。

表 10-9　数据计算表

年度	产销量 x（万件）	资金需求总额 y（万元）	xy	x^2
2014	40	25	1 000	1 600
2015	43	27	1 161	1 849
2016	42	26	1 092	1 764
2017	44	28	1 232	1 936
2018	48	29	1 392	2 304
$n = 5$	$\sum x = 217$	$\sum y = 135$	$\sum xy = 5\ 877$	$\sum x^2 = 9\ 453$

将表 10-9 最后一行的数据代入参数 b、a 值的计算公式，分别确定 b 和 a 的值。

$$b = \frac{5 \times 5\,877 - 217 \times 135}{5 \times 9\,453 - 217 \times 217} \approx 0.511$$

$$a = \frac{135 - 0.511 \times 217}{5} \approx 4.823$$

将 b 与 a 的值代入资金需求量 y 的公式：

预计 2019 年资金需求量 $y = a + bx = 4.823 + 0.511 \times 52 = 31.395$（万元）。

预计 2019 年需追加资金数额为 $31.395 - 29 = 2.395$（万元）。

进行资金习性分析，把资金区分为不变资金、可变资金和半变动资金，从数量上掌握了资金量同产销量之间的规律性，对正确预测资金需求量有很大帮助。

此外，企业也可以利用全面预算的编制预测资金需求量。

本章小结

预测是决策的前提，要做出正确的决策必须科学地进行预测。预测分析是企业经营管理的重要组成部分。企业短期预测主要是针对年度内销售、成本、利润和资金需求量等进行的，通过短期预测将企业的目标销售量、目标成本、目标利润和预计资金需求量等确定下来，达到实现全面目标管理的目的。

企业的预测工作不是一蹴而就的，需要遵循预测分析的程序。

预测分析的方法一般分为定量预测法和定性预测法两大类。定量预测法是根据过去的统计资料，运用数学方法建立可以体现变量之间数量关系的模型，并利用这一模型测算预测对象在未来可能体现的数量。定量预测法具体又可分为趋势预测法（时间序列分析法）和因果关系分析法。定性预测法主要是借助有关专业人员的知识技能、实践经验和综合分析能力，在调查研究的基础上，对某一事物未来的发展趋势做出判断或推测。企业往往是将定性分析与定量分析相结合对预测对象进行分析。

思考题

1. 企业进行预测分析的意义何在？
2. 企业预测分析的方法有哪些？结合实例说明如何进行销售预测、成本预测、目标利润预测和资金需求量预测。

练习题

1. **资料**：某公司 2019 年上半年各个月份的实际销售额如表 10-10 所示。

表 10-10

月份	1月	2月	3月	4月	5月	6月
实际销售额（元）	24 000	23 600	28 000	25 400	26 000	27 000

假设该公司预测 6 月的销售额为 27 800 元。

要求：

（1）根据最后 3 个月的实际资料，用加权平均法预测 7 月的销售额（设 4~6 月的销售额权数分别为 0.2、0.3、0.5）。

（2）根据 6 月的实际资料，用指数平滑法预测 7 月的销售额（平滑系数采用 0.4）。

2. **资料**：ABC 公司 2019 年实现销售收入 4 000 万元，实现净利润 200 万元，其中发放现金股利 60 万元。该公司 2019 年的固定资产已被充分利用。2019 年期末的各有关财务数据如表 10-11 所示。

表 10-11

项目	金额（万元）	占销售收入百分比（%）
流动资产	1 400	35
长期资产	2 600	65
资产合计	4 000	—
短期借款	600	无稳定关系
应付账款	400	10
长期负债	1 000	无稳定关系
实收资本	1 200	无稳定关系
留存收益	800	无稳定关系
负债及所有者权益总和	4 000	—

要求：

（1）假设该公司 2020 年的销售净利润率、股利支付率仍保持 2019 年的水平，预计 2020 年销售收入 5 000 万元，请计算 2020 年需要追加多少资金。

（2）假设 2020 年该公司欲加强成本控制，销售净利润率预计达到 8%，为扩大经营规模，拟取消现金分红，预计 2020 年销售收入 5 000 万元，请计算 2020 年需要追加多少资金。

第 11 章

短期经营决策

学习目标

1. 了解决策的含义、决策的分类和决策分析程序。
2. 掌握短期经营决策应考虑的相关成本概念及其应用。
3. 掌握短期经营决策分析方法的应用。
4. 理解产品定价决策的意义及各种定价方法的特点。

重点与难点

1. 差量分析法、贡献毛益分析法和本量利分析法（成本分界点法）的应用。
2. 短期决策的主要内容，如新产品开发的决策、亏损产品的决策等。
3. 相关成本在决策方法中的应用。
4. 成本加成定价法和边际成本定价法的应用。

11.1 决策分析概述

11.1.1 决策分析的含义

决策是人们在充分考虑各种可能的前提下，基于对客观规律的认识，对未来实践的方向、目标、原则和方法做出决定的过程。管理会计中的决策分析是指对企业未来经营活动所面临的问题，由各级管理人员做出的有关未来经营战略、方针、目标措施和方法的决策过程。它是经营管理的核心内容，是关系到企业未来发展兴衰成败的关键所在。

在市场经济条件下，企业必须根据市场需求来决定应该如何组织生产、生产什么以及生产多少、价格怎样确定等经营方向与方针。企业应时刻注视市场动态，根据需求变化正确地进行决策，合理安排人财物资源的投放与利用，按市场经济规律办事。经营决策的正确与否往往直接在企业效益上得到体现，甚至会影响到企业未来的长期发展，因此，企业经营管理者面临的不是是否应该进行决策的问题，而是如何进行科学决策的问题。企业决策分析贯穿于生产经营活动的始终，包括长期战略与方针的决策、技术发展与投资决策、资源开发与利用决策、日常经营决策等。本章主要阐述日常经营决策。

11.1.2 决策分析的分类

决策分析贯穿于生产经营活动的始终，涉及的内容较多，按照不同的标志可将其分为若干不同的种类。

1. 按决策规划时期的长短分类

按决策规划时期的长短可将决策分为短期决策与长期决策。

（1）短期决策

这类决策一般是指在一个经营年度或经营周期内能够实现其目标的决策，主要包括生产决策、成本决策和定价决策等内容。它的主要特点是充分利用现有资源进行某一方面的决策，一般不涉及大量资金的投入，且见效快，因此短期决策又称短期经营决策。

（2）长期决策

这类决策是指在较长时间内（超过一年）才能实现的决策。它的主要特点是对若干期的收支产生影响，一般需投入大量资金，且见效慢，因此长期决策又称长期投资决策或资本性支出决策。

2. 按决策条件的肯定程度分类

决策按其肯定程度可分为确定型决策、风险型决策和不确定型决策。

（1）确定型决策

这类决策所涉及的各种备选方案的各项条件都是已知的，且一个方案只有一个确定的结果。这类问题比较容易，只要进行比较分析即可确定。

（2）风险型决策

这类决策所涉及的各种备选方案的各项条件虽然也是已知的，但表现出若干变动的趋势，每一方案的执行都会出现两种或两种以上的不同结果，可以依据有关数据通过预测来确定其客观概率。这类决策由于结果的不唯一性，使决策存在一定的风险。

（3）不确定型决策

与风险型决策不同，这类决策所涉及的各种备选方案的各项条件只能以决策者的经验判断确定主观概率作为决策依据。做出这类决策难度较大，需要决策人员具有较高的理论知识水平和丰富的实践经验。

11.1.3 决策分析程序

决策分析一般包括以下几个步骤。

1. 提出目标

提出目标就是要明确每项决策要解决的问题是什么，即为什么要进行该项决策，如生产设备如何利用、工艺方案怎样改革、产品最优售价如何确定等。提出明确的决策目标，是进行决策的前提。

2. 收集资料

目标确定以后，必须收集与这个目标有关的各种因素及其相关资料，了解它们的历史和现状，并进行必要的加工和整理，以作为决策的依据。收集的资料应力求真实、全面、系统、可靠和具体，这样就有可能提出较多的方案，选择的范围也就较广，分析的结论就越趋于正确。

3. 拟订方案

拟订方案是根据已加工整理好的数据资料，提出实现目标的各种可供选择的方案。拟订方案是实现决策目标的途径和手段，它是一个设想、分析、筛选的过程。备选方案的多少和质量的好坏直接影响决策效果。备选方案过少，则选择的余地太小；备选方案过多，则使选择无所适从。

4. 评价方案

评价方案应以决策目标为出发点，运用科学的决策分析方法，计算各个备选方案的效果。在评价备选方案的过程中，既要采用定量分析的方法，也要结合定性分析；既要考虑可计量因素，也要考虑不可计量因素。论证应充分、可靠，考虑问题不要以偏概全。

5. 做出决策

这一步骤是在评价方案的基础上，根据具体决策方法中的主要评判指标作出判断，从全部方案中选择出一个"最优"（最满意）的方案。在择优过程中，可能发现备选方案各有利弊，难以做出最终选择，这时也可取长补短提出新方案，再进行评价、决策。做出决策这一步骤的关键在于确定评判标准。对于不同类型的决策，采用的决策方法不同，作为评判标准的主要指标也就不一样，应根据决策类型、决策对象的不同采用相应的决策方法，科学地确定评判标准。

6. 实施决策方案

根据选中的决策方案，制订具体的实施措施和计划，提出有效可行的实施方法，具体落实和执行决策方案，并适时控制执行情况，使决策达到预期效果。

7. 检查与反馈

决策方案实施后，由于客观条件的变化，执行结果不一定能达到预定的目标。因此，要对决策方案的实施情况进行检查，并根据执行过程中的信息反馈，作为制订下期预测、决策方案的重要参考依据。

现代社会生产及商品经济所具备的精微性、宏大性、高速性与瞬变性等特点，使得任何一个决策者都不可能独立完成收集、分析、整理、归纳浩繁的动态信息的工作，并据此进行判断并做出科学的决策。这就要求企业决策必须由个人决策向集体决策过度，集思广益，征求智囊团和专家决策群体的意见，提高决策分析的效率。

11.1.4 决策分析常用的方法

1. 差量分析法

差量分析法是根据两个备选方案的差量收入与差量成本的比较来确定最优方案的方法。这里的差量收入是指两个备选方案的预期收入的差异数，同样，差量成本是指两个备选方案的预期成本的差异数。差量收入大于差量成本为优。应该注意的是，在计算差量收入与差量成本时，方案的先后排列顺序必须一致。

2. 贡献毛益分析法

贡献毛益分析法是通过对比备选方案的贡献毛益总额的大小来确定最优方案的方法。由于在生产决策中一般不改变生产能力，固定成本总额通常保持不变，故只需以各方案所提供的贡献毛益总额的大小，或单位资源（人工工时、机器工时、定额工时等）所创造贡献的大小，作为选优的标准。单位资源贡献毛益是单位贡献毛益与单位产品资源消耗定额的比值。需要指出，在决策分析中，必须要求备选方案所提供的贡献毛益总额越大越好，或者单位资源贡献毛益越大越好，而不能以提供的单位产品贡献毛益的大小作为判断方案优劣的标准。

3. 本量利分析法

本量利分析法是指在生产决策过程中，根据各个备选方案的成本、业务量与利润三者之间的依存关系来确定哪个方案最优的方法。该法的关键在于确定成本分界点（成本平衡点）。成本分界点是两个备选方案预期成本相等情况下的业务量。确定了成本分界点，就可以说明在业务量范围内哪个方案最优。

11.2 决策分析的相关成本

决策分析的根本目的是在各个备选方案中选出最佳方案。判别一个方案优劣的经济标准主要有两个，即成本（费用）和经济效益（利润），前者又从根本上制约着后者。因此，有必要明确与决策相关的一些成本概念。除前面章节已介绍的变动成本与固定成本外，还包括差量成本、边际成本、机会成本、付现成本、沉没成本、专属成本与共同成本、可避免成本与不可避免成本以及相关成本与无关成本等。现简要介绍如下。

11.2.1 差量成本

差量成本是指两个备选方案的预期成本之间的差异数。不同方案的经济效益，一般可通过差量成本的计算反映出来。因此，计算不同方案的差量成本有助于我们进行决策分析，确定最优方案。例如甲零件若自制，预期的单位成本为 12 元；若向市场采购，其预期的单位购价为 10 元，因为它们有差量成本 2 元，所以外购方案较自制方案优越。

11.2.2 边际成本

边际成本通常是指产品成本对于产品产量无限小变化的变动部分，从数学角度看，它应该是总成本函数的导数。但在实际工作中，产品产量小的变化只能小到一个单位，因此，边际成本在实际应用时又可理解为在生产能量的相关范围内，每增加或减少一个单位的产量所引起的成本变动。很显然，在此意义上，边际成本则具体表现为变动成本的概念。但若超出相关范围，边际成本就和变动成本不一致了。

11.2.3 机会成本

机会成本是指在决策过程中由于选取最优方案而放弃次优方案所丧失的潜在利益，其潜在收益即是选择目前接受方案所付出的代价。

在决策分析中，必须考虑机会成本，其主要原因是由于一种资源（土地、资金、人力、技术等）有多种用途或使用的机会，但往往用之于甲就不能用之于乙，有所得必有所失。为保证资源的最优利用，则要求把放弃方案的收益作为所选方案的"成本"来考虑，以便使决策分析更为全面、客观。如某企业所需的一种部件，既可自制，又可外购。直接用于自制的总成本为 1 000 元，直接用于外购的总成本为 1 200 元，若不考虑其他因素，则显然应该采用自制方案。如果不自制，其所占厂房、设备可用于生产其他产品而获利 400 元，则此 400 元即为"自制"方案的机会成本，如将该机会成本考虑进去，"自制"方案的总成本就成为 1 400 元，而外购成本仍为 1 200 元，显然以外购为宜。

机会成本不是一种实际支出或费用，也无须计入账册，它是被放弃方案的潜在收益。在决策时考虑机会成本，能使有限的资源得到最充分的利用。

11.2.4 付现成本

付现成本是指那些由于某项决策而引起的需要在未来动用现金支付的成本。企业在短期经营决策中，如碰到本身的货币资金比较拮据，面向市场筹措资金又比较困难时，则管理当局对"付现成本"的考虑，往往会比"总成本"的考虑更为重视，并会选择"付现成本"最小的方案来代替"总成本"最低的方案。

例如，某一小型企业有一台主要生产设备因故损坏，造成停工，必须立即修复，否则将造成每天 10 000 元的停工损失。现有两家修理商前来商谈，其一要价 30 000 元，要求一次付清；其二要价 45 000 元，可分 3 个月付清，即每月支付 15 000 元。假定企业当时资金拮据，仅有现金 18 000 元且筹资困难，则只有放弃总成本低的方案而选择付现成本低、总成本高的方案。

11.2.5 沉没成本

沉没成本是指过去已经发生而无法由现在或将来的任何决策所能改变的成本。例如，以前购置的固定资产账面价值就是沉没成本。沉没成本既可能是固定成本，也可能是变动成本。由于沉没成本是过去决策的结果，与现在或未来的决策无关，因此，在决策分析中一般不予考虑。

11.2.6 专属成本与共同成本

专属成本是指可以明确归属于某种、某批产品或某个部门的固定成本，例如专门生产某种零件或某批产品的专用机床的折旧费、保险费等。

共同成本是指那些需由几种、几批产品或有关部门共同分担的固定成本，例如企业的管理人员工资、车间的照明费用、应由各联产品共同负担的联合成本等。

变动成本绝大多数是专属的，没有必要按这种分类划分。

11.2.7 可避免成本与不可避免成本

可避免成本是指与某种备选方案直接关联的成本，它是否发生，直接取决于与之相关联的备选方案是否被选中，即若备选方案被选中，与该方案相关联的成本就会发生；若备选方案未被选中，与该方案相关联的成本就不会发生，它通常被理解为决策者的决策行为可以决定其是否发生多少数额的成本。如自制某种零件需要支付的直接材料、直接人工的成本，当该方案决定舍弃不用，改为向市场购买时，那么上述的直接材料和直接人工的成本就不会发生，因而属于可避免成本。

不可避免成本是指不与某种备选方案直接关联，决策者的决策行为不能改变其数额的成本，即决策者不论选择何种方案，该部分成本照常发生，决策者的决策行为既不能决定其是否发生，也不能决定其数额大小。如某设备既可用于生产 A 产品，也可用于生产 B 产品，该设备在直线法下的折旧费即属于不可避免成本，因为无论选择 A 产品还是选择 B 产品，该机器的折旧费照常发生而且数额不变。

11.2.8 相关成本与无关成本

以上所述的各成本概念可以分为两大类。一类是与决策有关，在进行决策分析时，必须要认真考虑的各种形式的未来成本，这类成本为相关成本，如差量成本、边际成本、机会成本、付现成本、专属成本以及可避免成本，都属于相关成本。另一类则是指过去已经发生或虽未发生但不影响未来决策，因而在决策分析时无须加以考虑的成本，称为无关成本，如沉没成本、共同成本、不可避免成本。

11.3 生产经营决策

生产经营决策是指在经营总体目标的制约下，依据现有实际生产能力和其他资源条件，为实现合理利用现有资源，提高企业经济效益，而对产品品种、产品数量、批量、使用设备、工艺流程、特殊订货、产品加工程度、零部件取得方式、亏损产品处理等生产领域中出现的各种待解决问题的决策。生产经营决策的内容很多，涉及生产领域的各个方面，不同的决策对象宜采用不同的方法进行。

11.3.1 开发新产品的决策

企业所生产的产品能否及时满足市场需要，是决定其盛衰成败的关键。企业必须不断研制开发适销对路的新产品，及时改造或淘汰不能适应市场需要的老产品。因此，认真做好开发新产品的决策具有十分重要的意义。对这类决策一般采用贡献毛益分析法。

例 11-1 某企业现有设备生产能力是 30 000 个机器小时，其利用率为 80%，现准备利用剩余生产能力开发新产品 A、B 或 C，三种产品的资料如表 11-1 所示，假设三种产品市场销售不受限制。

表 11-1 三种产品的有关资料

项目	A 产品	B 产品	C 产品
单位产品定额工时（小时）	2	3	5
单位销售价格（元）	15	25	35
单位变动成本（元）	5	13	20

要求：

（1）采用贡献毛益分析法做出开发新产品的决策。

（2）假设在开发 A 产品时，需增加一台专用设备，相应追加专属成本 8 000 元，B、C 产品不需要增加设备，开发哪一种新产品有利？

解：

（1）该企业剩余生产能力 = 30 000 × (1 − 80%) = 6 000（小时），根据已知资料，可以计算 A、B、C 三种产品的贡献毛益总额及单位资源贡献毛益，据以进行决策。其具体分析如表 11-2 所示。

表 11-2 开发新产品的决策

项目	A 产品	B 产品	C 产品
最大产量（件）	6 000/2 = 3 000	6 000/3 = 2 000	6 000/5 = 1 200
单位销售价格（元）	15	25	35
单位变动成本（元）	5	13	20
单位贡献毛益（元）	10	12	15
贡献毛益总额（元）	30 000	24 000	18 000
单位产品定额工时（小时）	2	3	5
单位工时贡献毛益（元）	5	4	3

从表 11-2 可以看出，从贡献毛益总额上看，A 产品提供的贡献毛益总额大于 B、C 产品各自提供的贡献毛益总额，所以，开发 A 产品最有利。从单位资源贡献毛益来看，A 产品提供的单位工时贡献毛益同样大于 B、C 产品各自提供的单位工时贡献毛益，同样得出开发 A 产品最有利的决策。需要说明的是，用单位资源贡献毛益为依据进行决策，主要是考虑还要受到产品生产能力的约束，如本例 B、C 产品的单位贡献毛益比 A 产品多，但单位产品所耗工时也比 A 产品多，所以不能仅看单位产品贡献毛益的大小，必须要考虑生产能力这一约束条件。

（2）计算 A 产品的剩余贡献毛益总额：30 000 − 8 000 = 22 000 元，而 B、C 产品各自提供的贡献毛益总额不变，此时生产 B 产品的贡献毛益总额 24 000 元最大，则开发 B 产品有利。

例 11-2　某企业原来生产 A 产品，现拟利用现有的生产能力生产新产品 B 或新产品 C。其有关资料如表 11-3 所示。

表 11-3　三种产品的有关资料

项目	A 产品	B 产品	C 产品
预计销售量（只）	200	500	200
单位销售价格（元）	10	8	15
单位变动成本（元）	5	6.10	10.45
共同固定成本（元）	15 000		

设该企业投产 B 产品，老产品减产 60%，如果投产 C 产品，老产品减产 40%。要求做出开发新产品的决策。

解：由于固定成本 15 000 元不管是否生产新产品都要发生，故为无关成本，在决策时不予考虑。决策时，可以先计算投产新产品 B 或投产新产品 C 这两个方案的贡献毛益总额，然后分别减去因投产新产品而造成的 A 产品的减产损失。其具体分析如表 11-4 所示。

表 11-4　开发新产品的决策分析　　　　　　　　　　（单位：元）

	新产品 B	新产品 C
销售收入	500 × 8 = 4 000	200 × 15 = 3 000
变动成本	500 × 6.10 = 3 050	200 × 10.45 = 2 090
贡献毛益总额	950	910
A 产品减产损失	200 × (10 − 5) × 60% = 600	200 × (10 − 5) × 40% = 400
增加剩余贡献毛益	350	510

从表 11-4 得知，投产 B 产品的贡献毛益（950）比 C 产品（910）多，但投产 B 产品所造成的 A 产品减产损失（600）比投产 C 产品的减产损失（400）多，最终使得投产 C 产品能提供的剩余贡献毛益大于 B 产品 160(= 510 − 350) 元，所以投产 C 产品为宜。

11.3.2　追加订货的决策

当企业生产任务不足，若用户欲以较低价格追加订货若干，此时决策应考虑哪些因素？若追加订货价格低到没有利润甚至利润为负的情况时，是否一定拒绝？这些问题在企业日常生产经营中经常遇到，应针对不同情况区别分析。

1）追加订货不冲击本期计划任务（正常销售）的完成，不需要追加专属成本，剩余能力无法转移。在这种情况下，只要特殊订货单价大于单位变动成本，就可以接受该追加订货。企业可利用其剩余生产能力完成追加订货的生产。

例 11-3　某产品计划生产 20 000 件，单位售价 40 元，单位成本 34 元（其中单位变动成本

30元)。现某客户愿以单位售价32元订购2 000件。该公司尚有一定的生产能力,恰好能够满足追加订货的要求,且该生产能力无法转移。请做出是否接受这批追加订货的决策。

解:这里只要比较特殊订货单价与该产品的单位变动成本即可,特殊订货单价32元大于该产品的单位变动成本30元,接受这批追加订货能为企业增加贡献毛益4 000(=2 000×2)元。无论是否接受该项订货,企业的固定成本不会发生变动,增加的贡献毛益即为增加的利润。

本例也可以采用差量分析法,具体分析如表11-5所示。

表11-5 确定是否接受追加订货的分析 (单位:元)

项目	追加订货(1)	拒绝订货(2)	差量(1)-(2)
一、差量收入			+64 000
1. 追加订货的收入	2 000×32=64 000		
2. 拒绝订货的收入		0	
二、差量成本			+60 000
1. 追加订货的成本	2 000×30=60 000		
2. 拒绝订货的成本		0	
三、差量收益			+4 000

由表11-5可知,由于追加订货使公司增加4 000元的贡献毛益,故可以接受这批追加订货。

2) 追加订货需要追加专属成本,在这种情况下,只要接受订货增加的贡献毛益大于追加的专属成本即可接收。

例11-4 如果例11-3中生产追加订货的2 000件产品要发生5 500元的固定费用,问是否可以接受这批追加订货?

由于这5 500元的固定费用是因追加订货而发生的,故为专属固定成本,应视为相关成本予以考虑。由于发生的此项专属固定成本5 500元大于追加订货后增加的贡献毛益4 000元,即4 000−5 500=−1 500元,故不能接受这批追加订货。

本例也可以按照下式进行决策,如果满足以下条件,就可接受订货,反之,则拒绝。
即

$$特殊定价 > 单位变动成本 + \frac{专属成本}{追加订货量}$$

而本例中 $32 < \left(30 + \frac{5\,500}{2\,000}\right) = 32.75$,所以应拒绝订货。

3) 追加订货冲击正常任务,在这种情况下,应将减少计划产量(正常销售)所损失的贡献毛益作为追加订货方案的机会成本。当追加订货的贡献毛益足以补偿这部分机会成本时,则可以接受订货。

例11-5 假设例11-3中客户要求订货2 200件产品,原有剩余生产能力不能满足客户要求,问是否可以接受这批追加订货?

解:如接受订货,需要减产正常生产能力200件,由此减少正常销售所损失的贡献毛益为200×(40−30)=2 000元,这样,追加订货提供的贡献毛益为2 200×(32−30)=4 400元,大于正常销售所损失的贡献毛益2 000元,接受订货能为企业增加利润2 400元,应接受这批追加订货。

4）剩余生产能力可以转移，在这种情况下，应将生产能力转移所产生的收益作为追加订货方案的机会成本。

例 11-6 如果例 11-3 中该公司剩余生产能力可以转移，设备可以对外出租，可获租金收入 3 000 元，问是否可以接受这批追加订货？

解： 显然接受订货增加的 4 000 元贡献毛益大于对外出租的租金收入 3 000 元，所以接受这批追加订货有利。

11.3.3 亏损产品的决策

企业生产多产品的情况下，会出现某种产品利润为负数的情况。对该亏损产品是否停产，也是企业经常遇到的问题。这里涉及一个非常重要的概念，即该产品是虚亏损产品还是实亏损产品。虚亏损产品单位贡献毛益为正数，实亏损产品单位贡献毛益为负数。对于虚亏损产品应该继续生产，对于实亏损产品一般情况应坚决停产。对这类问题的决策，一般采用贡献毛益分析法。区别不同情况分析如下。

1. 剩余生产能力无法转移时，亏损产品是否停产的决策

该情况是指当亏损产品停产后，闲置下来的生产能力不能转产，又不能将其设备对外出租。此时，只要亏损产品提供的贡献毛益大于零，就不应当停产。这是因为，继续生产能够提供的贡献毛益，至少可以为企业补偿一部分固定成本，如果停止生产，应由该产品负担的固定成本仍然发生，就要转由其他产品负担，最终导致整个企业减少相当于该亏损产品提供的贡献毛益那么多的利润。

例 11-7 某企业生产 A、B、C 三种产品，有关资料如表 11-6 所示。

表 11-6 三种产品的资料 （单位：元）

项目	A 产品	B 产品	C 产品	合计
销售收入	180 000	210 000	225 000	615 000
变动成本	90 000	120 000	172 500	382 500
贡献毛益	90 000	90 000	52 500	232 500
固定成本	45 000	52 500	60 000	157 500
营业净利	45 000	37 500	-7 500	75 000

要求： 做出 C 产品是否停产的决策。

解： 如果停产 C 产品，该企业利润为

$$45\ 000 + 37\ 500 - 60\ 000 = 22\ 500(元)$$

或，

$$90\ 000 + 90\ 000 - 157\ 500 = 22\ 500(元)$$

通过计算可知，C 产品虽然是亏损产品，但它提供了 52 500 元的贡献毛益，能补偿一些固定成本。如果停产 C 产品，该产品应负担的固定费用 60 000 元（因其为共同性固定成本）就要转给 A、B 两种产品负担。如果停产就会减少利润 52 500（= 75 000 - 22 500）元所以，C 产品不应停产。

2. 剩余生产能力可以转移时，亏损产品是否停产的决策

例 11-8 假设例 11-7 中该企业准备停产 C 产品。停产后腾出来的生产能力可以用来转产 D 产品。D 产品的销售单价为 95 元，单位变动成本 60 元，销售量预计为 1 700 件。如果将停

产后腾出来的机器设备出租,可得到租金收入 60 000 元,但要发生机器维修费 1 000 元,且该项固定资产的折旧尚有 15 000 元未提完。试问:(1)是否应该停产 C 产品?(2)是转产还是出租好?

解:

(1)转产 D 产品的贡献毛益 =(95 - 60)× 1 700 = 59 500(元),转产后,D 产品获得的贡献毛益 59 500 元大于 C 产品提供的贡献毛益 52 500 元,所以应停产 C 产品。

(2)租金净收入 = 60 000 - 1 000 = 59 000(元),转产 D 产品的贡献毛益 59 500 元,应该转产 D 产品,这样可多获利润 500 元。

另一解题思路:把出租方案的净收入 59 000 元作为转产 D 产品方案的机会成本,结果与上述相同。

由于出租或不出租,固定资产的折旧费用都要发生,故在决策时不予考虑。

11.3.4 半成品是否进一步加工的决策

有些企业生产的产品,完成了一定的加工程序就可以出售,既可以出售半成品,也可以继续加工使之更加完善后再行出售。例如,纺织厂既可以出售棉纱,也可以通过继续加工出售坯布。继续加工后的售价要高于半成品的售价,但要追加变动成本甚至一些专属固定成本。这类做出半成品是立即出售还是进一步加工的决策是企业日常经营中经常遇到的问题。对这类问题一般采用差量分析法。

例 11-9 某企业生产某种半成品 1 600 件,单位成本为 10 元(其中单位变动成本为 7 元),单位售价为 13 元。如将该种产品进一步加工成产成品,销售单价可提高到 18 元,但需追加单位变动成本 5 元,专属固定成本 6 500 元。分析该种半成品是否应立即出售。

解: 该种半成品无论是否进一步加工,其进一步加工前发生的成本(包括固定成本和变动成本)都属于无关成本,在决策时不必考虑。应该考虑的是,进一步加工所获得的收入,是否大于进一步加工所追加的变动成本和固定成本。如果小于的话,则进一步加工得不偿失。

根据上述资料,分析过程如表 11-7 所示。

表 11-7 确定产品进一步加工还是立即出售的分析 (单位:元)

项目	进一步加工(1)	立即出售(2)	差量(1)-(2)
差量收入			+8 000
进一步加工的收入	18 × 1 600 = 28 800		
立即出售的收入		13 × 1 600 = 20 800	
差量成本			+14 500
进一步加工的成本			
其中:变动成本	5 × 1 600 = 8 000		
专属固定成本	6 500		
立即出售的成本		0	
差别收益			-6 500

进一步加工的收入比立即出售的收入多 8 000 元(即差量收入),但进一步加工的成本是 14 500 元(即差量成本),差量收入小于差量成本 6 500 元,故立即出售有利。

本例也可以按下述公式进行决策:

$$\left(\begin{array}{c}\text{进一步加工后}\\ \text{的销售收入}\end{array} - \begin{array}{c}\text{半成品销}\\ \text{售收入}\end{array}\right) > \begin{array}{c}\text{进一步加工所}\\ \text{追加的成本}\end{array},\text{则应进一步加工;}$$

$$\left(\begin{matrix}\text{进一步加工后}\\ \text{的销售收入}\end{matrix} - \begin{matrix}\text{半成品销}\\ \text{售收入}\end{matrix}\right) < \begin{matrix}\text{进一步加工所}\\ \text{追加的成本}\end{matrix}，\text{则应立即出售。}$$

把本例资料代入公式：(28 800 − 20 800) − (8 000 + 6 500) = −6 500（元），进一步加工后所增加的销售收入小于进一步加工所追加的成本，应立即出售有利。

如果上例中进一步加工不需要追加固定成本，分析如下。

进一步加工后增加的收入：28 800 − 20 800 = 8 000（元）

进一步加工后增加的成本：5 × 1 600 = 8 000（元）

两者相等，说明进一步加工既不盈利也不亏损。因此，可以进一步加工，也可以立即出售。企业在实际工作中可酌情而定。

11.3.5 零部件是自制还是外购的决策

不少企业在进行生产时，都会遇到零部件是自制还是外购的问题。有些零部件，自制虽然不增加固定成本，但可在市场上买到，而且价格合理，保证质量；有些零部件虽然可以在市场上买到，但如果由自制改为外购，就会使剩余生产能力不能充分利用，而且固定成本并不因外购而减少；有些零部件的产量超过一定限额时，自制比较好，若低于这个限额时，却以外购为宜；还有的零部件外购时剩余生产设备可以出租，得到一定的租金收入；等等。这时，管理决策者就要采用一定的方法，并充分考虑机会成本的因素，就自制还是外购做出正确的决策。对这类问题一般采用差量分析法或本量利分析法。其具体情况分析如下。

1. 自制不增加固定成本、外购不减少固定成本

例 11-10 某企业装配产品需用甲、乙两种零件，其外购价格和自制成本的资料如表 11-8 所示。

表 11-8 两种零件的有关资料

零件名称	需用量（个）	单位外购价格（元）	自制：预计单位变动费用（元）	自制：预计单位固定费用（元）
甲零件	30 000	1.00	0.80	0.40
乙零件	20 000	3.00	3.20	1.50

要求：根据上述资料确定甲、乙两种零件是自制还是外购。

解：编制差量成本分析表如表 11-9 所示。

表 11-9 两种零件的差量成本分析表 （单位：元）

	甲零件	乙零件
购买单价（1）	1.00	3.00
自制单位变动成本（2）	0.80	3.20
差量成本（1）−（2）	+0.20	−0.20
节约（−）或超支（+）总额	(+0.20) × 30 000 = +6 000	(−0.20) × 20 000 = −4 000

结论：甲零件的自制单位变动成本小于外购成本，应自制；乙零件自制单位变动成本大于外购成本，应外购。

因为自制不增加固定成本，而外购也不减少固定成本，所以本例中甲、乙两种零件如果自制，单位零件应负担的固定成本不用考虑。

2. 零部件需要量确定，且自制需增加专属固定成本

例 11-11 如果上例中甲零件自制需要增加专属固定成本3 000元，已知需要甲零件12 000

个,问:自制好还是外购好?

解:因为自制需要增加专属固定成本 3 000 元,故在决策时要考虑这一因素。

自制方案的总成本:$3\,000 + 12\,000 \times 0.8 = 12\,600$(元)

外购方案的总成本:$1 \times 12\,000 = 12\,000$(元)

结论:外购比自制节约 600 元,应该外购。

当然,在这种已经知道需要量的情况下,也可用自制和外购两个方案的单位成本比较,结论是一样的:外购单位零件 1 元比自制单位零件 1.05($= 3\,000 \div 12\,000 + 0.8$)元节约 0.05 元,所以外购有利。

3. 零部件需要量不确定,自制需增加专属固定成本

这种情况下,需要计算自制方案与外购方案成本相等时的需要量以做出决策。原因在于自制方案的单位专属固定成本是随数量成反比例变动的,此时应计算出自制方案与外购方案成本相等时的成本分界点。当需要量低于分界点时,外购好;当需要量高于分界点时,自制好。

例 11-12 仍沿用例题 11-11 中的甲零件成本资料,设甲零件的需要量不确定,问甲零件需要量多少时外购合算?

解:设 y_1 为外购总成本,b_1 为外购单价,y_2 为自制总成本,b_2 为自制单位变动成本,a 为自制增加的专属固定成本,x 为成本分界点的数量。

由 $y_1 = y_2$ 得:

$$b_1 x = a + b_2 x$$

整理后,得到:

$$x = \frac{a}{b_1 - b_2}$$

本例中:

$$x = \frac{3\,000}{1.00 - 0.80} = 15\,000(个)$$

结论:当需求量大于 15 000 件时,自制合算;当需求量小于 15 000 件时,外购合算;当需求量等于 15 000 件时,自制与外购均可。

4. 如果不自制零件,生产设备可以出租

在前两例的情况下,外购零件时,剩余生产能力无法利用。本例所要讨论的是,如果外购零件时,剩余生产设备可以出租,举例如下。

例 11-13 假设某企业每年需用某种零件 2 000 个,自制单位变动成本为 24 元,外购单价为 30 元。如外购,自制零件的设备可以出租,租金净收入为 14 000 元。做出外购还是自制的决策?

解:由于自制零件时,要放弃 14 000 元的租金收入,因此租金净收入 14 000 元就是自制零件时的机会成本,成为自制方案中成本的一部分。此时,应将自制变动成本及租金收入之和与外购成本进行比较,以做出决策。

外购成本:$30 \times 2\,000 = 60\,000$(元)

自制成本:$24 \times 2\,000 + 14\,000 = 62\,000$(元)

结论:由于自制的成本大于外购的成本,故应该外购该种零件,同时将剩余的生产设备出租。

如果外购时剩余生产能力可用于生产另一种产品或零件,那么该种产品或零件所提供的贡献毛益与出租设备的租金收入一样,是自制方案的机会成本,应该考虑进去。

11.3.6 不同加工工艺方案的决策

企业在其生产经营过程中,往往可以采用不同的设备加工某种产品或零部件,而采用不同设备加工同一产品或零部件相关成本是不一样的。为了降低成本,通常应选择相关成本最低的设备来加工。为达此目的,必须确定有关产品在不同设备下的相关成本及其构成。这类决策,设备的调整准备费和加工费属于相关成本,在决策分析时需要考虑。设备的调整准备费对于所加工的每批产品来说,不管批量为多大,其费用数额总是不变的,具有固定成本的性质,而加工费则随产品加工批量的增减而增减,具有变动成本的性质。同时,先进程度不同的设备,其调整准备费和单位产品加工费也有差别:先进设备的每次调整准备费一般大于普通设备的调整准备费,而其单位产品加工费则小于普通设备的单位产品加工费。反之,普通设备的每次调整准备费一般低于先进设备的每次调整准备费,而其单位产品加工费却高于先进设备的单位产品加工费。因此,需要计算两个加工方案成本相等时的数量,即成本分界点,可以据此进行决策。

例 11-14 某企业生产某型号的齿轮,该齿轮既可用普通铣床加工,也可用万能铣床或数控铣床加工,有关资料如表 11-10 所示。

表 11-10　某企业加工用铣床的有关资料　　　　　　　　　　（单位:元）

	每次调整准备费	每个齿轮加工费
普通铣床	10	0.5
万能铣床	30	0.3
数控铣床	60	0.1

要求:为使该齿轮的生产成本最低,应选用哪一种铣床对其进行加工?

解:设 x_1 为普通铣床与万能铣床的成本平衡点,x_2 为万能铣床与数控铣床的成本平衡点,x_3 为数控铣床与普通铣床的成本平衡点。则:

$$10 + 0.5x_1 = 30 + 0.3x_1$$
$$30 + 0.3x_2 = 60 + 0.1x_2$$
$$60 + 0.1x_3 = 10 + 0.5x_3$$

得:

$$x_1 = 100$$
$$x_2 = 150$$
$$x_3 = 125$$

以上计算结果如图 11-1 所示。

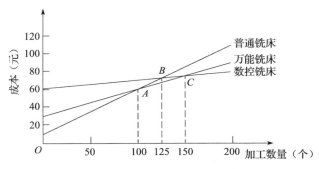

图 11-1　选择不同工艺加工的决策

图 11-1 表明，当该齿轮实际加工数量小于 100 个时，应选用普通铣床进行加工；当该齿轮实际加工数量大于 100 个小于 150 个时，应选用万能铣床进行加工；当该齿轮实际加工数量大于 150 个时，应选用数控铣床进行加工；若万能铣床因故不能加工该齿轮，当其实际加工数量小于 125 个时，应选用普通铣床进行加工，而实际加工数量大于 125 个时，应选用数控铣床进行加工。

11.3.7 最优生产批量的决策

在成批生产的企业里，有时在同一条生产线上要分批转换生产几种不同的产品，有些设备要分批替换生产几种不同的半成品，这时就会遇到每批产品生产多少、每年（或每季、每月）分几批进行生产，其相关成本最低的问题，可以通过确定最优生产批量进行决策。运用此种决策企业需要确定最优批量和最优批数。

1) 同一生产设备生产一种半成品（或零件）时确定最优批量和批数的方法。

设 A 代表每年产量，Q 代表每批产量（即生产批量），则：

$$\text{批数} = \frac{\text{全年产量}}{\text{每批生产量}} = \frac{A}{Q}$$

显然，批量和批数两者互为倒数，即批量越大，批数越少；批量越小，批数就越多。对这类问题进行决策分析时，要考虑两种成本，即调整准备成本和储存成本。至于制造产品所发生的直接材料、直接人工等成本与此项决策无关，不需要考虑。

调整准备成本是指在每批生产开始前进行调整准备工作而发生的成本，比如调整机器、下达派工单、清理现场、准备工卡模具、领用原材料、准备生产作业记录和成本记录等。这种成本与生产批数成正比，与生产批量却没有直接关系。

储存成本是指产品在储存过程中所发生的仓储及其设备的维护费和折旧费、保管人员的工资、保险费、利息支出、损坏和盗窃损失等。这种成本与产品的批量成正比。

由于调整准备成本和储存成本之间存在此消彼长的关系，所以如何确定批量和批数才能使两种成本之和达到最低的程度，是管理部门非常关心的问题。

所谓最优生产批量，就是指调整准备成本和储存成本之和最低时的批量，也叫最优生产批量。

确定最优生产批量的方法，常用的有逐次测试列表法、图示法和公式法。这里重点介绍公式法，并给以图示。

$$\text{每批生产终了时的最高储存量} = \frac{\text{每批产量}}{\text{每日产量}} \times (\text{每日产量} - \text{每日耗用量})$$

$$= \text{每批产量} \times \left(1 - \frac{\text{每日耗用量}}{\text{每日产量}}\right)$$

$$= Q \times \left(1 - \frac{d}{p}\right)$$

$$\text{年平均储存量} = \frac{1}{2} \times \text{每批生产终了时的最高储存量}$$

$$= \frac{\text{每批产量}}{2} \times \left(1 - \frac{\text{每日耗用量}}{\text{每日产量}}\right)$$

$$= \frac{Q}{2} \times \left(1 - \frac{d}{p}\right)$$

年调整准备成本 = 每批产品的调整准备成本 × 批数 = $S \times \dfrac{A}{Q}$

年储存成本 = 每单位半成品(或产成品)年储存成本 × 年平均储存量

$$= C \times \dfrac{Q}{2} \times \left(1 - \dfrac{d}{p}\right)$$

全年总成本(T) = 全年调整准备成本 + 全年储存成本

$$= S \times \dfrac{A}{Q} + C \times \dfrac{Q}{2} \times \left(1 - \dfrac{d}{p}\right) \tag{11-1}$$

式中,A 为全年产量;Q 为每批产量;A/Q 为批数;S 为每批产品的调整准备成本;p 为每日产量;d 为每日耗用量;C 为每单位半成品(或产成品)年储存成本;T 为年储存成本和年准备成本合计(简称年成本合计)。

式(11-1)给出了全年总成本 T 的方程式。下面利用微分学知识,建立经济批量的财务模型。

以 Q 为自变量,求 T 的一阶导数:

$$T' = \dfrac{C}{2} \times \left(1 - \dfrac{d}{p}\right) - \dfrac{SA}{Q^2}$$

令 $T' = 0$,可得

$$Q = \sqrt{\dfrac{2SA}{C\left(1 - \dfrac{d}{p}\right)}} \tag{11-2}$$

式(11-2)就是最优批量的公式,用文字表示如下:

$$最优批量 = \sqrt{\dfrac{2 \times 每批调整准备成本 \times 全年产量}{每单位半成品(或产成品)年储存成本 \times \left(1 - \dfrac{每日耗用量}{每日产量}\right)}}$$

将式(11-2)代入式(11-1)可得到最优批量的年总成本:

$$T = \sqrt{2SAC\left(1 - \dfrac{d}{p}\right)} \tag{11-3}$$

例 11-15 某企业某种零件全年需用 90 000 个,每日生产量为 100 个,每日耗用 60 个,每批调整准备成本为 400 元,单位零件年储存成本为 5 元。试问其最优批量为多少?

解: 已知 $A = 90\,000$,$S = 400$,$C = 5$,$d = 60$,$p = 100$。

根据式(11-2)求出最优批量:

$$Q = \sqrt{\dfrac{2SA}{C\left(1 - \dfrac{d}{p}\right)}} = \sqrt{\dfrac{2 \times 400 \times 90\,000}{5 \times \left(1 - \dfrac{60}{100}\right)}} = 6\,000(个)$$

最优批数:

$$\dfrac{A}{Q} = \dfrac{90\,000}{6\,000} = 15(批)$$

根据式(11-3),求出最优批量的年总成本:

$$T = \sqrt{2SAC\left(1 - \dfrac{d}{p}\right)} = \sqrt{2 \times 400 \times 90\,000 \times 5 \times \left(1 - \dfrac{60}{100}\right)} = 12\,000(元)$$

即全年生产 15 批,每批生产 6 000 个,可以使年总成本最低,此时为 12 000 元。
本例用坐标图表示,如图 11-2 所示。

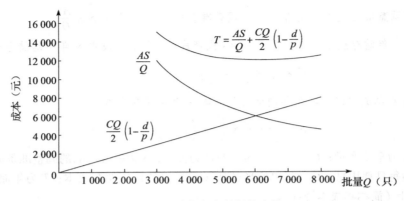

图 11-2 最优生产批量的决策

从图 11-2 中可以看出，年总成本是一条凹形曲线，其最低点坐标为（6 000，12 000），即当批量为 6 000 个时，最低总成本为 12 000 元。年储存成本曲线与年调整准备成本曲线相交点为 6 000，即批量为 6 000 个，成本（两种成本）为 6 000 元。由此得出结论：两种成本相等时的年总成本最低。

2）如果同一生产设备分批轮换生产几种零件或半成品时，就不能应用上述财务模型，因为它们的最优批数各不相同，企业不可能据以在同一设备上生产。这时就要根据下面公式计算共同最优生产批数：

$$共同最优生产批数 = \sqrt{\frac{\sum A_i C_i \left(1 - \dfrac{d_i}{p_i}\right)}{2 \sum S_i}} \tag{11-4}$$

式（11-4）中，i 表示半成品或零件的品种，S 表示每次调整准备成本，即由一种半成品或零件的生产转为另一种半成品或零件的生产而发生的成本。

由式（11-4）得出各半成品或零件的最优批量公式：

$$各半成品或零件的最优批量 = \frac{各半成品或零件的全年需要量}{共同最优生产批数}$$

例 11-16 某企业有设备一台，分批轮换生产甲、乙两种零件，其有关资料如表 11-11 所示。

表 11-11 某企业轮换生产两种零件时的有关数据资料

项目	甲零件	乙零件
全年产量（个）	8 800	6 000
每次调整准备成本（元）	180	192.2
每个零件年储存成本（元）	2	4
每日产量（个）	50	60
每日耗用量（个）	20	40

要求：确定甲、乙两种零件的最优生产批量。

解：由式（11-4）得出

$$共同最优生产批数 = \sqrt{\frac{8\,800 \times 2 \times \left(1 - \dfrac{20}{50}\right) + 6\,000 \times 4 \times \left(1 - \dfrac{40}{60}\right)}{2 \times (180 + 192.2)}} = 5(批)$$

甲零件最优生产批量 = 8 800 ÷ 5 = 1 760（个），乙零件最优生产批量 = 6 000 ÷ 5 = 1 200（个）。

结论：全年生产 5 批，每批生产甲零件 1 760 个，乙零件 1 200 个，这时的年总成本最低。

11.3.8 产品最优组合的决策

在生产的产品品种确定以后，决策者就会面临产品最优组合的问题。产品最优组合决策，就是通过计算和分析，做出各种产品应生产多少才能使各个生产要素得到合理、充分的利用，并能获得最大的利润的决策。该类决策可以采用线性规划的分析方法。该方法的具体步骤介绍如下。

(1) 确定"目标函数"

这种目标函数必须为最大值或最小值，如目标函数最大值一般是指利润（贡献毛益）最大，最小值一般是指相关成本最小。

(2) 确定若干"限制条件"

若干限制条件（因素）一般是指机器设备、人工、原材料等。

(3) 上述目标函数及限制条件，必须能以等式或不等式表示

只有这样，才能就一类问题以数学方式建立模型。

(4) 上述目标函数及限制条件必须具有线性的关系或至少具有接近线性的关系

例 11-17 某公司有甲、乙、丙三个车间，制造 X 及 Y 两种产品，有关资料如表 11-12 所示。

表 11-12　某公司三个部门连续加工两种产品的数据资料

项目	X 产品	Y 产品
甲车间单位产品加工时间（小时）	3	5
乙车间单位产品加工时间（小时）	—	1
丙车间单位产品加工时间（小时）	5	4
单位变动成本（元）	7	12
单位售价（元）	11	22

甲车间生产加工能力 450 小时，乙车间生产加工能力 60 小时，丙车间生产加工能力 600 小时。

要求： 该公司的目标为寻求最大的利润（贡献毛益），请做出产品最优组合的决策。

依前述步骤，求解如下。

(1) 目标函数。本例中公司目标是求最大利润。由于固定成本为无关成本，故目标为求最大贡献毛益。由上述资料可知，该公司每出售一件 X 产品，可获单位贡献毛益 4（= 11 − 7）元；每出售一件 Y 产品，可获单位贡献毛益 10（= 22 − 12）元。故公司获贡献毛益总额，可用下列方程式表示：

$$\text{目标函数(贡献毛益)} = 4X + 10Y$$

(2) 限制条件。将限制条件以等式及不等式表示：

$$3X + 5Y \leqslant 450$$
$$Y \leqslant 60$$
$$5X + 4Y \leqslant 600$$
$$X, Y \geqslant 0$$

(3) 产品组合的可行解。将限制条件绘于图形上，在图形上确定可行解，该项可行解必在限制条件的直线所共同包围的范围内。

如图 11-3 所示,阴影部分即为产品组合的"可行区域",但只有一点为 X 产品及 Y 产品的最佳组合。

最佳产品组合必为可行解的某一顶点。图 11-3 所示的可行区域内剔除原点后共有 4 个顶点(A、B、C、D)。为求得最佳组合,必须计算每一顶点的贡献毛益:

$$目标函数(贡献毛益) = 4X + 10Y$$

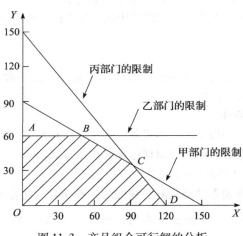

图 11-3　产品组合可行解的分析

计算各顶点产品组合的贡献毛益,如表 11-13 所示。

表 11-13　各顶点产品组合的贡献毛益

顶点	X 产品（件）	Y 产品（件）	贡献毛益（元）
A	0	60	600
B	50	60	800
C	92	34	708
D	120	0	480

在该公司受制于生产加工能力的条件下,在 B 点该公司生产组合达到最优,此时生产 X 产品 50 件、Y 产品 60 件,实现贡献毛益 800 元,为这几种组合的最佳组合。

11.4　定价决策

11.4.1　影响价格的基本因素

产品销售价格如何确定,是企业决策当局需要考虑的一个重要问题,因为它是获取销售收入的重要影响因素。产品定价过高,会影响企业产品的销售数量,定价过低,则会影响企业产品的贡献毛益总额。因此,产品的定价合理与否,会直接影响企业的生产经营的可持续发展和利润的获得。影响价格的因素有很多,主要有以下两点。

1. 产品价值

产品价值是产品价格的基础,价格是价值的货币体现。产品价格的高低主要取决于产品中所含社会必要劳动量的大小。产品价值高,其价格一般也高;产品价值低,其价格一般也低,但价格与价值有时也会发生偏离,甚至悬殊。

2. 产品市场供求关系

在价值决定价格的基础上，一定时期内市场上的产品（商品）需求与产品（商品）的价格存在着一定联系。一方面，在其他条件不变的情况下，消费者对某种商品的需求量与该商品价格的高低呈反方向变化，即价格上涨，需求量减少；价格下跌，需求量增加。另一方面，在其他条件不变的情况下，一种商品的供给量与该商品价格的高低呈同方向变化，即价格上涨，供应量增加；价格下跌，供应量减少。

11.4.2 企业的定价目标

价格的制定不仅要遵循经济学理论的指导，而且还要从企业经营的战略目标和定价目标出发，充分考虑市场供求关系、竞争对手状况等，灵活、动态地把握价格制定。所谓定价目标，就是每一种产品的价格在实现以后应达到的目的。定价目标主要有以下几种。

1. 争取最高利润

争取最高利润并不等于追求最高价格，一般情况下，是针对达到企业（年限）的利润而言。虽然价格的高低是影响企业利润的重要因素，但并不是决定利润大小的唯一因素。企业利润的实现，归根结底要以产品是否能够顺利实现销售，是否能够满足顾客需要为前提。如果产品价格定得过高而卖不出去，利润将如同泡影，失去了市场比少赚一些的损失更大。不过，这并不排除企业的某些产品在某种特定情况下，以短期最大利润为定价目标而把价格定得较高些，特别是一些中小企业以追求短期最大利润为定价目标的情况还是比较多见的。当然，获取短期最大利润只是暂时的，因为对某种产品的高价垄断在市场竞争激烈的情况下是不可能持久的。

2. 达到投资收益指标

投资收益指标主要是用于反映企业的投资利润率。按投资收益制定价格的方法，就是管理当局规定一定的投资收益率作为制定新产品价格的依据，如果低于这个指标，便不能进行某项投资。例如，一个企业按照10%的利率从银行借入100万元用于发展新产品，当然希望此项投资所获得的收益超过10%，因为这个数目是用来补偿银行利息支出的最低额的。一些在同行业中实力雄厚、竞争力强的大型生产企业，常采用这种方法作为定价目标，即企业投资新产品预计价格的成本加成率不小于10%。此外，一些小型生产企业，则常以一定时期的利润达到销售额的一定比例，即通过对销售利润率的预计，作为企业的定价目标，这实际上也是以投资收益为定价目标的一种应用。

3. 获取最高的市场占有率

市场占有率是指某一特定品牌产品的销售量占本行业同种产品全部销售量的百分比。保持或增加销售额和市场占有率，是很多企业都追求的定价目标。企业要发展，产品必须有稳定的销路。只有销售额不断扩大，才能在不断满足市场需求的同时使企业的利润稳步增长。一些大企业在保持一定利润率的情况下，通常制定对潜在顾客有吸引力的较低价格，实现薄利多销，最终取得较高的市场占有率。

4. 获得稳定的利润

保持稳定的价格是达到一定投资效益和长期利润的重要途径，因而一些在同行业中能左右市场价格的大企业，为了长期有效地经营这种商品，并稳定地占领目标市场，往往希望价格稳定，在稳定的价格中获取稳定的利润。这种做法对于大企业来说是一种稳妥的保护政策。至于中小企业，对同类商品的定价虽不必都与其一致，但总是要受同行业中为首的大企业稳定价格的影响，故中小企业可采取"跟着走"的策略。一般来说，稳定的价格可避免不必要的竞争，有利于企业目标利润的实现。

11.4.3 产品生命周期与价格策略

1. 产品生命周期

一般来讲，任何一种产品都会经历引入、成长、成熟、衰退的生命周期。处于不同生命周期的产品，其市场需求和市场竞争差异较大。在引入时期，企业产品价格确定应以打开市场为出发点，偏高的价格会加大拓宽市场的难度；在成长时期，产品价格确定的着眼点应侧重于扩大市场和提高盈利；在成熟时期，产品竞争相对激烈，制定产品价格应以扩大市场占有率为目标，此时采取薄利多销政策可能会收到良好效果；在衰退时期，产品销售停滞，甚至出现挤压，市场形势逆转，此时产品价格的制定应以尽快减少库存收回资金为重点。

2. 价格策略

由于市场变幻莫测，竞争对手的情况不可预料，需求状况难以测定，许多客观影响因素无法反映在决策分析中。企业定价既要借助于分析计算，也要依靠丰富的经验，深谋远虑，运用灵活的定价方法和必要的策略，以适应千变万化的市场需要。

企业定价常用的策略有以下几种。

(1) 新产品策略

新产品定价是企业经营策略中一个十分重要的问题。新上市的产品采取何种价格，不但决定它是否能在市场上站住脚，还会影响可能出现的竞争力量。新产品定价通常有两种策略。

1) "撇奶油"定价策略。这种定价策略在打入市场时将产品价格定得较高，尽可能在产品生命周期的初期获得较大的利润。随着产品销路的扩大，再逐步降价。这种方法常被用于容易开辟市场的产品。一般性产品如果采用这种短期策略，往往以失败告终。

2) 渗透定价策略。与"撇奶油"定价策略相反，它是以略高于成本的较低价格投放市场，等市场建立有了一定影响之后，再逐步提价。该策略有利于迅速打开市场，能有效地排斥竞争者的加入，从长远看，仍可获得可观的盈利。这是一种长期策略。

(2) 折扣与分期付款

1) 折扣。折扣策略一般用于扩大老产品的销售，主要有以下几种。

- 现金折扣。对按约定日期付款的顾客给予一定的折扣，目的在于鼓励顾客及时偿付欠款，以加速企业资金周转。
- 数量折扣。根据顾客购买数量多少，分别给予大小不同的折扣。购买数量越多，给予折扣越大，以鼓励顾客大量购买。
- 交易折扣。根据各类中间商在市场营销中所担负的功能不同，给予不同的折扣。如给予批发商折扣较大，给予零售商折扣较小。
- 季节性折扣。生产季节性产品的企业，对在非旺季的采购者给予折扣优待，鼓励中间商提早储存商品，以减少季节性对生产的影响。

2) 分期付款。对于价格较高的耐用消费品，采用分期付款方式，可增加吸引力，招徕顾客。

(3) 心理价格策略

这种策略是利用各类消费者的不同心理定价。例如，对一般商品，常见有奇数定价，即宁取 9.9 元不取 10 元；对高档商品采用整数定价，以提高顾客身份；对不著名的商品采用心理定价,即抬高原价后再打折扣,发放优惠券、设有奖销售、赠送小商品等。

(4) 综合定价策略

这种策略是指定价时将有关产品销售的全部因素都包括进去,如产品附有额外配件、运送及修理服务等,这些都要支付费用。定价时要综合研究,决定将哪些因素包括在基本价格之内,以便相应地做好宣传工作,开拓市场。

(5) 声望定价策略

有的产品若按一般产品定价,反而不能显出该产品的声誉和使用该产品的顾客的社会地位,从而影响销路。因此,常用较高的价格来显示其声望,如高级轿车、名牌套装等的定价。

(6) 配套定价策略

当某种产品与另一些产品组合在一起销售时,该种产品的价格可以低于成本,因为其损失可从另一些产品上赚回来,这是一种促销的定价策略。

11.4.4 定价方法

1. 成本加成定价法

成本加成定价法就是以成本为基数,再在这一基数上加上预计的百分率,得出目标售价。成本加成定价法中的成本,可以是按全部成本法计算的全部成本,也可以是按变动成本法计算的变动成本。由于全部成本计算法与变动成本计算法所计算出的产品成本内涵各不相同,故加成的内容也各有差异。

(1) 全部成本加成定价法

采用全部成本加成定价法,其"成本"基数是指单位产品的制造成本,"成本"内容包括非制造成本(如推销成本及管理成本)及目标利润。

例 11-18 某公司正研究甲产品的定价,预计生产 10 000 件,其相关单位成本及其总成本资料如表 11-14 所示。

表 11-14　甲产品的成本资料　　　　　　　　　　　　(单位:元)

直接材料	10 000 × 14	140 000
直接人工	10 000 × 10	100 000
变动制造费用	10 000 × 8	80 000
固定制造费用	10 000 × 16	160 000
变动推销及管理费用	10 000 × 4	40 000
固定推销及管理费用	10 000 × 3	30 000
合计		550 000

经研究决定,在制造成本的基础上加成 50% 作为甲产品的售价。

按照全部成本法计算甲产品的单位制造成本作为成本加成定价的基础,其单位制造成本的计算如表 11-15 所示。

表 11-15　甲产品单位制造成本　　　　　　　　　　　(单位:元)

直接材料	14
直接人工	10
变动制造费用	8
固定制造费用	16
单位产品的制造成本	48

以制造成本为基础加上相当于制造成本的50%，作为甲产品的售价，即甲产品售价 = 48 + 48 × 50% = 48 + 24 = 72（元）。

这里成本加成24元中包含了单位产品的非制造成本7元（变动推销及管理费用和固定推销及管理费用），利润17(= 24 - 7) 元。

（2）变动成本加成定价法

采用变动成本加成定价法，其"成本"基数是指单位产品的变动成本，"成本"内容包括全部固定成本及目标利润。

例11-19 沿用例11-15的估计成本资料，要求计算在变动成本基础上加成100%作为甲产品售价的目标售价。

按照变动成本法计算甲产品的单位变动成本，如表11-16所示。

表11-16　甲产品的单位变动成本　　　　　　　　　　（单位：元）

项目	金额
直接材料	14
直接人工	10
变动制造费用	8
变动推销及管理费用	4
变动成本合计	36

以变动成本为基础加成100%，作为甲产品的目标售价，即甲产品售价 = 36 + 36 × 100% = 36 + 36 = 72（元）。

这里成本加成36元中包含了固定成本（固定制造费用和固定推销及管理费用）19元，利润17(= 36 - 19) 元。

（3）加成百分比的确定

在成本加成定价的公式里，最为重要的问题是如何确定附加于成本基础上的加成百分比。如前所述，无论是采用全部成本加成定价法或变动成本加成定价法，均有部分成本项目包括在加成数据中。因而所确定的加成数，除了能提供所需的利润外，还包括这一部分成本项目。

如何确定加成百分比？这一百分比中包含的利润部分是以公司确定的利润目标或期望的资产报酬率为依据，其计算公式如下。

1）若采用全部成本加成定价法，百分比按下列公式确定：

$$加成百分比 = \frac{资产占用额 \times 期望的资产报酬率 + 非制造成本}{产量 \times 单位制造成本}$$

例11-20 仍以例11-15的资料，假设该公司的资产占用额为1 000 000元，每年产销甲产品10 000件。若该公司期望的资产报酬率为17%，则采用全部成本加成定价法，其加成百分比计算如下：

$$加成百分比 = \frac{(1\,000\,000 \times 17\%) + 70\,000}{10\,000 \times 48} = 50\%$$

2）若采用变动成本加成定价法，百分比按下列公式确定：

$$加成百分比 = \frac{资产占用额 \times 期望的资产报酬率 + 固定成本}{产量 \times 单位变动成本}$$

例11-21 以例11-15以及例11-20的资料，采用变动成本加成定价法，其加成百分比计算如下：

$$加成百分比 = \frac{(1\,000\,000 \times 17\%) + 190\,000}{10\,000 \times 36} = 100\%$$

2. 按变动成本基础定价法

以变动成本为定价基础的特点是，在某种产品预计变动成本的基础上，追加一定数量的贡献毛益，作为确定该种产品销售价格的依据。其计算公式如下：

$$价格 = \frac{单位变动成本}{变动成本率} = \frac{单位变动成本}{1 - 贡献毛益率}$$

例 11-22 某企业预计在下半年生产某产品，单位产品直接材料费 8 元，直接人工费 4 元，变动性制造费用 3 元，变动销售及管理费用 7.5 元，预计贡献毛益率为 25%。则

$$单位产品价格 = \frac{8 + 4 + 3 + 7.5}{1 - 25\%} = 30(元)$$

3. 薄利多销定价法

众所周知，产品定价过高会影响销路，甚至会被市场所摒弃；定价过低，则不能保证企业有足够的利润。如果降低售价既能增加销量又能使企业获得最佳的经济效果，则可以采用薄利多销定价法。

例 11-23 设某产品售价 12 元，现销售量为每月 360 只，单位变动成本 5 元，固定成本 1 440 元。若采取薄利多销政策，使单位售价逐步下降至 11.5 元、11 元、10.5 元、10 元、9.5 元，预计销量分别增加为 400 只、460 只、500 只、540 只、560 只。试确定最佳售价。

根据上述资料，编制表格如表 11-17 所示。

表 11-17　某产品单位售价不同情况下的利润比较表　　　　（单位：元）

销售单价	预计销售	销售收入	变动成本	固定成本	边际收入	边际成本	边际利润	利润
(1)	(2)	(3) = (1)×(2)	(4)	(5)	(6)	(7)	(8) = (6)-(7)	(9) = (3) - (4) - (5)
12	360	4 320	1 800	1 440	0	0	—	1 080
11.5	400	4 600	2 000	1 440	280	200	80	1 160
11	460	5 060	2 300	1 440	460	300	160	1 320
10.5	500	5 250	2 500	1 440	190	200	-10	1 310
10	540	5 400	2 700	1 440	150	200	-50	1 260
9.5	560	5 320	2 800	1 440	-80	100	-180	1 080

在表 11-17 中，边际收入是指增加销售数量所增加的收入，边际成本是指增加销售数量所增加的成本，边际利润是指增加销售数量净增的利润，亦即边际收入减去边际成本的数额。

当销售价格下降时，若边际收入大于边际成本，边际利润为正数，表示降价是有利的。若边际收入等于边际成本，边际利润为零，表示降价没有意义（如果为了竞争，扩大市场影响，也可以）。若边际收入小于边际成本，边际利润为负数，表示降价是不利的。

从上文可知，销售价格下降的最大限度是边际收入约等于边际成本的地方。价格是最接近于边际利润为零的地方为最优价格。在本例中最优价格为 11 元，此时的利润也最高。

4. 损益平衡定价法

损益平衡定价法，是根据本量利分析原理创造的一种定价方法。这种方法并不提供特定的

价格水平,而是提供一系列销售量下的保本价格。这个价格是企业所能接受的最低价格。

例 11-24 某企业生产一种产品,发生专属固定成本 10 000 元。该产品的单位变动成本为 8 元,该企业正准备就该种产品价格与顾客商谈,请会计师提供有关的谈判基础数据资料。

在损益平衡时,总收入 = 总成本,即

$$价格 \times 销量 = 固定成本总额 + 单位变动成本 \times 销量$$

所以:

$$价格 = \frac{固定成本总额}{销量} + 单位变动成本$$

$$价格 = \frac{10\ 000}{销量} + 8$$

依据这一价格公式,可以得出很多组价格和销售量,同时,对于一个任意给定的销售量,也可以计算出一个相应的价格,如表 11-18 所示。

表 11-18 价格和销售量的组合

价格(元/件)	55	50	40	35	30	25
销售量(件)	213	239	313	372	455	589

在表 11-18 的计算资料中,当销售量确定时,利用上述公式和资料将会给我们提供最低的价格数据,以供谈判时参考;当价格确定时,这些资料能够为企业提供可以接受的最低产销量。

同时,损益平衡定价法也可应用于为保证目标利润的实现销售价格的确定。可用下式得出所需价格:

$$价格 = \frac{固定成本 + 目标利润}{销量} + 单位变动成本$$

该方法的具体计算已在本量利分析章节阐述过,这里不再赘述。

本章小结

决策是经营管理的核心内容,是关系到企业兴衰成败的关键因素。决策分析贯穿于生产经营活动的始终。在说明决策分析常用的成本概念、决策程序、决策对象、决策分析常用方法的基础上,进一步阐述了对不同的决策对象如何运用这些决策方法。决策分析程序在短期经营决策和长期投资决策中都适用。短期经营决策主要是解决生产决策和定价决策。

决策之所以要考虑相关成本,如差量成本、边际成本、机会成本、付现成本、专属成本、可避免成本等,是因为这些成本影响决策选择的正确与否。这些相关成本不但在短期决策中要考虑,在长期投资决策中应用也很广泛。通过对新产品开发、亏损产品、特殊订货、零部件自制或外购、经济批量和产品组合等决策对象的分析来体现差量分析、贡献毛益分析、本量利分析等方法的运用。

产品定价问题直接影响企业的产品能否畅销以及企业的赢利能力,它既是重要决策又是企业日常经营经常遇到的问题。常用的定价方法包括成本加成定价法、薄利多销定价法和损益平衡定价法。为了占领和扩大市场份额,企业产品定价不是一劳永逸的事情。定价决策的重要性不仅要求企业必须设计出一套有效的定价制度,而且在企业内部应设置专职或兼职人员负责对价格和价格政策进行经常性的监督和调整。

思考题

1. 理解决策分析的意义及其分类，并说明决策分析的一般程序。
2. 举例说明短期经营决策为何要考虑机会成本。
3. 说明如何对亏损产品决策、对特殊订货产品决策及其实际应用价值。
4. 理解最优批量、产品组合决策在企业信息化中的运用，思考会计人员如何在企业信息化建设中发挥应有的作用及应掌握的信息化相关知识。
5. 成本加成定价法中的"加成"是否就是利润？加成百分比一般应如何确定？

练习题

1. **资料**：某企业现具有开发一种新产品的能力，有关的经营能力成本（约束性固定成本）为 15 000 元，现有 A、B 两种产品可供企业开发，有关资料如表 11-19 所示。

表 11-19 产品的价格、成本、定额台时资料

摘要	A 产品	B 产品
单位售价（元）	100	50
单位变动成本（元）	80	35
单位产品定额台时	5	3

要求：

（1）假定开发 A、B 两种产品不需要追加专属成本，做出开发 A、B 两种产品哪种比较合适的决策。

（2）假定开发 A、B 两种产品都需要装备不同的专属模具，分别需要追加专属成本 4 000 元和 35 000 元，企业现有剩余生产经营能力 30 000 小时，做出开发 A、B 两种产品哪种比较合适的决策。

2. **资料**：某企业 2019 年三种产品的收入、成本及损益情况如表 11-20 所示。

表 11-20 三种产品收入、成本及损益 （单位：元）

项　目	甲产品	乙产品	丙产品	合计
销售收入	1 000	2 000	3 000	6 000
变动成本	600	1 100	1 300	3 000
贡献毛益	400	900	1 700	3 000
固定成本	500	700	1 200	2 400
（其中专属固定成本）	(200)	(100)	(300)	(600)
营业净利	-100	200	500	600

丙产品已经达到最高销售量。

2020 年如何安排生产有下列四个方案可供选择。

（1）停止甲产品的生产。

（2）仍像 2019 年那样安排生产。

（3）用甲产品的生产能力生产乙产品，可以使乙产品产量增加 40%，但是甲产品的专属固定成本应由乙产品负担。

（4）用甲产品的生产能力生产丁产品，丁产品的销售量为 100 件，单价 15 元，单位变动

成本 7 元，丁产品除了应负担甲产品的专属固定成本之外，还需要增加专属固定成本 180 元。

要求： 通过计算将上述四个方案的利润按照"最好""较好""较差"和"最差"的次序排队。

3. **资料：** 某公司每年销售一种机器 600 台，售价 3 000 元/台，单位变动成本 2 000 元，单位固定成本 700 元，总计单位成本 2 700 元。某外商与该公司洽谈时提出，如果价格定为 2 500 元/台，每月要货 10 台，合同期为 1 年。该公司为了制造这批额外产品，并不影响正常销售，但是需要添置一台设备，价值 30 000 元，可用 5 年，没有残值，但 1 年后设备无用，出售可得 18 000 元。

要求： 计算接受此项特殊订货是否有利？特殊订货价格低到什么程度会带来亏损。

4. **资料：** 某厂生产甲半成品，年产销量为 10 000 件，可以销售给其他厂商作为原材料进一步加工，单位售价为 20 元，其单位制造成本如下（单位：元）：

直接材料	4
直接人工	6
变动制造费用	2
固定制造费用	3
合计	15

该厂正考虑利用剩余的生产能力将甲半成品继续加工为产成品，甲产成品单位售价 28 元，继续加工 10 000 件所增加的单位成本为（单位：元）：

直接人工	2.5
变动制造费用	1.5
专属固定成本	16 000

要求： 分析甲半成品是应该直接出售还是要继续加工。

5. **资料：** 佳农拖拉机公司每年需要活塞 6 000 件，自制时单位变动成本为 7 元，单位共同性固定成本为 5 元，生产活塞的每年专属固定成本总额为 7 200 元，目前市场上可以买到规格和质量相同的活塞。

要求：

（1）活塞外购价格为多少时外购比较有利？

（2）在下列情况下，怎样安排生产比较有利？活塞的生产能力可以用来每年生产 K 型电器零件 10 000 只。这种零件专供销售，销售单价为 5.20 元，单位变动成本为 4 元，单位共同性固定成本为 3 元，每年专属固定成本总额为 1 200 元（这时不必负担生产活塞的专属固定成本），活塞的外购价格为 9 元。

6. **资料：** 某机械厂在加工某种型号的齿轮时，可以用普通机床、万能机床或数控机床进行加工。有关资料如表 11-21 所示。

表 11-21 企业加工所用机床的有关资料 （单位：元）

机床	变动成本（每个齿轮的加工费）	固定成本（每批调整准备成本）
普通机床	0.8	30
万能机床	0.4	60
数控机床	0.2	120

要求：根据资料做出在何种情况下选择何种机床加工齿轮较优的决策。

7. **资料**：某公司生产的一种产品独占市场，单位变动成本为 58 元，固定成本不随产量变动，可以选择的售价和销售量如表 11-22 所示。

表 11-22　产品不同价格水平的销售资料

售价（元）	100	95	90	85	80	75
预期销售量（千克）	5	6	7	8	9	10

要求：按照边际收入≈边际成本的要求，选择最有利的售价方法。

8. **资料**：某企业生产甲、乙两种产品，有关资料如表 11-23 所示。

表 11-23　甲、乙产品有关资料

项目	甲产品	乙产品
最大销售量（件）	2 500	2 000
每件产品在甲车间加工时间（小时）	10	4
每件产品在乙车间加工时间（小时）	4	8
单位售价（元）	30	20
单位变动成本（元）	20	12
单位贡献毛益（元）	10	8

甲车间加工能力 30 000 小时，乙车间加工能力 24 000 小时。

要求：计算甲、乙产品的最优组合。

9. **资料**：某企业计划生产 A 产品 3 600 件，每天可生产 40 件，每天领用 30 件，每批调整准备成本为 200 元，每件产品储存成本为 5 元。

要求：计算最优批量、最优批数以及最优批量的总成本。

案例链接

业务外包决策

外包一词来源于 20 世纪 90 年代，最早是指企业将过去在内部进行的部分生产经营活动交给独立的外部厂商来完成。外包是企业整合利用其外部的最优秀的专业化资源，从而达到降低成本、提高效率，充分发挥自身核心竞争力和增强企业对环境应变能力的一种管理模式。当然业务外包面临巨大的考验，比如客观原因，所以要求业务外包必须可靠、即时、灵活，以适应多变的经济环境。企业在做业务外包决策时，应该谨慎考虑这些客观因素。

假定一家企业平均充分利用其设备的时间仅为 80%。该企业产品需求的季节性非常强，其设备利用时间在市场需求量最少的季节，仅能达到 60% 的利用率，但对那些需求旺盛的季节，设备就远远不能满足需求，企业不得不把一些业务外包。那么企业面临的到底是怎样的市场才导致其采取这一在市场需求惨淡的季节闲置设备，而在市场需求过剩的季节进行外包业务呢？也就是说为什么公司要采取业务外包，而不是选择扩大企业的生产能力？

资料来源：查尔斯 T. 亨格瑞等著，潘飞、沈洪波译，《管理会计教程》（原书第 15 版），2012 年 9 月第 1 版。

分析点评：

1. 业务外包的范围

外包决策不仅适用于产品，也适用于服务，企业常常考虑是否雇用服务性公司来处理自己的一部分内部业务，这就叫外包。根据外包研究者的说法，外包是指战略性地运用外部资源来完成传统上应由内部职工和资源处理的业务。外包被应用于价值链中许多业务功能。通常被外包的业务价值链部分是支持业务，如公司支持（如管理、人力资源，财务和 IT 支持）和业务营销（如销售部门、呼叫中心）。不仅如此，有些公司还将生产甚至研发活动外包出去，比如礼来公司（Eli Lilly and Company）将其化学实验室移至中国，并在国外进行部分诊疗实验，以削减成本。

2. 业务外包的推动力

尽管企业可以外包各种功能，但外包最新发展的主要动力却来自互联网。在 20 世纪 90 年代，许多公司安装了企业资源计划（ERP）系统，以处理各种计算机需求，然而到了 21 世纪初期，许多企业已意识到所需要的巨大投资也许并非必需，企业可以通过互联网购买一些必要的服务，而无须花大价钱购买和开发 ERP 系统，原先与服务供应商昂贵的通信过程若通过互联网则基本没有什么成本。于是，一类新型的计算机应用服务供应商（ASP）开始出现，为各种计算机应用过程的外包提供了机会。

3. 业务外包迅速发展的原因

外包迅速发展的关键原因是什么？外包研究机构经过调查，发现半数被调研公司表示愿意专注于关键业务并减少经营成本，管理 IBM 外包业务的 Todd Kertley 表示，公司希望专注于关键业务，而不是技术。在数据处理日渐复杂，网络化不断发展的情况下，许多公司意识到跟上技术的步伐日渐困难，相对于大量投资于人力与设备，并将注意力从自身具有附加值的作业中转移出去，许多公司发现外包更具吸引力。另外，许多公司发现，外包有利于公司更有效地利用熟练员工，甚至能创造工作机会。转移外包利用国外人才，使公司提高了效率、生产率和收入，获得了巨大的收益。

4. 业务外包的回报

外包的回报率很高，《财富》500 强中 75% 的企业都部分地外包了它们的支持性业务。在美国，外包合同的总金额达到 100 亿美元以上。据麦肯锡全球管理咨询公司估计，美国公司向国外转移了超过 180 亿美元的 IT 工作和超过 110 亿美元的商业服务业务。

5. 业务外包决策

由上述分析可知，在市场需求惨淡的季节，公司可能决定为其他的制造商代产特定的产品（完成部分子合同），可以在这些产品生产上获得收益，但远远没有达到促使企业扩大生产能力来进行这类加工的程度。公司只有在代产该类产品的机会成本接近零的情况下，才会利用这些设备来生产这些产品，也就是说企业在这些设备的利用上，没有其他更多盈利的使用途径。相比之下，在需求顶峰的季节，公司只能依靠部分业务的外包来满足市场的全部需求。当然，通过外包提供产品的成本要大于在公司有闲置生产能力时自产的产品的成本，但是外购这些产品要比购置机器来扩充公司的生产能力便宜一些。另外，在市场需求惨淡的季节，公司可能生产超过市场需求总量的产量，来为市场需求旺盛的季节积聚存货。

思考：
1. 企业在何种情况下选择业务外包？外包有哪些优势？
2. 如何保证外包业务的顺利进行，从而达到真正为企业带来最大的收益目标？

第 12 章

长期投资决策

学习目标

1. 理解投资决策的意义及特点。
2. 掌握投资决策考虑货币时间价值、考虑资本成本的意义所在。
3. 掌握投资决策评价指标的运用价值。

重点与难点

1. 投资决策评价指标的计算基础。
2. 现金流量概念及其构成内容、净现金流量的确定。
3. 投资决策动态指标的意义及计算。
4. 投资决策评价指标在方案对比与选优中的具体运用。

12.1 投资决策概述

12.1.1 投资决策的意义及其特点

投资决策也称资本支出决策。投资是指企业为适应今后生产经营上的长远需要而投入到固定资产增加、扩建、更新、改造、资源的开发、利用等方面的资金支出。由于投资需要一笔较大的支出，它不能由当年的产品销售收入予以补偿，而且对企业在较长时期内有持续的影响，因此投资支出也称资本支出，投资决策也称资本支出决策。长期投资决策是指企业为了进行长期投资而做出的决定。它的目的主要是为了提高企业的生产经营能力。具体地讲，投资决策是指对一个投资项目的各个方案的投资支出和投资后的收入进行对比分析，以便选择投资效果最佳的方案。投资决策一经确定，需要编制"资本支出预算"（capital expenditure budget）。资本支出预算是将投资方案分年度的资金流量加以集中、概括，并系统性、表格化地列示出来，以便筹措相应的资金来源，并作为资本预算执行过程中控制和考评的依据。

投资决策是一个过程，包括制订计划、设定目标和优先顺序、安排资金以及按照某种标准选择要投资的长期资产。投资决策具有投入资金多、涉及时间长、风险大、对企业资产和财务状况影响深远的特点。任何组织的资源都是有限的，我们应该确保资源的使用能维持或提高组织的长期盈利能力。低劣的资本投资决策，有可能导致灾难性的后果。正确的投资决策，对企业的生存发展而言，是至关重要的。投资决策一方面使大量的资源在相当长的时期内暴露在瞬息万变的市场之下，另一方面又影响到公司的未来发展。因为长期投资的效益一般要经过很长时间才能完全实现，而且未来的收益又会带来许多不确定性的因素，投资决策一旦执行，其结果很难改变或者需要花很大代价才能改变过来，所以这种决策比短期决策要承担更大的风险。因此，企业决策当局必须十分重视决策的科学性。投资决策的科学化主要体现在对投资项目从市场上、技术上、经济上进行分析与评价。在投资方案的市场与技术可行的前提条件下，经济评价是决定方案是否有生命力以及决策方案取舍的依据。

12.1.2 投资决策应考虑的因素

基于投资决策的特点，为了能够正确地对各个投资方案进行科学的评价，企业在进行决策分析时，必须考虑以下四个主要的经济性因素。

1. 现金流量

估计投资项目的现金流量，据以评价项目的可行性，是投资决策的关键步骤。这里的"现金"是广义的概念，它不仅包括各种货币资金，还包括项目需要投入的企业现有非货币资源的变现价值。现金流量是项目投资决策的依据，是运用投资决策评价方法和计算评价指标的前提。用现金流量评价项目的优劣，是本章讨论的中心问题。

2. 货币的时间价值

货币的时间价值是作为资本使用的货币，在其被运用过程中随着时间推移而带来的部分增值价值，也可概括为由于放弃现在使用货币的机会所得到的按放弃时间长短计算的报酬。例如，今天的100元，一年以后可值108元，也就是以一年后的100元去交换今天的100元要有8元的附加，这8元的附加就是货币随着时间的推延而形成的增值。因此，货币的时间价值使等量的货币在不同的时间点上具有不同的经济价值，而投资决策要衡量投资方案在一定期间内一共投入多少资金，一共收回多少资金。投入的钱和收回的钱数额不同，时点也不同，不能简单地将现在的投资支出和投资以后若干年的投资收入直接相比，必须将不同时点的现金流出量与现金流入量都折算到同一时点的数值，才能把投资项目的经济评价建立在客观可比的基础上，使有限的资金得到最充分、最优化的利用。因此，投资决策必须要考虑货币的时间价值。

3. 风险因素

风险一般是指某一行动的结果具有多样性。投资决策主要考虑风险因素的两方面：一方面是投资对象的风险，向什么行业投资？是投资家用电器还是矿山机械行业？对居民而言，是把钱存在银行、买股票，还是搞集资等；另一方面是投资回收额实现的可能性有多大（概率因素），如预计该项投资决策每年收回200 000元的可能性有多大？这些风险因素在采用决策分析方法进行分析评价时都要事先考虑到、确定好。

4. 资本成本

长期投资就企业来说属于资本支出的范畴，而资本是不能无偿使用的，取得和使用资本都必须付出代价，也就是说要负担成本。因此，资本成本就是筹措和使用资本所应负担的成本，通常以百分率表示。

资本成本的高低，主要看该项投资的资本来源。企业用于投资的资本主要有两个来源：一个是向债权人借来的，如通过银行长期借款或发行债券等方式，即"债务资本"，债务资本的成本就是借款利率或债券的约定利率；另一个是企业自有的，如通过发行股票、业主投资方式，即"股权资本"，股权资本的成本就是投资者预期的投资报酬率。

资本成本在投资决策中是个非常重要的因素。因为它是一个投资方案的"最低可接受的报酬率"，故亦称"极限利率"，即任何投资方案如果预期获利水平不能达到这个报酬率都将舍弃；相反，如能超过这个报酬率，那么该方案就是可行的。因此，资本成本又称为投资方案的"取舍率"。

总之，资本成本在长期投资决策中是计算货币时间价值的根据，也是确定投资项目取舍的标准。

在实际工作中，由于企业的资本来源是多渠道的，从而使资本成本的构成也具有多样性。资本成本的确定，通常是由企业管理当局先按资本的不同来源，根据银行挂牌的利率、证券的实际利率、股东权益的获利水平、所得税率以及该项投资所冒风险的程度等因素分别进行确定，然后再根据各种资本来源的比重，综合计算加权平均的资本成本。

除考虑以上四个主要因素外，在投资决策过程中还要注意多种方案的比较、一些非价值量的因素及市场环境等宏观因素。总之，在充分利用会计资料及其他有关信息的基础上，运用各种专门方法对各种可行的备选方案进行科学的测算和缜密的比较分析，以便从中确定最优方案。

12.2　现金流量与货币时间价值

12.2.1　投资决策评价指标的计算基础：现金流量

现金流量（cash flow）是指投资项目从筹建、设计、施工、正式投产使用直至报废为止的投资项目的有效持续期间内（项目计算期）形成的现金流出量与现金流入量。在整个项目计算期的各个阶段都可能发生现金流量，投资主体应按年度估算现金流入量和现金流出量。投资项目计算期一般由建设期和经营期组成，其中第一年年初为建设起点，项目计算期最后一年的年末为终结点。尽管经营期每年的现金流入量和现金流出量是在年内各个不同的时点上发生，但为了便于货币时间价值的具体运用，假定经营期的现金流量均在年末发生。

1. 项目计算期的确定

在确定项目计算期时要注意两点：一是项目在技术上还具有一定的竞争能力；二是在经济上还可以获取相当的收益而不必支付很大的代价。

这就要求确定投资项目的计算期不但要考虑有形损耗，更应注重无形损耗。无形损耗是指固定资产在使用过程中由于非物质原因而发生的贬值损失，这种贬值损失主要是由于科学技术进步所引起的。因而，从理论上讲，确定项目计算期的客观依据应是项目使用的技术寿命期，或是最有效的作用发挥期。一般的做法是从项目投资开始到项目最佳的更新时刻为止。

2. 以现金流量为计算基础的意义

（1）以现金的实际收到或支付计算投资方案的效益，便于评价方案的优劣

以这种原则计算现金流量，便于将投资项目的收入、支出以及与二者相联系的时间紧密结合起来，便于用统一的货币时间价值来衡量、比较不同项目或不同方案的经济效益，以真实地反映投资效果。而且投资项目的回收期一般都较长，如果不是以实际收到的现金作为收益，就具有较大的风险，容易过高地估计项目的投资收益，不符合稳健性原则。比如应收账款就不能作为投资的回收内容,因为何时能收回来是一个未知数。例如,银行利率为8%,某投资项目投资10 000元的年收入为1 000元。如这1 000元是投资项目当年的现金流入,则它大于银行存款200(=1 000-800)元,投资是有利的;如这1 000元仅仅是一个应收数,要到第二年底才能收到现金,而两年的存款利息是1 600元,利息大于收入,说明投资是不利的。因此,投资效益以现金收支来比较,便于考虑货币的时间价值,便于做出投资决策是否合算、是否最优的正确评价。

(2) 不应以投资方案的收益评价投资效果

财务会计的利润是以权责发生制为基础计算的,记作收入的标准、折旧计算的方法、存货计价的方法不同等因素,都会影响收益的计算。因此,以收益来评价投资效益会影响评价结果的准确性,现金流量是以现金的实际收支为基础计算的,可使投资决策的评价更加客观。

(3) 利润不应是确定投资效益的唯一标准

由于投资对象、投资内容不同,不能仅以利润作为现金流入。如有的投资项目可以计算利润,有的则不易计算出利润,需以项目的节约额作为投资所得,而且一家企业的现金流比盈利状况更重要,特别是对投资决策而言,一个项目能否持续,取决于是否有足够的现金支付各种费用。

基于上述原因可知,投资收益的预计比现金流量的预计有较大的主观随意性,而采用现金的实际收支作为项目的计算基础,可以把投资项目各项可计量的内容统一起来。因此,对投资决策的计算、评价应采用按收付实现制计算的现金流量的方法。

12.2.2 现金流量的组成内容

在决策前,要具体测算投资方案涉及的现金流出、现金流入的数量及时间,以及现金流入量与现金流出量二者比较后的差额——净现金流量。这些是正确评价投资效果的必要条件。因此,我们必须清楚现金流出量(cash outflows)、现金流入量(cash inflows)的具体内容及净现金流量的概念及其计算。

1. 现金流出量

(1) 建设投资

建设投资是指在建设期内按一定生产经营规模和建设内容投放在固定资产、无形资产和开办费等投资的总称,如土地购买或租赁费用、土建工程费用、生产设备支出、设备安装支出、人员培训费用等。需要指出的是,固定资产投资与形成的固定资产原始价值可能不一样,因为有的固定资产价值包括建设期内资本化的利息。

(2) 垫支的营运资金

垫支的营运资金是指项目投产前后分次投放在流动资产方面的资金,如项目投产而发生的购置材料、在产品、筹建小组费用、职工培训费等。垫支的营运资金既可以发生在建设期内,又可以发生在经营期内。一般假定在建设期末已将一定数额的流动资金筹措到位,且假定垫支的流动资金在终结点一次性收回。

建设投资和垫支的营运资金构成原始投资额,再加上资本化利息,构成项目投资总额。更新改造项目往往不涉及流动资金的支出,因此更新改造项目的原始投资额一般只包括建设投资。这类投资项目又称为单纯或非全新项目。

(3) 付现成本

付现成本是指项目投产后在经营期内为满足正常生产经营需动用货币资金支付的成本。付现成本是投资项目在生产经营阶段上最主要的现金流出内容。付现成本的计算公式：

$$某年付现成本 = 该年总成本费用（不含财务费用） - 该年折旧额$$
$$- 该年无形资产和开办费的摊销额$$

（4）各项税款

各项税款指项目投产后依法缴纳的各种税款，包括营业税、所得税等。

是否将所得税作为现金流出，取决于投资主体是谁：如果国家是投资主体，所得税就不作为现金流出项目，因为主要是考核项目本身的投资效益；如果投资主体是企业，一般把所得税作为现金流出的内容，因为只有税后利润才是企业这个投资者可能得到经济实惠。

（5）其他现金流出

在实际投资决策中，有些改建、扩建项目往往还需考虑改建、扩建项目带来的停产或减产损失及原有固定资产拆除费用等，也应将其作为现金流出的一项内容。

2. 现金流入量

（1）营业收入（产品销售收入、业务收入或费用节约额）

营业收入指项目投产后每年实现的全部销售收入或业务收入。为简化核算，假定正常经营年度内每期发生的赊销额与回收的应收账款大体相等。营业收入是经营期主要的现金流入项目。

需要指出的是，改建、扩建与更新改造项目现金流入的计算随项目的情况而异。有些项目，如扩建一个独立车间，其增加的净现金流量可以分开计算；有些项目与已有企业的效益难以分开计算，可分别计算改建、扩建与不改建、不扩建的总现金流入，两者的差额即增量的现金流入；有些不增加产量，只降低生产成本的技术改造项目，其增量的净现金流量即成本的节约额；有的项目不增加产量，只提高产品质量的技术改造项目，其增量的现金流入体现在因产品价格随质量提高而增加的销售收入中。

（2）项目经济寿命期终结时，其资产的残值收入或中途变价收入

一个投资项目，在其经济寿命期的期末，往往会有一些项目资产的残值收入，如购买的机器设备，其报废清理收入或转让的变价收入扣除清理费用后的净额。这些预计的收入发生的可能性很大，应作为现金流入量因素考虑在内。

（3）回收垫支的营运资金

回收垫支的营运资金指投资项目终结时，回收原垫付的营运资金。在项目的生命周期要结束时，企业要把项目有关的存货出售。为简化计算，在发生营运资金垫付时，把它视作现金流出，而在项目经营期间循环发生的营运资金收回和再垫支，既不作为现金流入，也不作为现金流出。一般在投资分析时，假定开始投资时垫付的营运资金在项目结束时收回。这样，现金流出量预计的"垫支的营运资金"数额，就视同项目终结点收回的营运资金数额。

3. 净现金流量及其计算

净现金流量又称现金净流量（net cash flow，NCF），是指在一定期间现金流入量与现金流出量的差额。这里的一定期间，可以是投资项目的整个计算期，也可以是某年。

计算净现金流量的一般公式为：

$$某年净现金流量 = 该年现金流入量 - 该年现金流出量$$

由于现金流入、流出在项目计算期内的不同阶段上的内容不同，使得各阶段上的净现金流量表现出不同的特点，如在建设期内，净现金流量一般小于或等于零；在经营期内，净现金流量多为正值。

(1) 建设期净现金流量的计算公式

若原始投资均在建设期内投入，则建设期净现金流量可按下式计算：

$$\text{建设期某年净现金流量} = -\text{该年发生的投资额}$$

(2) 经营期净现金流量的计算公式

$$\text{经营期某年净现金流量} = \text{该年现金流入量} - \text{该年现金流出量}$$
$$= \text{该年利润} + \text{该年折旧} + \text{该年摊销额} + \text{该年回收额}$$

一个投资项目全过程（建设期和生产经营期）的净现金流量，其计算的基本公式为：

$$\text{净现金流量} = \text{现金流入量} - \text{现金流出量}$$
$$= \sum(\text{各年经营利润} + \text{各年折旧}) + \text{固定资产残值净收入}$$
$$+ \text{回收垫支的流动资金} - \text{投资额}(\text{固定资产和流动资产上的投资})$$

(3) 需要注意的两点

一是，为什么经营期现金流量的基本公式可简化为"利润 + 折旧"。按财务会计的产品成本资料计算的利润，折旧费作为企业经营必不可少的一项费用，已计入产品生产成本、销售费用和管理费用中了。从投资决策现金流入、流出的角度看，折旧是项目投资时的现金流出量在生产经营期的摊销额，并非经营期现金的实际支出。如果计算净现金流量时只考虑利润，而利润额是收入减成本算出的，这个成本是包含折旧额的，即利润已经扣减了折旧了，如果不加折旧，就形成了现金流出的重复计算（原始投资额在建设期已作为现金流出）。

二是，项目终结点的年净现金流量除了利润 + 折旧外，还应包括回收的流动资金以及固定资产的残值净收入。

在实际工作中，为反映投资项目计算期内各年的现金流入量和现金流出量，以计算投资项目的经济评价指标，一般需编制"现金流量表"，其格式如表 12-1 所示。

表 12-1 现金流量表

项目 \ 年份	建设期		经营期				...		合计
	1	2	3	4	5	6	...	n	
一、现金流入									
1. 经营利润									
2. 折旧									
3. 回收固定资产残值									
4. 回收流动资金									
流入小计									
二、现金流出									
1. 固定资产投资									
2. 流动资金									
流出小计									
三、净现金流量									
四、累计净现金流量									

注：1. 表中项目可根据现金流入和现金流出的具体内容有所增减。
2. 为简化起见，将经营期的现金流入和现金流出的各个具体项目进行归并后以利润和折旧两项列示，实际工作也可按销售收入、税金、成本等具体内容分别予以列示。

12.2.3 货币时间价值

1. 货币时间价值的经济意义

货币时间价值是货币随着时间的推移而形成的增值。货币时间价值从理论上讲，就是资金的机会成本。因为在一定时间，企业的资金总是有限的，已经用于某个方面，就不能同时用于其他方面，用于其他方面的"机会"就会丧失。如果企业把这部分资金用在别的方面一般可以得到10%的效益，那么企业自然也应要求把资金用在这一方面至少也能提供10%的效益，根据"机会成本"的概念，已放弃机会的可计量价值10%，要从已采取的方案中得到补偿，否则，就意味着企业由此遭受了不应有的损失。资金的投放也有各种各样的机会，可以投资于不同行业、不同项目以及一个项目的不同方案。资金的投向不同其效益也各不相同，因此"机会"不同其成本也就不同。究竟选择哪一种"机会"作为计算货币时间价值的依据？在各种可能的机会中，我们应该选择一种最普遍、最实际的机会作为我们的假计成本，而利息就是最常见的假计的机会成本。例如，企业扩充厂房设备，可以采取不同的方案，各个方案所需的资金数量，投入的时间都各不相同。为正确地对各种可供选择的方案进行对比分析，决定取舍时，不论企业的资金是自有的，还是外借的，都必须以利息作为机会成本进行计算。因此，货币的时间价值就是利息问题。

2. 货币时间价值的计量形式

货币时间价值的主要计量形式有复利终值、复利现值、年金终值和年金现值。

货币时间价值通常按复利法进行，复利（compound interest）的计算是在单利的基础上发展起来的。单利是只就本金计算利息而言的。

复利是指不仅本金要计算利息，利息也要生息，即所谓的"利滚利"。

（1）复利终值

复利终值又称本利或到期值，指本金在约定的期限内按一定的利率计算出每期的利息，将其加入本金再计息，逐期滚算到约定期末的本金和利息总值。

将复利终值的计算与单利做比较，如表12-2所示。

表12-2　单利与复利的终值计算比较表　　　　　　　　（单位：元）

期间	单利终值	复利终值
第一期期末	$F = 1\,000 \times (1 + 12\% \times 1) = 1\,120$	$F = 1\,000 \times (1 + 12\% \times 1) = 1\,120$
第二期期末	$F = 1\,000 \times (1 + 12\% \times 2) = 1\,240$	$F = 1\,000 \times (1 + 12\% \times 1) \times (1 + 12\% \times 1)$ $= 1\,000 \times (1 + 12\%)^2 = 1\,254$
第三期期末	$F = 1\,000 \times (1 + 12\% \times 3) = 1\,360$	$F = 1\,000 \times (1 + 12\% \times 1) \times (1 + 12\% \times 1) \times (1 + 12\% \times 1)$ $= 1\,000 \times (1 + 12\%)^3 = 1\,405$

复利终值的计算公式为：

$$F = P(1 + i)^n$$

式中，P 为现值或本金，i 为利率，n 为一定期限，$(1+i)^n$ 为复利终值系数。

在实际工作中，复利终值的计算可以利用复利终值系数 $(1+i)^n$ 表。复利终值系数是当利率 i 每期复利一次，n 期后1元的终值，记作 $(F/P, i, n)$。在复利终值系数表中很容易查到已知利率和年数的条件下终值系数为多少。1元的复利终值参见本书附录。例如，已知利率为10%，求投资20 000元5年后的终值。查表可知利率10%，5年期的终值系数为1.611，则这笔投资5年后的终值为：

$$20\,000 \times 1.611 = 32\,220(元)$$

（2）复利现值

复利现值是指未来某一规定时间收到或支付一笔款项，按规定利率计算的现在的价值。计算现值的意义与计算终值的意义正好相反。计算终值是从已知现在投资金额、利率及时期，来计算投资的终值。反之，计算现值则是从已知将来值（终值）、利率及时期，来计算现在需投资的金额。把未来金额折算为现值的过程称为折现。在投资决策中，现值概念的应用较终值概念更为广泛。

复利现值是复利终值的逆计算，复利现值公式可由复利终值公式推出：

已知：
$$F = P(1+i)^n$$

则复利现值公式：
$$P = F \cdot \frac{1}{(1+i)^n}$$

式中，$\frac{1}{(1+i)^n}$ 为复利现值系数。现值系数是当利率 i 在 n 期后收到 1 元的现值，记作 $(P/F, i, n)$。在实际工作中，计算复利现值可利用复利现值系数表计算。

例 12-1 某企业年初打算存入一笔资金，3 年后一次取出本利和 100 000 元，已知年复利率为 6%，企业现在应存多少钱？

已知 $F = 100\,000$ 元，$i = 6\%$，$n = 3$，则

$$100\,000 \times \frac{1}{(1+6\%)^3} = 83\,960(元)$$

(3) 年金

年金（annuity）是指在一定时期内每间隔相同时间（如一年）收到或支付一系列等额的款项。年金在现实经济生活中应用广泛，如投资 1 000 000 元到一家企业，每年可获得一笔固定的收入，该笔固定收入就称为年金收入。日常生活中，人寿保险、退休金、零存整取等都属于年金的范畴。

年金根据每期收入或支出具体情况的不同有多种形式：收到或支付在每期期末的年金，称为普通年金或后付年金；收到或支付在每期期初的年金，称为即付年金或预付年金；收到或支付在第一期期末以后的某一时间的年金，称为递延年金；无限期继续支付的年金，称为永续年金。年金是和复利相联系的，年金的终值、现值都是以复利的终值、现值为基础进行计算的。普通年金以外的各种形式的年金，都是普通年金的转化形式。以下仅对普通年金的终值和现值的计算做较具体的说明。

1）年金终值（F_A）是每期期末收到或支付等额款项的复利终值之和。例如，每年末存入 100 元，存 3 年，按年利率 10% 计算普通年金，其第三年年末的年金终值，如图 12-1 所示。

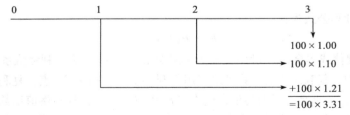

图 12-1 年金终值

又如，每年年末存入 1 元，按年利率 10% 计算，5 年后可获得终值，即为 1～5 年各年的本利和之和，5 年的年金终值是：

$$1 + 1.10 + 1.21 + 1.331 + 1.464 = 6.105(元)$$

可见，年金终值的计算公式可从复利终值公式中推导出：

$$年金终值 = 1 + (1+i)^1 + (1+i)^2 + (1+i)^3 + \cdots + (1+i)^{n-1} = \frac{(1+i)^n - 1}{i}$$

上式是以 1 元的年金为基础的年金终值计算的公式。如前所述，1 元年金为基础的年金终

值，即 $\frac{(1+i)^n - 1}{i}$ 为年金终值系数，记作 $(F/A, i, n)$，它同样可以根据时期和利率的不同，编制年金终值系数表（可参见本书附录）。年金终值的计算公式为：

$$F_A = A \cdot \frac{(1+i)^n - 1}{i}$$

年金终值 = 年金 × 年金终值系数

例 12-2 某公司计划每年末存入银行 100 000 元，存 5 年积累一笔款项，用于建造福利设施，年利率为 5%，问第 5 年年末总共可积累多少资金？

年金终值 = 100 000 × 5.525 6 = 552 560(元)

2）年金现值（P_A）是每期期末收到或支付等额款项的复利现值之和。例如，每年年末能收入 1 元，一共收了 5 年，共收到 5 元，按年利率 10% 计算，它的现值是：

0.909 + 0.826 + 0.751 + 0.683 + 0.621 = 3.790(元)

这表明虽然 5 年后能收到 5 元，但折算为现在的价值，即扣除利息后，就只有 3.79 元了。年金现值的计算公式也可以从现值计算公式中推导出：

$$年金现值 = \frac{1}{(1+i)^1} + \frac{1}{(1+i)^2} + \cdots + \frac{1}{(1+i)^n} = \frac{1 - \frac{1}{(1+i)^n}}{i}$$

上式是以 1 元的年金为基础的年金现值计算公式。1 元年金为基础的年金现值即为年金现值系数，记作 $(P/A, i, n)$。可以根据时期和利率的不同，编制年金现值系数表（可参见本书附录）。以 P_A 代表年金现值，年金现值的计算公式为：

$$P_A = A \cdot \frac{1 - \frac{1}{(1+i)^n}}{i}$$

年金现值 = 年金 × 年金现值系数

例 12-3 每年年末收入 100 元，年利率为 12%，5 年后年金的现值为多少？

年金现值 = 100 × 3.605 = 360.5(元)

如图 12-2 所示。

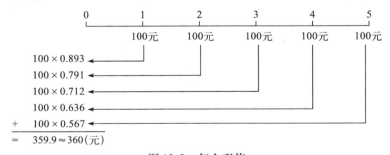

图 12-2　年金现值

12.3　投资决策评价指标

投资决策评价指标是评价投资项目优劣的标准和量度。投资决策评价指标比较多，也可以从不同的角度进行分类。我们这里着重阐述是否考虑货币时间价值进行的分类，这也是实际工作中最为常用的分析评价方法。

12.3.1 静态指标及其计算

静态指标是指在计算过程中不考虑货币价值因素的指标,主要有投资回收期和投资利润率。

1. 投资回收期的意义及其计算

投资回收期是指原始投资额全部回收所需要的时间,或经营期净现金流量抵偿原始投资额所需要的时间。该指标以一年为单位,有两种形式,一种是包括建设期的投资回收期(记作 PP),另一种是不包括建设期的投资回收期(记作 PP')。显然,在建设期为 s 时,$PP' + s = PP$。只要求出一种形式,就可很方便地求出另一种形式。

(1) 经营期净现金流量为年金形式

其计算公式为:

$$\text{不包括建设期的回收期} PP' = \frac{\text{原始投资额}}{\text{年净现金流量}}$$

例 12-4 某企业计划购买一台设备,年初需投资 300 000 元,经济寿命期为 5 年。第 1 年年末即有净现金流量 100 000 元,预计每年的净现金流量相等,计算该投资项目的回收期。

$$\text{回收期} = \frac{300\,000}{100\,000} = 3(\text{年})$$

(2) 年净现金流量不是年金形式

在实际工作中,通常经营期每年的净现金流量多为不相等,这种情况下计算投资方案的回收期就不能直接用公式计算,需要根据累计的净现金流量计算,即"累计净现金流量为零"的年限就是方案的回收期。

例 12-5 设一投资项目的净现金流量如表 12-3 所示,计算项目回收期。

表 12-3　　回收期计算表　　(单位:元)

年序	0	1	2	3	4	5
年净现金流量	-150 000	28 000	29 000	33 000	62 000	43 000
累计净现金流量	-150 000	-122 000	-93 000	-60 000	2 000	45 000

从表 12-3 中可以看出,该项目在第 3 年还有 60 000 元没有收回来,到第 4 年年底,不但收回了全部投资,还有 2 000 元的盈余。可知该项目的投资回收期在 3~4 年之间,具体计算可按下式:

$$PP' = 3 + \frac{60\,000}{62\,000} = 3.97(\text{年})$$

本例建设期为零,如果建设期为一年,则包括建设期的回收期就是:

$$PP = 3.97 + 1 = 4.97(\text{年})$$

投资回收期指标可与该行业的基准投资回收期比较。一般认为,当投资回收期小于基准投资回收期时是可以考虑接受的。行业的基准回收期随行业的不同而不同。一般要求食品工业 1 年收回投资,轻纺、化学工业两三年收回。当然,行业的基准回收期还得根据所处经济环境和具体情况做具体分析。投资回收期指标能够直观地反映原始投资的返本期限,便于理解项目在何时能够获利。投资回收期越短,则说明该项投资在未来时期所冒的风险越小;投资回收期越长,市场变化越大,冒的风险也越大。因此,投资回收期可以作为未来所冒风险程度的标志,因其计算方便,易被实际工作者接受。

投资回收期指标有两个主要缺点：一个是它没有考虑货币时间价值，将若干年后的 1 元与现在的 1 元等量齐观；另一个是它没有考虑投资额回收后的净现金流量，因而有一定的局限性，在评价不同方案的经济效果时，难以确切地说明问题。例如，有甲、乙两个方案，都是在第 1 年年初投入 180 000 元。甲方案经济寿命期 3 年，第 1 年年末至第 3 年年末年净现金流量都是 60 000 元。乙方案经济寿命期 6 年，6 年内每年的净现金流量都是 45 000 元。甲方案的投资回收期为 3 年，乙方案为 4 年。如仅仅用回收指标评价优劣，甲方案（3 年）看似优于乙方案（4 年），其实不然，甲方案用 3 年时间虽能收回全部投资，但投资收回后就无赚头了，而乙方案用 4 年时间收回投资后尚有 2 年的净现金流量流入。显然，投资效益甲方案不如乙方案，是不可取的。因此，不能仅以静态回收期来确定投资效益方案的优劣。

2. 投资利润率

投资利润率是指项目达到设计生产能力后的一个正常生产年份的年利润与项目总投资的比率。对生产期内各年的利润总额变化幅度较大的项目，应计算生产期年平均利润总额与总投资的比率。其计算公式为：

$$投资利润率 = \frac{年利润或年平均利润}{投资总额}$$

投资利润率指标反映投资项目正常年份每 1 元投资带来的年利润。该指标简单明了，易于掌握，其缺点与静态投资回收期指标相同，一是没有考虑货币时间价值，二是投资收益中没有包括折旧，没有完整地反映现金流入量。因此，静态投资利润率指标一般用于方案的初选，或者投资后项目间经济效益的比较。

12.3.2 动态指标及其计算

1. 净现值的意义及其计算

对于任何一项长期投资方案，决策者总是期望未来能获得的报酬金额比原始投资额更多一些，以体现价值的增值。但未来得到报酬的现金流入量与原始投资的现金流出量发生在不同时期，根据货币的时间价值观念，不同时期货币的时间价值是不相等的。这两类金额只有统一在同一个"时点"上（即原始投资的时间）才好相互对比。因此，我们把一项投资方案在未来期间所能获得的报酬（现金流入量），按照资本成本折算成总现值，然后把它与原始投资额（现金流出量）折成的现值进行对比，其差额就是"净现值"（net present value, NPV）。换句话说，净现值是指一项投资的未来报酬总现值超过原投资额现值的金额。

例 12-6 设一投资项目有甲、乙两个方案，方案的资本成本为 10%，用净现值指标比较其优劣。甲、乙方案的现金流量及净现值计算结果如表 12-4 所示。

表 12-4 净现值计算 （金额单位：元）

年序	甲方案			
	净现金流量	折现系数 10%	折现的净现金流量	累计折现的净现金流量
0	−105 000		−105 000	−105 000
1	36 000	0.909	32 724	−72 276
2	36 000	0.826	29 736	−42 540
3	36 000	0.751	27 036	−15 504
4	36 000	0.683	24 588	9 084
5	36 000	0.621	22 356	31 440
NPV			31 440	

(续)

年序	乙方案			
	净现金流量	折现系数10%	折现的净现金流量	累计折现的净现金流量
0	−105 000		−105 000	−105 000
1	35 000	0.909	31 815	−73 185
2	36 000	0.826	29 736	−43 449
3	36 000	0.751	27 036	−16 413
4	39 000	0.683	26 637	10 224
5	41 000	0.621	25 461	35 685
NPV			35 685	

由表 12-4 可以看出，甲方案从第 1 年到第 5 年的净现金流量相等，可以按年金现值系数一次折现来计算净现值。

从例 12-6 我们可以得到以下分析。

（1）甲、乙两个方案的净现值都为正值，两个方案都可行。以乙方案为例，其净现值 35 685 元，说明经营期净现金流量总现值超过投资额现值，即这 35 685 元是扣除投资额及资本成本额后还有 35 685 元的获利。从投资报酬率上看，说明该投资项目可实现的投资报酬高于资本成本，是可行的；反之，如果方案的净现值为负值，说明经营期净现金流量总现值低于投资额现值，投资无利，不可行。如果净现值为零，说明经营期净现金流量总现值与投资额现值相等，投资无利，需视具体情况慎重决策。

（2）对比甲、乙两个方案，两方案的投资额相同，经营期也都是 5 年，但甲方案 5 年的净现金流量总额是 180 000 元，乙方案是 187 000 元，乙方案的净现值 35 685 元比甲方案的净现值 31 440 元多出 4 245 元，应选择乙方案。

净现值是一个重要的评价指标，实际工作中应用较广。但应注意，净现值指标并不能揭示各个投资方案本身可能达到的实际投资报酬率是多少。这一指标还有一个主要缺点，即当几个方案的投资额不相同时，仅以净现值绝对值的大小，是不能做出获利水平高低的正确评价的，还应结合其他动态指标进行分析评价。

2. 获利指数

投资项目的获利指数有两种表达方式，即现值指数（present value index，PVI）和净现值率。

（1）现值指数的意义及其计算

现值指数是指投资方案的未来报酬按资本成本折现的总现值与原始投资额的现值之比。它反映每 1 元投资额未来可以获得报酬的现值有多少。其计算公式为：

$$现值指数 = \frac{未来报酬总现值}{原始投资额现值} = \frac{投资后各年净现金流量现值之和}{原始投资额现值}$$

例 12-7 依表 12-4 的资料计算甲、乙两个方案的现值指数。

甲方案经营期净现金流量总现值 = 32 724 + 29 736 + 27 036 + 24 588 + 22 356
$$= 136\ 440（元）$$

$$甲方案现值指数 = \frac{136\ 440}{105\ 000} = 1.299$$

乙方案经营期净现金流量总现值 = 31 814 + 29 736 + 27 036 + 26 637 + 25 461
$$= 140\ 685（元）$$

$$乙方案现值指数 = \frac{140\,685}{105\,000} = 1.339$$

利用该指标进行决策时,如果现值指数大于 1,说明方案可行;如果现值指数小于 1,说明方案不可行。若同时有数个方案的现值指数均大于 1,应选择现值指数最大的方案。

现值指数与净现值的关系是:净现值为正数时,现值指数大于 1;净现值为负数时,现值指数小于 1;净现值为零时,现值指数等于 1。

(2) 净现值率(净现值指数)的意义及其计算

净现值率(NPVR)是项目(方案)的净现值与原始投资额现值之比。其计算公式为:

$$净现值率 = \frac{方案的净现值}{原始投资额现值}$$

依表 12-4 的资料,净现值率指标计算如下:

$$甲方案的净现值率 = \frac{31\,440}{105\,000} \times 100\% = 29.94\%$$

$$乙方案的净现值率 = \frac{35\,685}{105\,000} \times 100\% = 33.99\%$$

净现值率指标用以说明每元投资的现值未来可以获得的净现值有多少,并使得投资规模不同的方案具有共同的可比基础,因而有较广泛的适用性。从上述计算中可知乙方案的净现值率大于甲方案,这一点同净现值指标是一致的。

净现值率与现值指数之间的关系可用下式表示:

$$现值指数 = 1 + 净现值率$$

3. 内含报酬率的意义及其计算

上述净现值、获利指数指标,虽然考虑了货币的时间价值,但有一个共同的缺点,那就是在设定的折现率(资本成本)的基础上计算项目的投资回收额及报酬率,不能据以了解各个投资方案其本身可以达到的具体报酬率为多少,而内含报酬率(internal rate of returе, IRR)能做到这一点。

内含报酬率是指一项长期投资方案在其经济寿命期内按现值计算的实际可能达到的投资报酬率。

内含报酬率的基础原理,就是根据这个报酬率对投资方案的全部现金流量进行折现,使未来报酬的总现值正好等于该方案原投资额的现值。正因为如此,内含报酬率的实质就是一种能使投资方案的净现值等于零的报酬率。

例 12-8 某投资方案的投资额是 6 076 元,经济寿命期 4 年,每年净现金流量 2 000 元。问该方案的投资报酬率(内含报酬率)是多少?

根据定义求得:

$$6\,076 = x\% \times 2\,000$$

$$x\% = \frac{6\,076}{2\,000} = 3.038$$

这个 3.038 就意味着求系数等于 3.038 时的利率,而这个系数的利率就是我们要求的内含报酬率。查年金现值系数表(见本书附录表 A-4)可知,在年限等于 4 时,利率为 12% 的系数是 3.037,确定内含报酬率约为 12%。我们也可以用利率 12% 的现值系数求得经营期净现金流量的现值合计,看其与投资额现值是否相等,来说明内含报酬率的意义所在。其计算过程如表 12-5 所示。

表 12-5　内含报酬率的意义　　　　　　　　　　（金额单位：元）

年序	经营期净现金流量	现值系数	现值	投资额
0				6 076
1	2 000	0.893	1 786	
2	2 000	0.797	1 594	
3	2 000	0.712	1 424	
4	2 000	0.636	1 272	
合计			6 076	6 076

由表 12-5 可以看出，4 年的净现金流量按 12% 的利率折成现值，使原始投资额和经营期净现金流量的现值相等。换句话说，如果是以 12% 的贷款利率借入这笔钱，由该方案 4 年所产生的报酬恰好偿还这笔借款和 4 年的利息。所以，内含报酬率是方案将来可以实际达到的投资报酬率。

计算内含报酬率的过程，实际上就是寻找使净现值为零的折现率的过程。内含报酬率的计算方法，因经营期各年的净现金流量是否相等而有所不同。现分述如下。

(1) 若各年的净现金流量相等

1) 先求年金现值系数。

因为，内含报酬率要求：

$$未来报酬总现值 = 原始投资额的现值$$

所以，

$$各年 NCF \times 年金现值系数(P/A,i,n) = 原始投资额的现值$$

移项得出：

$$年金现值系数(P/A,i,n) = \frac{原始投资额的现值}{各年 NCF}$$

2) 查"1 元的年金现值系数表"，在已知寿命期 (n) 的同一行中，找出与上述年金现值系数相邻近的较小和较大的年金现值系数及其相应的两个折现率。

3) 根据上述两个邻近的折现率及其相应的年金现值系数，采用"插值法"计算出该项投资方案的内含报酬率的近似值。

例 12-9　仍依例 12-6 的资料，计算甲方案的内含报酬率。

$$年金现值系数 = \frac{105\ 000}{36\ 000} \approx 2.917$$

已知该方案的经济寿命期为 5 年，查年金现值系数表（见附录表 A-4）可知，20% 折现率的系数为 2.991，24% 折现率的系数为 2.745，因此，甲方案的内含报酬率为 20%～24% 之间，其具体数值可用插值法求得：

$$甲方案的内含报酬率 = 20\% + 4\% \times \frac{2.991 - 2.917}{2.991 - 2.745} = 21.2\%$$

(2) 若各年的净现金流量不相等

在这种情况下，需采用逐次测试法计算内含报酬率。其计算程序是：先估算一个折现率，把经营期各年的净现金流量折算为现值，然后加计总数求得其总现值，并与原始投资额现值比较。如果净现值为正数，说明该投资方案可达到的内含报酬率比所用的折现率大，可再定一个较高的折现率进行测试；如果其净现值为负数，说明该投资方案可达到的内含报酬率比所用的折现率小，就再用一个较小的折现率进行测试。通过逐次测试，可依据净现值由正到负两个相邻的折现率，用插值法算出近似的内含报酬率。其计算公式为：

$$IRR = r_1 + (r_2 - r_1) \times \frac{|NPV_1|}{|NPV_1| + |NPV_2|}$$

式中，r_1 净现值为正数的较低折现率；r_2 净现值为负数的较高折现率；$|NPV_1|$ 为以 r_1 折现的净现值的绝对值；$|NPV_2|$ 为以 r_2 折现的净现值的绝对值。

例 12-10 仍依例 12-6 的资料，计算乙方案的内含报酬率。乙方案的计算过程如表 12-6 所示。

表 12-6　内含报酬率的测算　　　　　　　　　　（金额单位：元）

年序	净现金流量	22%折现系数	折现的净现金流量	24%折现系数	折现的净现金流量
0	-105 000		-105 000		-105 000
1	35 000	0.820	28 700	0.806	28 210
2	36 000	0.672	24 192	0.650	23 400
3	36 000	0.551	19 836	0.524	18 864
4	39 000	0.451	17 589	0.423	16 497
5	41 000	0.370	15 170	0.341	13 981
NPV			487		-4 048

$$乙方案的内含报酬率 = 22\% + 2\% \times \frac{487}{487 + 4\,048} = 22.21\%$$

内含报酬率能直接反映投资方案的实际报酬水平。从内含报酬率与净现值、资本成本的关系可以看出，内含报酬率是投资决策中重要的评价指标。

当方案的净现值为零时，方案的内含报酬率等于资本成本，说明该投资方案正好收回投资，但没有带来盈利，不赔不赚；当方案的净现值为正数时，方案的内含报酬率大于资本成本，说明该投资方案"还本付息"后还有利，赚钱；当方案的净现值为负数时，方案的内含报酬率小于资本成本，说明投资方案不够"还本付息"，赔钱。

投资方案的内含报酬率越大，说明该方案取得的盈利越多。同样的盈利，取得的时间越早，内含报酬率越大。

需要指出的是，当投资项目为非常规方案时，会给这一指标的实际应用带来困难。常规方案是非常规方案的对称。常规方案是在建设和生产经营年限内，各年的净现金流量在开始年份出现负值，以后各年出现正值，正、负符号只改变一次的投资方案。非常规方案是指在建设和生产经营年限内，各年的净现金流量在开始年份出现负值，以后各年份有时为正值、有时又为负值，正、负符号的改变超过一次以上的投资方案。根据内含报酬率计算公式的数学特性，在求解内含报酬率时，往往可能有几个解，这样就很难作为评价的依据。这是内含报酬率指标的最大缺陷。

4. 动态回收期的意义及其计算

动态回收期是考虑了货币时间价值的投资返本年限。它是按资本成本（或设定折现率）折现的现金流量作为计算基础，是累计折现的净现金流量为零时所需要的时间。其计算公式为：

$$动态投资回收期 = 累计折现的净现金流量开始出现正值年份数 - 1 + \frac{上年累计折现的净现金流量的绝对值}{当年折现的净现金流量}$$

依表 12-4 的资料，计算甲方案的回收期：

$$甲方案的动态回收期 = 4 - 1 + \frac{15\,504}{24\,588} = 3.63(年)$$

12.4 投资决策评价方法的应用

正确地计算经济评价指标，其目的就是要使它们在方案的对比与选优中正确地发挥作用。利用某一评价指标作为决策标准或依据的方法，称为以该项指标命名的"某某法"，如以净现值为择优依据的方法就叫净现值法。

为正确地进行方案的评价、对比和选优，就要从不同投资方案之间的关系着眼，将投资方案区分为独立方案和互斥方案两类。例如，机器设备的购置与厂房的购建，为各自单一独立的方案，它们之间不能相互取代，只有一个投资方案可供选择。对于单一独立的投资项目（方案），需要利用评价指标考查是否具有财务可行性，从而做出接受或拒绝该项目的决策。常用的评价指标是净现值、净现值率和内含报酬率。

互斥方案是指多个相互排斥，不可能同时并存的方案。互斥方案决策过程就是在每一个入选方案已具备财务可行性的前提下，比较各个方案的优劣，利用评价指标从各个备选方案中最终选出一个最优方案的过程。例如，为生产某一新产品，拟购置一台新机器，有两个方案：A方案建议购买进口机器，B方案建议购买国产机器，购买了进口机器，就不能购买国产机器。所以，A、B两个方案是相互排斥的方案。对互斥方案的评价，可根据具体的决策对象，选用恰当的方法进行评价。除采用独立方案所用的方法外，还需采用差额内含报酬率法、年回收额法、年均成本法、费用现值比较法等方法。

总之，采用评价方法对方案进行对比选优时，不仅要注意保持各个方案的可比性，还要注意选用恰当的评价指标。此外，除了考虑经济效益，还要根据实际情况综合考虑市场、技术等各种因素并进行详细的论证比较，必要时还应考虑项目外部的效益和费用，如环境、社会等因素做出抉择。因此，投资决策是一项难度较大的工作，其评价的质量不仅取决于评价方法本身的科学性，还取决于市场、工程技术、投资估算、产品成本等一系列数据的可靠性，并且要求项目评价人员具有较高的素质和较广的知识面，才能根据具体情况灵活运用评价方法。因此，一个大的投资项目的决策是一项复杂的系统工程。

12.4.1 独立方案是否可行的评价

例 12-11 某公司准备开发一个新项目，经测算，有关资料如下。

该项目需固定资产投资共 800 000 元，第 1 年年初投入 500 000 元，第 2 年年初投入 300 000 元。两年建成投产，投产后达到正常生产能力。第 2 年年底需垫支流动资金 100 000 元。该固定资产可使用 5 年，按直线法计算折旧，期末净残值为 78 000 元，年折旧额为 144 400（=（800 000 − 78 000）/5）元，根据市场调查和预测，投产后第 1 年的产品销售收入为 760 000 元，以后 4 年每年为 880 000 元（假定都于当年收到现金）。第 1 年的付现成本为 300 000 元，以后各年为 580 000 元。企业所得税率为 25%。方案的资本成本为 10%。计算方案的净现值并评价是否可行。

计算结果如表 12-7 所示。

表 12-7　各年净现金流量　　　　　　　　　　（单位：万元）

项目	年序							
	0	1	2	3	4	5	6	7
固定资产投资	-50	-30						
流动资产投资			-10					
经营净现金流量				38.11	26.11	26.11	26.11	26.11
固定资产残值								78
流动资本回收								100
各年净现金流量	-50	-30	-10	38.11	26.11	26.11	26.11	43.91

计算过程如下：

$$NCF_0 = -500\,000(元) \quad NCF_1 = -300\,000(元) \quad NCF_2 = -100\,000(元)$$
$$NCF_3 = [760\,000 - (300\,000 + 144\,400)] \times (1 - 25\%) + 144\,400 = 381\,100(元)$$
$$NCF_{4\sim6} = [880\,000 - (580\,000 + 144\,400)] \times (1 - 25\%) + 144\,400 = 261\,100(元)$$
$$NCF_7 = 261\,100 + 78\,000 + 100\,000 = 439\,100(元)$$

该方案的净现值为：

投资额现值 = 500 000 + 300 000 × 0.909 + 100 000 × 0.826 = 855 300(元)

净现值 = 381 100 × 0.751 + 261 100 × (4.355 - 2.487) + 439 100 × 0.513 - 855 300
　　　= 143 899.2(元)

评价：该方案的净现值为正数，可行。

12.4.2　互斥方案的评价

互斥方案的评价主要以固定资产更新的决策为例。

固定资产更新是对技术上或经济上不宜继续使用的旧资产，用新的资产更换或用先进的技术对原有设备进行局部改造。

固定资产更新决策主要研究两个问题：一个是决定是否更新，另一个是决定选择什么样的资产来更新。在实际应用中，这两个问题是结合在一起考虑的，如果市场上没有比现在的设备更适用的设备，那么就继续使用旧设备。因为旧设备可以通过修理继续使用，所以更新决策是对继续使用旧设备还是购置新设备的选择。

例 12-12　某企业准备购买一台新设备替换目前正在使用的旧设备，有关资料如下。

使用新设备可使年付现成本由原来的 80 000 元降到 60 000 元。两种设备的年产量和设备维修费相同。新设备买价 46 000 元，运费和安装费 5 000 元。该设备可使用 4 年，4 年后的残值为 4 000 元，年折旧额为 11 750(= (46 000 + 5 000 - 4 000)/4) 元。旧设备原值为 42 000 元，已提折旧 20 000 元，旧设备折余价值（净值） 22 000 元，可再使用 4 年，4 年后的残值为 2 000 元，年折旧额 5 000(= (42 000 - 20 000 - 2 000)/4) 元。如果现在出售，该设备可得价款 15 000 元。企业所得税率为 25%，资本成本为 16%。

该例题只给了新旧设备的有关成本费用资料，没有给收入资料，可认为新旧设备产品的销售收入没有发生变化，故可采用差量分析法比较两个方案差额净现金流量（ΔNCF），并计算差额净现值（ΔNPV），进而做出决策。

(1) 计算初始投资的差额、折旧额的差额和残值的差额

根据上述资料可知,购买新设备的成本为 51 000(= 46 000 + 5 000)元,旧设备的现时出售价预计为 15 000 元。另外,出售旧设备的净损失为 7 000(= 22 000 - 15 000)元。这 7 000 元的损失虽然与投资现金流量无关,但可减少当年所得税 1 750(= 7 000 × 25%)元[⊖]。

因此 Δ 初始投资为:

$$\Delta 初始投资 = -46\,000 - 5\,000 + 15\,000 + 1\,750 = -34\,250(元)$$

计算 Δ 折旧额和 Δ 残值。将折旧额和残值视为现金流入量,Δ 折旧额等于新设备的折旧额减去旧设备的折旧额,即:

$$\Delta 折旧额 = 11\,750 - 5\,000 = 6\,750(元)$$
$$\Delta 残值 = 4\,000 - 2\,000 = 2\,000(元)$$

(2) 计算经营期净现金流量差额

$$\Delta NCF_{1-3} = [(80\,000 - 60\,000) - (11\,750 - 5\,000)] \times (1 - 25\%) + 6\,750 = 16\,687.5(元)$$
$$\Delta NCF_4 = 16\,687.5 + (4\,000 - 2\,000) = 18\,687.5(元)$$

(3) 计算新设备比旧设备增加的净现值(差额净现值)

$$\Delta NPV = 16\,687.5 \times (P/A, 16\%, 3) + 18\,687.5 \times (P/F, 16\%, 4) - 34\,250$$
$$= 16\,687.5 \times 2.246 + 18\,687.5 \times 0.552 - 34\,250$$
$$= 13\,545.63(元)$$

ΔNPV > 0,说明用新设备比用旧设备多获利 13 545.63 元,因此用新设备代替旧设备比较合适。

例 12-13 甲公司计划购置一台新设备替换旧设备。旧设备原值 100 000 元,账面净值 60 000 元,每年折旧额 10 400 元,尚可使用年限为 5 年,5 年后残值为 8 000 元,现时出售价为 28 000 元。旧设备所生产产品每年营业收入为 110 000 元,经营付现成本为 80 000 元。新设备买价、安装费等共 120 000 元,可用 6 年,报废时残值为 10 000 元,无清理费用。使用新设备营业收入不变,但每年产品付现成本可降低 30 000 元。所得税率 33%。资本成本 10%。

要求:分别计算新旧设备项目计算期的年净现金流量,并据以确定两者净现金流量的差额,分别用差额内含报酬率法和年回收额法做出决策(本例要求考虑旧设备出售损失可减少所得税的影响因素)。

差额内含报酬率法是指在两个投资额不同方案的差额净现金流量 ΔNCF 的基础上,计算出差额内含报酬率 ΔIRR,并据以判断方案优劣的方法。差额内含报酬率,是两个方案的净现金流量差额的现值之和等于零时的折现率。可用与计算内含报酬率相同的方法进行计算。利用差额内含报酬率法进行评价,当差额内含报酬率指标大于设定折现率时,原始投资额大的方案较优;反之,则投资额小的方案为优。

年回收额法是根据投资方案的年回收额的大小来选择最优方案的决策方法。其计算公式为:

$$年回收额 = \frac{该方案的净现值}{n年,i折现率的年金现值系数}$$

在此方法下,备选方案中年回收额最大的方案为优。

依据例 12-13 的要求计算如下。

(1) 计算新旧设备的年净现金流量及其差额

购买新设备就要出售旧设备。旧设备的账面净值(折余价值)为 60 000 元,而旧设备的现时出售价只有 28 000 元,出售旧设备的损失为 32 000(= 60 000 - 28 000)元。

⊖ 此问题在实际工作中可视资金额的大小决定是否考虑。

$$旧设备净损失可减少的所得税 = 32\,000 \times 33\% = 10\,560(元)$$

$$新设备的年折旧额 = \frac{120\,000 - 10\,000}{6} = 18\,333(元)$$

$$新设备年经营付现成本 = 80\,000 - 30\,000 = 50\,000(元)$$

$$新NCF_{1\sim5} = [110\,000 - (50\,000 + 18\,333)] \times (1 - 33\%) + 18\,333 = 46\,250(元)$$

$$新NCF_6 = 46\,250 + 10\,000 = 56\,250(元)$$

$$旧设备的年折旧额 = \frac{60\,000 - 8\,000}{5} = 10\,400(元)$$

$$旧NCF_{1\sim4} = [110\,000 - (80\,000 + 10\,400)] \times (1 - 33\%) + 10\,400 = 23\,532(元)$$

$$NCF_5 = 23\,532 + 8\,000 = 31\,532(元)$$

新旧设备各年的 NCF 及两者之差 ΔNCF 如表12-8所示。

表12-8 新旧设备年净现金流量比较 （单位：元）

t年	0	1~4	5	6	合计
新设备 NCF	-120 000	46 250	46 250	56 250	167 500
旧设备 NCF	-28 000	23 532	31 532	0	97 660
旧设备净损失少交税金	-10 560				-10 560
ΔNCF	-81 440	22 718	14 718	56 250	80 400

注：表12-8合计栏的数字计算如下：
167 500 = -120 000 + (46 250 × 4 + 46 250 + 56 250)
97 660 = -28 000 + (23 532 × 4 + 31 532)
80 400 = -81 440 + (22 718 × 4 + 14 718 + 56 250)

（2）计算差额内含报酬率

按折现率为20%时对 ΔNCF 折现，其净现值为：

$22\,718 \times (P/A,20\%,4) + 14\,718 \times (P/F,20\%,5) + 56\,250 \times (P/F,20\%,6) - 81\,440$
$= 22\,718 \times 2.588\,7 + 14\,718 \times 0.401\,9 + 56\,250 \times 0.334\,9 - 81\,440$
$= 58\,810.09 + 5\,915.16 + 18\,838.13 - 81\,440 = 2\,123.38(元)$

按折现率为21%时对 ΔNCF 折现，其净现值为：

$22\,718 \times (P/A,21\%,4) + 14\,718 \times (P/F,21\%,5) + 56\,250 \times (P/F,21\%,6) - 81\,440$
$= 22\,718 \times 2.540\,4 + 14\,718 \times 0.385\,5 + 56\,250 \times 0.318\,6 - 81\,440$
$= 57\,712.81 + 5\,673.79 + 17\,921.25 - 81\,440 = -132.15(元)$

用插值法计算差额内含报酬率：

$$20\% + 1\% \times \frac{2\,123.38}{2\,123.38 - (-132.15)} = 20.94\%$$

该方案的差额内含报酬率为20.94%，大于方案的资本成本10%，应以旧换新。

（3）计算年回收额

$$新设备的净现值 = 46\,250 \times (P/A,10\%,5) + 56\,250 \times (P/F,10\%,6) - 120\,000$$
$$= 46\,250 \times 3.790\,8 + 56\,250 \times 0.564\,5 - 120\,000$$
$$= 87\,077.63(元)$$

$$新设备年回收额 = \frac{87\,077.63}{(P/A,10\%,6)} = \frac{87\,077.63}{4.355\,3} = 19\,993.49(元)$$

$$旧设备的净现值 = 23\,532 \times (P/A,10\%,4) + 31\,532 \times (P/F,10\%,5) - (28\,000 + 10\,560)$$
$$= 23\,532 \times 3.169\,9 + 31\,532 \times 0.620\,9 - 38\,560$$
$$= 55\,612.31(元)$$

$$旧设备年回收额 = \frac{55\,612.31}{(P/A,10\%,5)} = \frac{55\,612.31}{3.790\,8} = 14\,670.34(元)$$

新设备的年回收额大于旧设备 5 323.15（= 19 993.49 − 14 670.34）元，应选用新设备为优。

例 12-14 某公司有一台旧设备，计划进行更新，新设备与旧设备的有关数据如表 12-9 所示。

表 12-9 旧设备、新设备数据　　　　　　　　　　　　　（金额单位：元）

	旧设备	新设备
原值	240 000	260 000
预计使用年限	10	10
已经使用年限	4	0
最终残值	10 000	20 000
变现价值	65 000	260 000
年运行成本	72 000	40 000

设该公司要求的最低报酬率为 15%。试采用平均年成本法（年均成本法）做出决策。

更新决策有时出现这样的情况：设备更换并不改变企业的生产能力，不增加企业的现金流入。更新决策的现金流量主要是现金流出。即使有少量的残值变价收入，也属于支出抵减，而非实质上的流入增加。由于没有适当的现金流入，无论哪个方案都不能计算其净现值和内含报酬率。通常，在收入相同时，成本较低的方案是好方案。我们能否通过两个方案的总成本的比较来确定方案的优劣呢？也不行。因为旧设备尚可使用 6 年，而新设备可使用 10 年，两个方案的经济寿命期不同，用总成本比较也缺乏可比性。因此，应当比较其一年的成本，即比较继续使用方案和更新方案的年成本，以其年成本较低的方案作为最优方案。这就需要计算固定资产的平均年成本。

固定资产的平均年成本是指该资产引起的现金流出的年平均值。如果不考虑货币的时间价值，它是未来使用年限内的现金流出总额与使用年限的比值。如果考虑货币的时间价值，它是未来使用年限内现金流出总现值与年金现值系数的比值，即平均每年的现金流出量。

依据例 12-14 的资料，不考虑货币时间价值时：

$$旧设备平均年成本 = \frac{65\,000 + 72\,000 \times 6 - 10\,000}{6} = 81\,166.67(元)$$

$$新设备平均年成本 = \frac{260\,000 + 40\,000 \times 10 - 20\,000}{10} = 64\,000(元)$$

如果考虑货币时间价值，可采用以下两种计算方法。

第一，计算现金流出的总现值，然后分摊给每一年。

$$旧设备平均年成本 = \frac{65\,000 + 72\,000 \times (P/A,15\%,6) - 10\,000 \times (P/F,15\%,6)}{(P/A,15\%,6)}$$

$$= \frac{65\,000 + 72\,000 \times 3.784 - 10\,000 \times 0.432}{3.784} = 88\,035.94(元)$$

$$新设备平均年成本 = \frac{260\,000 + 40\,000 \times (P/A,15\%,10) - 20\,000 \times (P/F,15\%,10)}{(P/A,15\%,10)}$$

$$= \frac{260\,000 + 40\,000 \times 5.019 - 20\,000 \times 0.247}{5.019} = 90\,818.89(元)$$

第二，由于各年已经有相等的运行成本，只要将原始投资和残值摊销到每年，然后求和，也可得到每年平均的现金流出量。

平均年成本＝投资摊销＋运行成本－残值摊销

$$旧设备平均年成本 = \frac{65\,000}{(P/A,15\%,6)} + 72\,000 - \frac{10\,000}{(F/A,15\%,6)}$$

$$= \frac{65\,000}{3.784} + 72\,000 - \frac{10\,000}{8.753} = 88\,035.23(元)$$

$$新设备平均年成本 = \frac{260\,000}{(P/A,15\%,10)} + 40\,000 - \frac{20\,000}{(F/A,15\%,10)}$$

$$= \frac{260\,000}{5.019} + 40\,000 - \frac{20\,000}{20.303} = 90\,818.07(元)$$

通过上述计算可知，不考虑货币时间价值，新设备年均成本低于旧设备年均成本，可以更新，考虑货币时间价值，旧设备的年均成本低于新设备，不宜进行设备更新。两种方法的结论相反。我们已知货币时间价值是长期投资决策必须要考虑的重要因素，因此，采用年均成本法进行决策时必须要考虑资本成本（公司要求的最低报酬率）这一因素。

本章小结

一般而言，一项可行的资本投资，在其经济寿命期内可以收回初始的资本支出，同时可赚取合理的投资报酬。对这一过程进行判断，就成为经理人员（企业高级管理人员）的任务之一。通过对投资结果的评估和判断，经理人员可以根据经济效益上的优劣比较各种竞争性方案，确定是否采纳某投资方案。

投资决策对于企业在较长时期内的盈亏有持续影响，它属于企业的战略决策。本章阐述了投资决策的重要意义和投资决策的特点。相对于短期经营决策而言，风险大、报酬高是投资决策的主要特点。因此，进行投资决策必须考虑风险、资本成本、现金流量等主要经济因素。

通过深刻理解和掌握投资回收期、净现值、内含报酬率、获利指数等动态评价指标的意义和特点，我们能够对投资决策带来的经济效益进行确认和量化。掌握这些指标相互之间的关系，可以对投资决策做出正确和比较全面的分析与评价。资本成本是计算各项动态评价指标的核心要素，方案的净现值、投资报酬率（内含报酬率）、投资回收期的计算都是基于资本成本算出的。长期投资决策考虑资本成本的意义何在？这是需要我们必须清楚的问题。投资回收期指标只是告诉了决策者资本支出在哪一年能够收回，相当于一个保本的概念；净现值这一绝对数额说明了方案的获利多少；获利指数指标可以弥补净现值的缺陷，有利于多个投资额不相等的方案之间的比较；内含报酬率指标反映了实施该方案将来能够达到的报酬率水平。总之，评价投资项目必须权衡各项指标的利弊，同时还要考虑一些非财务问题，如环境因素、法律因素、社会责任等。对投资项目进行全面、科学的分析评价，是避免风险、实现投资目的的关键所在。

如何对投资项目进行跟踪分析？这是投资项目的事后审计问题。为什么要对投资决策项目的实施进行审计？这些是我们要延伸考虑的问题，更是现实问题。

思考题

1. 投资决策的概念，它与短期经营决策有什么区别？各有什么特点？
2. 简述现金流量的概念，现金流出量、现金流入量的构成内容。
3. 为什么说现金流量是投资决策评价指标的计算基础？

4. 经营期年净现金流量如何计算?
5. 简述货币时间价值的概念及其意义,说明投资决策为什么要考虑货币的时间价值。
6. 掌握复利现值、复利终值、年金现值、年金终值的意义及其计算。
7. 说明静态回收期的意义及其不足。
8. 长期投资决策考虑资本成本的意义何在,并举一动态指标说明。
9. 计算净现值的意义何在?如何用净现值来决定方案的取舍?
10. 简述内含报酬率与资本成本有什么联系和区别,两者与净现值又存在怎样的联系。
11. 获利指数的意义是什么?其如何计算?
12. 简述独立方案与互斥方案的决策分析方法及评价。

练习题

1. 分别计算下列各题。
(1) 假定现在存入银行 8 000 元,存款利率为 8%,按复利计算 5 年后可得多少钱?
(2) 如果计划 3 年后得到 5 000 元,银行存款利率为 10%,按复利计算应存入多少钱?
(3) 第 1 年年初存入银行 300 元,第 1 年年末存入 400 元,第 5 年年初存入 600 元。若银行存款年利率为 9%,问第 5 年年末的本利和是多少?

2. 分别计算下列各题。
(1) 某项工程的建设周期为 5 年,每年年末需向银行取得贷款 20 000 元,年利息率 6%,按复利计算,问到第 5 年年末本息共是多少?
(2) 某项工程建成投产后,要求在 5 年内,每年收回投资 50 万元,投资收益率为 12%,问投资总额是多少?
(3) 某项工程的投资总额为 500 万元,要求在 3 年内用企业的利润收回投资。已知该企业要求的投资收益为 18%。问该企业每年的利润不能少于多少?

3. **资料**:某企业如以同一投资额于零年用于不同方案,5 年后的净现金流量(利润+折旧)如表 12-10 所示。

表 12-10 (单位:元)

年净现金流量	A 方案	B 方案
第 1 年净现金流量	1 000	5 000
第 2 年净现金流量	2 000	4 000
第 3 年净现金流量	3 000	3 000
第 4 年净现金流量	4 000	2 000
第 5 年净现金流量	5 000	1 000
合计	15 000	15 000

要求:若按年利率 6% 计算,算出 A、B 两方案各自的经营期净现金流量总现值,指出投资哪一个方案较好,并说明原因。

4. **资料**:某投资方案的固定资产总额为 200 000 元,两年建成投产,预计可使用 5 年。第 1 年年初投资 120 000 元;第 2 年年初投资 80 000 元,并且为第 3 年(第 2 年年底)准备投产而对流动资产投资 100 000 元。预计投产后能获税后净利 40 000 元,期末有固定资产残值 20 000 元,按直线法计提折旧。

要求:计算该方案的静态投资回收期和各年的净现金流量。

5. **资料**：某企业购买机器价值 30 000 元，当年投产。预计该机器经济寿命期 4 年。每年可生产 A 产品 6 000 件。该产品单位售价 6 元，单位变动成本 4 元，固定成本 8 000 元（包括折旧）。该方案的资本成本为 12%。

要求：计算各年的净现金流量、动态回收期、净现值和内含报酬率，并对该投资做出评价。

6. **资料**：以 35 000 元购入机器一台，可用 5 年，每年净现金流量依次为 8 000 元、10 000 元、7 000 元、9 000 元、12 000 元。

要求：请计算该方案的内含报酬率。

7. **资料**：某公司计划购入机器一台，价值 12 000 元，10 年内预计每年可节约费用 4 000 元，公司希望最低报酬率为 14%。

要求：

（1）计算各年的净现金流量、动态回收期、净现值、内含报酬率。

（2）如果 10 年内前 4 年每年节约 4 500 元，后 4 年每年节约 3 800 元，最后两年每年节约 2 800 元，请计算净现值和动态回收期。

8. **资料**：黄河公司计划购买一台自动化性能更先进的设备，企业资金成本为 10%，原有旧设备及计划购买设备的资料如表 12-11 所示：

表 12-11 （单位：元）

	旧设备	新设备
原价	5 000	8 000
已用年数（年）	5	0
已提折旧	2 500	0
尚可使用年数（年）	5	10
变价收入	1 000	—
年运营成本	14 500	14 000
预计残值	200	300

要求：请用年均成本法做出继续使用旧设备还是更新设备的决策。

9. **资料**：某公司原有一套生产设备的主机系 4 年前购入，原购置成本为 200 000 元，估计尚可使用 6 年，期满无残值，已提折旧 80 000 元（直线法计提），账面折余价值为 120 000 元。若继续使用旧主机每年可获销售收入净额 298 000 元，每年付现的直接材料、直接人工和变动制造费用等营运成本为 226 000 元。现该公司为了提高产品的数量和质量，准备更换一台装有电脑自动控制设备的新主机，约需价款 300 000 元，估计可使用 6 年，期满预计有残值 15 000 元。购入新主机时，旧主机可作价 70 000 元。使用新主机后，每年可增加销售收入 50 000 元，同时每年可节约付现的营运成本 10 000 元。该公司的资本成本为 12%。

要求：请采用差额内含报酬率法和年回收额法做出继续使用旧设备还是更新设备的决策。

10. **资料**：某设备原价 100 000 元，经济寿命期 10 年。每年使用维护费 40 000 元，第 6 年年初可以 25 000 元出售，并以 60 000 元买新设备。新设备经济寿命期 5 年，每年使用维护费预计只需 30 000 元，预计期末残值有 1 000 元，资本成本 14%。

要求：请采用差量分析法或直接计算新设备的净现值进行分析评价，决定是否采用新设备。

案例链接

华为：创新战略的赢家——华为将靠这三招穿越无人区

身为华为 CEO 的任正非在 2016 年的一次讲话中称，公司已经进入一个没有引导者、缺少竞争者的"无人区"。为了找到新的增长点，华为必须率先探索行业未来，通过技术创新和构建生态系统，尝试穿越"无人区"，走出一条路。对于中国企业来说，在人口红利消失、技术迅猛发展的时代，创新已经成为进一步发展绕不过的战略。他山之石可以攻玉，我们不妨一起来了解一下华为这些年研发布局的特色。

第一招：以全球应对全球

2016 年，华为的海外收入已占总收入的 70%，拥有 100 多个海外分支机构，是一家名副其实的全球化企业，而华为的创新战略布局也围绕着全球资源的整合展开。华为希望网络为用户提供多样化服务，这其中涉及的行业和应用领域包括虚拟实境技术、高清视频、远程控制大型机械、互联电网、互联垃圾处理等，而这些领域的技术突破以及人工智能的深度学习，本质上都依靠数学研究的突破。未来华为计划将总收入的 20% 至 30% 的资金投入研发，体现了其探索"无人区"的决心。除了研发，华为早在十几年前就开始了内部流程的改革以及深化。因为企业如果过度注重技术投入和资金补给，而忽视流程和管理，研发便无法顺利转化为商业成果。

第二招：打通"云、管、端"合作伙伴，共建生态系统

近年来，华为高管经常提到，作为行业领先者的华为，需要带动整个产业的发展，将"饼"做大。这个"饼"，其实就是共建一个贯通云服务、网络设备、智能终端（云、管、端）的生态系统。

第三招：人对了，一切都对了

如今的华为，早已不是 1988 年那个只有 20 名员工的深圳小公司了，在征战全球的过程中，除了从国内外派到全球的技术人才，华为的本地化也是国内企业中做得非常扎实的。一些地区的本地化员工超过七成。企业的快速发展离不开团队出色的执行力和协作能力。华为规定给员工的薪资标准要高于市场平均水平 30%，通过"员工持股"的方式激励人才。由于没有上市，集团的研发经费和发展方向都更加稳定有保障，战略规划更长远，这一点也吸引了很多高精尖人才。

创新是高投入和高失败的投资，华为又是如何激励研发人员的呢？华为集团常务理事、公司营销战略总裁徐文伟说，华为内部没有"创新失败"一说，所有创新都是探索。华为采用的是"多路径同时开发"的方式，当一条路走不通时，迅速换一种方法。相关的研发人员不会因为没有做出成果而受到指责，相反他们仍然会有嘉奖和鼓励。

资料来源：牛文静，摘编自《哈佛商业评论》，2016-08-01。

分析点评：

1. 创新是华为的核心价值观。华为技术有限公司作为生产和销售通信设备的民营通信科技公司，其产品主要涉及通信网络中的交换网络、传输网络、无线及有线固定接入网络和数据通信网络及无线终端产品，为世界各地通信运营商及专业网络拥有者提供硬件设备、软件、服务和解决方案。华为的产品和解决方案已经应用于全球 170 多个国家，服务全球运营商 50 强中的 45 家及全球 1/3 的人口。2014 年《财富》世界 500 强中华为排行全球第 285 位，与 2013

年相比上升 30 位。2015 年，评为新浪科技 2014 年度风云榜年度杰出企业。2016 年 8 月 25 日，全国工商联发布"2016 中国民营企业 500 强"榜单，华为投资控股有限公司，以 3 950.09 亿元的年营业收入，成为 500 强榜首。2016 年 11 月 22 日，华为首次成为全球利润最高的 Android 智能机厂商。

我们纵观华为 1987 年在深圳注册成立至 2017 年的发展历程（参见华为官网），其研究开发、创新产品、投资扩建等创新之路的间隔基本是一两年，因此可以说华为的成功经验就是创新之路的坚持。华为全体员工为企业发展、创新付出了艰苦卓绝的努力，以开放的姿态参与到全球化的经济竞争中，逐步发展成一家业务遍及全球 170 多个国家和地区的全球化公司。

2. 不断创新，打造投资新理念，立足于战略管理的投资方向决策比单纯的投资项目决策更重要。① 2016 年 12 月 29 日，华为与安全策略管理领导厂商美国 AlgoSec 公司发布安全策略管理联合解决方案。华为与 AlgoSec 公司建立了合作伙伴关系，双方将联合打造基于 AlgoSec 公司的管理平台。华为全线防火墙的安全策略管理解决方案，帮助用户简化安全策略管理并实现自动化，增强网络的安全性和可视化，让网络安全防护更高效，让业务发展更敏捷。② 2017 年 2 月 6 日，华为在德国汉诺威参加了"2017 国际消费电子信息及通信博览会"（CeBIT 2017）的展前预热大会（CeBIT Preview 2017，CeBIT 是全球规模最大的 ICT 科技展会之一），这也是华为连续第七年参与这一国际顶级盛会。本次华为携手 50 多家合作伙伴和客户，从商业、技术、生态三大维度展示和分享基于云计算、大数据、物联网、SDN 等领域的创新 ICT 技术和解决方案，以及在智慧城市、金融、电力、交通、制造等行业的成功实践，交流与探寻数字化变革的路径与方法。③ 2017 年 2 月 8 日，华为与 ORACLE 签署电力物联网生态伙伴 MOU，将继续围绕华为 AMI 解决方案与 Oracle 公共事业 MDM、SGG 和其他相关产品进行联合方案开发、营销和市场拓展工作。

我们通过上述三个项目内容的关键词：建立合作、伙伴关系、合作客户、联合方案开发，可以看到华为投资已经从传统的投资项目决策发展为企业价值链管理的战略投资实施高度。为适应信息行业正在发生的革命性变化，华为围绕客户需求和技术领先持续创新，与业界伙伴开放合作，聚焦构筑面向未来的信息管道，持续为客户和全社会创造价值。华为把"开放、合作、共赢"作为企业发展的重要基石，致力于为全连接的信息社会打造良性的生态系统。

思考：

1. 你认为国际化大公司的投资决策与中小型公司的投资决策有哪些区别？
2. 投资决策是企业实施战略的内容之一，你认为财务高管应具备哪些知识储备和专业素养？

第 13 章

全面预算管理

学习目标

1. 掌握全面预算在企业经营管理中的意义和作用。
2. 明确全面预算体系的主要构成内容及其相互关系。
3. 掌握编制预算的各种方法。

重点与难点

1. 固定预算与弹性预算、零基预算、滚动预算各自的特点和编制。
2. 实施滚动预算的意义及其与定期（一年）预算的区别。
3. 零基预算的中心思想及实施中应注意的问题。
4. 区分各种预算编制方法的运用及如何有机结合。

13.1 全面预算概述

所有企业尤其是所有大型企业都要编制预算。预算是企业根据战略规划、经营目标和资源状况编制的企业在生产经营、资本运作、财务管理等方面的标准和行动计划。预算确定了目标及实现这些目标应采取的行动，是行动计划的数量表达形式。预算是控制和规范计划的主要方法，是决策目标执行的具体化，是计划工作的成果，是实际执行的标准，是控制生产经营的依据。每一个营利或非营利组织都能从预算管理所提供的计划和控制中获益。

13.1.1 全面预算的意义

企业依据战略计划编制预算。战略计划确定了未来 3~5 年内的经营战略。企业将总体战略转化为长期目标和短期目标，预算编制也应按长期目标和短期目标编制，因此预算按其适用时间的长短可以分为长期预算和短期预算。长期预算主要指一年以上的预算，如购置大型设备或扩建、新建厂房等的长期投资预算、按年度划分的长期资金收支预算和长期科研经费预算等。根据短期（一年）目标编制的企业预算可以称为全面预算或短期预算。以一年为期的预算之所以称为全面预算，是强调预算的编制应体现全员参与理念，体现预算涵盖了企业生产经营的全过程，体现预算是整个企业一年的奋斗目标。全面预算是企业在一定时期内（一般为一年或一个经营周期）生产经营、财务等方面的预算。全面预算管理是企业实现预算管理从严、从细的有效载体，它使财务工作真正融入企业的经营管理中。

13.1.2 全面预算的作用

全面预算为企业整体及各个方面确立了明确的目标和任务，同时也是评价企业生产经营各个方面工作成果的尺度。一个良好的预算对企业的生产经营活动具有计划和控制的职能，它为日常控制提供了依据，其作用概括来讲有以下三方面的内容。

1. 明确目标、控制业务

预算是目标的具体化。企业通过编制全面预算，不仅能帮助人们更好地明确整个企业的奋斗目标，而且能够使企业各部门经理和员工明确其在完成企业总的目标和任务中各自的具体目标和任务。预算所确定的标准可以控制企业资源的利用并激励员工为之努力。控制作为预算制度的一个关键部分，可以通过将实际结果和预算数据相比较来实现。当实际和预算出现较大差异时，这种反馈信息说明对象已失去控制，应采取行动找出原因，积极进行补救，保证预定目标的完成。

2. 沟通协调企业内各部门工作

企业以预算的形式向每个员工下达企业的计划，所有的员工便会清楚他们在实现这些目标中的作用。企业的各个部门、各项活动的预算必须相互配合，各自才能发挥作用，才能实现企业的整体目标，因此协调就很有必要。通过协调，各部门经理人员可以了解其他部门的需要，并使自己的利益服从于企业的总体利益。当企业的规模扩大时，沟通和协调的作用便会更加显著。例如，在以销定产的经营方式下，生产预算应以销售预算为前提，而现金收支预算必须以供、产、销过程中的现金流量为依据。

3. 考核、评价工作成绩

编制预算的目的之一是考核、评价预算的执行。在执行全面预算的过程中，定期把实际与预算加以比较，比较之后揭示出来的差异，既可以考核各责任单位的工作成绩，又可以用来检查预算编制的质量，总结差异反映的问题，为编制下期预算提供参考依据。

13.1.3 全面预算的内容

全面预算是由一系列相互联系的预算构成的一个有机整体。企业的全面预算一般由经营预算、财务预算和当期的资本支出预算等内容构成。经营预算和财务预算是一年以内的短期预算，如年度预算、季度预算、月度预算。资本预算（长期预算）是预算期在一年以上的预算，但在长期预算的执行过程中，一年期的有关资本支出预算，应该包括在企业编制的每年一度的全面预算体系中。

1. 经营预算

经营预算是企业日常经营业务的预算，它涉及企业经营过程中的供、产、销业务活动和其他各方面，是公司全面预算的基本部分。其具体内容包括销售预算、生产预算、直接材料预算、直接人工预算、制造费用预算、单位产品成本和期末存货成本预算、销售及管理费用预算。

2. 财务预算

财务预算是对企业一年内经营状况、经营成果和现金流量的预算，也是企业的综合预算。财务预算的内容一般包括现金预算、利润预算和资产负债预算等。财务预算反映了现金的流入、流出以及总体的财务状况。

3. 资本支出预算

这里的资本支出预算，主要是针对企业投资项目在预算期内实施投资，需要资金支出而编制的预算。如公司根据长期投资决策编制当期具体的资金支出项目预算、新产品研发当期资金支出预算等。

在以销定产的生产经营模式下，预算的每一部分内容、每一个指标都要紧紧围绕企业经营决策确定的目标利润来制定，因此全面预算为企业年度目标利润的实现提供了保障。在全面预算体系中，各项预算相互衔接、相互对应，构成了一个有机整体。全面预算体系以本企业的经营目标（年度目标利润）为出发点，以销售预算为主导，进而编制生产、成本费用等预算；现金收支预算是有关预算的汇总；最后以预计财务报表为终结点。全面预算中各预算之间的关系如图 13-1 所示。

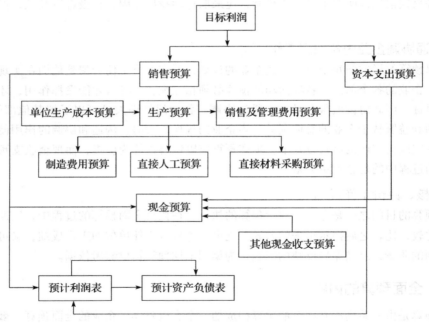

图 13-1　全面预算体系图

13.1.4　预算编制的组织工作

全面预算的编制是一项工作量大、涉及面广、操作复杂的工作。为使预算编制工作有条不紊地进行，公司可设置一个预算管理委员会（或预算小组）来负责预算的编制和实施。该组织成员一般包括公司总经理、分管销售、生产、财务等职能部门的副总经理、财务总监等高级管理人员。预算委员会的任务主要是提供政策指导和预算目标，解决预算编制过程中可能发生的矛盾和争执，审阅批准最终的预算，并在年度结束时监督公司的实际业绩。公司还应指派某个人负责指导和协调总体的预算编制过程，该人通常由财务总监或会计主管担任。

通过预算来实施日常控制、评价业绩、沟通和促进协调，这说明编制预算是一种人为的管理活动。预算编制涉及企业生产经营管理的各个部门、各级责任单位，只有执行人参与预算的编制，得到广大预算执行者的支持，才易于提高他们完成预算所定目标和任务的自觉性和积极性，使预算充分发挥其应有的作用。因此，预算编制程序应采用自上而下、自下而上、上下结合的方式编制。其具体如下：

第一，由预算编制领导机构（委员会或小组）拟定预算总目标和各分部门的分目标（如目标利润、目标成本），下放到各有关责任部门。

第二，各部门根据具体目标要求编制本部门的预算草案。在部门这一级预算草案的形成过程中，要让该部门最低层员工参与其本身预算的编制，因为这些第一线的员工对耗费的支出情况了解得最直接，对于一些不易量化的因素他们也最清楚。这种参与意味着各级管理人员和基层员工的专业知识能体现在所编制的预算中，对完成上级部门下达的部门预算草案的确定工作有积极的作用。

第三，预算机构主管负责组织平衡与协调各部门上报的预算草案。这些预算草案要经过反复研究、协商、修订和平衡后，逐级汇总，送交预算委员会审核批准。

第四，预算委员会审议报来的预算草案，并报董事会及股东大会，董事会及股东大会最后通过公司的全面预算。

第五，经批准后的预算，下达到各级责任部门执行。

13.2 预算编制的方法

企业编制预算，可以采用一种或两种方法，也可以根据各种预算方法的特点，多种方法结合运用，同时还应考虑企业经营规模和管理模式等因素。

13.2.1 固定预算与弹性预算

预算按其是否可根据业务量调整，分为固定预算和弹性预算两种。

1. 固定预算

（1）固定预算的概念及特点

固定预算又称静态预算，是根据预算期内正常的可实现的某一业务量水平而编制的预算。固定预算的特点主要体现为以下两点。

第一，不考虑预算期间内业务量水平可能发生的变动，只按某一确定的业务量水平为基础确定其相应的数额。

第二，将预算的实际执行结果与按预算期内计划规定的某一业务量水平所确定的预算数进行比较分析，并据以进行业绩评价、考核。

（2）固定预算的不足

固定预算用来考核非营利组织或业务量水平较为稳定的企业是比较合适的。但是，如果用来衡量业务量水平经常变动的企业的耗费与成果，特别是当实际业务量水平与预算确定的业务量水平相差甚远时，用固定预算就很难正确地考核和评价预算的执行情况。

固定预算的控制性仅限于实际业务量水平与预期业务量水平相近的情况。由于市场情况变化莫测，许多企业难以准确预计市场需求，固定预算的控制和考核的作用实际上降低了，于是便产生了弹性预算。

2. 弹性预算

(1) 弹性预算的概念

弹性预算是指企业根据费用（或收入）同业务量之间有规律的数量关系，按照预算期内可预见的多种业务量水平确定相应的数据，或可按其实际业务量水平调整的预算。由于弹性预算的数字不再是一个固定的水平，具有"伸缩"的余地，因而被称为弹性预算。

(2) 弹性预算的编制程序

由于未来业务量的变动会影响到成本费用和利润等各个方面，因此，弹性预算从理论上说适用于全面预算中与业务量有关的各种预算，但从实用的角度讲，主要用于编制弹性成本预算和弹性利润预算。一般采用先成本预算后利润预算的顺序进行编制。现以制造费用的弹性预算为例，说明其编制程序。

首先，按照成本性态将费用分为固定成本和变动成本两大类。

其次，选择一个最能代表本部门生产经营活动水平的计量单位（如产量单位、直接人工小时、机器小时等）。

再次，确定适用的业务量（主要用在列表法中）。需根据企业或部门业务量变化的具体情况而定，尽量使实际业务量不至于超出确定的范围，可定在正常生产能力的70%~110%之间，或规定一个最低业务量、最高业务量的下限和上限范围。业务量之间的间隔一般为5%~10%。

最后，确定预算期内各业务量水平的预算额。

(3) 弹性预算的编制方法

1) 公式法。公式法是根据 $y = a + bx$ 的原理进行编制的。其计算公式如下：

制造费用弹性预算 $= \sum$（单位变动成本预算 × 实际业务量）+ 固定制造费用预算

由于对变动成本主要根据单位业务量进行控制，而对固定制造费用主要控制其总额，采用公式法编制制造费用的弹性预算，事先要把单位变动成本的耗费标准、固定制造费用总额耗费标准确定好，预算期执行完后，把实际业务量代入弹性预算公式，计算出实际业务量下应该达到的费用水平（即预算额度），然后与其实际发生额比较，就能分析出成本节约或超支的真正原因。

例 13-1 某公司单位变动制造成本预算 120 元，其中间接材料 30 元、间接人工 70 元、动力费 20 元。固定制造费用预算 320 000 元，其中办公费 100 000 元、折旧费 200 000 元、租赁费 20 000 元。实际生产量 2 000 件，实际发生的单位变动制造费用为 117 元，其中间接材料 29 元、间接人工 68 元、动力费 20 元。实际发生的固定制造费用 325 500 元，其中办公费 105 000 元、折旧费 200 000 元、租赁费 20 500 元。用公式法确定制造费用弹性预算，并计算和分析实际发生与预算的差额。

① 制造费用弹性预算：$120 \times 2\,000 + 320\,000 = 560\,000$（元）

② 制造费用预算与实际发生的差额：

$$560\,000 - (117 \times 2\,000 + 325\,500) = -500 \text{（元）（节约）}$$

其中：固定制造费用实际发生与预算的差额：

$$325\,500 - 320\,000 = 5\,500 \text{（元）（超支）}$$

具体分析：办公费实际比预算超支：$105\,000 - 100\,000 = 5\,000$（元）

租赁费实际比预算超支：$20\,500 - 20\,000 = 500$（元）

变动制造费用实际发生与预算的差额：

$$2\,000 \times [(29 - 30) + (68 - 70)] = -6\,000 \text{（元）（节约）}$$

总差异额：$-6\,000 + 5\,500 = -500$（元）（节约）。

从以上计算可知，本来变动制造费用节约了 6 000 元，但由于固定制造费用超支了 5 500 元，使制造费用实际比预算只节约了 500 元，应该重点查找和分析办公费和租赁费超支的原因所在，并追究责任和提出改进措施。

2）多水平法（列表法）。多水平法又称列表法是将确定的业务量变化区间划分为若干水平段，分别确定各段业务水平下的预算金额并在一张表中对比列示。

例 13-2 某企业预算业务量范围为正常生产能力的 60%~120%，其正常生产能力为 3 000 件，编制制造费用的弹性预算如表 13-1 所示。

表 13-1 制造费用预算

费用项目	单位变动成本（元）	预计生产量（件）			
		1 800	2 400	3 000	3 600
变动性制造费用					
间接材料	30	54 000	72 000	90 000	108 000
间接人工	70	126 000	168 000	210 000	252 000
动力费	20	36 000	48 000	60 000	72 000
小计	120	216 000	288 000	360 000	432 000
固定制造费用					
办公费		100 000	100 000	100 000	100 000
折旧费		200 000	200 000	200 000	200 000
租赁费		20 000	20 000	20 000	20 000
小计		320 000	320 000	320 000	320 000
制造费用合计		536 000	608 000	680 000	752 000

在多水平法下，如果实际发生的生产量是 2 600 件，不在预算所列示的生产量范围内，这样就不便于分析同一业务量下制造费用预算与实际发生的制造费用差额。

由于采用公式法编制制造费用的弹性预算，可以计算出在任何一种实际业务量下应该发生的制造费用金额，所以弹性预算公式法的应用比多水平法（列表法）广泛。

（4）弹性预算的特点和优点

弹性预算可根据一系列业务量水平或实际业务量水平编制或调整，因而它扩大了预算的使用范围。

弹性预算便于事后分析和日常控制。弹性预算要求按成本性态分类列示，便于在计划期终了时计算"实际业务量的预算成本"，与实际业务量的实际成本比较，使预算成本排除了业务量变动的因素，从而使预算执行情况的评价和考核建立在更加现实和可比的基础上，而且能明确分析出各项费用的升降及其原因。

13.2.2 零基预算与增量预算

1. 零基预算

（1）零基预算的概念

零基预算是区别于传统的增量（或减量）预算而设计的一种编制费用预算的方法，是指在编制预算时，对于预算支出均以零为基底，不考虑过去情况如何，对所有业务活动都重新进行评价，分析研究每项预算是否有支出的必要性和支出数额的大小，从而确定预算成本的一种方法。

(2) 零基预算的编制步骤

1）提出费用计划。企业内部各有关部门，根据企业的总体奋斗目标和本部门的目标与要求，提出每一项预算业务的性质和目的，对每项业务所需要的费用开支以零为底提出具体数额。

2）按费用的重要性排出等级。采用对比的方法，对每项活动、每项工作进行成本效益的分析对比，权衡各项工作的轻重缓急，按所需经费的多少分成等级，排列顺序。

3）落实预算。根据分成的等级和先后顺序，按资金的多少分配资金，落实预算。例如，共有50万元资金，经费必须保证的为第一级项目，其业务属于优先安排，第二级项目的业务经费只能满足90%或80%，第三级项目至第四级项目落实的业务经费逐渐减少，直到50万元资金落实完毕。

例13-3 假设某企业采用零基预算法编制销售与管理费用预算。该企业预算期用于销售和行政管理方面的资金总额为550 000元。

销售与管理费用预算应按以下步骤编制。

第一步，由企业的销售部门和行政管理部门根据本部门的预算目标和具体任务，确定下面需要开支的费用项目及数额：

（1）销售佣金	56 000元	（6）办公费	23 000元
（2）运输费	157 000元	（7）职工教育经费	25 000元
（3）广告费	85 000元	（8）保险费	40 000元
（4）管理人员工资	20 000元	（9）税金	63 000元
（5）差旅费	34 000元	（10）业务招待费	80 000元

第二步，经过分析研究，认为销售佣金、运输费、管理人员工资、差旅费、办公费、保险费和税金7项开支属于约束性费用性质，在预算期必须全额保证它们对资金的需求，而广告费、职工教育费、业务招待费3项开支属于酌量性费用性质，可在满足约束性费用资金需求的前提下，将剩余的资金按照它们的重要程度来分配。重要程度可通过3个项目的开支与其给企业带来的收益相对比来确定。通过成本效益分析，确定资金的分配顺序为广告费可满足90%，职工教育经费可满足85%，剩余的为业务招待费。

第三步，将预算期可动用的资金在各费用项目之间进行分配，编制预算如下。

全额满足约束性费用的需求，约束性费用所需资金总额为：

$$56\ 000 + 157\ 000 + 20\ 000 + 34\ 000 + 23\ 000 + 40\ 000 + 63\ 000 = 393\ 000（元）$$

将剩余的资金在酌量性费用项目之间进行分配：

$$广告费分配资金数额 = 85\ 000 \times 90\% = 76\ 500（元）$$

$$职工教育费分配资金数额 = 25\ 000 \times 85\% = 21\ 250（元）$$

$$业务招待费分配资金数额 = 550\ 000 - 393\ 000 - 76\ 500 - 21\ 250 = 59\ 250（元）$$

(3) 零基预算的优点

零基预算具有有效控制费用的功能，可以促进各预算部门精打细算，量力而行，合理使用资金，提高利用效果。其优点主要表现为以下几个方面。

1）目标明确，可以选择项目的轻重缓急。

2）有助于对投入产出的认识，不做无效的投入、盲目的投入，使费用得到有效的控制。

3）可使资源的利用更有效率，使有限的资金用在刀刃上，保证预算的落实到位。

（4）零基预算的缺点

零基预算的缺点是编制工作量大。但是，它可以根据企业的具体情况需要，每间隔一定时期采用一次零基预算，对经济活动变化不大时也可采用增量法做一些调整。总之，要结合实际工作和客观需要，把零基预算的思想融入费用预算的编制之中。

2. 增量预算

传统的增量预算是以现有费用水平为基础，根据预算期内有关业务量预期的变化，对现有费用做适当调整，以确定预算期的预算数。这种方法的基本假定是：① 企业现有的每项活动都是企业不断发展所必需的；② 在未来预算期内企业必须至少以现有费用水平继续存在；③ 现有费用已得到有效的利用。因此，这种方法在指导思想上，以承认现实的基本合理性作为出发点，从而使原来不合理的费用开支也可能继续存在下去，甚至有增无减，造成资金的浪费。

3. 零基预算与增量预算的主要区别

零基预算与增量预算的不同之处在于零基预算不以现有费用水平为基础，而是一切以零为起点，对每个项目费用开支的大小及必要性进行认真反复的分析、权衡，并进行评定分析，据以判定其开支的合理性和优先顺序，并根据生产经营的客观需要与一定期间内资金供应的实际可能，在预算中对各个项目进行择优安排，从而提高资金的使用效益，节约费用开支。

13.2.3 定期预算与滚动预算

预算编制方法按预算期的特征不同，可以分为定期预算与滚动预算。

1. 定期预算

定期预算是指在编制预算时以不变的会计年度（日历年度）作为预算期的一种编制预算的方法。定期预算虽然与会计年度相配合，但有以下三点缺陷。

（1）盲目性

定期预算一般是在其执行年度开始前两三个月进行，在编制时难以预测预算期的某些活动，特别是对预算执行期后半阶段的生产经营活动很难做出准确的预算，往往只能提出一个较为笼统的数字，执行起来预算数与实际数易产生较大的差距，给预算执行带来很多困难，不利于对生产经营活动的考核与评价。

（2）滞后性

由于定期预算不能随情况的变化及时调整，当预算中所规划的各种活动在预算期内发生重大变化时（如预算期临时中途转产），就会造成预算滞后过时，使预算失去考核实际执行的意义。

（3）间断性

在预算执行过程中，由于受预算期的限制，管理人员的决策视野局限于剩余的预算期间的活动，致使经营管理者们的决策视野局限于本期规划的经营活动，通常不考虑下期。例如，一些企业提前完成本期预算后，以为可以松一口气，其他事等来年再说，形成人为的预算间断。因此，按定期预算方法编制的预算不能适应连续不断的经营过程，不利于企业的长远发展。

在市场经济环境下，企业为求得生存与发展，在做计划时需要根据市场变化适时调整计划。滚动预算不但克服了定期预算的缺陷，而且适应了市场变化对计划的要求。

2. 滚动预算的意义及其编制

（1）滚动预算

滚动预算又称永续预算，是指企业根据上一期预算执行情况和新的预测结果，按既定的预算编制周期和滚动频率，对原有的预算方案进行调整和补充，逐期滚动，持续推进的预算编制方法。

这里的预算编制周期，是指每次编制预算所涵盖的时间跨度。滚动频率是指调整和补充预算的时间间隔，可以为月度、季度、年度。滚动预算按滚动频率分，可以分为中期滚动预算和短期滚动预算。中期滚动预算的预算编制周期通常为3年或5年，以年度作为预算滚动频率。短期滚动预算通常以1年为编制周期，以月度、季度作为预算滚动频率。中期滚动预算一般用于长期预算的编制。我们这里主要说明短期滚动预算的编制。

（2）短期滚动预算

短期滚动预算的主要特点是预算期是连续不断的，预算在其执行中自动延伸，使预算期始终保持12个月（1年）。每过去一个月或一个季度，就根据新的情况进行调整和修订后面月份或后面季度的预算，并在原来的预算期末随即补充一个月或一个季度的预算。这样逐期向后滚动，连续不断地以预算的形式规划未来的经营活动。

（3）短期滚动预算的编制

滚动预算的编制原则是采取长计划短安排、近细远粗的原则。短期滚动预算一年中前几个月的预算要详细完整，后几个月可以粗略一些。随着时间的推移，原来较粗的预算由粗变细，后面随之又补充新的较粗的预算，如此往复，不断滚动，如图13-2所示。

第一季度			第二季度	第三季度	第四季度	
1月	2月	3月	季度总数	总数	总数	
			第二季度	第三季度	第四季度	下年第一季度
			4月 5月 6月	总数	总数	总数

图13-2 滚动预算图

第一季度各月的预算数一般在上年第四季度12月开始编，在3月编制第二季度各月的预算。根据第一季度预算的执行情况，及时修订第二季度的总数。根据实际需要逐步滚动也可按月进行。

3. 滚动预算的特点和优点

滚动预算适应了市场环境经常变化的需要和不确定性因素的要求。较之传统的定期预算，其优点是通过对预算的不断修订，使预算与实际情况密切适应，使预算的制定期与执行期紧密相连。这种动态的预算帮助我们克服了静态的定期预算一次编制所存在的一些盲目性，避免了预算与实际有较大的出入，保持了预算的完整性、继续性。这种动态预算在执行中能使企业管理者把握企业的明天，了解企业的总体规划和近期目标，使各级管理人员对完成近期预算充满信心，对未来预算积极提供信息和建议。滚动预算的实用性，使预算建立在客观现实的基础上，真正发挥了预算对实际工作的指导和控制作用。

13.3 全面预算编制举例

通常，编制预算的期间为一年或一个经营周期，这样可使预算年度与会计年度保持一致，便于预算执行结果的分析考核与评价。年度预算可以分解为季度预算，季度预算又可分解为月度预算。使用较短的预算期间，可使各级经理人员经常地把实际执行与预算数据进行比较，更快地找到问题和解决问题。

在编制预算的具体时间上，多数企业一般要在当前年度的最后3个月内着手编制下年度的预算，至年底形成完整的预算并颁布以备执行。

全面预算的编制方法可根据企业的管理要求、经营性质和规模大小，几种方法结合灵活应用，这样使预算编制更加科学合理，预算管理的功效也会大为增强。为便于理解全面预算的编制，我们这里主要以固定预算编制方法为例。

1. 销售预算

在以销定产的经营模式下，销售预算成为全面预算的起点，其他预算都以销售预算为基础，而销售预算是根据年度目标利润所确定的销售预测量（销售额）编制的。由于销售预算以销售预测为基础，因而，销售预测的准确性对全面预算的准确性有着极大的影响。

销售预测通常由营销部门进行。由于销售预算需经过预算委员会核定，因而，作为销售预算基础的销售预测报告应提交预算委员会充分讨论并加以修订。例如，预算委员会认为预测的结果低于企业发展要求的销售水平，它可能会建议采取行动以提高预计的销售量，如加强促销活动、雇用更多的销售人员等。

销售预算依据确定预计的销售量、销售单价和销货款的回收情况及预计的现金收入编制。

例 13-4 长江公司在计划年度（2019年）销售一种产品，销售单价为75元，每季销售在当季收到货款的占40%，其余部分在下季收讫。基期（2018年）末的应收账款余额为24 000元。该公司计划年度的分季销售预算，如表13-2所示。

表13-2 长江公司销售预算
2019年度 （金额单位：元）

季度		1	2	3	4	全年
销售数量（件）		1 000	1 500	2 000	1 500	6 000
销售单价		75	75	75	75	75
预计销售金额		75 000	112 500	150 000	112 500	450 000
预计现金收入计算表	期初应收账款	24 000				24 000
	第一季度销售收入	30 000	45 000			75 000
	第二季度销售收入		45 000	67 500		112 500
	第三季度销售收入			60 000	90 000	150 000
	第四季度销售收入				45 000	45 000
	现金收入合计	54 000	90 000	127 500	135 000	406 500

2. 生产预算

生产预算用以说明为了符合销售需求及满足期末存货的要求，企业应生产的数量。如果没有期初期末存货，生产量就等于销售量。例如，在实施适时制的企业中，由于根据客户的订单来安排生产，因而销售量等于生产量。然而在通常情况下，由于传统制造企业用存货作为缓冲储备，以应付需求和生产的不确定性，因此生产预算就要考虑期初和期末存货。其计算公式为：

预计生产量 = 预计销售量 + 预计期末存货数量 – 预计期初存货数量

例 13-5 仍用例 13-4 的资料，假定公司各季度的期末存货按下一季度销售量的 10% 计算，各季期初存货与期末存货相等。现根据销售预算中的资料，结合期初、期末的存货水平，编制计划年度的分季生产预算。

该公司计划年度的分季生产预算，如表 13-3 所示。

表 13-3　长江公司生产预算
2019 年度　　　　　　　　　　　　　　　（单位：件）

季度	1	2	3	4	全年
预计销售需要量（销售预算）	1 000	1 500	2 000	1 500	6 000
加：预计期末存货量	150	200	150	110①	110①
预计需要量合计	1 150	1 700	2 150	1 610	6 110
减：期初存货量	100	150	200	150	100
预计生产量	1 050	1 550	1 950	1 460	6 010

① 表示估计数。

3. 直接材料采购预算

直接材料采购预算，取决于生产材料的预计耗用量和直接材料存货的需要量，而直接材料的生产耗用量取决于产品的生产量。直接材料采购预算编制的依据主要有生产预算的每季预计生产量，单位产品的材料消耗定额，计划期间的期初、期末存货量，材料的计划单价，采购材料的付款条件等。

直接材料采购预算应按材料类别分别编制，预计材料采购金额计算如下：

预计材料采购金额 = 预计采购量 × 计划单价

预计采购量 = 生产需要量 + 预算期末直接材料存量 – 预算期初直接材料存量

在材料采购过程中，必然要发生现金支出，因此在编制直接材料采购预算的同时，还需编制现金支出预算表，为现金预算提供依据。

例 13-6 仍用例 13-4 的资料，假定长江公司单位产品的材料消耗定额为 2 千克，计划单价为 5 元/千克。每季度的购料款当季付 50%，其余在下季度付讫。各季度的期末存货按下一季生产需要量的 20% 计算，各季期初存货与上季期末存货相等，期初应付购料款为 6 000 元。编制计划年度的分季直接材料采购预算，如表 13-4 所示。

表 13-4　长江公司直接材料采购预算
2019 年度

季度	1	2	3	4	全年
预计生产量（生产预算）（件）	1 050	1 550	1 950	1 460	6 010
单位产品材料消耗定额（千克/件）	2	2	2	2	2
预计生产需要量（千克）	2 100	3 100	3 900	2 920	12 020
加：期末存料量	620	780	584	460①	460①
预计需要量合计（千克）	2 720	3 880	4 484	3 380	12 480
减：期初存料量	420	620	780	584	420
预计采购量	2 300	3 260	3 704	2 796	12 060
材料计划单价（元/千克）	5	5	5	5	5

(续)

季度		1	2	3	4	全年
预计采购材料金额（元）		11 500	16 300	18 520	13 980	60 300
预计现金支出计算表	期初应付账款（元）	6 000				6 000
	第一季度购料（元）	5 750	5 750			11 500
	第二季度购料（元）		8 150	8 150		16 300
	第三季度购料（元）			9 260	9 260	18 520
	第四季度购料（元）				6 990	6 990
	现金支出合计（元）	11 750	13 900	17 410	16 250	59 310

① 表示估计数。

4. 直接人工预算

直接人工预算是为直接生产产品的人工耗费编制的预算，其编制的依据是预计生产量、单位产品的工时定额、小时工资率。在实际工作中，如果企业需要不同工种的工人，就应按不同工种的小时工资率分别计算，然后予以合计。其计算公式如下：

$$预计直接人工成本总额 = 预计生产量 \times 单位产品工时定额 \times 小时工资率$$

例 13-7 仍用例 13-4 的资料，设长江公司在计划期间内所需直接人工只有一个工种，单位产品工时定额为 5 工时，单位产品小时工资率为 4 元，编制直接人工预算。

直接人工预算，如表 13-5 所示。

表 13-5　长江公司直接人工预算
2019 年度

季度	1	2	3	4	全年
预计生产量（件）	1 050	1 550	1 950	1 460	6 010
单位产品工时定额（元）	5	5	5	5	5
直接人工总工时（小时）	5 250	7 750	9 750	7 300	30 050
小时工资率（元/小时）	4	4	4	4	4
直接人工成本总额（元）	21 000	31 000	39 000	29 200	120 200

5. 制造费用预算

制造费用预算列示了所有制造费用项目的预期成本。制造费用预算应分变动制造费用、固定制造费用两大类并按费用的明细项目编制。制造费用项目大部分是需要现金支付的，但有的项目如固定资产折旧不需要用现金支付，在编制现金预算时，应将折旧从中扣除。

编制变动制造费用预算关键在于确认那些可变的具体项目，并选择成本分配的标准，如机器工作小时、人工工时、产量、作业量等，然后计算变动制造费用分配率。

确定固定制造费用各项目的预算数额，可根据企业管理的需要采用零基预算法、固定预算法编制。为了简化，对变动制造费用、固定制造费用均采用固定预算方式编制。

$$预计制造费用 = 预计变动制造费用 + 预计固定制造费用$$
$$= 预计业务量 \times 变动制造费用分配率 + 预计固定制造费用$$

例 13-8 仍用例 13-4 的资料，编制长江公司计划期制造费用预算。

长江公司计划期制造费用预算，如表 13-6 所示。

表 13-6　长江公司制造费用预算
2019 年度　　　　　　　　　　　　　　　　　　　　　　（单位：元）

成本明细项目		金额	费用分配率计算
变动费用	间接人工	12 000	变动费用分配率 = $\dfrac{\text{变动费用预算合计}}{\text{预计产量工时总额}}$ = $\dfrac{60\ 100}{30\ 050}$ = 2 元/小时
	间接材料	18 000	
	维护费	8 000	
	水电费	15 000	
	润滑剂	7 100	
	合计	60 100	
固定费用	维护费	14 000	固定费用分配率 = $\dfrac{\text{固定费用预算合计}}{\text{预计产量工时总额}}$ = $\dfrac{60\ 000}{30\ 050}$ = 1.996 67 元/小时
	折旧费	15 000	
	管理费	25 000	
	保险费	4 000	
	财产税	2 000	
	合计	60 000	
预计现金支出计算表	变动费用支出总额	60 100	
	固定费用合计	60 000	
	减：折旧费	15 000	45 000
	制造费用全年现金支出总额		105 100
	制造费用每季现金支出总额		105 100 ÷ 4 = 26 275①

① 为简化，按季度分配现金支出额。

6. 单位产品成本和期末存货成本预算

单位产品成本预算编制的主要依据是直接材料预算、直接人工预算、制造费用预算的价格标准和用量标准。期末存货预算依据单位产品成本预算和预算期末存货量编制。若采用变动成本计算法计算，产品成本和存货成本只包括变动成本。

例 13-9　仍用例 13-4 的资料，长江公司计算单位生产成本采用变动成本计算法。根据前面预算中的资料，编制单位成本及期末存货成本。

单位成本及期末存货成本，如表 13-7 所示。

表 13-7　长江公司单位产品成本和期末存货成本预算
2019 年度　　　　　　　　　　　　　　　　　　（金额单位：元）

成本项目	价格标准	用量标准	合计
直接材料	5 元/千克	2 千克	10
直接人工	4 元/小时	5 小时	20
变动制造费用	2 元/小时	5 小时	10
单位产品成本	—	—	40
期末存货预算	期末存货量（件）		110
	单位产品成本		40
	期末存货金额		4 400

7. 销售及管理费用预算

销售及管理费用预算是为预算期产品销售活动和行政管理中发生的各项费用所编制的预算。销售及管理费用的具体项目也应按成本性态分为变动费用和固定费用两部分列示。

例 13-10　仍用例 13-4 的资料，长江公司销售及管理部门根据计划期具体情况，编制销售及管理费用预算。

销售及管理费用预算，如表 13-8 所示。

表 13-8　长江公司销售及管理费用预算
2019 年度　　　　　　　　　　　　　　　　　　（单位：元）

费用项目	金额	
变动费用	销货佣金	12 000
	办公费	2 500
	运输费	15 500
	合计	30 000
固定费用	广告费	9 000
	管理人员薪金	25 000
	保险费	6 000
	财产税	2 000
	合计	42 000
预计现金支出计算表	推销及管理费用全年现金支出总额：30 000 + 42 000 = 72 000	
	推销及管理费用每季现金支出总额：72 000 ÷ 4 = 18 000①	

① 为简化，按季度分配现金支出数额。

8. 资本支出预算

资本支出预算是根据经过审核批准的长期投资决策项目所编制的预算，其中需详细列出该项目在生命周期内各个年度的现金流出量和现金流入量的明细资料。它的格式和内容的繁简，各企业不尽相同，可按需要自行设计。

例 13-11　仍用例 13-4 的资料，设长江公司董事会批准，在计划期间的第二季度以自有资金购置一台固定设备的投资项目，需支付 16 000 元，预计可使用 5 年，期满残值为 500 元。购入后每年可为公司增加净利 2 300 元，该设备按直线法计提折旧。根据上述资料编制设备投资预算。

资本支出预算，如表 13-9 所示。

表 13-9　长江公司资本支出预算（设备）
2019 年度　　　　　　　　　　　　　　　　　　（金额单位：元）

资本支出项目	购置期间	原始投资额	估计使用年限	期满残值	资金来源	资金成本	购入后每年NCF	回收期（pp）
购置设备一台	第二季度	16 000	5 年	500	自有	16%	5 400	3 年

9. 现金预算

现金预算是用来反映计划期由于经营和资本支出等原因而引起的一切现金收支及其结果的预算。现金预算对管理者了解现金流量至关重要。企业往往能顺利地生产产品并销售出去，却由于现金流入和流出的时间分布出现问题而导致失败。企业管理当局如果知道何时可能出现现金短缺或溢余，就可制订计划，于需要时借入现金，而当现金溢余时偿还借款。由于现金流量是企业的生命线，现金预算就成为全面预算中最重要的预算之一。

现金流量，一般是由现金收入、现金支出、现金多余与不足以及资金的筹集与运用四部分组成，其基本关系如下。

期初现金余额 + 现金收入 = 当前可动用现金合计

当前可动用现金合计 − 现金支出 = 现金短缺或溢余

现金短缺或溢余 + 资金的筹集与运用 = 期末现金余额

预计现金收入是计划期间现金的所有来源，包括现销、应收账款收回、应收票据到期兑现、出售长期性资产、收回投资等产生现金的业务。

现金支出指计划期内预计发生的现金支出，如采购材料支付货款、应交税金、应付投资者利润以及资本性支出等。所有那些不导致现金支出的费用都应排除在外，如折旧费等。短期借款的利息支付不列入该项，而是放在资金的筹集与运用上。

现金短缺或溢余是当前可动用现金合计数与预计现金支出合计数的差额，差额为正，表明现金多余；差额为负，表明现金不足。

资金的筹集与运用是根据计划期现金收支的差额和企业有关资金管理的各项政策，确定筹集和运用资金的数额。如果现金不足，可向银行取得借款或通过其他方式筹措资金，并预计还本付息的期限和数额。如果现金多余，除了可用于偿还借款外，还可用于购买作为短期投资的有价证券。

例 13-12 仍用例 13-4 的资料，设长江公司按年分季编制现金预算。该公司计划期间最低现金持有量为 10 000 元，不足部分向银行借款，多余部分偿还银行借款。设期初借入，期末偿还。银行借款年利率为 10%，利随本清。计划预交所得税 16 000 元，每个季度缴纳 4 000 元。预计分配现金股利 8 000 元，假设按四个季度平均分配。根据以上各种预算表中的有关资料编制现金预算表，如表 13-10 所示。

表 13-10　长江公司现金预算
2019 年度　　　　　　　　　　　　　　　　　　　　　　　　（单位：元）

摘要	资料来源	第一季度	第二季度	第三季度	第四季度	全年
期初现金余额		12 000	10 975	10 800	10 115	12 000
加：现金收入						
应收账款收回及销售收入	表 13-2	54 000	90 000	127 500	135 000	406 500
可用现金合计		66 000	100 975	138 300	145 115	418 500
减：现金支出						
采购直接材料	表 13-4	11 750	13 900	17 140	16 250	59 310
支付直接人工	表 13-5	21 000	31 000	39 000	29 200	120 200
制造费用	表 13-6	26 275	26 275	26 275	26 275	105 100
销售及管理费用	表 13-8	18 000	18 000	18 000	18 000	72 000
购置设备	表 13-9	—	16 000	—	—	16 000
支付所得税		4 000	4 000	4 000	4 000	16 000
支付股利		2 000	2 000	2 000	2 000	8 000
现金支出合计		83 025	111 175	106 685	95 725	396 610
收支轧抵现金结余（或不足）		(17 025)	(10 200)	31 615	49 390	21 890
通融资金						
向银行借款（期初）①		28 000	21 000	—	—	49 000
归还借款（期末）		—	—	(20 000)	(29 000)	(49 000)
支付利息（年利率10%）②		—	—	(1 500)	(2 375)	(3 875)
通融资金合计		28 000	21 000	(21 500)	(31 375)	(3 875)
期末现金余额		10 975	10 800	10 115	18 015	18 015

① 表示向银行借款数除需抵补现金不足外，还要保证期末最低现金余额 10 000 元。

② 归还 20 000 元借款 9 个月利息的计算：$20\,000 \times \frac{10}{100} \times \frac{9}{12} = 1\,500$（元）。

归还 29 000 元借款利息的计算（其中 8 000 元是 12 个月的借款，21 000 元是 9 个月的借款）：

$$\left(8\,000 \times \frac{10}{100} \times 1\right) + \left(21\,000 \times \frac{10}{100} \times \frac{9}{12}\right) = 2\,375 \text{（元）}。$$

10. 预计利润表

预计利润表是用来反映企业在计划期间全部经营活动及其最终财务成果而编制的预算。它是依据销售预算、销售及管理费用预算、单位产品成本和期末存货预算、专门预算和现金预算等资料编制的。

例 13-13 仍用例 13-4 的资料，长江公司根据以上预算的有关资料编制预计利润表。

长江公司预计利润表，如表 13-11 所示。

表 13-11　长江公司预计利润表
2019 年度　　　　　　　　　　　　　　　　　　　　　　　（单位：元）

摘要	资料来源		
销售收入（75×6 000）	表 13-2		450 000
减：变动成本			
变动生产成本（40×6 000）	表 13-7	240 000	
变动推销及管理成本	表 13-8	30 000	270 000
贡献毛益总额			180 000
减：期间成本			
固定制造费用	表 13-6	60 000	
固定推销及管理费用	表 13-8	42 000	102 000
营业净利			78 000
减：利息费用	表 13-10		3 875
税前净利			74 125
减：所得税	表 13-10		16 000
税后净利			58 125

11. 预计资产负债表

预计资产负债表是反映企业计划期末财务状况的总括性预算，它是依据当前的实际资产负债表和全面预算中的其他预算所提供的有关数字做适当调整编制的。

预计资产负债表可以为企业管理当局提供会计期末企业预期财务状况的信息，有助于管理当局预测未来期间的经营状况，并采取适当的改进措施。

例 13-14 仍用例 13-4 的资料，根据基期（2018 年）期末的资产负债表及计划期间（2019 年）各项预算中的有关资料编制计划期末的预计资产负债表。长江公司基期期末的资产负债表如表 13-12 所示，计划期期末的预计资产负债表，如表 13-13 所示。

表 13-12　长江公司资产负债表（基期）
2018 年 12 月 31 日　　　　　　　　　　　　　　　　　　（单位：元）

资产		负债及所有者权益	
流动资产		流动负债	
1. 现金	12 000	8. 应付购料款	6 000
2. 应收账款	24 000		
3. 材料存货（420 千克）	2 100		
4. 产成品存货（100 件）	4 000	股东权益	
	—	9. 普通股股本	40 000
合计	42 100	10. 留存收益	56 100
固定资产			
5. 土地	40 000		
6. 房屋及设备	60 000		
7. 累计折旧	(40 000)		
	—		—
合计	60 000	合计	96 100
资产总计	102 100	负债及所有者权益总计	102 100

表 13-13　长江公司预计资产负债表（计划期）
2019 年 12 月 31 日　　　　　　　　　　　　　　　（单位：元）

资产		负债及所有者权益	
流动资产		流动负债	
现金①	18 015	应付购料款⑧	6 990
应收账款②	67 500		
材料存货③（460 千克）	2 300		
产成品存货④（110 件）	4 400		
合计	92 215		
固定资产		股东权益	
土地⑤	40 000	普通股股本⑨	40 000
房屋及设备⑥	76 000	留存收益⑩	106 225
累计折旧⑦	(55 000)		
合计	61 000	合计	146 225
资产总计	153 215	负债及所有者权益总计	153 215

表 13-13 中各项目数字来源说明：
① 见表 13-10 的期末现金余额。
② 见表 13-2，第四季度销售货款的 60%，即 112 500×60%＝67 500（元）。
③ 见表 13-4，第四季度期末存料为 460 千克，即 5×460＝2 300（元）。
④ 见表 13-7，期末存货金额＝40×110＝4 400（元）。
⑤ 见表 13-12，土地的原数字未动。
⑥ 见表 13-9，计划期购置新设备 16 000 元，此数加到表 13-12 中房屋及设备原金额 60 000 元上，合计为 76 000 元。
⑦ 见表 13-6，计划期内计提折旧 15 000 元，此数加到表 13-12 中原累计折旧 40 000 元上，合计为 55 000 元。
⑧ 见表 13-4，第四季度购料款的 50%，即 13 980×50%＝6 990 元。
⑨ 见表 13-12，普通股股本在计划期内原数字未变动。
⑩ 留存收益期初余额（见表 13-12）　　　　　　　　　　　　　56 100 元
　　加：税后净利（见表 13-11）　　　　　　　　　　　　　　58 125 元
　　　　小计　　　　　　　　　　　　　　　　　　　　　　114 225 元
　　减：支付股利（见表 13-10）　　　　　　　　　　　　　　8 000 元
　　留存收益期末余额（见表 13-13）　　　　　　　　　　　106 225 元

本章小结

作为计划制订过程中的关键环节，预算是面向未来的财务计划，是企业各项活动计划的数量表达，它确定了目标及实现这些目标应采取的行动。全面预算是企业在一定期间内（一年）生产经营决策所定目标的数量表现。通过了解全面预算的作用，有助于我们着眼未来，清楚实施全面预算管理是企业管理目标化和内部控制的具体体现。

经营业务预算、财务预算是全面预算的主要构成内容。全面预算的"全面"两字，涵盖了整个企业的方方面面、企业生产经营的全过程和企业全体员工积极参与的理念。编制预算的方法体现了预算的合理性和先进性。

固定预算适用于业务量水平比较稳定的企事业单位。弹性预算基于成本按性态分类的基础，其特点是预算水平不受实际业务量变动的影响，从而使对预算执行的评价更便捷、更明确。零基预算对传统的"增量预算"予以创新，提出了以"零"为起点编制预算，这种以"求变"的理念应对市场的瞬息万变对企业的影响，使预算的目标明确、控制有效、资源节约的作用得到了充分的发挥。滚动预算是针对传统的以一年为预算期编制的定期预算所存在的不足而产生的，它的"逐期滚动"体现了"长计划短安排、近细远粗"的原则，适应了市场环境的变化莫测。滚动预算使预算与实际密切吻合，使预算期接近执行期，使企业管理者利用"动态预算"来能动地把握企业的明天。

在实际工作中，企业编制全面预算是一项系统工作，企业各职能部门积极配合是科学编制预算的基础，财务部门统筹协调是预算编制和执行的关键。我们不但要掌握全面预算的内容和编制方法，还要清楚全面预算的编制程序，这有助于我们对全面预算管理的理解和在实践中的运用。

思考题

1. 理解全面预算的概念，企业编制全面预算的意义何在？
2. 简述全面预算的内容及全面预算体系。
3. 说明固定预算、弹性预算各自的特点及适用范围。
4. 费用的弹性预算如何编制？在执行中依据弹性预算应如何控制费用？
5. 说明零基预算的意义及其编制。
6. 说明滚动预算的特点，并举一项业务说明其最适宜采用滚动预算编制。
7. 理解实际工作中企业各种编制预算方法的结合使用。

练习题

1. **资料**：某企业按照 8 000 直接人工小时编制的预算资料如表 13-14 所示。

表 13-14　预算资料　　　　　　　　　　　（单位：元）

变动成本	金额	固定成本	金额
直接材料	6 000	间接人工	11 700
直接人工	8 400	折旧	2 900
电力及照明	4 800	保险费	1 450
		电力及照明	1 075
小计	19 200	其他	875
		小计	18 000

该企业的正常生产能量为 10 000 直接人工小时，假定直接人工小时超过正常生产能量时，固定成本将增加 6%。

要求：编制 9 000、10 000、11 000 直接人工小时的弹性预算。

2. **资料**：设某公司采用零基预算法编制下年度的销售及管理费用预算。该企业预算期间需要开支的销售及管理费用项目及数额如表 13-15 所示。

表 13-15　销售及管理费用资料　　　　　　（单位：元）

产品包装费	12 000
广告宣传费	8 000
管理、推销人员培训费	7 000
差旅费	2 000
办公费	3 000
合计	32 000

公司预算委员会审核后，认为上述五项费用中产品包装费、差旅费和办公费属于必不可少的开支项目，保证全额开支，其余两项开支根据公司有关历史资料进行"成本——效益分析"，其结果为：广告宣传费的成本与效益之比为 1:15；管理、推销人员培训费的成本与效益之比为 1:25。假定该公司在预算期间可分配给销售及管理费用的总开支数为 29 000 元。

要求：编制销售以及管理费用的零基预算。

案例链接

全面预算管理在上汽集团的应用

作为一家大型制造业集团,上海汽车集团股份有限公司(下称"上汽集团")早在10年前就不断提高管理精细化程度,将全面预算管理融入日常管理中。经过10余年的操作和完善,上汽集团逐渐将全面预算管理工作制度化、系统化和常态化。预算管理已经成为企业管理的基石。

让预算管理发挥最大效用

1. 上汽集团形成了完善的预算内控制度。内控制度涵盖了全面预算管理的各个方面,包括预算政策、预算审核权限、预算编制、预算审批、执行跟踪、监督评价等环节。这套预算内控体系是上汽集团在多年预算管控经验的基础上提炼和完善的,具有较强的可操作性。近年来上汽集团经营规模不断增长,企业数量不断增加,明确一套可操作、可复制的预算内控制度,对于统一集团预算管控要求、提升预算管控效率都起到了积极的作用。

2. 上汽集团建立了系统的预算管理流程。预算编制、预算执行、预算评价等各个预算管控环节紧密相连,形成了一套完整的闭环管理系统,而且对于系统中每一个预算管控环节,上汽都作为一项重点工作来落实,做好每一个预算管控环节,确保预算管控系统平衡、有效地运行。

3. 上汽集团将全面预算管理融入日常运营和管理中。全面预算管理是企业管理系统中的工具,要真正发挥其作用,还需要与其他管理手段联合使用,比如与绩效管理相结合、与风险预警相联系等。全面预算管理重点在于"全面"两字,其要求不仅把预算管控落实到企业管理的方方面面,还要让预算管理理念渗透到企业的其他各项管理系统中,渗透到企业的文化中,这样才能让全面预算管理发挥出最大的效用。

五项实践措施

1. 建立具有上汽特色的预算管理系统。上汽集团不断向合资外方学习先进的预算管理理念以及领先的预算管理系统,并积极将其用于实际经营管理中。集团将这些成熟的预算管理方法付诸实践,不断总结提炼经验,并结合集团自身运营的实际情况,逐步形成了现有的具有上汽特色的全面预算管理系统。这套全面预算管理系统是可复制的、可操作的。随着上汽集团经营规模的不断扩大,新设和收购的企业数量也在不断增加,上汽预算管控的理念和方法能很快地在新企业中得到应用。

2. 集团对全面预算管理高度重视。上汽集团设立了预算管理委员会,在预算管理委员会的领导下开展预算编制、预算执行、预算控制和监督等工作。集团总裁牵头落实预算目标的制定工作,负责预算编制总体要求的下达。年度预算目标经过多次"由上而下、由下而上"的充分沟通和讨论,经董事会审核批准后执行。在上汽集团预算管控过程中,无论是工作汇报还是考核评价等具体工作,管理层都以预算目标的执行情况作为主要评价依据。这些都充分体现了集团管理层视预算管理为重心,视预算目标为抓手,将全面预算管理工作作为集团基本的管理工具之一。

3. 全面预算管理重点突出"全面"。"人人成为经营者"的管理模式,是上汽独创并长期实践的管理模式。这一管理模式突破了传统的管理理论和思维方法,以人为本,把市场机制引入企业内部管理,精细有效地整体优化了企业的管理结构、管理环节和管理过程,把员工当家做主真正落到实处,极大地调动了广大员工的创造性和积极性。

4. 做好目标的持续跟踪与分析。上汽集团一贯将预算跟踪和分析作为预算管控的重点。对于预算目标的跟踪,也不仅仅局限于财务数据,还要求关注业务数据,比如,在关注收入、利润预算完成情况的同时,还会关注业务的完成情况(如销售订单的获得情况),生产运营的效率情况(如单台产品的制造费用),并通过对先进企业的对比,寻找差距,积极改进。因此,全面预算管控不仅仅是对财务指标的管控,而且关系到企业经营业务的方方面面。只有通过全方位的跟踪和深入的分析,才能对企业目前的经营情况和未来的发展趋势有比较准确的判断和预测。

5. 将信息系统运用于全面预算管理。随着市场竞争日趋激烈,企业生产经营规模日益扩大,所分析的数据呈几何级增长。为了提升预算管控效率,引入信息系统的解决方案尤为必要。信息系统的使用,使得日常预算、预测工作效率得到了提升,为财务人员完成从数据收集到更有价值的数据分析的转变创造了条件。

但上汽集团在预算管理中也存在一些误区,一是预算目标与实际经营结果偏差大,缺乏对实际经营的引导和控制;二是预算管控各环节重视程度不一,重编制轻执行;三是对预算管理认识不深,缺乏必要的组织保障。

资料来源:夏明涛,中国会计报,2015-04-10.

分析点评:

1. 预算编制重要,预算执行更重要。预算管理是一种结果导向的预算管理方式,注重效果和预算执行的结果,并根据结果反馈确定下期预算安排,以达到优化资源配置的目的。全面预算管理作为企业内部控制管理制度的具体体现,对企业经营管理起着计划编制、考核评价实际执行结果和优化下期预算管理的重要作用。但企业有些管理层对预算管理的认识不深,往往是重编制轻执行。这主要是没有意识到企业预算管控是企业自己的事,如果企业管理需要外部介入,不但要付学费,更是帮得了一时,帮不了一世。所以不但管理层应重视预算管理,企业全体员工也应提高参与意识,提供合理化建议,把积极执行预算作为验证和评价自己工作成果的有效方法。预算执行反馈的结果提供了预算与实际执行的差距,通过分析差异可以寻找企业未来经营中的机会和风险,使企业和职工的可持续发展都得以优化。

2. 预算管理作为实施管理会计的一种有效工具,对实现会计与业务的有机融合,提升管理效率和效益有着积极的推动作用。第一,预算管理工作是企业"业财融合"管理模式的重要体现,编制和执行预算都需要各个职能部门的密切沟通协调,才能产生协同效力。第二,应根据业务管理的需要合理选择预算编制方法,如对销售收入预算可采用滚动预算方法编制,对管理费用可采用零基预算、弹性预算方法编制。第三,通过对预算执行反馈结果的分析,不仅能发现财务方面的问题,也有助于提供业务层面的信息资料,为企业生产经营决策提供可靠的信息支持。第四,企业管理高层对预算管理的重视和支持程度是预算管理模式效益发挥的重要组织保障。

思考:

1. 说明企业全面预算管理的预算编制、预算执行、预算评价三者之间的关系。
2. 剖析一家企业实例,分析该企业预算管理的具体做法。

第 14 章

责任会计

学习目标

1. 了解公司组织结构与责任会计制度的密切联系。
2. 理解实施责任会计制度的基本原则。
3. 掌握责任会计制度的基本内容。
4. 理解责任会计是企业实施内部控制的主要内容和方法之一。

重点与难点

1. 实施责任会计制度的程序。
2. 收入中心、成本中心、利润中心和投资中心各自的特点、适用范围和考核指标。
3. 理解责任成本与产品成本的联系和区别及如何体现在账簿系统中。
4. 内部转移价格的制定及其选择。

14.1 分权管理与责任会计制度

14.1.1 组织结构与分权管理

组织结构是指企业（公司）内部分工协作的基本形式或框架。分工是协作的前提，但又离不开协作，否则，分工就会失去意义，造成组织效率低下。组织结构的功能就在于为分工协作提供一个基本框架。

组织结构所要解决的首要问题就是全面权衡分工的利弊，决定组织分工程度，并在此基础上确定每个人的职务。分工离不开协作和协调，组织中的协调是以组织系统为手段，而组织系统就是为了协调大规模的、复杂的分工而产生的。决定组织结构的第二个问题就是权限问题。每一个组织都要做各种决策，且要相互协调。公司为了管理其纷繁复杂的事务，要在两种决策方法——集权式和分权式中做出选择。在集权式决策方式下，决策权尽量集中于组织上层，决策权一般由高层做出，基层（部门）管理人员仅负责执行决策。分权式决策方法将决策权分散于组织下层，允许基层管理人员在其责任范围内制定并执行关键决策。集权与分权相结合是正确处理决策权限关系的基本原则，二者不是必居其一的关系，而是相辅相成的。任何组织都是既需要集权又需要分权的。所以，问题的关键是要把握集权与分权的度，并在集权与分权之间保持适当的平衡。

企业高层经理们应该怎样确定最合适的分权程度呢？这受制于许多具体因素，诸如企业的工作性质、组织战略、企业规模、市场环境变化等因素。随着全球经济的迅速发展和新经济时代的到来，企业内部的经营管理日趋复杂。为满足迅速变化的市场需求，许多企业实行了某种程度的分权管理制度（扁平组织结构）并确定相应的业绩评价考核指标和方法。

分权管理的基本特征是将决策权在不同层次和不同地区的管理人员之间进行适当划分，例如，在董事会与总经理、总经理与部门经理或地区之间进行划分等，并通过适当地授权，使不同层次的经理或管理人员都能对日常的经营活动及时地做出有效的决策，以迅速适应市场变化的需求。

1. 分权管理的原因

首先，便于收集、利用当地的信息，并做出更多更快的反应，将决策权更广泛地分布到产品与市场机会的交接处。决策的质量会受到可获取信息的质量的影响。随着公司在不同市场、地域的扩展，高层管理当局不一定了解当地的情况，而低层（部门）经理人员却能运用他们的信息对客户、供货商和职工的需求及时做出反应，使其处于更有利的决策环境之中，并能增加公司对市场的了解从而改进整个企业的服务。分权管理对于跨国公司尤为适用，因为跨国公司分布于许多法律制度和风俗习惯迥异的国家。

其次，可以突出经理注意的焦点。由于分散了经营决策权，公司的高级管理层就能从具体事务中解脱出来而致力于战略性的规划和决策，以保证公司始终有一个明确的、正确的发展目标。对于高级管理层而言，公司的长远规划远比日常事务重要，而各层次、各地区的经理人员都能在授权范围内，根据不断变化的市场环境迅速做出应变决策，能更好更快地适应市场机遇。

再次，有助于管理人员的开发和学习。给予经理更多的责任能促进经验丰富的管理人才库的开发。在这个人才库中，公司可以选拔人才填补更高层的管理位置，还可以了解哪些人不具备管理素质。一个外贸公司的总经理这样表述分权制的益处："实行分权管理，为部门经理提供了一个培训场所，为业务的竞争者提供了一个为实现自己的见解而战斗的有形战场。"这样可让那些未来的高层经理有机会做重要决策，同时也有利于高层管理人员考核部门经理人员的管理才能。谁能做出最优决策，谁就最有可能被提升。

最后，可以增加竞争压力，提高积极性。当下属单位经理能发挥更大的个人创造力时，通常就有了更多的积极性，同时也强化了企业内部的竞争环境，从而群策群力使全体经理人员既能为提高企业经济效益做出贡献，又能体现其自身价值。

2. 分权管理的主要表现形式——部门化

分权管理的实施方式，通常是设立被称为"分部"的经营单位。通过由企业管理中心向下或向外的层层授权，使每个部门都拥有一定的积极性、权力和职责。部门划分的依据主要有以下几个方面。

第一，按产品品种或经营项目进行划分，即每一经营项目或每一产品（或每类产品）的生产单位均作为一个独立的部门，有关该项目或该产品的生产经营活动，包括采购、生产、销售等全部由该部门负责，不管这种产品市场是在国内还是在国外。这种组织结构如图 14-1 所示。

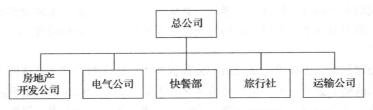

图 14-1　产品或经营项目组织结构图

第二，按地区划分，即以地区不同为依据，每一地区均为一个独立的部门，负责该地区的有关经营活动，其组织结构如图 14-2 所示。

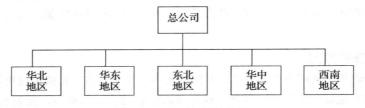

图 14-2　地区组织结构图

第三，按业务职能划分，即以不同的管理职能为依据，每一管理职能均为一个独立的部门，负责与该职能相关的一切经营活动，其组织结构如图 14-3 所示。

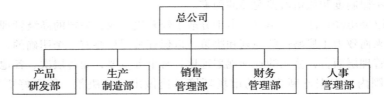

图 14-3　业务职能组织结构图

综合以上分析，分权管理是现代企业组织管理发展的基本趋势，而部门化的组织结构是企业管理的主要形式。但在实际工作中，各种部门化的组织结构应根据企业具体的生产规模、生产经营特点和管理要求来决定，而不是一成不变的。

企业的组织结构与责任会计制度有密切的联系。理想的企业组织结构应能反映并支持责任会计制度的实施。

14.1.2　责任会计的意义和内容

企业实施分权管理模式，必须要加强内部控制。为了发挥分权管理的优点，就要协调各分公司、分部门的分工协作关系，保证整个企业上下目标一致，及时反映和监督企业各分部乃至每个生产经营者的经济责任，以具有法律效力的证据对责任者进行考核、控制和评价。责任会计（responsibility accounting）正是顺应这种管理要求而不断发展和完善起来的一种行之有效的内部控制制度。

责任会计是一种要求对责任中心进行业绩考核的会计制度。这种制度的核心，在于把核算业绩的会计与管理上的责任结合起来，或者说，责任会计就是一种能明确核算各责任中心负责人业绩、考核评价的重要方法。其实质是企业为加强内部管理责任而实施的一种内部控制制度，是把会计资料同各级责任中心紧密联系起来的信息控制与业绩评价系统。

1. 建立责任会计制度的基本原则

在不同的企业类型中，责任会计制度的建立，由于其内部条件和外部市场环境的变化，其具体做法往往各有所异，即使在同一企业的不同时期，也常常会有不同。但不论怎样，对任何企业而言，建立一套科学的、有效的责任会计制度，必须遵守以下五条原则。

（1）目标一致性原则

目标一致性原则是指各责任单位的具体目标与经营活动必须同企业的总目标保持一致。这项原则要求各责任单位的责任预算应建立在企业全面预算目标的基础上，是总目标的具体化和阶段化。各责任单位的日常生产经营活动必须符合企业的整体利益，确保整体利益最大化，对执行过程中偏离企业总目标的行为应及时纠正，保证各责任单位的生产经营活动朝着既定的企业总目标方向协调发展。选择考核标准必须克服依靠单一标准进行考核的倾向。工作效率不是单一性指标所能完全反映的，也不利于上下目标的一致。要有一个合理的指标体系，相互配合和制约。以指标的综合性和完整性来保证企业目标的一致性，使各级责任单位负责人能上下同心协力完成企业的总目标。

（2）可控性原则

可控性原则是指每个责任单位只能对其责权范围内可控制的成本、收入、利润和资金负责，在责任预算和业绩报告中也只应包括他们能控制的项目，对于不能控制的项目则应排除在外，或只作为参考资料列示，以保证责、权、利关系的紧密结合。明确各责任单位可控内容和因素，是建立责任会计制度的前提条件。责任会计的特点，就在于会计考核和承担业务上的责任紧密地结合。如一个成本中心，能为责任中心所控制，为其工作好坏所影响的成本，为可控成本，反之，责任中心不能控制，不受其工作好坏所影响的成本，就是不可控成本。对成本中心，以可控成本作为考核评价其工作成绩的主要依据才有说服力，不可控成本仅做参考。要把握好可控性原则，应注意构成可控性的三项条件：

1）责任中心能够确定其费用、成本或收益的发生内容。

2）责任中心能够计量其费用、成本或收益。

3）责任中心能够控制和调节其发生的费用、成本或收益。

（3）反馈性原则

反馈性原则是指各责任单位在执行责任预算中，对各项经济活动发现的信息，要及时、准确并可靠地进行计量、记录、计算和反馈，以便发现问题，迅速采取有效措施加以控制，达到强化管理的目的。责任预算执行情况的信息反馈，既是一个经济信息的运用过程，也是责任会计真正发挥基础管理作用的一个重要步骤，是责任会计管理职能的具体表现。

贯彻反馈性原则，首先，要求企业按责任单位建立一套科学的信息跟踪与报告系统，以保证输入信息的准确无误；其次，要求企业按责任层次自下而上地建立一套严密的信息控制系统，以保证输出信息的及时、有效，使生产经营活动能沿着预定的目标前进；最后，要求企业建立一套反应迅速的决策系统，对生产经营活动过程中发现的问题能够很快地做出恰当的决策，以保证反馈的信息能及时有效地得到处理。

（4）及时性原则

反馈系统的作用在很大程度上取决于信息反馈的及时性。因此，各责任单位在编制业绩报告以后，应迅速把有关信息反馈给责任者，以便他们迅速据以调控自己的行为。同时，及时地反馈信息还有助于尽快发现和调整在业绩报告中出现的不可控因素，以保证对责任者的业绩进行综合考评的正确性。现代电子技术的发展，特别是电脑在管理领域内的广泛应用，给信息反馈的及时性提供了技术保证。通过电脑联网进行的信息反馈，企业管理当局能及时对各责任单位的预算执行情况了如指掌，若发现重大问题随时可采取措施，迅速加以解决。

（5）例外管理原则

例外管理原则是一种重点管理原则。主要针对管理工作中数量繁杂的经济业务在实际执行中不可能和预算完全一致，会发生大大小小的差异。对所有差异责任中心负责人也不可能都一一进行分析评价，而只针对那些差异较大的，或特殊差异项目实行重点管理。发现和找出产生这些差异的原因，并提出降低这些差异的有效建议，责任的履行就可得到有效的控制。实行例外管理，使高层次的主管人员摆脱日常事务性工作，集中精力处理重要问题，特别是研究企业的"明天"，以保证企业在激烈的市场竞争环境中能够生存和发展。因此，例外管理原则是企业在分析评价各责任中心的责任履行情况，并进而编制责任报告时应特别注意的。

2. 责任会计的基本内容

责任会计的基本内容是指企业为建立和实施责任会计必须具备的基础和条件。通常可归纳为以下五个方面。

（1）合理设置责任中心

责任中心（responsibility center）是指具有一定的管理权限，并承担相应的经济责任的企业内部单位。分权管理思想和部门化企业组织结构的发展，使企业日常的经营决策权不断地向下属部门或各地区经营管理机构下放，从而使决策达到最大程度的有效性。与此同时，为了使每个责任层次能对自己的工作成果负责，要确定十分明确的、责任者能够控制的责任范围，这个责任范围就是责任中心。所以，责任中心是为履行某种责任而设立的特定部门。它与前面我们提到的"责任单位"属于同一概念。责任中心应按照控制范围的大小、承担的经济责任以及上级赋予的管理权限设置。责任中心的基本形式主要有四种：收入中心、成本中心、利润中心和投资中心。

（2）正确编制责任预算

把全面预算所确定的企业生产经营总目标和任务，按责任中心进行层层分解、落实，并为每个责任中心编制具体的责任预算，使各责任中心明确本中心的目标和任务。所以，责任预算就是为各责任中心确定一个可以衡量的目标，同时也是上级评价各责任中心业绩的标准。如成本中心的责任预算是责任成本指标，利润中心的责任预算是目标利润指标。各责任中心负责人对预算执行中出现的问题要有解决和控制能力，以达到预期目标的实现。

（3）建立和健全信息跟踪报告系统，加强日常控制

责任预算一经确定，就要按责任中心建立、健全相应的一套完整的日常记录、计算和积累有关责任预算执行情况的信息跟踪反馈系统，并定期编制业绩报告，亦称责任报告。责任报告可以使各责任中心负责人和企业最高主管当局能随时了解预算的执行情况。各责任中心根据编制的业绩报告，要分析预算执行差异发生的原因，及时控制并调节日常经营活动，并督促责任者迅速采取有效措施加以纠正。

需要指出的是，信息跟踪反馈系统应具备以下三项特征。

第一是相关性，业绩报告所反映的内容要能满足各级主管人员的不同需要，并列示该责任中心可控项目范围内的有关信息。

第二是及时性，编制业绩报告的时间可为定期和不定期，能适应企业内部经营管理的需要并及时编报。

第三是准确性，提供的信息要有足够的准确性，以保证业绩评价与考核的公平合理。

（4）评价和考核业绩

通过对各责任中心的实际数与预算数的对比和差异分析，来评价和考核各责任中心的工作业绩和经营效果。根据事先制定的一套严密周详的奖惩制度，按各责任中心完成业绩的好坏，进行奖优罚劣、奖勤罚懒，力求做到公正合理、奖罚有据，保证责任制的贯彻执行。

（5）制定内部转移价格

为了正确评价各个责任中心的工作业绩，明确区分经济责任，且使各责任中心工作成果的评价建立在客观可比的基础上，对于各责任中心之间相互提供产品或劳务的活动，都需要计价转账，审慎地、合理地制定出适合本企业特点的内部转移价格。内部转移价格的制定，要有利于调动各有关责任中心生产经营的主动性和积极性，又要有利于保证各有关责任中心和整个企业之间经营目标一致性的实现。

14.2 责任中心与业绩考核

14.2.1 责任中心的基本特征

责任会计围绕各个责任中心，把衡量工作成果的会计同企业生产经营的责任制紧密结合起来，成为企业内部控制体系的重要组成部分。责任中心的基本特征是权、责、利的结合，通常有以下四个方面的内容。

1. 拥有与企业总体管理相协调、与其管理职能相适应的经营决策权

拥有与企业总体管理相协调、与其管理职能相适应的经营决策权，使其能在最恰当的时刻对企业遇到的问题做出最恰当的决策。分权管理的主要目的是提高管理的效率。为保证做到这一点，就应在系统思想的指导下，对一些日常的经营决策权直接授予负责该经营活动的部门，使其能针对具体情况及时地做出处理，以避免因延误决策时机而造成的损失。

2. 承担与其经营权相适应的经济责任

有什么样的决策权力，就有什么样的经济责任，所以当一个部门被授予经营决策权时，就必须对其决策的"恰当性"承担责任，这也是对有效地使用其权力的一种制约。每一责任中心，必须根据授予的经营决策权的范围承担相应的经济责任。

3. 建立与责任相配套的利益机制

为了保证企业各部门管理人员都能有效地行使其权利，并承担起相应的责任，必须建立与其责任相配套的利益机制，以使每个管理人员的个人利益与其管理业绩相联系起来，从而调动全体管理人员和所有职工的工作热情和责任心。

4. 责任中心便于进行责任会计核算或单独核算

责任中心不仅要划清责任，而且要单独核算。划清责任是前提，单独核算是保证。只有既划清责任又能进行单独核算的企业内部组织，才能作为一级责任中心。

14.2.2 收入中心

1. 收入中心的意义及其适用范围

收入中心（earnings center）是只对产品或劳务的销售收入负责的责任中心。企业市场营销工作的好坏，直接关系到产品价值和利润的实现。由于销售部门的主要职能是产品销售和取得收入，因此以收入来确定其责任比用利润更为恰当。在收入中心，它不需要考虑产品的生产成本，只需考虑如何在企业确定的售价浮动范围内更多地推销企业的产品，更多地占领市场。因为推销得越多，收入也越多，在市场中所占的份额也越大，对企业的贡献就越大，所以收入中心的目标是扩大销售收入。对于费用，虽然也需进行考核，但可相对简化，因为在收入中心扩大收入是主要因素，节约费用则是次要的。

2. 收入中心的控制要求

对收入中心的控制，主要包括以下三个方面。

(1) 控制销售目标的实现

各收入中心目标销售额能否实现，对企业目标利润的实现影响很大。首先采取的控制措施是检查各收入中心的分目标与企业销售收入的总目标是否协调一致。分目标在量和质上与总目标一致，是企业整体目标利润所确定的销售目标得以落实的重要保证。其次是检查各收入中心是否为实现自己中心的目标制定了确实可行的推销措施。无论是销售新产品还是老产品，收入中心都必须制定切实有效的推销措施，包括销售策略、销售理念、销售手段、销售技术、销售力量以及了解掌握市场行情等。

(2) 控制销售收入的资金回收

销售过程是企业的成品资金向货币资金转化的过程。在这一过程中，销售收入资金能否及时收回，对企业资金的正常周转将产生重要影响。一家企业的经营能否顺利进行和发展，资金是非常重要的因素，因此确保销货款的及时回收是销售中心的又一重要职责。对销售货款回收的控制应注意以下两点。

第一点，各收入中心对货款的回收是否都建有完善的控制制度，包括对销售人员是否都订有明确的收款责任制度；对已过付款期限的客户是否订有催款制度。

第二点，对销货款的回收是否列入各收入中心的考核范围，是否将收入中心各推销人员的个人利益与销货款的回收情况有效地结合起来考核。

(3) 控制坏账的发生

在市场经济环境中，企业发生坏账的情况是不可避免的。尽管如此，我们仍然应尽量控制坏账的发生，以使企业避免损失。因此，控制坏账的发生自然是收入中心的重要职责。对坏账的控制主要应注意以下两点。

第一点，签订销售合同业务要注重对有关付款的条款做明确的陈述。签订销售合同是商品交易的基本要求，但由于种种原因，不签订合同或合同条款不清的情况常常发生，导致一些不应有的坏账发生。所以要控制坏账，必须严格做到对每一项签有销售合同的业务都要明确其中的付款条件。

第二点，在发生销售业务时，特别是与一些不熟悉的客户初次发生重要交易时，必须对客户的信用情况、财务状况、付款能力和经营情况等进行详细的了解，以预测销货款的安全性和及时回收的可能性。这样就可减少坏账的发生及避免上当受骗。

3. 收入中心的考核指标

由于收入中心的主要职责是实现销售收入，所以业绩考核指标应围绕销售收入的实现展开。具体讲主要有销售收入预算完成率、应收账款周转率和坏账发生率三项指标。

(1) 销售收入预算完成率

销售收入预算完成率是将实际完成的销售收入与预算数相比较，以考核销售收入的预算完

成情况。其计算公式如下:

$$销售收入预算完成率 = \frac{实际销售收入}{预算销售收入} \times 100\%$$

(2) 应收账款周转率

应收账款周转率是反映应收账款周转速度的指标,也是考核收入中心收入实现质量的指标。它是一定时期内赊销收入净额与应收账款平均余额的比率。应收账款周转率有两种表示方法。一种是应收账款在一定时期内(通常为一年)的周转次数,另一种是应收账款的周转天数。应收账款周转次数的计算公式如下:

$$应收账款周转次数 = \frac{赊销收入净额}{应收账款平均余额}$$

一般而言,在一定时期内应收账款周转的次数越多,说明应收账款变现的速度越快,企业资金被外单位占用的时间越短,管理工作的效率越高,收入实现的质量越高,企业的营运能力越强。应收账款是赊销形成的,其周转速度的快慢,也是对各收入中心收入质量的考核。因为收入的质量不仅取决于销售收入实现的数量,而且更在于货款收账的速度,收账的速度越慢,形成坏账的风险越大,资金周转速度就慢,收入实现的质量越差;反之,收账的速度越快,形成坏账的风险越小,资金周转速度就越快,收入实现的质量就越高。

(3) 坏账发生率

坏账发生率也是对收入中心销售收入实现质量的考核指标。利用该指标主要考核收入中心在履行职责过程中所发生的失误情况。坏账的发生虽然难以避免,但对收入中心而言,正确判断客户的付款能力及付款结算方式的灵活运用也是销售人员的基本职责。该指标计算公式如下:

$$坏账发生率 = \frac{同期的坏账发生额}{同期的全部销售收入额} \times 100\%$$

4. 责任报告

责任中心的责任业绩考核是通过编制责任报告来完成的。它是根据会计记录编制的反映责任预算实际执行情况的业绩报告。

责任报告的形式主要有报表、数据分析和文字说明等。将责任预算(目标)、实际履行情况及其产生的差异用报表予以列示是责任报告的基本方式。由于责任报告是对于各责任中心的责任履行情况所做的专门报告,在揭示差异的同时,必须对重大差异予以定量分析和定性分析。定量分析主要是确定差异的发生程度,定性分析主要是分析其产生的原因。根据分析的结果,提出改进建议,以便各责任中心和企业最高管理部门进一步予以控制。因此,报告的形式除报表外,还须利用数据分析和文字说明等方式进行补充说明。

责任报告的时间一般是定期的,但由于各责任中心的生产经营特点和管理上的需要,各责任中心的报告期可能不尽一致。如最基层的责任中心,其上级责任中心需要随时掌握和控制其责任目标的完成情况,就希望基层责任中心经常地、随时地予以报告。

责任中心是逐级设置的,责任报告也应该自下而上逐级编制。处在中层、上层的责任中心,其责任报告的编制常常是对下属责任中心责任报告的汇总。

5. 收入中心责任报告的编制

收入中心的责任报告主要反映收入中心考核指标的预算与实际执行情况。其格式如表 14-1 所示。

表 14-1 三元公司收入中心业绩报告
2019 年 10 月 31 日

产品名称	销售量（件）		单位价格（元/件）		预算销售收入（元）	实际销售收入（元）		销售数量预算完成率（%）	销售收入预算完成率（%）
	预算	实际	预算	实际		按预算价格计算	按实际价格计算		
甲	104	140	250	250	26 000	35 000	35 000	134.5	134.5
乙	165	160	200	200	33 000	32 000	32 000	97	97
丙	200	200	205	190	41 000	41 000	38 000	100	92.68
合计					10 000	108 000	105 000	108	105
应收账款周转天数	预算					坏账发生率	预算		
	实际						实际		

14.2.3 成本（费用）中心

1. 成本中心的意义及其适用范围

成本中心（cost center）是对成本或费用负责的责任中心，即只考核所发生的成本或费用，不考核收入或不形成收入的责任单位，都可以设为成本中心。

成本中心与费用中心的区别在于前者是可以为企业提供一定的物质成果的部门，如生产车间生产的产品，后者主要是为企业提供一定的专业性、职能管理性的服务部门，如会计部门、人事部门等。

成本中心的运用范围最广。凡是企业内部有成本发生、需要对成本负责并能进行控制的单位，都可设置为成本中心。上至工厂，下至车间、工段、班组，甚至个人都可以设置为成本中心。可以说只要有成本或费用支出的地方，就可以建立成本中心。由于成本中心的规模大小不一，各成本中心控制、考核的内容也不相同。大范围的成本中心考核指标往往会涉及料、工、费所有的成本项目，而小范围的成本中心可能只涉及少数几个成本项目或某个单项成本项目，甚至是某成本项目下面的几个明细项目。成本中心的控制与考核侧重于责任成本。

2. 责任成本与可控成本

为了计算责任成本，必须把成本按其可控性分为可控成本和不可控成本两类。成本的可控与不可控是相对而言的，这与责任中心所处管理层次的高低、管理权限的大小以及控制范围的大小有直接关系。对企业来说，几乎所有的成本都可以被视为可控成本，一般不存在不可控成本，而对于企业内部的各个部门、车间、工段、班组乃至个人来说，则既有其各自的可控成本，又有其各自的不可控成本。一项对于较高层次的责任中心的可控成本，对于其下属的较低层次的责任中心而言，可能就是不可控成本；反过来，较低层次责任中心的可控成本，则一定是其所属较高层次责任中心的可控成本。例如，生产车间发生的折旧费用，对于生产车间这个成本中心而言属于可控成本，但对于其下属的班组这一层次的成本中心而言则属于不可控成本。此外，某些成本对处于同一层次的某一责任中心而言是可控的，对于另一责任中心来说，则是不可控的，如材料价格，对于供应部门来说是可控的，但对于生产部门来说则是不可控的。

3. 产品成本与责任成本

成本中心控制和考核的内容是责任成本。责任中心当期发生的各项可控成本之和就是它的责任成本。对成本中心的工作业绩进行控制和考核，主要是通过将责任中心实际发生的责任成本与其责任成本预算进行比较而实现的。

产品成本与责任成本是既有区别又有联系的两个概念。产品成本是以产品为对象归集产品的生产耗费，归集的原则是谁受益谁承担；责任成本是以责任中心为对象归集生产或经营管理的耗费，归集的原则是谁负责谁承担。产生上述差异的原因，是两种成本计算的目的和用途不同。产品成本的计算着眼于生产耗费按产品对象化，为分别考核不同产品的盈利提供客观依据；责任成本的计算则是反映责任预算的执行情况，是贯彻企业内部的经济责任制，是控制生产耗费的重要手段。

尽管产品成本与责任成本有以上区别，但两者的经济内容是相同的。就一个期间而言，全企业的产品总成本与全企业的责任中心的责任成本总和还是相等的，因为两者都是企业生产经营过程中的资金耗费。

4. 业绩考评指标及责任报告

成本中心是企业最基础、最直接的责任中心，在业绩考评中，只应对其可控的成本负责。也就是说，这种考评应是上级直接考评其可以直接控制的下级，下级再直接考评其可以直接控制的更下一级，如此递推前进。对上级而言，控制范围广，包括下级的控制范围，它计算和考评的成本责任指标涉及该责任中心的所有可控成本；对下级而言，其控制范围仅为上级的一部分，其计算和考评只能涉及部分成本项目，甚至是几个子项目。

成本中心业绩考评的主要内容是将实际成本与责任成本进行比较，确定两者差异的性质、数额以及形成的原因，并根据差异分析的结果，对各责任中心进行奖惩，促使各责任中心调整行为误差，保证责任的完成。

责任中心的考核指标主要是责任成本，具体包括成本（费用）降低额和降低率。其计算公式如下：

$$成本（费用）降低额 = 预算成本（费用） - 实际成本（费用）$$

$$成本（费用）降低率 = 成本（费用）降低额 \div 目标（预算）成本 \times 100\%$$

在对成本中心进行考核时，需要注意的是，如果预算产量与实际产量不一致时，应按弹性预算的方法首先调整预算指标，然后再计算上述指标。

例 14-1 某成本中心生产甲产品，计划产量 400 件，单位变动成本 100 元，固定成本预算 6 000 元。实际产量 500 件，单位变动成本 90 元，实际固定成本发生额 5 600 元。计算和分析该成本中心成本预算完成情况。

$$变动成本降低额 = 500 \times 100 - 500 \times 90 = 5 000（元）$$

$$固定成本降低额 = 6 000 - 5 600 = 400（元）$$

$$变动成本降低率 = 5 000 \div 50 000 = 10\%$$

$$固定成本降低率 = 400 \div 6 000 = 6.67\%$$

由于单位变动成本每件降低 10 元，实际产量 500 件，共降低 5 000 元；再加上固定成本的节约，该成本中心共降低费用 5 400 元，生产量也完成得很好，实际产量超过计划产量 100 件。

成本中心的责任报告自下而上编制。最基层的责任报告，如班组或工段这一级责任中心的责任报告，只有本身的可控成本，其他层次都应包括下属单位转来的责任成本和本层次的可控成本。各项数据环环相扣，逐期汇总，形成一条责任链锁。

报表形式的责任报告一般有预算数、实际数、差异数。成本中心主要考核可控成本，不可控成本一般不予反映或分别列示以供参考。设某机械厂车间级成本中心责任报告如表 14-2 所示。

表 14-2 机械厂装配车间责任报告

2019 年 10 月 31 日　　　　　　　　　　　　　　（单位：元）

摘要	预算数	实际数	差异
下属单位转来的责任成本			
甲工段	15 000	15 800	800
乙工段	13 000	12 900	-100
小计	28 000	28 700	700
本车间可控成本			
直接人工	1 900	1 920	20
管理人员工资	2 100	2 200	100
设备维修费	1 600	1 770	170
物料费	910	1 000	90
小计	6 510	6 890	380
本车间责任成本	34 510	35 590	1 080

14.2.4 利润中心

1. 利润中心的意义及其适用范围

利润中心（profit center）是对利润负责的责任中心。由于利润是由收入与成本两个因素决定的，所以利润中心实际上既要对收入负责，又要对成本负责。

利润中心适用于企业组织中具有独立收入来源的较高责任层次。例如分厂、分公司、有独立经营权的部门，包括辅助生产部门或封闭式生产车间等。与成本中心相比，利润中心的权力和责任都相对要大得多。

2. 利润中心的类型

(1) 自然利润中心

这种利润中心虽然是企业内部的一个责任单位，但它既可向企业内部其他责任单位提供产品或劳务，又可直接向外界市场进行产品销售或提供劳务，获得收入并赚取利润，像独立企业一样。例如，分公司、分厂、事业部等。自然利润中心一般具有产品销售权、价格制定权、生产决策权等。

(2) 人为利润中心

这种利润中心一般不直接对外销售，只对本企业内部各责任单位提供产品或劳务，但需要按"内部转移价格"进行内部结算，并确认其成本、收入和利润。

3. 业绩考评指标及责任报告

利润中心的责任主要是采取各种有效措施完成和超额完成预定的目标利润，因此，对利润中心的评价与考核应以销售收入、贡献毛益和税前利润为重点。具体考核指标是可控贡献毛益和部门税前利润。其计算公式如下：

可控贡献毛益 = 销售收入 - 可控变动成本 - 直接可控固定成本

部门税前利润 = 可控贡献毛益 - 间接固定成本 - 分配的管理费用

间接固定成本和管理费用一般是由上级责任中心分配而来。通常由上级按以下两种方法分配给各利润中心：一是按各利润中心的受益比例分配，二是按各利润中心签订合约的责任分配。有时两种方法都难以依据，也可按各利润中心的销售比例硬性分配。无论采用哪种间接费用的分配方法，都不能改变间接固定成本的性质，所以，可把间接固定成本留在上级责任中心（如分公司、分厂），不往下分配。这样，利润中心的主要考核指标就是可控贡献毛益了。采用哪项主要考核指标，应视企业管理上的具体需要而定。某纺织总公司第一分公司的责任报告如表 14-3 所示。

表 14-3　纺织总公司第一分公司责任报告
2019 年 10 月 31 日　　　　　　　　　　　　　　　　　　　　（单位：元）

摘要	预算数	实际数	差异
销售收入	136 000	137 000	1 000
可控变动成本			
变动生产成本	41 000	40 000	−1 000
变动销售及管理费用	30 000	28 000	−2 000
小计	71 000	68 000	−3 000
贡献毛益	65 000	69 000	4 000
减：直接可控固定成本	7 000	6 500	500
可控贡献毛益	58 000	62 500	4 500
间接固定成本	6 000	5 500	−500

14.2.5　投资中心

1. 投资中心的意义及其适用范围

投资中心（investment center）是既对成本、收入、利润负责，又对投入的全部投资或资产（包括流动资产和固定资产）的使用效果负责的责任中心。由于投资的目的是获得利润，因而投资中心同时也是利润中心。它与利润中心的区别主要在于利润中心没有投资决策权，因为它是在企业确定投资方向后进行的具体的经营，而投资中心则拥有投资决策权。当企业总部将一定数额的资本交给投资中心后，应投资什么行业、生产什么产品等都是投资中心的职责，企业总部一般不予干涉，但投资中心必须对其投资的收益负责。所以投资中心包括了利润中心的特点，但比利润中心范围更大，特别是比较考虑长期的效益。

投资中心是分权管理模式的最突出表现。在当今世界各国，大型集团公司下面的分公司、子公司往往都是投资中心，在跨国集团公司中尤其如此。在组织形式上，收入中心和成本中心基本上不是独立的法人，利润中心可以是也可以不是独立的法人，但投资中心一般都是独立的法人。

2. 业绩考评指标及责任报告

由于投资中心不仅需要对成本、收入和利润负责，而且要对其占用的全部资产承担责任，因此对投资中心进行业绩评价，除使用利润指标（税前净利）外，还需计算、分析和研究利润与投资额的关系，而且对投资中心的考核应包括投资项目本身效果的评价和投资中心的经营业绩评价两方面。

对于一些新投资项目或新投资中心，常常需要先对投资项目本身的投资效果进行评价分析，以反映投资决策的正确程度。对投资项目效果的评价指标一般有按现值法计算的投资回收期、净现值、内含报酬率和净现值指数等指标。

对于投资中心的经营业绩评价主要有投资利润率和剩余收益两个指标。

（1）投资利润率

投资利润率（return on investment）也称投资报酬率，是投资中心所获得的利润与所占用的资产之间的比率。其计算公式如下：

$$投资利润率 = \frac{经营利润}{经营资产}$$

经营资产可按经营总资产计算，也可按经营净资产计算。经营总资产是指其生产经营中占用的全部资产，而不问其资金来源如何；经营净资产是指经营总资产中扣减对外负债后的余额，即只包括总资产中以公司产权为其资金来源的部分。投资利润率按经营总资产计算，主要用于评价和考核由投资中心掌握、使用的全部资产总体的盈利能力，而投资利润率按经营净资产计算，则用于说明投资中心运用"公司产权"供应的每1元资金对企业整体利润贡献的大小。与此相适应的是，计算前一个指标，借入资金的使用代价——利息费用不应作为确定经营净利润的扣减项目；计算后一个指标，利息费用则应作为确定经营净利润的扣减项目。

投资利润率指标把影响投资中心经营成果的各个方面——经营收入、成本和资金占用量都包括进去了，具有很大的综合性。通过投资利润率计划（预定）目标与实际完成情况的对比、分析，能总括评价投资中心各有关方面的工作质量和效果。

公式中经营利润是期间性指标，为了使分子、分母的计算口径一致，作为分母的经营资产应为平均数，即用资产总额的年初、年末的平均数计算。

例14-2 设某一集团投资中心，使用的经营资产年初为1 000 000元，年末为1 200 000元。负债为500 000元，相应的利息费用为40 000元。年税前利润为160 000元，计算该投资中心的投资利润率。

$$投资利润率 = \frac{160\,000 + 40\,000}{(1\,000\,000 + 1\,200\,000)/2} \times 100\% = 18\%$$

投资利润率指标还可按下式展开：

$$投资利润率 = 销售利润率 \times 资产周转率 = \frac{营业利润}{销售收入} \times \frac{销售收入}{经营资产}$$

从以上投资利润率展开的计算公式可以看出为了提高投资报酬率，不仅应千方百计地降低成本，增加销售，提高销售利润率，同时也要经济有效地使用经营资产，努力提高资产周转率。因此，提高投资利润率可从以下途径入手。

1）扩大销售量：一是设法使销售增长率高于成本增长率（在成本水平不变的条件下）。当企业的销售量超过保本点，若再增加销售量，则营业利润的增长速度就比成本的增长速度快。二是在资产保持相对稳定的情况下，努力增加销售量。

2）降低成本数额：一是降低或削减酌量性固定成本。如研究与开发费、职工培训费、广告费等。由于这些费用支出关系到企业的长期发展，应采取慎重态度。二是降低单位变动成本。在不影响产品质量的前提下，采用价廉质好的材料，或尽量减少增加价值作业的费用支出，降低单位产品人工成本等。

3）减少经营资产：减少流动资产占用额，可通过控制存货数量、减少积压、加速应收账款的回收来加速流动资金周转；减少固定资产占用额，如对不需用的固定资产及时进行处理等。

还需要指出的是，为了应用投资利润率对各个投资中心的业绩进行正确评价与考核，必须注意以下两点。

第一，各投资中心所占用的营业资产，以及发生的各项收入和成本数据，都应建立在可比的基础上，即营业资产、销售收入和成本的范围，应限于各投资中心实际占用和可控制的区域内，并把各种不可控制的因素（例如各投资中心共同使用的资产，以及不可控的成本等）排除在外。

第二，经营资产的计价也必须建立在可比的基础上，特别是其中的固定资产必须按原价计算。如果采用账面折余价值，就会使投资利润率出现虚增现象。

投资利润率能综合反映一个投资中心各方面的经营成果,该指标是许多公司十分偏爱的评价投资中心业绩的指标。其优点可概括为以下三点。

第一,投资利润率具有横向可比性。作为效益指标,投资利润率体现了资本的获利能力,剔除了因投资额不同而导致的利润差异的不可比因素,有利于判断各投资中心经营业绩的优劣。

第二,投资利润率可以作为选择投资机会的依据,有利于调整资本流量和存量,优化资源配置。

第三,以投资利润率作为评价投资中心经营业绩的尺度,有利于正确引导投资中心的管理行为,避免短期行为。这是因为,这一指标反映投资中心运用资产并使资产增值的能力,资产运用的任何不当行为都将降低投资利润率。因此,以此作为尺度,将促使各投资中心用活闲置资金,合理确定存货,加强对应收账款及固定资产的管理,及时处理变质、陈旧过时的库存商品等。

投资利润率作为评价指标的不足之处是缺乏全局观念。各投资公司为达到较高的投资利润率,可能会采取减少投资的方式。例如,某总公司平均投资利润率为12%,其所属的A投资中心实际利润率为18%,现A投资中心有一投资机会,投资利润率为15%。若以投资利润率来衡量,A投资中心显然不会选择这一投资机会,导致A投资中心目标与总公司目标不一致。克服这一不利因素的方法是采用剩余收益作为另一评价指标。

(2)剩余收益

剩余收益(residual income)也称剩余利润或剩余所得,是指投资中心的经营利润扣减经营资产按规定的最低报酬率计算的投资报酬后的余额。其计算公式如下:

$$剩余收益 = 经营利润 - (经营资产 \times 规定的最低利润率)$$

对剩余收益的优点阐述如下。以剩余收益作为考核投资中心经营业绩的又一重要指标,可以鼓励投资中心负责人乐于接受比较有利的投资项目。因为只要投资利润率大于预期的最低报酬率,该项投资便是可行的。它避免了投资利润率的缺陷,使部门的目标和整个企业的目标趋于一致。使各投资中心能够在千方百计增加收益的同时优化资金结构,合理使用资金。以表14-4的资料予以说明。

表14-4 A、B部门剩余收益比较 (金额单位:元)

	A部门	B部门
经营资产平均占用额	100 000	100 000
经营净利润	20 000	20 000
投资利润率(%)	20	
经营资产最低的投资报酬(按16%计算)		16 000
剩余收益		4 000

在表14-4中,假如投资于一项新项目可获得18%的投资报酬,它高于经营资产规定的最低利润率16%,用剩余收益考核的B部门则乐于采用这一新项目,因为这样做的结果,可以进一步提高其剩余收益,对整个企业也有好处。用投资利润率考核的A部门则与此相反,因为从它看来,其目前的投资利润率已达到了20%,而新的项目只能得到18%的投资报酬,采取新项目会使其现有的投资利润率有所降低,因此不愿意接受。这样做,从A部门这个局部看可能是有利的,但从整个企业看,却会因此而损害企业的整体利益。因此,不能仅以投资利润率一个指标考核投资中心的业绩。

需要指出两点:第一点,以剩余收益作为评价指标,所采用的最低利润率的高低对剩余收益的影响较大，通常应以整个企业加权平均投资报酬率作为最低投资利润率；第二点，剩余收益是一个绝对数指标，如果用它直接比较两个规模不同的投资中心的业绩就较为困难了，以例 14-3 加以说明。

例 14-3 某集团公司有甲、乙两家分公司，该集团公司要求的最低投资利润率为 8%，其他相关资料及比较甲、乙两家公司的剩余收益情况如表 14-5 所示。

表 14-5　甲、乙公司剩余收益比较　　　　　　　　　（金额单位：元）

项目	甲公司	乙公司
平均经营资产	15 000 000	2 500 000
营业收益	1 500 000	300 000
最低投资报酬	1 200 000	200 000
剩余收益	300 000	100 000
剩余收益率（%）	2	4

分析：人们一般会认为甲公司的业绩比乙公司的要好，因为前者的剩余收益高出后者 3 倍，但是该差异是甲公司使用了 6 倍于乙公司的资产造成的。

纠正这种偏差的一个方法是，可以计算一下剩余收益率，即将剩余收益除以平均经营资产。如表 14-5 所示，乙公司的剩余收益率为 4%，而甲公司的剩余收益率仅为 2%。另一个方法是同时计算投资利润率和剩余收益来评价经营业绩，使剩余收益和投资利润率两个指标各自发挥特长，起到互补的作用。

另外，我们还应重视业绩评价指标的多元化。投资利润率和剩余收益是评价管理业绩的重要指标，但这两个指标的共同特点是注重短期业绩的考核评价。投资中心经理仍然会以公司的长远利益为代价换取短期效益。为抑制这种短期行为，可采用与投资中心长期健康发展更为相关的辅助性指标，如考核市场占有份额、客户意见、新产品开发、员工流动率以及员工能力的发展情况，等等。在一些领先的制造企业，经理特别喜欢采用多元化的业绩评价指标，包括财务性指标和非财务性指标。如软件公司发现新产品，越早上市，其盈利性越强。因此，这类软件公司业绩评价的一个关键指标应该包括新产品的设计进程是否严格地遵照预定时间。

14.2.6　非财务业绩与财务业绩同等重要

业绩考核的本质是一种过程管理，而不是仅仅对结果的考核。业绩计量和评价方法影响人的行为，许多企业很注意对非财务业绩指标的考核，因为它们知道企业业务工作做好了，财务业绩将随之而来。

以货币计量的财务业绩指标为企业价值管理提供了丰富的信息依据，上述四个责任中心的业绩考核主要侧重了财务指标，然而有些工作业绩中的软性部分，如工作态度、工作能力、个人适应性和潜能、技术管理、产品研发等在财务指标中不易体现出来。平衡记分卡、准时制和全面质量管理这些基于战略高度对企业业绩考核评价的制度，很大程度上诠释了非财务指标的重要性。有些工作业绩需要各种制度的具体要求和非货币计量来体现。这里对责任中心非财务指标做一简要阐述。

1. 收入中心

企业销售收入的实现是获得利润和收回产品垫支资金的重要保障。收入中心不只是对外销售产品或劳务，也是收集各方面信息的主要渠道。所以对收入中心非财务指标的设计可侧重于：市场份额占有率、广告等推销方案、推销方法的制订和选择、对不同信用级别客户采用相应的结算方式、销售合同的签约率、建立销售人员的信息反馈制度，使客户对产品质量、价格、售后服务等的意见能及时收集。

2. 成本（费用）中心

对成本和费用的控制是企业提高差异化竞争的重要手段。一般而言，成本中心的财务指标主要是成本降低额和降低率，而缺乏非财务业绩指标的考核，往往使责任者注重短期效益和行为。生产领域的成本中心非财务指标可考虑在产品资金占有率、产品质量合格率、各生产环节的交货率、一线员工"金点子"（如技术改革的建议）激励，等等。作为费用中心的职能管理部门，由于其工作具有无形和不易量化的特点，除了对本部门相关费用指标的考核，其非财务指标的考核应在各种制度的约束中体现。如对财务部门而言，资金筹集是否到位、预算管理工作是否起到了协调与整合作用、成本控制制度是否先进、合理，等等。这些职能部门虽然可设为费用中心，但其作用是针对全企业的，所以，对这些部门不易量化的制度化工作的考核评价是非常重要的。

3. 利润中心

对于利润中心是站在经营者的角度进行业绩考核的。由于利润中心的业绩受收入和成本两大因素的影响，所以该中心在涵盖收入中心和成本中心非财务指标的基础上，还可以增加新客户渠道的开发、设备或技术改造的申请等方面的考核。

4. 投资中心

从投资中心的财务考核指标投资利润率、剩余收益来看，对投资中心实质上是以投资者的视角考核评价的。投资中心作为责任中心的最高层级，应根据所处的行业环境和地位，从自身战略管理的角度进行全方位考核评价。它所涉及的不但是财务和非财务指标问题，而且是涵盖有形的、无形的所有价值因素和企业整体的可持续发展，如企业文化的塑造、品牌建设、客户关系、多元化经营战略的制定与选择、产品结构的调整、并购或重组、对国内国际环境的预测等。

14.3 内部转移价格

许多分权管理的公司中，一个分部的产品是另一分部的投入品，这就产生了一个会计问题，即我们应如何确定转移产品的价格？为了正确评价企业内部各责任中心经营业绩，明确区分各自的经济责任，使各个责任中心的业绩评价与考核建立在客观可比的基础上，调动各责任中心的积极性，应根据各责任中心业务活动的具体特点，制定具有经济依据的内部转移价格。

14.3.1 内部转移价格的意义和制定原则

内部转移价格（interdivisional transfer price）是指企业内各责任中心之间（分部）相互提供产品或劳务所选用的一种计价标准。转移产品的价格对于出售该产品的分部而言是收入，对于购买该产品的分部而言则是成本。转移产品的定价是个十分复杂的问题。

我们先讨论转移价格的制定对分部及公司整体的影响从而得出制定转移价格应该遵循的原则。转移产品价格的制定对有关分部和公司整体都会产生影响，主要表现在以下几方面。

1. 对分部业绩评价的影响

转移产品的价格会影响购买分部的成本和售出分部的收入，从而使双方的利润受到了影响。

内部转移价格使两个责任中心（分部）处于交易的"买""卖"双方，内部转移价格就必然具有与外部市场价格类似的功能。内部转移价格的确定给"卖方"提供了一个尺度，表明了在目前的经营水平下，"卖方"所能获得内部利润的幅度，同时由于这个尺度的存在，促使"卖方"不断改善经营管理，从各个方面来降低该产品的成本，从而获得更多的内部利润。内部转移价格同样给了"买方"一个尺度，因为"买方"利用中间产品加工出自己的产品（中间或最终产品）后，他们的成本开支中就有这中间产品的购买支出部分。要以他们自己的限定收入抵偿支出并获得更多的内部利润，"买方"就需在降低物料消耗、减少人工和机器工时支出等其他各方面努力。同时，两个分部的经理也都意识到对本公司最有利的是由售出分部制造这些转移产品。当然，这对两个分部也都是有利的，因为这样可以节约销售费用，减少坏账损失，多余的生产能力能够利用等。但这并不意味着两个分部的负责人会一致同意转移价格定在某一水平上，因为各分部各自考虑的目的不同。

首先，购买分部负责人从本单位利润和外部市场情况考虑。如购买甲产品，他想把甲产品成本减到最低，而使本分部的利润增加到最大限度。他不但可以向本公司售出分部购买甲产品，也有权从外部供应者购进。

其次，售出分部负责人同样力争本分部能产生最大限度的贡献毛益，从而使分部的利润最大化。售出分部在争取把甲产品卖给购买分部的同时，并没有放弃销售给其他顾客的机会。他力争在可能的、最高的销售价格下，销售尽可能多的甲产品。

2. 对公司整体利润的影响

若从公司整体角度考虑转移价格的制定，转移价格可从两方面影响公司的利润水平。

（1）影响分部的行为

分部在独立决策时可能会制定出有利于分部利润最大化而不利于公司整体利润水平的转移价格。比如，如果转移价格比实际生产成本要高出许多，购买分部就可能从公司外部购入价格低于转移价格的产品。假设售出分部制定的转移价格为 30 元，而其成本为 24 元。如果购买分部能以 28 元的价格从外部供应商处获取该零部件，它就不会向售出分部购买。购买分部每个零部件就可节约 2 元（内部转移价格 30 元，外部市场价格 28 元）。但是，假设售出分部无法向外出售该零件，公司整体在每个零部件上将损失 4 元（外部成本 28 元，内部成本 24 元）。这样，公司整体的成本就提高了。

（2）影响所得税

转移价格会影响公司整体的所得税，对跨国公司尤其如此，通常情况下，公司会制定适当的内部转移价格使得更多的收入转移到低税率国家，并尽量使成本转移到高税率国家。

3. 对分部经营自主权的影响

由于转移价格的制定会影响公司整体利润，公司高层有时会不自觉地介入其中。这种介入如果成为一种惯例，公司实际上就背离了分权管理的宗旨，当然也就无法发挥其优势。公司之所以选择分权管理是因为分权管理的总体效益要高于总体成本，而总体成本之一，就是分部经理偶尔会做出次优决策。因此，从长远上讲，公司高层为降低这种成本而介入转移价格的制定很可能是不可取的。在不发生需公司仲裁的正常情况下，公司管理当局一般不干涉制定价格的过程。但公司不希望分部负责人在制订价格协议方面多花费时间。公司认为分部经理应该把时间花费在改进推销、组织生产或其他方面的工作上。公司希望两个分部成交，因为售出分部产品或零部件的相关成本一般低于外部供应厂家的成本。

通过以上分析，可以得出在确定内部转移价格时应考虑以下三项原则。

(1) 转移价格必须为转让各方自愿接受

例如以市场价格为基础制定的转移价格，购买和售出分部应当具有大致相等的讨价还价的权利，具有选择产品、价格、供应者和顾客的自由。只要一方不同意，转移价格就不能成立。因此，独立自主性是确定转移价格的前提。上级公司应允许他们这一自由，但要特别强调各分部负责人对其经营成果负责。

(2) 转移价格必须使转让双方都有利

无论转移价格是以市场价格为基础，还是以标准成本为基础，都应该遵守这个原则。如在转移产品没有市场价格可做参考，或内部销售条件与外部销售条件相类似，或公司要求购买分部和售出分部在内部进行交易等情况下，各分部在确定转移价格时，都以自己的利益为出发点，只有所定价格对双方都有利或能正确反映双方业绩考核，交易才能成立。因此，有利性是确定转移价格的基础。

(3) 转移价格不能影响企业（公司）整体的利益

转让产品的双方都属于同一企业，对转让双方有利的价格必须对整体企业也有利，否则转移价格就不能成立。因此，上下级的一致性是确定转移价格的条件。

14.3.2 制定内部转移价格的基础工作及其他条件

内部转移价格的制定和运用是有条件的，企业需要做好相关基础工作和有关经济责任制的其他方面工作。

1. 制定和使用内部转移价格的基础工作

(1) 会计核算的基础工作

数据是企业和分部对生产技术、经营管理进行分析、调节和控制的依据，要进行科学的管理，制定出合理的内部转移价格并有效地发挥其作用，没有正确可靠和及时的数据是不行的。所以，企业必须加强计量，健全原始记录和目标管理，建立与经济责任制内容相适应的检查与考核用的内部报表，为各业务流程制定相关规章制度。当今网络时代呈现了经济业务原始凭证的"无纸化"特征，企业对电子原始凭证管理制度的建立和健全，也是强化会计核算基础工作的必要内容。

(2) 企业的成本核算工作

许多内部转移价格的制定方法与成本资料都是有关联的。如果成本核算工作薄弱，成本资料不能反映产品的真实成本，在此基础上制定的内部转移价格也就不能正确划清有关分部门的经济责任。更重要的是，内部转移价格仅仅提供了计价对比的一方，它必须与产品发生的成本对比后才能得出该分部经营的具体情况。如果成本不正确，经营成果的考核与成果相连的奖惩也就不会正确，经济责任制也就无法贯彻。

(3) 全面的预算和预测工作

企业是个有机的整体，只有在全面可靠的预算指导下制定内部转移价格，才能做到最合理有效，而内部转移价格只有被用于协助完成企业计划，才能发挥它最大的作用。

内部转移价格要有较长时间的适应性，必须在制定中对有关资料进行科学的预测。预测中最主要的是销售、生产和成本的预测，由于其涉及范围广、时间长，会计部门只有与其他职能部门和各分部相互配合，集思广益才能把这项工作做好。

2. 有关企业内部经济责任制的其他方面工作

内部转移价格是企业内部经济责任制的一个组成部分，它与企业内部经济责任制的其他方面有着不可分割的联系，其他方面的工作也是实行内部转移价格的必要条件。

(1) 分部一级的自主权

作为企业分部这一层级的责任中心，如利润中心和投资中心，在企业集中的计划领导下，也应有其相对独立的经营决策权。如生产安排、技术管理、人事调配和投资理财等权利。这样可使高层级的责任中心更充分地发挥其积极性和主动性，为企业贡献更大效益。

(2) 合理的激励制度

内部转移价格提供了考核和激励的基础，但激励的实施还须一套专门的激励制度。这个制度不合理，奖惩不当，仍然会挫伤人们的积极性，从而影响经济责任制的效果。

(3) 明确产品质量和转交期限的经济责任

产品质量和转交期限的完成情况，主要影响后道加工分部的工作及其经济效果，这方面经济责任不明确，就会把分布经营管理不力的后果转嫁给后道加工分部。产品的部分质量指标的完成情况，如等级品率、返修率等，有时也会在本分部的成本或利润指标中得到反映，但一些内在的质量弊病往往要经过一定阶段的再加工后才能暴露，这些质量问题轻则使后道加工分部费工、费料，重则造成大量工料的报废，导致很大的经济损失。铸件的气孔和内裂缝就是一个典型案例。

产品内部交货迟缓延误，轻则使后道加工分部不得不建立较多的缓冲储备，增加了资金占用和仓储保管费用，重则使他们停工待料，或者延误产品的交货期限，也同样会使后道加工分部受到经济损失。企业可对各分部建立合同性的质量和交货误期索赔制度，明确这方面的经济责任。有了这种制度后一方面可减少纠纷的发生，另一方面也可使各分部重视质量和期限问题，全面加强企业经营管理。

(4) 有效的内部结算制度

内部转移价格就是用于企业和各分部之间的经济业务结算，而进行这些内部业务的结算必须有一个结算中心和一套结算制度。企业内部结算的目的是为有效、及时地划清经济责任，而不是真正的所有权转移的结算，所以企业内部结算方法应简便、易行，尽量利用原有的凭证、单据的传递程序，减少额外增加的费用和工作量。在当今互联网时代，企业内部结算制度的执行会更易操作。

14.3.3　制定转移价格的方法

为了实现分部的利益，并使公司整体得到最大利益，公司可建立一种制定转移价格的方针。这种方针确定了分部负责人制定转移价格时应该使用的方法。制定转移价格，主要有三种常用的方法：以市场价格为基础制定的转移价格、协商价格（双方协议）和以成本为基础制定的转移价格。㊀

1. 以市场价格为基础制定的转移价格

西方国家通常认为，在转移产品有市场价格可以比较的情况下，市场价格是制订内部转移价格的最好依据，因为市场价格比较客观，对买卖双方无所偏袒，而且能促使售出方努力改善经营管理，不断降低成本。然而，市场行情变幻莫测，转移产品在市场供需平衡和供需不平衡时，如何确定转移价格呢？下面列举两种情况加以说明。

㊀ 注：由于双重价格实际应用少，本书不赘述。

(1) 市场供需基本平衡时转移价格的确定

这里的供需平衡是指购买和售出双方可以在市场上自由售出和买进而不影响市场价格。这时，只有对售出和购买双方及上级公司都有利，转移价格才能成立。举例如下：设售出分部的产品市场价是 10 元，变动制造成本 5 元，变动销售费用 2 元，以转移价格 9 元售给购买分部，购买分部加工后产品售价是 20 元，变动加工费 6 元。分别从三种角度计算、分析，得到结果如表 14-6 所示。

表 14-6　三种角度计算分析表　　　　　　　　　　（单位：元）

	上级公司角度	售出分部角度	购买分部角度
转移产品可获得贡献毛益	20 − 5 − 6 = 9	9 − 5 = 4	20 − 9 − 6 = 5
不转移产品可获得贡献毛益	(10 − 5 − 2) + (20 − 6 − 10) = 7	10 − 5 − 2 = 3	20 − 10 − 6 = 4
转移和不转移比较	9 > 7	4 > 3	5 > 4

对三者都有利，按 9 元转移价格转让可以成立。

(2) 市场价格不平衡时转移价格的确定

当市场需求相对高于供应，转移价格应基本等于市场价格。无论售出或购买分部，都应当期望较高的价格。售出部门向外出售，想尽量高价售出，购买部门在供货少的情况下，低价买不进来，此时转移价格应基本等于市场价格。当市场需求相对小于供应时，转移价格应低于市场价格，高于售出分部的变动成本。

市场供需平衡是相对的，不平衡是绝对的。无论遇到多么复杂的市场行情和供需关系，以市场价格为基础加以调整（减去一些销售费用、运输费等），制定转移价格，基本上能满足三项原则。

2. 协商价格

协商价格是买卖双方以正常的市场价格为基础，定期共同协商，确定出一个双方都愿意接受的价格作为计价的标准，协商价格通常要比市价低一些，原因包括以下三个方面。

第一，内部转移价格中所包含的推销和管理费用，一般要低于外界供应的市价。

第二，内部转移的中间产品一般数量较大，故单位成本较低。

第三，售出单位大多拥有剩余生产能力，因而议价只需略高于单位变动成本就行。

可见，协商价格的上限是市场价格，下限是单位变动成本，具体价格应由买卖双方在其上下限范围内协商议定。协商过程可以由售出分部提出报价等有关资料和条件，也可先由购买分部提出转移价格和有关条件。双方都有充分的讨价还价的权利，进而做出接受转让或拒绝转让的决定。

协商价格的缺陷是在双方协商过程中，不可避免地要花费很多人力、物力和时间。另外，买卖双方的负责人在协商时往往会相持不下，需要企业高层领导进行裁定。这样不仅丧失了分权管理的初衷，也很难发挥激励责任单位的作用。

3. 以成本为基础制定的转移价格

以产品成本作为内部转移价格，是制定转移价格的最简单的方法。

(1) 实际成本法

以中间产品生产时发生的生产成本作为其内部转移价格，即为实际成本法。这种方法尽管简便，但严格来说只是一个实际成本的计算转让过程，还不能作为一种内部"价格"发挥其在各部门之间划清经济责任和调节企业内部利润的作用。在这种方法下，提供产品或劳务的部门将其工作的成绩与缺陷全都转给了使用部门，而使用部门本不应对这些成绩和缺陷承担责任。也就是说，接受产品或劳务的部门，要承担不受它控制的由其他部门造成的工作效率上的责任。因此，这种方法对于产品或劳务的提供部门降低成本缺乏激励作用。

（2）实际成本加成法

实际成本法主要适用于各成本中心相互转移产品（半成品）或劳务时价格的确定。如果产品（半成品）或劳务的转移涉及的是利润中心或投资中心，为了让提供部门取得一定的利润，也可在实际成本的基础上加上一定的利润作为内部转移价格，即实际成本加成法。由于这种转移价格包含了实际成本，成绩和缺陷的转嫁现象不能消除，无助于调动卖方部门降低成本、增加利润的积极性。此外，所加的利润带有一定的主观随意性，而利润的偏低或偏高又会影响双方经营业绩的正确评价。

（3）标准成本法

以各中间产品的标准成本作为其内部转移价格，即为标准成本法。这种方法适用于成本中心产品（半成品）的转移。标准成本法的最大优点是将管理和核算工作结合起来，可以避免功过转嫁之患而收到责任分明之效，能鼓励双方降低成本的积极性。

（4）标准成本加成法

如果产品（半成品）的转移涉及利润中心或投资中心时，可将标准成本加利润作为转移价格，以分清双方责任。但是，确定利润的高低，仍需管理当局慎重斟酌。

本章小结

企业的管理机制如能做到责权利相结合，则能起到事半功倍的效果。通过学习分权管理的原因，了解公司的组织结构与责任会计制度有密切的联系，理想的责任会计制度应该能反映并支持整个公司的组织结构。对于多元化经营的大型集团公司而言，实行分权管理有利于激励各层级管理人员的积极性和开拓创新精神。

设置责任中心、编制责任预算、建立跟踪系统加强日常控制、进行业绩的评价与考核，是责任会计的基本内容。理解收入中心、成本中心、利润中心、投资中心的意义和各自的适用范围，便于我们掌握四个中心的特点与考核指标。

责任会计制度是企业内部控制制度的主要内容，它与成本性态分析、变动成本计算标准成本制度一样，都有很强的计划、控制性质。就成本核算与控制而言，在实际工作中，产品成本、责任成本、变动成本、标准成本它们能否结合在一起，共同构成现代企业需要的成本核算与控制制度呢？回答是肯定的。本书第9章中对该问题进行了阐述。我们理解产品生产成本和责任成本的相同点是两者的经济内容构成相同，都是生产过程中的资金耗费。两者的主要区别体现在计算的目的和作用上。在实际工作中，产品成本与责任成本应在同一输出系统中反映，相关原始凭证、账页格式、内部报表等设计应是学生认真考虑的问题。

转移价格要解决的问题是在找到"买""卖"双方都满意的价格的同时，还要满足准确的业绩评价、分部门经营自主权和企业目标一致这三个条件。

思考题

1. 阐述分权管理的原因。
2. 部门化组织结构主要有哪几种形式？举例说明实际中企业多种组织形式的结合方式。
3. 设置责任中心应依据什么原则？说明各种责任中心的特征、适用范围及考核指标的应用。

4. 阐述产品成本与责任成本的联系与区别。
5. 为什么可以把成本中心上升为利润中心？设置利润中心应注意哪些问题？
6. 说明投资利润率与剩余收益各自的优缺点及两者共同作为考核投资中心业绩的作用。
7. 说明各种内部转移价格方法所具有的特点。
8. 结合一家企业，说明责任成本如何纳入企业成本核算、成本控制体系。

练习题

1. **资料**：长江公司2019年10月四个投资中心的有关资料如表14-7所示。

表14-7 甲、乙、丙、丁投资中心资料 （金额单位：元）

摘要	甲部门	乙部门	丙部门	丁部门
销售收入	500 000	?	450 000	?
营业利润	20 000	?	22 500	10 000
营业资产	?	100 000	90 000	?
销售利润率（%）	?	8	?	4
资产周转率（次）	?	3	?	?
投资报酬率（%）	10	?	?	16

要求：通过计算逐一填列表中"?"。

2. **资料**：黄河公司有三个业务类似的投资中心，使用相同的预算进行控制，其2019年的有关资料如表14-8所示。

表14-8 收入、利润、资产情况 （单位：万元）

项目	预算数	实际数		
		A部门	B部门	C部门
销售收入	200	180	210	200
营业利润	18	19	20	18
营业资产	100	90	100	100

年终进行业绩总评时，董事会对三个部门的评价发生了分歧。有人认为C部门全面完成预算，业绩最佳；有人认为B部门销售收入和利润最终均超过预算，并且利润最大，应该是最好的；有人认为A部门的利润超预算，但节约了资金，是最好的。

要求：假设该公司的资本成本率是16%，请你计算出该公司三个投资中心各自的投资报酬率和剩余收益，并排出优劣次序。

案例链接

张家界10岁男童艾滋"罗生门"

2014年1月，湖南省张家界市桑植县一年级学生张小宝（化名）因车祸住院输血，随后辗转长沙、上海等地医院诊疗，在2015年7月被确诊感染艾滋病毒。在排除了母婴传播、性传播等途径后，张小宝的母亲李敏（化名）怀疑问题出在救治环节。但相关的五家单位都不认可小宝感染艾滋病与其有关。沟通未果，李敏母子走上诉讼之路，向张家界市人民医院、张家界中心血站等五家单位索赔115万余元。

2016年10月18日，张家界永定区法院一审判决，该案无法判断各被告的责任大小，五名被告平均承担 40 余万元。五家单位均提出上诉，李敏也以一审判决赔偿过低为由上诉。在整个调查过程中，不同当事单位对事件的认可与还原，与日本已故导演黑泽明名作《罗生门》（罗生门，指每个人都为了自己的利益而编造谎言，让事实真相不为人知）有颇多相似之处。

"天上掉下的艾滋病"

李敏与丈夫张某在浙江打工，2012 年张小宝回到桑植老家读书，和奶奶住在一起。他在村小学读书，学校离家不到 1 千米。2014 年 1 月 3 日下午 4 点半，放学后的张小宝在一处上坡转弯处，被一辆拉满石料的拖拉机撞伤。经鉴定，张小宝尿道断裂、直肠会阴损伤、骨盆骨折，重伤二级。张小宝先被送到桑植县医院包扎，当天后送往张家界人民医院救治。病历记录显示，入院前，张小宝无外伤史、手术史、输血史。2014 年 1 月 4 日的检验报告单显示血清样本的检验项目"人免疫缺陷病毒抗体"结果为"阴性"，意味着张小宝未检查出艾滋病。张家界人民医院给张小宝做了手术，1 月 4 日、1 月 5 日，医院两次为张小宝输入四袋 O 型 Rh 阳性血，血液均由张家界中心血站提供。护士还给张小宝输入了人血白蛋白，生产厂家为山东泰邦生物制品有限公司。之后，为了修复尿道和直肠，李敏带着张小宝先后在张家界市人民医院、湖南省儿童医院、上海交通大学医学院附属仁济医院南院做手术治疗。2015 年 6 月 29 日，张小宝第四次入住张家界人民医院，医生对张小宝进行人体免疫缺陷病毒抗体检查结果为待复查。医生告诉李敏，张小宝可能感染了艾滋病，需要到省医控中心确认。7 天以后，经省医控中心确证，复查结果为 HIV-I 抗体阳性（+），这意味着张小宝确实感染了艾滋病。

五家单位均称没有责任

到底是哪个环节让张小宝感染上了艾滋病？李敏了解到艾滋病感染途径有三种，血液传播、母婴传播、性传播。她和张小宝爸爸做了筛查，为阴性合格。孩子还小，不可能有性行为。排除了两项传播途径，李敏认为，问题肯定出在血液上。她最先找了张家界人民医院，医院的医生对她说，不应该找他们，该院每次手术所用器械均严格执行消毒标准，因此不可能在该院手术环节感染艾滋病。好比在城市的超市买东西，买到假货要找厂家，血液问题要找血站。2015 年 7 月 17 日，张家界血站向家属提供了一份"关于张某输血有关情况的调查报告"，结论是"本站认为，现可排除该患者经本次输血感染 HIV 的可能性"。该报告称，血站检验科查询并复查了四名献血者的血液标本，为阴性合格，取四名献血者当次献血保存的血液标本（即采血时保留的 2 毫升样本），重新检测，结果为阴性。湖南省儿童医院和上海交通大学附属仁济医院南院以及山东泰邦生物制品有限公司均表示，没有责任。

沟通无果，2015 年 9 月，张小宝一家将张家界市人民医院和张家界市中心血站诉至法院。在起诉阶段，张小宝父母追加起诉了湖南省儿童医院、上海交通大学医学院附属仁济医院南院以及人血白蛋白生产厂家山东泰邦生物制品有限公司，向五名被告索赔共 115 万余元。

一审判决

2016 年 10 月 18 日，张家界永定区法院做出一审判决。判决书称，本案适用举证责任倒置，如果各被告不能举证证明张小宝感染与其无关，则应推定张小宝感染艾滋病毒与其有关。其中，张家界血站作为张小宝提供血液的单位，并未提供证据证实对张小宝所用的血液不携带艾滋病毒。对于张家界市人民医院，法院认为，该医院作为医疗机构，非血液的制造人，其责任是对血液的有效性、型号进行核对，因此没有尽到核查责任，在诊疗过程中有过错。湖南省儿童医院未提交证据证实医疗过程中所适用的医疗器械是否进行严格消毒，另外该医院检测出张小宝的艾滋病抗体待复查后，既没有告知原告到权威机构进行复查，也没有向卫生行政主管部门申报，因此在诊疗过程中存在过错。上海仁济医院在给张小宝做尿道手术之前，没有给其做相关的血液检测，违反了相关诊疗规定。山东泰邦公司虽向法院提交证据其血液制品合格，但未提供证据证明张小宝使用血液制品不携带艾滋病病毒。综上所述，法院一审判决五名被告共同赔偿精神损害抚慰金和护理费共计40万余元，各被告承担20%赔偿责任，即各被告赔偿8万余元。5名被告均提起了上诉，张小宝父母也不服判决，向法院提起上诉。

资料来源：曹晓波，张惠兰．新京报，2016-12-02．

分析点评：

1. 医院树立医疗服务社会责任成本意识的重要意义——人命关天。流程管理是企业管理科学化的重要标志之一。本案例表面看是一起医疗事故，却透着责任方管理和控制制度的弱化问题：如出了问题一推了事的态度在五家单位如出一辙。张家界人民医院和血站都没有请第三方机构做客观的举证证明，而仅是自己评说没有责任。血站没有提供证据证实对张小宝所用的血液不携带艾滋病病毒，血站有否这方面的操作流程和相关人员的负责制度？医疗服务的对象是人，医疗服务的产出结果是人的疾病消除和康复，因此医疗服务的主要提供者还是人（医务工作者），从而可以看出人的行为在整体医疗服务过程中是多么重要，医务人员的行医道德、行医责任应作为医院管理流程和控制内容的重中之重。

有些成本是看不见的。看不见的成本（无形成本）由于自身的特点而不易受到监控，企业中无形成本很多，如企业内部职能部门的合作成本、品牌的维护成本。就医院这一特殊组织而言，医德医风可谓无形成本，更是一项社会责任成本。我们理解了社会责任的意义，就会清楚在医院建立医疗服务社会责任成本的重要性。世界银行组织认为，企业社会责任是企业与关键利益相关方的关系、价值观、遵纪守法以及尊重人、社区和环境有关的政策和实践的集合，是企业为改善利益相关方的生活质量而贡献于可持续发展的一种承诺。世界经济论坛认为企业社会责任包括四个方面：一是良好的公司治理和道德标准，主要包括遵守法律、道德准则、商业伦理等；二是对人的责任，主要包括员工安全、平等就业、反对歧视等；三是对环境的责任，主要包括保护环境质量、应对气候变化和保护生物多样性等；四是对社会进步的广义贡献，如参与社会公益事业、消除社会贫困等。这两种对企业社会责任的定义强调企业社会责任的内容是：企业在性质上要承担法律、道德和伦理责任；要对员工、环境和社会承担责任。企业社会责任的概念表述千差万别，说明此概念内涵丰富，并且动态发展。无论是西方发达国家还是中国，定义企业社会责任都主要包括三个维度：内容（履行哪些责任）、方式（如何履行）、动力（为什么履行）。

医院是为社会大众提供医疗服务的特殊行业，从这个意义上讲，医院医疗服务的责任应该强于一般制造行业产品生产的责任。因此，树立医疗服务社会责任成本的意识就显得尤为重要，医院社会责任成本的"社会"含义应是特指的、狭义的，即主要是对病人、患者应负的职业道德责任。医院在核算好医疗服务成本的同时，必须建立医疗服务的社会责任成本制度，为改善医患关系提高制度保障。医疗服务的社会责任成本内容包括两点：一是医疗服务项目的责任者应该担负哪些职业道德方面的经济责任，二是这些责任没有到位而产生的费用支出。医疗服务的社会责任成本与医院的业绩考核制度紧密结合，不但能提高其管理和控制水平，也能消除医患矛盾、减少医疗事故。

2. 建立医院内部控制制度，强调责任落实到人。我们知道责任会计制度的中心思想是把核算业绩的会计与管理上的责任结合起来，以明确各个层级责任单位管理者的责任，它是一种行之有效的内部控制制度。内部控制的核心思想是强化流程管理，要求每一工作层级、每一工作环节都要责任明确、责任到人。我国医院新会计制度的实施，为医院的成本核算、预算管理提供了操作规范。我国上市公司实施的企业内部控制基本规范，也为医院建立内部控制制度提供了范本。责任落实到人应是医院建立内部控制制度的核心所在。

思考：

1. 查阅我国企业内部控制基本规范和具体规范，理解医院社会责任成本在其内部控制制度建设中的重要意义。

2. 学习我国医院相关财务会计制度，利用业余时间实地调研我国医疗服务机构某一医疗服务项目的操作流程，并结合医院的相关管理制度提出一些建设性意见。

第 15 章

作业成本系统

学习目标

1. 理解作业成本系统、准时制、全面质量管理产生的背景。
2. 掌握作业成本计算法的计算程序。

重点与难点

1. 作业成本计算法、成本动因、作业等基本概念的理解。
2. 理解作业成本的计算程序及作业成本计算与作业管理的关系。
3. 准时制生产系统强调全面质量管理的原因。

15.1 作业成本计算法

15.1.1 作业成本系统产生的背景

当代高新技术的蓬勃发展，有人称之为第三次技术革命，它对当今世界高速度发展社会生产力发挥了重要的作用。

第三次技术革命发生在 20 世纪 70 年代，其主要特征是计算机一体化制造系统和网络系统的形成和应用。它从产品订货开始，到材料采购，直至设计、制造、销售等所有阶段，都可由计算机进行调控。它使生产计算机化、自动化进入崭新阶段，为生产经营管理进行革命性变革提供了技术上的可能。日益激烈的竞争压力，导致买方市场逐步形成。市场需求要求企业改变传统的大批量、标准化生产模式，向提供小批量、个性化产品或服务过渡。这种生产方式使直接人工费用、直接材料费用减少，间接费用相对增加，突破了传统成本中"直接成本比例大"的观念，要求企业管理的视角由单纯的生产过程管理，扩展到与顾客要求及利益直接相关的、包括产品设计和产品使用环节的产品生产周期管理与顾客化生产方式（以顾客为导向）的管理。会计作为经营管理的重要组成部分，具有为不同的目的提供不同信息的特征，且管理会计的方法和手段具有视不同的需要而设计的特点。因此，作为作业成本系统的作业成本计算法、准时制与全面质量管理等内容应运而生。

作业成本法的理论基础是成本动因理论。成本的分配应着眼于成本的来源，应把成本的分配与促使成本产生的原因联系起来，按成本产生的原因进行成本汇总与分配，并在此基础上分析成本高低的原因，以方便于成本控制方法的执行和相关决策的做出。作业成本法以成本动因为基础，使得成本分配的准确性和成本可追溯性大大提高，是成本管理理论自工业化大生产以来最根本的变革。

从企业信息化系统的整体上看，作业成本法是一个以作业为基础的管理信息系统。它扩大了传统产品成本的构成内容，把生产经营中发生的当期管理费用、销售费用都以作业成本形式分配给产品负担。这不仅使企业（或服务行业）产品成本构成内容合情合理，而且有利于科学地制定产品或服务的销售价格。同时，经过对所有与产品相关联因素的跟踪，消除不增值作业，优化作业链和价值链，作业成本法还可依据作业链和价值链的分析，进行作业管理，满足经营控制的需要，最终提高企业的竞争力和获利能力。正是在这样的管理系统化观念下，作业成本法已从单纯的成本会计系统发展为应用更为广泛的作业成本管理系统。

15.1.2 作业成本计算与作业成本管理的关系

改进成本信息的质量、内容、相关性和及时性，是现代管理会计的目标之一。与传统会计系统相比，现代管理会计系统能满足企业内部环境和外部环境更多方面的管理要求。

1. 作业成本计算法的特点

作业成本计算法（activity based costing，ABC）是西方国家自20世纪90年代以来在先进制造企业应用的一种企业管理理论和方法。它是以作业为基础（对象），核算每一作业的成本，确认和计量耗用企业资源的所有作业，将耗用的资源成本计入作业，将所有作业成本分配给产品或服务的一种成本计算方法。该方法是建立在"作业"这一基本概念上的，是以"作业"为成本核算对象。

作业成本计算法根据"作业消耗资源、产出消耗作业"的指导思想，将着眼点放在作业上。首先根据作业所消耗的资源费用分配给作业，其次将作业成本分配给产品，由此得出产品成本。因此可以说，作业成本计算法下的产品成本，包括生产领域发生的直接材料、直接人工、各种作业成本和非生产领域的各种作业成本。

作业成本计算法将直接费用和间接费用都视为产品消耗作业所付出的同等代价对待。对于直接费用的确认和归集，作业成本计算法与传统成本计算法并无区别，其差别主要表现在间接费用的归集与分配环节。作业成本计算法要求按作业归集间接费用，对其分配不局限于单一的工时或机器小时分配标准，而是依据成本动因（资源动因、作业动因），采用多样化的分配标准归集成本，以有利于企业的业绩评价。

2. 作业成本计算法与作业成本管理的关系

作业成本计算法不仅仅是一个成本分配与计算的过程，更重要的是依据因果关系分析资源流动的过程，它融合了许多先进的管理理念，如作业管理、过程管理等。以作业为基础的管理（activity based management，ABM），称为作业管理。作业管理是强调以提高顾客价值、增加企业利润为目的的管理。作业管理包括动因分析、作业分析和业绩评价，并以作业成本计算作为信息的主要来源，如图15-1所示。

由图15-1可以看到，纵向维度强调把成本追溯至成本对象——资源成本至作业再至成本对象，这是作业成本计算维度（成本观），是控制维度（过程观）的重要依据。过程观首先要确认引起作业成本的因素（解释为什么发生成本）；其次是确定做了什么工作（确定作业）；

最后是评价工作的执行与结果（作业完成得怎么样）。

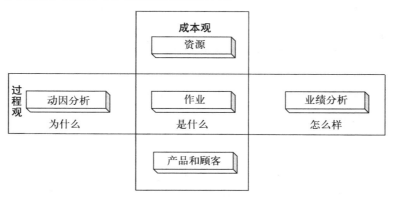

图 15-1　成本观、过程观

作业成本系统更加关注作业的经济管理责任。它强调整个系统业绩的最大化而非个别的业绩最优。作业贯穿于各职能线路与部门线路，是系统范围的焦点，需要采用全面控制方法（如将财务与非财务指标视为同等重要）。作业成本计算是实施作业管理的基础，作业管理是作业成本计算的目的。实施作业成本计算和作业管理的本质，是使管理者知道哪些作业是增值作业，哪些是关键作业，哪些是一般作业，从而尽可能减少不增值作业，抓住关键作业，使采取的管理措施能更有效地控制成本和增加企业价值。

所谓可增加价值的作业，是指在产品生产中为形成顾客需要的使用价值所进行的各种作业。生产工艺流程的各项作业一般都是增值作业。不增加价值的作业是指对增加顾客价值没有贡献，或者凡经消除而不会降低产品价值的作业。比如各种形式的与存货有关的作业：储存、维护、移动等；因质量不符合要求而进行的加工、改制；供、产、销各个环节的等待和延误形成的损失等。

3. 传统成本管理系统与现代成本管理系统的比较

作业成本管理作为现代成本管理系统的重要内容，与传统成本管理系统有许多不同之处。以表 15-1 对传统成本管理系统与现代成本管理系统的特征做比较。

表 15-1　传统成本管理系统与现代成本管理系统的比较

传统	现代
1. 单位基准动因	1. 单位基准和非单位基准动因
2. 分摊密集型	2. 追溯密集型
3. 窄的、刚性的产品成本计算	3. 宽的、灵活的产品成本计算
4. 关注成本管理	4. 关注作业管理
5. 零星的作业信息	5. 详细的作业信息
6. 个别部门业绩最大化	6. 整个系统范围的业绩最大化
7. 采用财务性指标计量业绩	7. 同时采用财务性指标和非财务性指标计量业绩

15.1.3　作业成本计算法的计算程序

作业成本计算法以成本动因理论为基础，通过对作业进行动态追踪，反映作业成本及最终产品成本的形成，为评价作业业绩和资源利用情况提供基本、细致的信息资料。作业成本法的本质是以"作业"作为分配间接费用的基础。作业消耗资源，产出消耗作业，生产导致作业的发生，作业导致成本的发生。

实施作业成本计算法的关键是在确认作业的同时确定成本动因。会计人员要从机器准备、原材料管理、质量检查、工艺技术等具体的间接成本作业中辨别出成本动因。成本动因是引起一项作业的费用发生和变化的方式和原因。成本是多重成本动因共同作用的结果，各相关成本动因结合起来可以决定一种既定活动的成本。成本行为取决于成本动因，控制成本不是控制成本本身，而是控制引起成本发生和变化的原因，因此，成本控制的重点应转移至分析成本发生和变化的原因方面。作业成本法作为实施作业管理的基础，我们有必要清楚作业成本的计算程序。

1. 作业的分析与确认（确定成本计算对象）

"作业"一词常泛指某类活动，是指企业基于特定目的重复执行的任务或活动。但有时作业也可以泛指一类任务或活动。

"作业"这一概念是随着管理实践的发展而逐步形成的。任何作业都是要消耗资源的，将作业与价值消耗联系起来，使源于管理学的作业概念有了会计学含义。会计上的作业是指基于一定目的，以人为主体，消耗了一定资源的特定范围内的工作，是构成产品生产、服务程序的组成部分。在实际工作中，可能出现的作业类型一般有：启动准备、购货、设备维修、质量控制、生产计划、存货移动、装运发货、管理协调等。如采购作业，负责适时为生产提供材料。这个采购作业又是由多个同质业务集合完成采购任务的，如有人负责确定供应商及检查价格，有人处理款项结算与材料交接，有人负责材料运输等。

"作业"可以作为企业划分控制和管理的单元。企业生产经营过程的每项环节、每道工序都可以视为一项作业。作业的划分应从产品设计开始到物料供应、生产工艺流程的各个环节、质量检验、包装到发运销售的全过程。

作业成本系统是针对企业的共同成本（间接费用）而建立起来的一种因果关系的分配机制，注重这些共同费用与成本对象的因果联系，如图 15-2 所示。

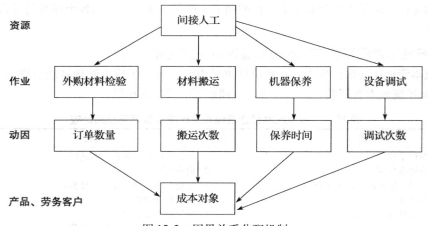

图 15-2　因果关系分配机制

在作业成本法下，人们通常是将各项作业作为成本计算的基础。因此，确认作业是作业成本计算法的重要环节。作业确认后，将所消耗的共同费用直接归集于每一项作业，再将作业成本分配于最终的产品或劳务。

作业的确认可以在整个企业范围内进行，也可以在部门内进行。但需要指出，作业的划分不一定正好与企业的传统职能部门一致，有时作业是跨部门的，有时一个部门就能完成好几项不同的作业。

在确定作业时，可以把相关的业务集合在一起，以便于作业的操作。这种把所有的作业集合起来，组成一个具有特定功能的作业的过程称为整合。如对购货单和收货报告的检验发票、付款这两项作业，由于它们联系密切，可以把两项作业整合入一项更明确的有特定功能的作业——会计，如图 15-3 所示。

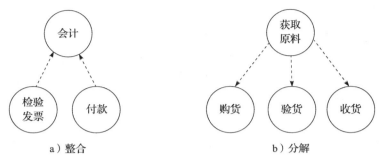

图 15-3 作业的整合与分解

与整合相反的是分解，即把不同类的业务分入不同功能的作业。如购买原材料作业，可以分解为三项据有不同功能的作业：购货、验货和收货。在确定作业的过程中（整合和分解），可参照以下经验进行。

第一，一般在每个传统的组织单位或部门中都应有 2～10 项功能明确的作业。有时一个小的部门可能只有一项作业，有时一项作业跨越好几个部门。在一个典型的部门中如果有 10 项以上的作业，这时可能就需要将一些作业合并。相反，如果一个中型或大型部门里只定义了一项作业，这时就应分解它。

第二，不同的人执行的作业不能被合并。

第三，一项作业一般不超过 5～15 个密切关联的业务。

第四，如果一项作业只有一项业务，则说明作业划分过细。

第五，如果一项作业含有不相关的业务，则应把它分解出去。

通过作业确认、成本动因分析以及对作业效率、作业质量等的计量，可以更确切地揭示资源、作业和成本之间的联动关系，为资源的合理配置以及作业、流程的持续优化提供依据。

如前所述，成本动因是诱导成本发生的原因。成本动因按其在资源流动中所处的位置和作用，又可以分为资源动因和作业动因。

2. 确定资源动因（成本动因）

资源动因是指资源被各作业消耗的方式和原因，是引起资源耗用的成本动因。它反映了资源耗用与作业量之间的因果关系。资源动因的确定与计量为将各项资源费用归集到作业中心提供了依据。

确定资源动因的原则包括以下几点。

第一，某项资源耗费如能直观地确定其为某一特定产品所消耗，则直接计入该特定产品成本。直接材料费用通常适用该项原则。

第二，如果某项资源耗费可以从发生领域上划分为作业所耗，则可以直接计入各作业成本库，此时资源动因可以认为是作业"专属"耗费，各作业各自发生的办公费一般适用这一原则。

第三，如果某项资源耗费从最初消耗上呈混合耗费形态，则需要选择合适的量化依据将资源耗费分解分配到各作业，这个资源耗费的量化依据就是资源动因。如动力费一般按各作业耗用电力度数分配等。

由以上分析可知，资源动因其实是引起某项资源耗费的原因，而资源的耗费是为完成作业而发生的，所以这里的资源动因也可以说是成本动因。因此说作业成本计算法是一个二阶段分配过程，分别是资源向作业分配和作业向产品成本对象分配。与此对应，成本动因也被分为两类：资源动因和作业动因（或者说成本动因包括资源动因和作业动因），分别用于资源成本面向作业分配和作业成本面向最终的产品成本对象分配。

3. 将资源耗费分配给作业形成作业成本库

各资源库中的价值应根据资源动因逐项分配到各作业成本库中去，作业成本库是以作业为基础而归集的费用。将每个作业成本库中转入的各项资源价值相加就形成了作业成本库价值。

表 15-2 介绍了作业成本库的计算过程。

表 15-2　作业成本库　　　　　　　　　　　　（单位：美元）

作业	资源动因	分配给作业成本库的资源
存储原料	100 000 立方英尺① × 6	600 000
购货	900 000 × 10/30	300 000
收货	900 000 × 9/30	270 000
验货	900 000 × 5/30	150 000
会计	900 000 × 6/30	180 000
机制	3 320 000 × 0.90	2 988 000
生产准备	3 320 000 × 0.10	332 000
作业成本库成本合计		4 820 000

① 1 立方英尺 ≈ 0.028 立方米。

图 15-4 不仅描述了计算程序，还给出了计算作业成本库价值的相关信息资料和计算结果。

如图 15-4 所示，存储作业的资源动因是存货体积，共有 100 000 立方英尺，每立方英尺的成本是 6 美元，所以存储作业耗费的服务资源是 600 000 美元（100 000 立方英尺 × 6 美元）。剩下 900 000 美元的服务资源须分配给购货、收货、验货、会计作业，这几个作业的资源动因是职工人数（总人数为 30），其中购货 10 人、收货 9 人、验货 5 人、会计 6 人，所以每个作业按人头分得各自耗费的服务资源。

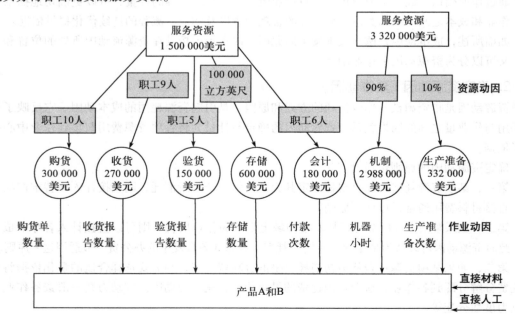

图 15-4　作业成本程序图

4. 确定作业动因，分配作业成本

作业动因通常是作业流程图中一个作业的产出。例如，图 15-4 中购货作业的主要产出是购货单，购货单数量就是购货作业成本库的作业动因。如果购货作业有一个投入和三个产出，这时候，我们就应找出其中最主要、最基本的产出作为作业动因——购货单，因为购货作业履行的主要职能就是发出购货单。确定作业动因时应注意两点。

首先，如果一个作业有多个产出，就应分析是否应当把这个作业分解成几个更小的有自己特定产出的作业。如果这个作业功能十分明确，不能再分解了，就应按上面所述的找到最主要的产出作为作业动因。

其次，如果两个或两个以上的作业含有相同的基本产出时，它们应该整合入一个作业。如图 15-5 所示，描述某企业完成作业成本系统设计后的结果。

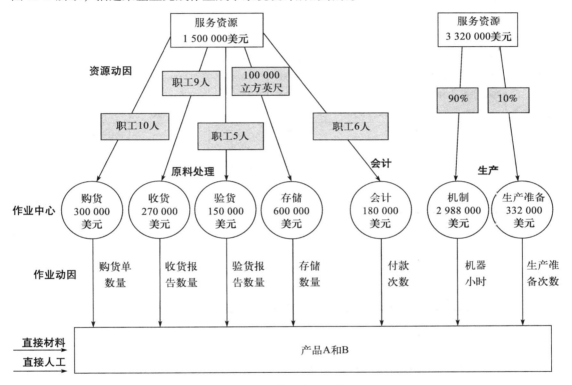

图 15-5　作业成本系统

如图 15-5 所示，所有作业成本库的作业动因都已确定，直接材料、直接人工也已确定，这时就可以计算产品的成本了。有时可把几个作业成本库归入一个作业中心，如把购货、收货、验货、存储几个作业成本库归入"原料处理"作业中心，把机制和生产准备两个作业成本库归入"生产"作业中心，会计作业中心就是会计作业成本库。把相关的作业成本库归入作业中心，能更详细地了解组织及其运作，但是对于简单的组织或独立的作业成本库则没有必要再设置作业中心。

5. 将作业成本计入产品成本

这一程序将作业成本库价值分配计入有关产品或劳务成本计算单，计算完工产品成本或劳务成本。根据各项作业所消耗的作业成本和作业动因数量，确定作业动因单位成本，并计算出

作业成本计入单位产品成本的份额。

表 15-3 表示该企业生产 A、B 两种产品，为简化核算，七个作业成本库的作业成本都由产成品负担（在产品不负担）。以该企业的购货作业成本为例：购货作业成本库总成本为 240 000 美元，购货单总数为 4 000 张，作业动因单位成本（作业成本分配率）为：240 000÷4 000 = 60（美元），计入产品 A 的单位产品购货作业成本是 240 000÷50 000 = 4.8（美元）。

这个过程通常是在作业单上进行的。作业单上列出了各项作业成本及产品或劳务的成本，如表 15-3 所示。

表 15-3　作业单（产品 A 和 B）　　　　　　（单位：美元）

作业成本库	作业动因单位成本	产品 A（50 000 单位）			产品 B（100 000 单位）		
		作业动因数量	作业成本	单位成本	作业动因数量	作业成本	单位成本
购货	60/购货单	60×4 000	240 000	4.80	60×1 000	60 000	0.60
收货	90/收货报告	90×2 500	225 000	4.50	90×500	45 000	0.45
验货	50/验货报告	50×2 500	125 000	2.50	50×500	25 000	0.25
存储	20/存储件	20×20 000	400 000	8.00	20×10 000	200 000	2.00
会计	72/付款次数	72×1 500	108 000	2.16	72×1 000	72 000	0.72
机制	996/机器小时	996×1 000	996 000	19.92	996×2 000	1 192 000	11.92
生产准备	3 320/生产准备次数	3 320×90	298 800	5.98	3 320×10	33 200	0.33
作业成本合计			2 392 800			1 627 200	
每单位作业成本				47.86			16.27
每单位直接材料				60.00			50.00
每单位直接人工				24.00			24.00
单位成本				131.86			90.27

作业成本法扩大了传统产品成本的核算范围，对非生产领域的费用、生产领域的间接制造费用项目进行细致的、以作业为基础的对象化核算。作业成本法下的产品成本由直接材料、直接人工和作业成本构成。

15.1.4　作业成本计算法与传统成本计算法的区别

1. 对成本内涵的认识不同

作业成本观认为，企业生产经营过程是为满足顾客需要而设计的一系列作业的集合体，企业当期所有作业发生的耗费都应是最终产品成本的构成。其意义主要体现在：一是在这样的产品成本基础上制定价格，能使企业内部控制的结果性信息与市场上瞬息万变的信息及时对照，使产品价格的制定科学合理；二是能够清晰地反映成本在哪一领域、哪一具体环节出现了问题，便于根据成本动因来控制和管理成本行为的发生。传统成本观认为成本是企业生产过程中所耗费的总合，传统成本观侧重于生产过程产品成本的核算。

2. 对成本计算对象认识不同

作业成本观不仅关注产品成本，更关注产品成本的形成过程和形成原因，从而要求成本计算对象是全方位和多层次的。作业成本法的成本计算对象是各类作业。根据各类作业确定成本动因，根据成本动因实施作业管理。传统成本观关注产品成本结果，成本计算对象是企业所生产的各种产品，对成本计算对象的认识面比较狭窄，不能满足信息化时代对成本管理的要求。

3. 对成本经济内容认识不同

作业成本观的产品成本是完全成本（包括期间费用）。作业成本法立足于全面的成本观念，提供信息和进行管理，使产品成本的构成不但包括产品的生产成本，还涵盖了销售成本、管理成本等期间费用。就某一企业组织而言，该企业所有的费用支出只要是合理的、有效的，都是对最终产品有益的支出，都应计入产品成本。所以，作业成本观强调费用支出的合理有效性，而不论费用支出是否与产品直接有关，成本项目应按作业类别设置。传统成本观认为产品成本是制造成本，即产品成本计算到制造环节为止，产品成本项目按费用经济用途设置，对于在组织和管理生产及销售领域发生的费用支出不计入产品成本，作为期间费用直接抵减当期收入。这种成本观念不能满足高科技类企业和产品价格敏感度高的企业对于产品成本核算和管理的要求。

4. 对制造费用的分配认识不同

作业成本观认为，对制造费用的分配由若干"成本库"分别进行分配，这就要求增加分配标准，按引起制造费用发生的"多种成本动因"进行分配，从而使在生产计算机化、自动化条件下产品成本比重增大的制造费用的分配明细化，提高成本的归属性，以体现不同产品生产的技术复杂程度等因素所引起的制造费用耗费上的差别。传统成本观对制造费用的分配较粗，是按产品类别分别在产成品与在产品之间分配，分配标准较少，一般用机器工作小时、生产工人工资或工时分配。

15.1.5 作业成本计算法的适用性与局限性

由于作业成本计算法是应计算机一体化制造系统和网络系统化对产品成本管理的新要求而产生的，所以其主要适用于：企业生产自动化程度较高、间接制造费用在成本中比重高、产品生产的复杂程度高、产品研发费用高的制造性企业，新兴的高科技企业，以及客户个性化需求高、产品（服务）需求的弹性大、价格敏感度高的企业。

作业成本计算法应用的局限性主要是成本动因不易确定。实施作业成本法首先要确定生产领域、销售领域、管理领域的各项具体作业及与其相关的成本动因（资源动因、作业动因）。我们已知作业成本法是一个二阶段的分配过程：资源动因用于资源成本面向作业分配，作业动因用于作业成本面向最终的产品成本对象分配。作业动因确定好了，才能计算出某项作业的成本分配率，进而计算出最终产品的成本。

我国财政部发布的《管理会计应用指引第 304 号——作业成本法》中，对作业成本法的应用环境、应用程序、应用评价进行了明确的说明。企业在应用作业成本法时，应根据本企业的生产经营特点和成本管理的要求及成本效益原则逐步实施，使我国的成本计算方法与成本管理在实践中发展，在发展中更加充实和完善。

15.2 准时制与全面质量管理

15.2.1 准时制生产系统

准时制（just in time，JIT）生产系统是以高科技为基础，在 20 世纪 70 年代由日本首先创建，随后在西方发达国家也得到广泛应用的一种新的生产管理系统。准时制生产系统的目的是借助最先进的计算机技术，合理规划生产销售流程，降低产品成本，改进产品质量，提高单位时间内的产量。

1. 准时制生产系统与传统生产系统的区别

传统生产系统是一种生产程序"由前向后"推动式的生产系统，即由材料仓库向第一个生产程序供应材料，把其加工成在产品、半成品，然后由第二生产程序把第一生产程序（或在产品、半成品仓库）转来的在产品、半成品继续进行深加工，如此由前向后顺序推移，直至最终完成全部生产程序，转入产成品仓库等待对外发运销售。由此可见，在这种生产系统下，前面的生产程序处于主导地位，后面的生产程序只是被动地接受前一生产程序转移下来的加工对象，继续完成其未完的加工程序。这种生产系统在生产经营的各个环节会导致大量材料、在产品、半成品库存的存在，成为生产过程中不可避免的必然结果。

准时制生产系统是一种"由后向前"拉动式的生产系统，即企业要根据顾客提出的产品数量、质量和交货时间等特定要求组织生产，以最终满足顾客要求为起点，由后向前进行逐步推移安排生产任务：前一生产程序只能严格按照后一生产程序所要求的有关在产品、半成品数量、质量和交货时间等组织生产。前一生产程序生产什么、生产多少、质量要求和交货时间只能根据后一生产程序提出的具体要求来进行。

准时制生产系统是由后面的生产程序为主导的。这种生产系统要求企业供、产、销各个环节尽可能实现"零存货"，也就是要求原材料、外购零部件的供应能"准时"达到生产现场，直接交付使用，而无须建立原材料、外购件的库存储备；要求生产的各个环节（程序）紧密地协调配合，生产的前阶段按后阶段进一步加工的要求，保质保量地生产产品，并"准时"地送达到后一加工阶段，而无须建立在产品库存储备；要求在销售阶段，生产出来的产品能保质保量地适应顾客的需要，"准时"地送到顾客手中，而无须建立产成品库存储备。

2. 准时制生产系统的主要特点

如果用一句话概括准时制生产系统，那就是生产线上每一种产品都在生产线下一步骤需用时才立即生产的制度。从企业全方位讲：产成品的销售促使装配工作的完成，然后再依序上推到其他制造部门。这一特点，理论上称之为"需求推动"。准时制生产系统的本质是"按需生产"，可以通过以下特点体现出来。

1) 存货被认为是最大的敌人，因为它不产生价值。
2) 生产工序被简化了，任何不带来价值的活动都被标示出来，减少或消灭不增加价值的环节。
3) 在从订单准备就绪到产品制造出来的过程中，尽量减少不必要的制造时间。
4) 如果零部件没有到位或者发现瑕疵，整个生产线便被停下来。所以，准时制生产系统不允许出现差错，任何程序都要求及时准确。

3. 准时制生产系统产生的经济利益

准时制生产系统为企业带来的经济利益包括以下几个方面。

1) 降低存货投资。
2) 减少存货的储备及处理成本。
3) 强化库存管理，减少存货过时、陈旧风险。
4) 减少生产空间和仓储空间。
5) 降低整个制造成本。
6) 减少纸上工作。

15.2.2 质量成本与全面质量管理

1. 质量成本的意义

持续改善是建立优异制造环境的基础。制造优异是在当今全球激烈竞争的环境中生存的关键。几乎毫无浪费地生产出完全合乎规格的产品，是世界级公司的双重目标。"全面质量管理"的思想正在取代以往的"可接受质量"观。对质量的日益强调也要求管理会计系统提供有关质量的财务信息和非财务信息。

许多管理人员认为，全面质量管理（total quality control，TQC）是20世纪90年代最重要的课题之一。为什么质量问题得到人们日益重视呢？原因之一就是存在高额的质量成本。在许多企业中，质量成本占销售收入的15%～20%。提高质量可以显著地节约费用，增加收入。

想理解好质量成本，有必要先清楚质量的概念。关于质量的定义很多，不同的定义侧重于质量的不同方面，如使用方便程度、满足顾客需要程度以及设计规模和技术要求相符合的程度等方面。在这里，我们主要说明质量的两个基本内容，即设计质量与合格质量。

设计质量是衡量产品或服务的特征合乎顾客要求的程度。如，购买复印机的客户要求复印机能集复印、传真、扫描和电子印刷于一身，不能满足客户此项要求的复印机就是设计质量上的失败。

合格质量是指根据设计、技术和制作规格生产产品。例如一台复印机如果纸张处理不好，或出现其他故障，就表明这台复印机不具备合格质量。不符合规格的产品需要修理、返工或调整，这些都需要投入额外的费用。如果产品的缺陷未能在生产期内予以纠正，在顾客使用时发生故障，则会发生更多的修理费用，并且会因此失去客户的信赖。

2. 质量成本的构成内容

就概念而言，质量成本就是那些为防止低劣质量的发生或发生后所承受的成本。质量成本一般可分为以下四种。

1）预防成本，为防止生产不合格产品而发生的成本。
2）鉴定成本，为检测出不合格产品而发生成本。
3）内部差错成本，在交付给顾客之前检测出不合格产品而承担的成本。
4）外部差错成本，在交付给顾客之后检测出不合格产品而承担的成本。

3. 全面质量管理与准时制生产的关系

全面质量管理同准时制生产系统有着直接的联系。在准时制生产系统要求生产经营的各个环节实现"零存货"的情况下，原材料的供应、产品的生产如果不在每个环节都把好质量关，尽量做到"零缺陷"，废次品的出现将引起生产秩序的混乱，在各有关方面产生连锁性的不良后果。可见"全面质量管理"是准时制生产系统得以顺利实施的一个必要条件。

4. 全面质量管理与传统质量管理的区别

全面质量管理与传统质量管理最大的不同体现在以下两点。

首先，传统质量管理把重点放在生产过程终了专业检验人员的质量把关上。发生零部件或产品在质量上有缺陷，在可能的条件下，传统质量管理采取的做法是进一步投入人力、物力，尽量对已发现的质量上的缺陷进行修补，这样就把质量管理的重点放在了依靠专业人员的事后监控和补救方面。

其次，全面质量管理树立"零缺陷"观念，以实现"零缺陷"作为质量管理的出发点，把重点放在操作工人（不是专业检验人员）在每一加工工序（工作流程）上连续的"自我质量监控"上。在工作中发现问题，全面质量管理采取的做法是立即采取措施，尽快进行纠正和消除，以实现缺陷在生产第一线上瞬时的自动控制，不允许任何一件不符合质量预定要求的零部件转移到后一生产程序。同时，在材料供应、产品销售、售后服务过程也贯彻实施全面质量管理理念，使整个企业生产经营全过程的质量缺陷减少到最低限度或消灭在业务进行过程中。

这种全过程、全方位、全员参与的质量管理体系使质量成本大大降低，是全面质量管理优于传统质量管理的关键所在。

本章小结

成本信息的提供必须适应企业的经营环境和管理的特点。作业成本系统与准时制生产系统和全面质量管理，是适应经济形态变革的产物。本章在阐述作业成本系统产生背景的基础上，说明作业成本计算法的基本概念及其与作业成本管理的关系。详细阐述了作业成本法的计算程序，使我们清楚作业成本计算法的成本计算对象是作业；确定作业和确定成本动因是关键；生产领域和非生产领域的作业成本最终都要归属到产品成本中去。

准时制生产系统的实质是"按需生产"，改变了传统生产系统"由前向后"的生产程序，这个"前"是材料供应，由此阶段依次到销售产品。而准时制生产系统的"由后向前"，这个"后"是顾客要求的产品的质量和数量，是"量身定制"在生产阶段的具体体现。

全面质量管理与准时制生产系统有着直接的联系。全面质量管理的"零缺陷"理念，加强和完善了质量监控的日常管理，使生产线上的缺陷达到瞬时的控制。它为准时制生产系统的"零存货"提供了产品的质量保障。

作业成本系统、准时制生产系统和全面质量管理，都是适应现代经济环境的需要而产生的。速度成为企业竞争的关键要素，随着消费者需求的提高和竞争对手的不断出现，产品与服务的更新周期越来越快；企业大规模量身定制的生产方式给每个客户带来了个性化的产品和服务，同时要求企业具备极高的敏捷反应能力；企业与客户之间的关系由单项变为互动，从产品构想到设计开发、再到生产和销售的每一个环节，企业和客户可以全方位地互动起来；互联网的发展加速了信息、资金、技术、知识的流动，消除了区域市场在空间、地理上的界限，使得经济全球化成为现实。这要求我们的会计信息必须适应和满足世界经济发展的需要。

思考题

1. 说明作业成本系统的产生背景。
2. 说明作业成本计算法的特点及其与传统成本计算法的区别。
3. 为什么说作业成本计算法是实施作业管理的基础？
4. 简述准时制生产系统的特点及其与传统生产系统的区别。
5. 为什么说全面质量管理优于传统质量管理？
6. 说明质量成本的含义、质量成本的构成内容及其与产品质量的关系。

第 16 章

企业战略管理与平衡计分卡

学习目标

1. 理解战略管理的特点和战略管理过程。
2. 掌握联系战略与运营的六阶段管理体系。
3. 了解平衡计分卡理论体系的产生背景与发展历程。
4. 理解平衡计分卡的内容构架。
5. 掌握战略地图的概念、作用及建立原则。

重点与难点

1. 战略管理的过程。
2. 联系战略与运营的六阶段管理体系。
3. 理解平衡计分卡是基于企业战略管理的意义所在。
4. 战略地图的作用。

16.1 企业战略管理概述

21 世纪企业面临三个方面的挑战：经济全球化，信息技术的发展和超级竞争。这三方面的挑战意味着企业环境有了很大的变化。新的生产信息技术、顾客为本、全球市场的增长以及其他变化需要企业建立战略信息系统，以便有效地维持自己在行业内的竞争优势。

16.1.1 战略及战略管理

战略一词来源于军事，它可以追溯到我国战国时期的《孙子兵法》和古希腊的军事战役，意指在战争状态下将军指挥军队克敌制胜的指挥方法和艺术。在现代企业管理中，人们对企业战略的定义众说纷纭。美国哈佛大学的安德鲁斯教授认为，战略是目标、意图或目的，以及为达到这些目的而制订的主要方针和计划的一种模式。这种模式界定了企业正在从事或者应该从事的经营业务，以及企业所属或者应该所属的经营类型。一般认为这是战略的广义定义。狭义战略定义的代表人物是美国战略管理学家安索夫（I. Ansoff）。他认为，企业战略是贯穿企业经营与产品和市场之间的一条"共同经营主线"，决定着企业目前从事的或者计划从事的经营业务的基本性质。这条共同经营主线包括产品和市场范围、增长向量、竞争优势和协同作用四个要素。美国学者霍弗和申德尔认为，企业在制定自己的战略时应该考虑企业资源配置和外部环境的作用。该观点认为，"战略是企业目前和计划的资源配置与环境相互作用的基本模式。该模式表明企业将如何实现自己的目标。"这个定义比安索夫的定义又进了一步，考虑到了企业外部环境的作用，也更符合战略管理的思想。近几年，战略的内涵又有了新发展，2004 年格里·约翰逊（Gerry Johnson）和凯万·斯科尔斯（Kevan Scholes）指出，战略是一个组织长期的发展方向和范围，它通过在不断变化的环境中调整资源配置取得竞争优势，从而满足利益相关者的期望。这里的利益相关者包括资本市场利益相关者、产品市场利益相关者和组织内部利益相关者三类。其中，资本市场利益相关者主要包括股东和资本提供者（银行、私人借贷者和风险投资家）；产品市场利益相关者主要包括顾客、供应商、当地社区及工会；组织内部利益相关者主要包括管理人员和非管理人员。利益相关者的理念更加全面客观地反映了现代企业战略的内涵，并且日益得到人们的认同与重视。由于不同的利益相关者对企业有不同的期望，而且有机会和能力通过某种方式对企业制定及执行什么样的战略施加一定的影响，因此，利益相关者已经成为企业生存与发展的真正主宰者，影响着企业的战略决策。

战略管理是基于企业战略的管理，主要价值在于帮助企业在动态、复杂的环境中成功运营，是一系列决定公司长期绩效的管理决策、措施与行动。它包括环境监测、战略制定、战略实施及评价和控制。企业实施战略管理强调从公司的优势和劣势出发，检测、评估外部的机会和威胁，管理企业所有资源，寻求竞争优势。企业实施战略管理必须要考虑企业内外现实的政治及文化背景，综合考虑外部环境、内外战略能力及企业各利益相关者的期望和目标，使战略管理得以顺利实施。

16.1.2　企业实施战略管理的意义

战略管理对于企业有重要的积极意义。主要表现在以下几个方面。

1. 实施战略管理有助于企业重视经营环境

由于战略管理将企业的成长和发展建立在变化的环境基础上，管理工作要以未来的环境变化趋势作为决策的基础，这就使企业的管理者们重视研究经营环境，正确地决定公司的发展方向，选择公司适合的经营领域或产品、市场领域，从而更好地把握外部环境提供的机会，增强企业经营活动对外部环境的适应性，使二者达成最佳的组合。

2. 战略管理将企业日常经营与计划控制、近期目标与远期目标结合在了一起

由于战略管理把战略规划付诸行动，而战略的实施又与日常的经营计划控制结合在一起，这就使近期目标与远期目标紧密结合为一体。战略管理将总体战略目标同局部的战术目标统一起来，从而有利于调动各级管理人员参与战略管理的积极性，有利于充分利用企业的各种资源，提高协同效果。

3. 战略管理重视战略的实施，有助于企业在动态中完善管理

由于战略管理不只是停留在战略分析及战略制定上，而是将战略的实施作为战略管理的重点内容，这就使企业在日常生产经营活动中根据环境变化及时对战略进行评价和修正，使企业战略执行得到不断的完善，使战略实施后的反馈为企业制定后续发展战略提供丰富的信息资源，使企业战略管理本身得到不断的丰富和提升。

4. 战略管理重视战略的评价与更新，有助于企业创新管理

由于战略管理不仅计划"我们正走向何处"，而且计划如何淘汰陈旧过时的东西，以"计划是否继续有效"为指导，重视战略的评价与更新，这就使企业管理者能不断地站在新的起点上对外界环境和企业战略进行探索，增强创新意识。

16.1.3 战略管理的特点

战略管理一般具有以下特点。

1. 内容系统性

战略管理的内容包括战略设计、战略实施和战略评估。战略设计阶段是指针对一个企业主体提出其任务，确认其外界机会和威胁，确定主体内部的优势和劣势，设立一个长远目标，形成可供选择的几种战略，选择可操作的战略方针。战略设计包括分析企业所处的环境，决定一个企业要拓展什么业务，放弃什么业务；如何有效地利用现有资源；是否扩大业务或多种经营，是否进入国际市场，是否兼并企业或举办合资企业；以及如何避免被竞争对手吞并等。战略实施阶段要求企业设立一个年度目标，并制定相应政策，激励员工，有效调配资源，以保证战略顺利实施。战略实施包括制定出战略支撑文化，创造一个有效的机构组织，调整市场，准备预算，开发和利用信息支持系统并调动每一位员工参与战略实施的积极性。战略评估阶段主要是评估战略规划的实施效果。因为外部和内部环境的因素通常存在变化，所以企业需要通过战略评估不断修订和调整在战略实施过程中变化的目标。战略评估工作包括回顾和评价外部和内部的因素，以此作为战略方针选择的基础，判断战略实施的成绩，争取采取正确的行动解决实施过程中出现的各种未知问题。企业今天的成功并不代表明天的成功，成功的背后同样会存在各种各样的问题。评估的重要性在于确保企业的可持续发展。

战略管理的不同阶段相辅相成，融为一体。战略设计是战略实施的基础，战略实施又是战略评估的依据，而战略评估反过来又为战略设计和战略实施提供经验和教训。三个阶段的系统设计和衔接可以保证企业取得整体效益和最佳结果。

2. 科学性

就企业的战略设计而言，由于企业资源有限，哪种战略更适合企业的具体情况，使企业取得最佳效益，这要求战略管理者从科学的角度出发做出战略选择。企业应具体分析本企业的产品市场占有率及开发研究技术的可能性和可行性，确定企业长期的竞争优势（如联想集团的服务先行战略）。在过去以大规模生产为产品导向的市场前提下，大部分IT厂商注重的是产品和技术的研发，而在服务上极少涉足，国内大多数厂商只能提供一年上门、三年保修的标准化服务，除了对少数大客户外，尚不能满足用户个性化维修服务的要求。IT厂商与客户之间出现了脱节。赢得客户就是赢得利润，聪明的IT厂商重新审视市场，调整自己的发展战略，企业的重心逐渐向客户转移，从单纯的硬件产品供应商向提供应用和服务的供应商转变。中国IT产业将由技术和产品为主导进入一个以应用服务为主导的新时代，也就是客户导向的新时代。联想集团以"服务定制"策略实现客户导向，所谓服务定制，是指厂商提供的产品和服务都是综合性的、长期性的。它要求产品丰富，全程服务，同时，厂商提供的不同的产品和服务能够满足不同企业用户的需求，每名用户都能从厂商那里获取适合自己的产品和服务。

经验表明，较高的决策成功率往往建立在科学预测的基础上。在战略评估阶段如何科学、客观地判断战略实施过程的成绩和不足，对于一个企业确立未来的发展目标关系重大。随着信息技术的不断发展，战略管理的决策更加依赖于信息来源的准确性和分析过程的准确性。

3. 相对稳定性

由于企业战略综合考虑企业的近期目标与长远发展，在时间上有一定超前性。实际管理过程中，战略决策投入了相当多的财力和人力，战略决策制定工作具有指导意义，需要一定的稳定性，不能朝令夕改，否则会使企业的经营和发展发生混乱，从而带来不必要的损失。此外，客观来讲，企业战略的稳定性应该是相对的，因为企业是在能够连续监控内部和外部动态和趋势的基础上实施战略管理的，企业需要针对企业内外环境的变化进行战略调整。

16.1.4 战略管理的过程

战略管理的过程通常可分为战略分析、战略制定、战略实施及战略评估与控制四个部分。

1. 战略分析

战略分析（strategy analysis）主要是指通过对企业外部环境包括宏观环境、产业环境、竞争环境等方面进行监测与评估，对企业内部环境、企业拥有的资源与能力等进行分析，发现环境中蕴涵的机遇与威胁，了解企业的优势与劣势，为企业战略的正确制定与有效实施、建立有利于长远发展的竞争优势奠定必要的信息基础。战略分析的传统工具是 SWOT 分析。

2. 战略制定

战略制定（strategy formulation）是在战略分析的基础上，考虑公司的优势与劣势，为了更有效地管理环境中的机会与威胁而制定的长期规划。其主要内容包括明确企业使命、构思企业愿景、确定可达到的目标、形成可行的战略。

（1）企业使命

企业使命（enterprise mission）是由企业管理者确定的企业生产经营的总方向、总目的、总特征和总体指导思想。它反映了企业管理者的价值观和试图树立的企业形象；揭示了本企业与同行业其他企业在目标上的差异；界定了企业的主要产品、服务范围，以及企业试图满足的顾客基本需求。

企业使命一般包括企业目的、企业定位、企业理念、公众形象和利益群体。企业目的以经济目的为主，企业定位是指企业要在竞争中根据所拥有的技术、所生产的产品和所服务的市场，客观地评价自己的优劣条件，准确地确定自己的位置，并在此基础上制定竞争的策略。企业理念是指企业的基本信念、价值观、抱负和哲理选择，是企业的行为准则。企业可以据此进行自我控制和自我约束。企业管理者应该充分满足公众期望，树立良好的企业形象，尽到对社会应尽的责任。此外，企业管理者还必须充分重视企业内部、外部利益群体和个人的合理要求。企业使命通常以使命陈述（mission statement）的形式向企业各利益相关者公开。企业使命陈述通常体现在企业使命报告书里，其基本要素包括企业的用户、产品或服务、市场、技术、对生存、增长和盈利的关注，自我认识，对公众形象和员工的关心。企业使命报告书要说明企业的用户是谁，企业的主要产品或服务项目是什么，企业在哪些区域参与竞争，企业的基本技术和优势是什么，企业是否努力实现业务的增长和良好的财务状况，企业的经营哲学即基本价值观、信念和道德倾向是什么，企业的自我意识及其最独特的能力或最主要的竞争优势是什么，企业是否对社会、社区和环境负责，企业是否视员工为宝贵的资产等。企业使命报告书的表述范围既不能太宽也不能太窄。

（2）企业战略愿景

企业不仅需要说明现有业务是什么，而且还要说明企业想成为什么，即管理层对企业未来的战略愿景（strategy vision）。它既要求企业促进员工树立共同愿景，也要求企业树立公众形象,并与所处任务环境中的各利益团体沟通。为了树立企业的公众形象,营造对社会、社区和环境负责的企业氛围,企业的战略愿景有必要与相关利益团体沟通。企业在考虑战略愿景时不应过分受制于当前业务和成功的局限,以免因过于保守而将未来打造成今天的简单延续。

(3) 企业目的和目标

目的和目标有时是两个不同的概念,有时又几乎是同义词。从战略管理的角度来看,企业目的主要是指企业的经济目的。企业的生存、增长、获利三个经济目的决定着企业的战略方向。在战略决策中,企业不能只注重短期目标,而忽视企业长期为之奋斗的目的。在日益激烈变化的环境中,企业只有真正关注其长期增长与发展,才能够真正生存。许多实例证明,企业一定时期的经营目的不明确往往是其失败的症结所在。企业目标是在企业目的的总框架中为企业和员工提供的具体方向。企业目标具体有战略目标和年度目标,战略目标是指企业在战略管理过程中所要达到的市场竞争地位和管理绩效的目标,包括在行业中的地位、总体规模、技术能力、市场份额、利润增长率、投资报酬率等。制定战略目标可使企业战略具体化和数量化,将企业总体的努力方向转化为各职能部门管理人员和员工的行动准则,不但明确了企业各生产经营部门的工作重点,而且提供了评价其工作业绩的标准。实现企业战略目标通常需要五年以上。年度目标是指实施企业总体战略的年度作业目标,也是战略实施的必要手段。年度目标围绕战略目标展开,是企业在一年中全过程、全方位的具体奋斗目标。年度目标可以为监督和控制企业各部门、各层次工作绩效提供更为具体的、可以衡量的依据,如年度利润目标、年度销售收入目标、年度成本控制目标等。一般认为实际工作中企业全面预算的编制和实施就是年度目标的具体体现。

(4) 企业战略的确定

如前所述,企业战略是企业长期的发展方向和范围,它通过在不断变化的环境中调整资源配置来取得竞争优势,从而满足利益相关者的期望。企业战略主要包括四个方面的内容:经营范围、资源配置、竞争优势和协同作用。企业在制定战略时必须充分考虑这些因素。经营范围是指企业从事生产经营活动的领域,又称企业定域。企业一般根据自己所处的行业、产品和市场确定其经营范围。企业确定经营范围的方式多种多样:企业可根据自己产品系列的特点确定经营范围,如化学制剂公司、机电公司等;企业也可根据产品系列内含的技术确定经营范围,如计算机公司、电信公司等。经营范围作为企业战略的第一个构成要素,对企业的可持续发展至关重要。要注意不能只顾企业内部而忽视企业外部的要求,特别是在新经济时代,准确把握经营范围和方向,就掌握了企业竞争的主动权。资源配置是指企业资源和技能配置的水平和模式。资源配置的好坏会极大地影响企业实现目标的程度。企业资源是企业生产经营活动的支持,如人才资源、技术资源等。技能配置是指企业尽量以其他企业不便模仿的方式取得并有效运用自己的资源,形成企业特有的技能。竞争优势是指企业通过其资源配置模式和经营范围的决策,在市场上占据的与其竞争对手不同的竞争地位。协同作用是在资源配置和经营范围的各种决策中,企业所能寻求到的各种共同努力的最终效果。对协同作用的发挥,我们不能仅仅局限于"企业总体资源的收益要大于各部分资源收益之和",还必须立足在世界经济全球化的高度,关注企业整体利益的成功,特别是对一些有实力的大型企业集团而言更是如此。经济发展的压力使得企业必须通过合作进行资源整合,发挥自己的核心优势;规模经济的要求、新产品研发等巨额投入的风险也迫使企业必须以合作的方式分担成本,甚至是与竞争对手进行合作,形成竞合双赢的关系,在这些情况下,企业要考虑实现企业整体利益最大化,协同作用至关重要。

3. 战略实施

战略实施（strategy implementation）是通过制订行动计划、预算与操作规程，将战略落实于行动的过程。行动计划（program）是企业为了完成一个单项计划或完成战略要进行的行动或步骤。根据钱德勒的结构追随战略观点，行动计划可能会涉及重组公司、变革文化或开始一项新的研究等系列举措。预算（budget）就是行动计划的现金表达形式。预算有助于计划与控制，为管理层批准新的行动提供依据，有助于评估和改进公司业绩。操作规程（procedure）是用于详细描述实施某一特定任务或工作的一系列步骤、技巧和行为。操作规程的确定使得企业做事有章可循。

4. 战略评估与控制

战略评估与控制（strategy appraisal and control）是对公司业绩进行评估与控制，通过监测公司的活动和业绩，对实际业绩与期望业绩进行比较，以达到纠正行为、解决问题的目的。战略评估与控制虽是战略管理的最终环节，但因其指出了已实现战略的优缺点，从而也是下一轮战略管理的开始。

16.1.5 联系战略与运营的六阶段管理体系

上述战略管理的过程如何在企业具体运营实践中落实？如何成功执行企业的战略？卡普兰教授和诺顿博士从全球成功企业的实践中总结提炼出了宝贵的经验，他们将平衡计分卡作为新的管理体系的基石，以此驱动战略的执行。本部分中所涉及的战略地图及平衡计分卡等工具将在后续内容中展开。

企业需要一个能够整合战略规划与运营执行的管理体系，它是实现卓越绩效的有力工具。大多数公司在基于平衡计分卡构建战略管理体系时，通常是由领导动员管理团队、推动变革，并将其战略转化为战略地图上相互关联的战略目标以及平衡计分卡的指标和目标值，然后通过不同部门之间的协调和组织，重新设计一些关键的人力资源系统以激励员工。要使战略成为每个人的日常工作，还需要重新构建各种规划、预算和控制系统，使战略成为持续性流程。卡普兰和诺顿于 2008 年提出了一套综合、完整的连接战略制定、规划和运营执行的管理体系，这个体系主要包括六个阶段。这六个阶段分别是：制定战略、规划战略、围绕战略协同组织、规划运营、监控和学习、检验与调整战略，如图 16-1 所示。[⊖]

1. 第一阶段：制定战略

管理者要开发出一个使企业参与竞争的战略。整合的管理体系始于管理层的战略制定。首先，管理层需要明晰公司的使命、价值观和愿景。其次，进行战略分析。管理层需要审视其竞争和运营环境，尤其是上一轮战略制定后发生的重大变化，这些更新的信息来源于三种渠道，一是包括政治、经济、社会、技术、环境和法规等方面的外部环境；二是内部环境，具体指公司的内部关键流程，比如人力资源状态、运营、创新、技术运用等；三是现有战略的执行情况，从上述的三方面进行战略分析，确定战略中最关键的因素。最后，在此基础上，制定战略。

⊖ 罗伯特·卡普兰，戴维·诺顿. 平衡计分卡战略实践［M］. 上海博意门咨询有限公司，译. 北京：中国人民大学出版社，2009.

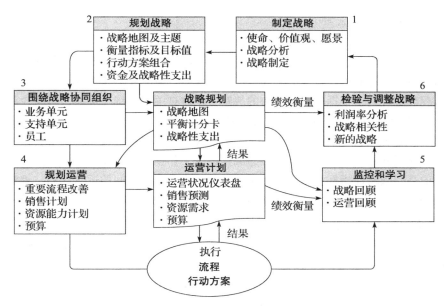

图 16-1 管理体系：联系战略与运营

2. 第二阶段：规划战略

这一阶段要安排必要的战略性投入，建立有问责制的战略执行的领导体系。管理层运用战略地图、平衡计分卡工具规划战略。管理人员通过具体规划，制定战略目标、衡量指标、目标值、行动方案和预算，以此指导行动和资源配置。

首先，管理人员要制定战略地图。战略地图能直观地展示所有战略维度的要点，确定企业主要的战略主题。高层管理者可以通过战略地图分别对每一个战略关键组成部分进行规划和管理，同时保持协同运作。其次，高层管理者将战略地图所描述的战略主题的战略目标转化为平衡计分卡的指标、目标值和差距，并据此选择战略性行动方案。战略性行动方案是为了达成战略地图上的目标业绩而采取的行动计划，因此要编制战略预算。战略预算与传统预算体系不同，不仅将资源分配给企业现有职能部门和业务单元，还需要关注跨部门、跨单元的行动方案的战略性投资这一特殊预算。管理高层是各个战略主题的负责人。主题负责人和跨部门的战略主题团队要对战略执行负责，并针对每个主题提供反馈。

3. 第三阶段：围绕战略协同组织

具体而言是围绕战略协同业务单元和员工。高层管理者必须将公司战略和下属各业务单元的战略相挂钩，使得所有员工充分理解公司战略，并且激励员工帮助公司实现战略成功。企业层面的战略是考虑将各个业务单元的战略整合起来以创造协同优势。战略地图描述的企业战略能够显示出协同优势的来源，管理者再将战略地图纵向分解到业务单元，这样，各业务单元的战略不仅能够反映与自身战略相关的战略目标，还能反映与企业层面以及其他业务相关部门的战略目标。除了与业务单元协同外，企业层面的战略还需要与服务支持单元的战略协同。成功的战略执行要求服务支持单元能够协同公司和业务单元的价值创造战略。员工是实施战略的主体，管理者把员工的个人目标、激励方式与业务单元和公司的战略目标相挂钩，以加强战略沟通。同时，管理者也可为员工提供培训和职业生涯发展规划，帮助员工获得成功实施战略所需的能力。

4. 第四阶段：规划运营

这个阶段是在运营体系上体现战略，解决战略执行的落地问题。六阶段管理体系的突出特点是明确地将长期战略与日常运营相结合。企业需要将流程改进与战略优先事项相协同。同时，业务运营所需资源的资金投入必须与战略规划保持一致。在运营规划过程中，管理者首先需要制定流程改进计划，根据战略地图中的战略主题改进关键流程。例如，当企业战略主题为"以创新促增长"时，则新产品研发流程很关键；当以"获得目标客户的高度忠诚度"为战略主题时，则客户管理流程为关键改进流程。明确了关键流程之后，企业在流程管理中需要确定关键指标，直接反映流程绩效，这样能够为流程改进工作提供重点和反馈。流程改进计划与平衡计分卡中的高层战略性指标和目标值还必须转化成企业当前期间的运营计划。运营计划具体包括销售预测、资源能力计划、运营性支出和资本性支出预算等。

5. 第五阶段：监控和学习

当战略确定、规划好并与综合的运营计划链接后，企业就可以开始执行其战略和运营规划，并监控绩效结果，同时根据新的信息和经验采取行动改善运营、调整战略。

在监控与学习阶段，企业需要审视各部门和职能单元的绩效情况并找出存在的问题。一般在定期（如每周、每半月等）的运营数据生成后，定期召开运营回顾会，回顾短期绩效并解决短期出现的问题，比如重要客户的投诉、延迟交货、次品、设备停机和短期资金短缺、关键岗位人员配备或新发现的销售机会等。这种运营回顾会是基于部门和职能层面的，将员工的专业知识和经验集中起来解决销售、采购、物流、财务和运营等各部门的日常问题，这种会议要求简短高效、数据驱动、集中面向问题、以行动为导向。除了日常频率较高的运营回顾会之外，企业还需每月召开战略回顾会，领导团队集中讨论各单元平衡计分卡上的指标和行动方案，评估战略执行的进程和障碍。

6. 第六阶段：检验与调整战略

在这个阶段，要对战略环境进行检验，并对战略内容进行调整。除了在第五阶段的运营回顾会议和战略回顾会议之外，企业还需要召开战略检验和调整会议，要根据其所处行业的竞争、技术、消费者的变化速度来确定战略检验调整会议的召开频率，一般至少年度或季度召开一次。在这类会议中，企业高层管理团队要评估现有战略的执行情况，分析现有战略哪些方面做得成功，哪些方面还存在不足，并考虑近期企业环境变化所带来的影响，对现有战略进行适当调整。高层团队更新现有战略的同时，也应修改公司的战略地图和平衡计分卡，确定新的目标值、新的行动方案、下一阶段的销售和运营规划、流程改进优先项、资源需求以及更新的财务计划，开始新一轮的战略规划和运营执行。显然这类会议使得企业战略规划和运营执行体系成为一个闭环。

上述六阶段的战略管理流程基于战略地图和平衡计分卡展开，为领导者提供了一个综合的、行之有效的系统以管理战略的开发、规划、实施、回顾和调整的全过程。

16.2 平衡计分卡

在企业战略管理全过程中，需要应用经营环境分析、竞争优势分析、价值链分析、战略成本管理和战略业绩评价等各种工具方法。平衡计分卡作为一种先进的战略绩效衡量的模式，被《哈佛商业评论》评为75年来最具影响力的管理工具之一，已经成为战略管理执行的核心评价方法。它打破了传统的单一使用财务指标衡量业绩的方法，在财务指标的基础上加入了非财务指标因素，通过四个维度的设计，即财务、顾客因素、内部业务流程、员工的学习与成长，将企业长期目标与短期目标结合起来，在企业战略规划与执行管理方面发挥了非常重要的作用。平衡计分卡把企业的战略转化为具体的行动，以此创造企业的竞争优势。

16.2.1 平衡计分卡的产生背景与发展阶段

平衡计分卡是 20 世纪 90 年代初由哈佛商学院的罗伯特·卡普兰（Robert Kaplan）和诺朗诺顿研究所所长、美国复兴全球战略集团创始人兼总裁戴维·诺顿（David Norton）所从事的"未来组织绩效衡量方法"的一种绩效评价体系。当时该计划的目的在于找出超越传统以财务量度为主的绩效评价模式，以使组织的"策略"能够转变为"行动"而发展起来的一种全新的组织绩效管理方法。

1. 平衡计分卡产生的因素

（1）传统财务绩效评价模式存在很大的局限性

企业财务报表并不能如实反映企业的经营活动。首先，财务报表中的数据是货币计量的结果，企业难以用货币计量的要素被排斥在报表之外；其次，权责发生制会计一直以来被各国广泛采用，在会计分期假设下，会计人员根据权责发生制原则将企业的收入、费用归属到相应的会计期间，权责发生制的应用夹杂了会计人员的职业判断，受利益的驱动，这个职业判断过程给人为操纵利润、粉饰财务报表提供了空间。总之，权责发生制下，以历史成本为基础的财务报表只是对企业过去已经发生的经营活动的部分反映，一些对企业未来可持续发展有着重要影响的因素难以进入财务报表，因此以财务报表为基础的绩效评价不够准确，容易导致企业发生短期行为，忽视长远发展。

（2）经济增加值指标的确立

20 世纪 80 年代初美国思腾思特公司提出了利用经济增加值（EVA）指标来评价企业绩效。经济增加值在数量上等于企业经营所得收益扣除全部要素成本（包括生产要素和资本要素）之后的剩余价值。经济增加值是一种"全要素补偿"观念，其重要特点是从股东角度重新定义企业的利润，即考虑了资本的机会成本。经济增加值强调企业资本成本，把会计利润转化成经济利润，把会计账面价值转化为经济价值，在一定程度上弥补了财务报表的内在缺陷，消除了资本结构不同对利润的影响，使得不同资本结构的企业经营绩效具有可比性。但是经济增加值指标依然是一种财务绩效评价指标，而且是一种结果导向性评价指标，并没有将企业发展战略及其实施过程与结果一体化，它只能揭示价值创造的结果，无法揭示价值创造动因，更无法揭示价值创造动因的可持续性。

（3）无形资产：创造企业价值的重要源泉

企业经营环境的不断变化，引导着企业价值创造模式的转变。面对新信息技术的出现和全球市场的开放，企业仅靠有形资产已经难以保持持续的竞争优势。在新的经营环境下，企业的资产软化，无形资产已经成为企业创造价值的重要源泉。无形资产可以使企业开创新的产品与服务，发展新的顾客与市场，发展顾客关系，建立顾客忠诚度，以低成本在短时间内提供个性化、高质量的产品或服务，缩短对顾客需求的反应时间。企业对无形资产的开发和利用能力已经成为创造持续竞争优势的主要决定因素。企业的价值创造模式从依靠有形资产向依靠无形资产的转变对于绩效评价具有重要而深远的影响。企业绩效评价应该同时关注有形资产和无形资产两种价值驱动因素。

伴随无形资产的重要性凸现和企业价值创造模式的转变，一种超越财务或价值基础的战略绩效评价应运而生。1992年卡普兰和诺顿在《哈佛商业评论》著文提出平衡计分卡的概念，在保留了主要财务指标的同时，平衡计分卡引入了反映企业未来绩效动因的非财务指标，将企业绩效评价分为财务、顾客、企业内部业务流程以及企业学习与成长四个维度，而所有的评价方法都旨在实现企业的一体化战略。

2. 平衡计分卡的产生与发展历程

平衡计分卡产生至今经历了三个阶段。

(1) 计量与报告阶段（1992~1996年）

这一阶段内，平衡计分卡被引入业绩评价体系理论中，并在实践中广泛应用，用财务、客户、内部流程和员工学习与成长多方位评估企业，解决了传统财务评价难以对来自组织的无形资产的价值创造活动进行考核的问题，如员工的技能、素质、产品与服务的创新，客户忠诚与客户关系等。1996年，卡普兰和诺顿出版了《平衡计分卡——化战略为行动》这一著作，标志着平衡计分卡理论的确立。在这一阶段，企业也开始考虑将其作为企业战略管理系统的一个部分，支持企业战略制定与战略执行，使企业战略管理得到更广泛、更真实可靠的信息支持。

(2) 融合与沟通阶段（1996~2000年）

平衡计分卡在实践中不断发展，并与企业战略实施实现融合。卡普兰和诺顿在对采用平衡计分卡的公司业绩进行追踪的四年中，发现采用平衡计分卡的公司可以运用平衡计分卡解决更为重要的问题——实施新战略，而不仅仅是绩效考核，即战略业绩评价系统能够解决如何沟通和实施战略的问题。他们意识到一种新的组织形式——战略中心型组织开始出现。这些组织的执行官们正在用平衡计分卡把围绕整个战略目标的经营单位、共享服务单位、小组和个人联系起来。战略中心型组织专注于有关战略的关键管理流程——计划、资源分配、预算、定期报告以及管理会议。愿景、战略和资源分配从企业顶部向下流动；执行、创新、反馈与学习从员工个人和业务单元向上回流。有了新的中心、协调和学习机制，组织获得了业绩突破，真正实现了整体价值大于各部分价值的总和。上述成果体现在卡普兰和诺顿2000年出版的《战略中心型组织》一书中。

(3) 战略管理阶段（2001年至今）

随着实践的推动，平衡计分卡理论体系不断得到发展和完善。卡普兰和诺顿在2001年进一步提出将平衡计分卡作为企业战略管理系统的转型，而这一转型，是通过战略地图来实现的。卡普兰和诺顿于2004年出版了《战略地图——化无形资产为有形成果》一书。他们指出，战略地图能够把无形资产转化为有形成果，战略地图工具能够解决如何筛选和归类衡量指标的问题，提出衡量指标要与企业特有的战略意图结合，企业应根据自身价值设置具有战略意义的衡量指标体系。战略地图推动了平衡计分卡的发展与升华。2008年，两位大师又出版又一力作《平衡计分卡战略实践》，这部著作总结了优秀企业的平衡计分卡战略管理的成功经验，描述了公司怎样在战略与运营之间建立强有力的链接，使得员工的日常工作能够支持战略目标，开发了战略执行闭环式管理体系，被称为是平衡计分卡创始人的巅峰之作。

实践证明，面对世界经济一体化和信息网络技术的快速发展，企业管理必须适应经济环境和社会环境的变革，而平衡计分卡这一管理会计的创新内容，正是体现了会计为管理服务的宗旨。

16.2.2　平衡计分卡的概念与基本内容

平衡计分卡是根据企业组织的战略要求而精心设计的指标体系。按照卡普兰和诺顿的观点，平衡计分卡是一种绩效管理的工具。它将企业战略目标逐层分解转化为各种具体的相互平衡的绩效考核指标体系，并对这些指标的实现状况进行不同时段的考核，从而为企业战略目标的实现建立起可靠的执行基础。

平衡计分卡采用衡量未来业绩的驱动因素指标，弥补了仅仅衡量过去业绩的财务指标的不足，通过将财务指标与非财务指标相结合，把企业的业绩评价同企业战略发展联系起来，采用一套能使企业管理者迅速且全面了解企业经营状况的指标体系，用来表达企业进行战略性发展所必须达到的目标，把任务和决策转化成目标和指标。平衡计分卡的目标和指标来源于企业的愿景和战略，这些目标和指标从财务、顾客、内部业务流程、学习与成长四个重要的维度考察和评价企业业绩。

1. 财务维度

财务维度主要考量管理者的努力是否对企业经济收益产生了积极作用。企业各个方面的改善最终体现为实现财务目标，因此财务维度是其他三个维度的出发点和归宿。平衡计分卡以财务维度作为其他维度评价的焦点。在企业不同的经营战略阶段，企业财务维度评价的侧重点有所不同：当企业处于成长阶段时，其财务方面的评价侧重于销售收入增长率，以及目标市场、顾客群体和区域销售额的增长等；企业处于成熟阶段或维持阶段时，其财务评价侧重于与获利能力有关的财务指标，如销售收入、毛利、投资回报率和经济附加值等。一般而言，企业财务维度所用的指标大概有三大类：一是收入增长的指标如销售额、利润额；二是提高生产率的指标或降低成本的指标；三是资产利用率指标。这些指标与企业的不同战略相结合，企业可以指定细分目标和细分标准，以此来分析企业财务业绩的影响因素，并适应企业不同发展阶段的具体需求。

2. 顾客维度

顾客维度与企业财务维度紧密联系，企业若想获取长远的、显著的财务绩效，就必须以顾客价值为出发点，创造出顾客满意的产品或服务。从顾客维度来看，常用的评价指标包括市场份额、顾客保留度、顾客获取率、顾客满意度、顾客利润贡献率等。使顾客满意的关键是把握好产品或服务的质量，产品或服务的质量取决于产品或服务的生产过程，这就要求企业采用全面质量管理，以质量为核心，把顾客放在首位，全员参与质量管理，通过持续改进提高质量。在这里，质量成本也是一个重要的考核指标，此外，其他指标如送货准时率、产品退货率、合同取消数等也被广泛采用，顾客维度的评价指标体现了企业对外界变化的反映。

3. 内部业务流程维度

平衡计分卡的第三个方面是为企业内部业务流程制定目标和评价方法，这是平衡计分卡与传统业绩评价方法的显著区别之一。传统业绩评价方法大都致力于改善单个部门的绩效，其作用有限，不能形成企业特有的、可持续发展的竞争优势。平衡计分卡从满足投资者和顾客需要的经营战略出发，制定了系统的、自上而下的经营目标评价手段。针对企业内部业务流程，从价值链的通用模式出发，分别对改良过程、经营过程和售后服务过程设定不同的评价指标。改良过程是企业创造新价值的源泉，在这个过程中，企业应以顾客为导向，在兼顾现有顾客的需求和潜在需求的基础上，设计开发新产品或服务，发现和培育新市场、新顾客。因此，这个过程要侧重评价企业的创新能力、研究开发能力。常用的评价指标有新产品销售额在总销售额中的比例、专利产品在销售额中的比例、新产品开发所用的时间、开发费用与营业利润的比例等。经营过程是企业创造价值的过程，在经营过程中，企业向顾客销售产品或提供服务。这个过程要侧重评价企业的生产经营绩效，时间、质量和成本是评价的重要方面，常用的指标有对顾客需求反应时间、产品生产时间和经营周转时间、产品和服务的质量、产品和服务的成本等。售后服务过程影响着企业的声誉和可持续发展，可采用有关时间、质量、成本等反映企业售后服务绩效的指标进行评价，如企业对产品故障的反应时间和处理时间、售后服务的一次成功率、客户付款的时间等。通过价值链分析，企业管理人员根据外部竞争和顾客需求，改进或重组企业内部的业务流程，提高企业的竞争力。

4. 学习与成长维度

学习与成长维度为企业其他三个维度的绩效取得突破提供了持续推动力量，是企业成功发展的基础。为了避免企业的短期行为，学习与成长维度强调企业未来投资的重要性，这里的未来投资不仅包括企业设备、规模和产品的研究与开发方面的投资，还包括员工能力、信息系统功能以及企业业务流程方面的投资。因此，采用的评价指标主要体现在员工能力、企业信息系统、组织效率等方面，常用的指标有员工满意度、员工保持率、员工工作效率、员工培训次数、信息覆盖率、信息系统反应的时间、当前可能取得的信息与期望需要的信息的比例、员工所提建议的数量、所采纳建议的数量、个人和部门之间的协作程度等。企业只有不断地学习与成长，才能不断创新，实现财务、顾客和业务流程等维度的目标。

上述财务、顾客、内部业务流程、学习与成长四个维度构成了平衡计分卡的基本框架。尽管每个维度的评价指标各有特点，但它们并非简单的组合，而是紧密联系的，它们与企业的战略和整套评价手段紧密相连。正如卡普兰所言，"平衡计分卡的四个维度并不是罗列，这四个维度既包含结果指标，也包含促成这些结果的先导性指标，并且这些指标之间存在因果关系"，财务维度是最终目标，企业学习与成长维度是核心。企业只有不断学习与成长，员工不断创新学习，企业内部管理才有优化的基础，才能持续改善企业内部的业务流程，内部管理优化后才能更好地为顾客服务，顾客认可企业的产品和服务，企业的财务目标才能实现。当企业发展出现新情况时，又需要员工创新学习，开始下一个循环，由此形成一个完整、均衡的关联指标体系。同时，为了保障战略的有效执行，平衡计分卡在评价系统中通过因果关系链整合了财务指标和非财务战略指标，既包括结果指标也包括驱动指标，使其自身成为一个前向反馈的管理控制系统。各指标平衡时，产生良性互动；当某个指标片面偏离目标而发生冲突时，协调、沟通、评价机制就会发挥作用，推动财务指标与非财务指标之间、领先指标与落后指标之间、长期指标与短期指标之间、外部指标与内部指标之间达到平衡。可见，平衡计分卡的重要作用在于将战略、过程和管理人员联系在一起，为综合考虑动态评价与静态评价、财务指标与非财务指标，提供了一种综合的计划与控制系统。

16.2.3 战略地图：平衡计分卡的发展与升华

卡普兰和诺顿的平衡计分卡理论体系认为，企业战略的成功执行需要三个要素，认为"突破性成果＝描述战略＋衡量战略＋管理战略"。平衡计分卡关注衡量战略，战略中心型组织关注管理战略，战略地图关注描述战略，因此上面公式又可以写为："突破性成果＝战略地图＋平衡计分卡＋战略中心型组织"。

1. 战略地图的概念与作用

（1）战略地图的概念

战略地图（strategy map）由卡普兰和诺顿提出。他们认为，平衡计分卡四个维度的各项指标与衡量指标之间并不是四个孤立层面的业绩指标，而是存在着蛛网般的一系列因果关系，对这些因果关系的描述就称为战略地图。卡普兰认为：不能衡量的东西就无法管理，不能描述的东西同样无法管理,解决衡量问题的工具就是平衡计分卡,解决描述问题的工具就是战略地图。

(2) 战略地图的作用

首先,战略地图是对组织战略要素之间因果关系的可视化表述方法。通用的战略地图是从平衡计分卡的四层面模型发展来的,如图 16-2 所示[⊖]。

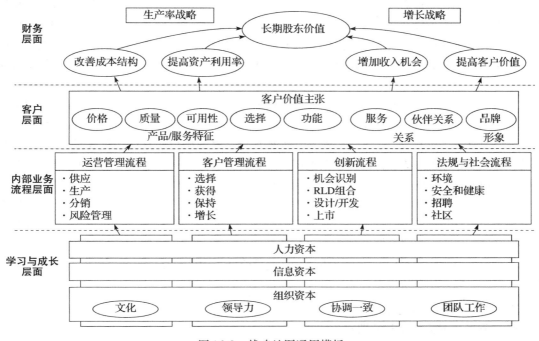

图 16-2 战略地图通用模板

与平衡计分卡相比,战略地图增加了两个层次:一是细节层,用以说明战略的时间动态性,可以结合战略规划过程来绘制;二是颗粒层,每一个层面下都可以分解为很多要素,用以改善战略的清晰性和重点。比如,在内部流程层面,按照价值创造周期长短,内部流程被划分为四大类:运营管理流程、客户管理流程、创新流程、法规与社会流程;在客户层面,客户价值主张被细分为四大类:总成本最低战略、产品领先战略、全面客户解决方案和系统锁定战略。重点清晰的战略地图能够使企业在制定战略时,不会造成关键战略要素的遗漏。可见,战略地图是以平衡计分卡的四个层面目标(财务层面、客户层面、内部层面、学习与成长层面)为核心,通过分析这四个层面目标的相互关系而绘制的企业战略因果关系图,所以战略地图是一个描述和沟通战略的动态可视工具。图 16-2 中的战略地图模板也为战略的构成要素及其相互关系提供了一个标准化的检查清单。如果一项战略遗漏了战略地图模板中的某项要素,那么这项战略就可能是有缺陷的。在应用中,战略地图通用模型还应根据企业所选择的竞争战略的不同而进行调整。例如,低成本战略的企业将强调运营管理流程,而差异化战略的企业将强调创新流程。

其次,战略地图能够衡量企业无形资产的战略准备度。无形资产对企业战略非常重要,具

⊖ 罗伯特·卡普兰,大卫·诺顿. 战略地图——化无形资产为有形成果 [M]. 刘俊勇,等译 广州:广东经济出版社,2005.

体包括人力资本、信息资本和组织资本三类无形资产。人力资本指关于支持战略所必需的技巧、人力以及技术的配备情况。信息资本指关于支持战略所必需的咨询系统、网络以及基础架构的配备情况。组织资本指为了执行战略所必需的组织动员并支撑变革过程的能力，包括文化、领导、整合及团队。这些无形资产的价值来源于其帮助企业实施战略的能力。在战略地图中，我们能够清晰地看到无形资产转化为有形成果的路径，为使股东和客户满意，实现财务和客户层面的目标，企业必须擅长核心内部流程，而核心内部流程卓越的基础就是学习和成长层面的无形资产。无形资产战略准备度是用来衡量无形资产与战略的协调一致的程度的，显然，无形资产战略准备度越高，无形资产转化为有形成果的速度越快，效益越高，企业越能实现内部流程层面的创新和效率，建立战略优势，进而使公司把特定价值带给市场和客户，从而实现财务目标和股东价值。

最后，战略地图丰富和完善了平衡计分卡理论体系。随着实践的推动，平衡计分卡理论体系不断得到发展和完善。战略地图描述了战略的逻辑性，清楚地显示了创造价值的关键内部流程目标以及支持关键流程所需的无形资产。平衡计分卡将战略地图目标转化成指标和目标值。但是，目标和目标值并不会因为它们被确定而得以实现，企业必须推出一套行动计划，这套行动计划能使所有指标的目标值得以实现。企业必须为每个行动计划提供稀有的资源——人力、资金和能力。我们将这些行动计划称之为战略行动方案。对于平衡计分卡的每个指标，管理者必须确定实现其目标值的行动方案，行动方案创造了结果。因此，通过执行行动方案，战略执行得以管理。可见，战略地图和平衡计分卡都是企业沟通、衡量和转化战略的有效工具，二者统一于企业战略管理活动中，用于描述战略、衡量战略，为企业提供管理战略的基础，为企业取得突破性业绩，创造价值服务。

2. 建立战略地图的原则

(1) 财务指标立足于长短期利益结合

从财务层面看，财务业绩指标用于衡量公司战略的实施与执行是否对盈余改进有所贡献。财务业绩可以通过收入增长、削减成本和生产率提高等方式得到改善。企业投资于无形资产是为了长期的收入增长，而削减成本是为了实现短期财务绩效，显然两者常常是相互冲突的，因为短期结果总是以牺牲长期投资为代价实现的。因此，战略地图描述战略应以平衡与连接短期财务目标（削减成本和生产率提高）和长期财务目标（盈利收入的增长）为起点，战略的财务要素必须有长期（增长）和短期（生产率）两个维度。

(2) 优质的客户是企业持续价值创造的源泉

战略要以差异化的客户价值需求为基础。战略要求在目标细分客户和令他们满意的价值需求之间建立清晰的联系。清晰的价值需求是一个最重要的战略维度。企业在实际应用中，有以下四种主要的价值需求和客户战略：总成本最低、产品领先、全面客户解决方案和系统锁定战略。

1）总成本最低。总成本最低战略强调的是对顾客最有吸引力的价格，优异的质量，简短的等待时间，易于采购并且提供良好的选择性，如沃尔玛的成本领先战略。沃尔玛受到顾客青睐的关键在于商品物美价廉，对顾客的服务优质上乘，天天如此。顾客购买所需要的商品不必等到削价打折季就可以达到节约开支的目的。沃尔玛直接从生产厂家进货，做到既不积压存货，又不缺货，降低了经营成本和存货贮存成本，加速了资金的周转利用率。沃尔玛压缩广告费用，每年在媒体上只做几次广告，他们认为公司廉价质高的商品就是最好的广告。沃尔玛重视对职工勤俭风气的培养，沃尔玛商品损耗率只有1%，而全美零售业平均损耗率为2%，从而使沃尔玛在成本上处于领先地位。此外，沃尔玛每周五上午举行经理人员会议，研究商品价格情况。如果有报告说某一商品在其他商店的标价低于沃尔玛，会议可决定降价，保证同种商品在沃尔玛价格最低。沃尔玛成功地运用了低成本领先战略，在零售业的竞争中赢得了胜利。

2）产品领先。产品领先战略强调产品的独特性能和功用，目标在于率先推出新产品上市，其衡量项目应在速度、尺寸、精准度、能源消耗或者是其他竞争者无法企及的性能，如英特尔的产品战略。英特尔的芯片产品有赛扬、Xeon、奔腾、酷睿等多个系列，其中奔腾又有多种不同型号，满足了消费者日渐提高的计算质量需求。英特尔每两年更新一次组织架构超强的创新能力使其不断领先于同行，始终占据着芯片市场的极大市场份额。

3）全面客户解决方案。全面客户解决方案强调企业要让顾客感受到自己的处境确实被了解，企业有能力提供符合需要的定制产品与服务。全面客户解决方案的衡量项目包括为客户解决方案的质量、提供给顾客的销售组合（如客户定制）、顾客维系、顾客存续时间与获利贡献。

4）系统锁定战略。系统锁定战略是企业通过自身一套系统锁定目标客户。例如微信支付和支付宝支付两个系统分别锁定了不同的客户，而苹果支付（Apple Pay）在我国由于需要专门的付款（iPhone 6 以上）设备和终端收款设备，相比微信和支付宝而言，成本较高，因此客户数量相对较少。因此，信息时代企业采用什么样的系统锁定客户是非常重要的，而锁定客户是保障企业盈利的基础。

（3）企业价值通过内部业务流程创造

战略地图和平衡计分卡的财务和客户层面描述了结果，即企业希望实现什么。内部流程以及学习与成长层面的流程驱动了战略，它们描述企业如何实施战略。高效协调的内部流程决定了价值的创造和持续。内部流程划分为营运管理、客户管理、创新、法规与社会四类，每一类流程还可以有更多的创造价值的自有流程。企业通过关注少数关键内部流程即战略主题，不仅可以传递差异化的顾客价值主张，还可以帮助企业提高生产率。

（4）充分发挥无形资产价值所在

学习与成长维度所包括的人力资本、信息资本和组织资本三部分内容，是企业无形资产的表现形式。这些无形资产的价值源于其帮助企业实施战略的能力，因此将这些无形资产整合协调到企业内部流程中，会使无形资产的价值得到充分的体现和发挥，能使企业流程再造更加有效，有助于企业价值持续增长。

16.2.4 优秀平衡计分卡的特征及应用平衡计分卡应注意的问题

企业要建立适合自身特点的平衡计分卡体系并非易事，需要逐步进行和完善。

1. 优秀平衡计分卡的特征

（1）优秀的企业内部环境

企业实施平衡计分卡，必须要有明确的组织战略能力，高层管理者要具备分解和沟通各项战略、策略的能力和意愿，中高层管理者应具有指标创新的能力和意愿。企业内部环境基础差，再优秀的制度也会因"水土不服"而搁浅。

（2）促进公司内部各部门及员工之间良好的沟通与联系

平衡计分卡能把战略转化为一致的、相连的、可理解和可计量的经营目标集，帮助管理者将战略传达给公司的所有人。优秀的平衡计分卡能够围绕战略协同组织，成功的战略执行离不开横向、纵向的组织单元协同。员工是真正实施战略的主体，企业必须根据战略发展适时制定和调整激励机制与控制机制，帮助员工获得成功实施战略所需的能力。

(3) 确定控制点，设计关键性指标

平衡计分卡对战略的贯彻基于各个指标间明确的、真实的因果关系。如果指标数量过多，就不易做到指标间的因果关系特别明确。按照卡普兰的说法，合适的指标数目是 20～25 个，其中，财务角度 5 个、客户角度 5 个、内部流程角度 8～10 个、学习与成长角度 5 个。如果指标之间不是呈完全正相关的关系，在评价最终结果的时候，应该选择哪个指标作为评价的依据。如果舍掉部分指标的话，是不是会导致业绩评价的不完整性，这些都是设计平衡计分卡时应注意的。因此，确定好四个维度的关键控制点，设计关键性指标，在此基础上再明确各个维度下各个责任层次的具体指标，才能达到既控制有效，又利于执行的效果。

需要说明的是，如果竞争环境发生了激烈的变化，原来的战略及与之适应的评价指标可能会丧失有效性，需要重新修订。

2. 设计和执行平衡计分卡应注意的问题

企业应用平衡计分卡，需要明确平衡计分卡不能替代企业战略。卡普兰和诺顿特别指出，运用平衡计分卡方法的前提是，企业应当已经确立了一致认同的战略。设计和执行平衡计分卡应注意以下几点。

(1) 公司高层管理者充分参与，建立部门和职工协调机制

高层管理者的责任主要是把握战略方向，确保各个层面沿着既定的战略方向前进，主持关键绩效衡量的指标体系工作和重大项目的指标推进。企业应建立职能部门和全体职工的上下信息传递、沟通机制，确保人人皆知公司战略计划和职责所在。

(2) 防止目的单一化

因为平衡计分卡以企业战略目标为导向，企业以此进行资源的分配，所以需要企业重视对过程的控制，包括不断的反馈和评估，而不仅仅是满足对结果的衡量，要防止实施过程中指标的单一化倾向，应围绕客户、内部流程、财务和学习与成长四个维度逐步建立和完善指标体系。

(3) 确保指标与目标的一致性

在指标的选择与标准方面，设计的指标对目标的实现要有一定的保证性。指标应有明确的标准与可靠的衡量手段。指标的权重大小要确切反映平衡的利益价值判断，指标与报酬的联系必须具有激励作用。

(4) 关键性指标有相对应的制度与措施做保障

在制度与程序的保证方面，每一个关键性指标都必须有制度和实施方案，每一个人对自己的指标都要有确切的认识和确保指标完成的保障措施，必须有制度保证每一个管理者都能够关心下属指标的完成情况，并能够对执行结果进行及时反馈，管理者必须有能力使下属保持持续的热情和团队的合作。

(5) 处理好成本与效益关系

平衡计分卡要求企业从财务、客户、内部流程、学习与成长四个维度制定详细而明确的目标和指标，这不但需要对战略的深刻理解，还需要消耗大量精力和时间把目标和指标分解到各部门、各层次。在进行考核与数据收集时，对企业来讲也是一个不轻的负担。一份典型的平衡计分卡需要 3～6 个月去执行，另外还需要几个月去调整结构，使其规范化。设计和执行平衡计分卡是一项系统工程，企业需要权衡成本与效益的关系，结合本身生产经营特点和管理能力，先择优选择突破口，积累经验，逐步丰富和提高，尽量使花费的成本低于预期的收益。

本章小结

面对知识经济、信息经济和全球经济的快速发展,企业管理者需要站在战略的高度实施企业管理,以便发挥企业竞争优势,增强企业可持续发展的能力。

战略管理是基于企业战略的管理,包括战略分析、战略制定、战略实施以及评价和控制过程,其主要价值在于帮助企业在动态、复杂的环境中成功运营。战略管理具有内容系统性、管理科学性和相对稳定性等特点。联系战略与运营的六阶段管理体系将平衡计分卡作为新的管理体系的基石,以此驱动战略的执行。六阶段管理是一套综合、完整连接战略制定、规划和运营执行的管理体系,对指导企业战略管理实践有着积极的引导意义。

平衡计分卡理论体系的产生一方面是源于传统财务绩效评价模式以及经济增加值指标评价业绩的局限性,另一方面则是无形资产已经成为企业创造价值的重要源泉。平衡计分卡发展至今,经历了计量与报告阶段、融合与沟通阶段和战略管理阶段。平衡计分卡已经在企业战略管理实践中被广泛应用。平衡计分卡的目标和指标来源于企业的愿景和战略,这些目标和指标从财务、顾客、内部业务流程、学习与成长四个重要的维度考察和评价企业业绩。

战略地图是以平衡计分卡的四个层面目标为核心,通过分析这四个层面目标的相互关系而绘制的企业战略因果关系图,是一个描述和沟通战略的动态可视工具,是对组织战略要素之间因果关系的可视化表述方法。战略地图丰富和完善了平衡计分卡理论体系。建立战略地图要基于如下原则:财务指标立足于长短期利益结合;优质的客户是企业持续价值创造的源泉;企业价值通过内部业务流程创造;充分发挥无形资产价值所在。

企业应用平衡计分卡时应注重全员参与理念,并进行充分的沟通;防止目的单一化,确保指标与目标的一致性;关键性指标有相对应的制度与方案做保障;处理好成本与效益的关系。

思考题

1. 企业为什么需要实施战略管理,战略管理有什么特点?
2. 阐述联系战略与运营的六阶段管理体系。
3. 理解平衡计分卡理论体系的产生背景与发展历程。
4. 说明平衡计分卡的基本内容。
5. 阐述战略地图的概念及作用。
6. 应用平衡计分卡应注意什么问题?

成本管理会计课程期末试卷（A 卷）

（适用班级：会计 班）

院别_____ 班级_____ 学号_____ 姓名_____

题号	一	二	三	四	五	六	七	八	九	总分
得分										

核分人签名_____

分数	
评分人	

一、名词解释（任选5个，每个1分，共5分）

1. 产品成本计算
2. 管理会计
3. 多元化标准成本制度
4. 机会成本
5. 滚动预算
6. 责任会计制度
7. 全面预算

分数	
评分人	

二、单项选择题（每题1分，共10分）

1. 企业工资费用应记入相关账户的借方，其依据的是（   ）。
   A. 工资结算汇总表　　　　　　　　B. 工作通知单
   C. 工资费用分配表　　　　　　　　D. 工作班产量记录
2. 采用平行结转分步法，在完工产品与在产品之间分配费用，是指在（   ）之间进行费用分配。
   A. 产成品与加工中的在产品
   B. 完工半成品与月末在产品
   C. 最后步骤的产成品与广义的在产品
   D. 最后步骤的产成品与加工中的在产品以及以前各步骤的完工半成品与月末加工中的在产品

3. 下列对分批法说法正确的是（　　）。
   A. 成本计算期与会计报告期一致　　　B. 分批法是品种法的延伸
   C. 成本计算期应定期进行　　　　　　D. 成本计算期与产品生产周期一致
4. 某厂只生产一种产品，某月共生产 1 000 件，总成本为 15 000 元，为充分利用现有生产能力，下月拟扩大生产，计划生产该产品 1 200 件，则预计下月的总成本为（　　）。
   A. 18 000 元　　B. 小于 18 000 元　　C. 大于 18 000 元　　D. 都不是
5. 在下列措施中，只能提高安全边际而不能降低保本点的措施是（　　）。
   A. 提高单价　　　　　　　　　　　　B. 增加销售量
   C. 降低单位变动成本　　　　　　　　D. 压缩固定成本开支
6. 某产品的单价为 20 元，单位变动成本为 15 元，固定成本为 10 000 元，目标净利润为 13 400 元，所得税率为 33%，则实现目标净利润的销售量为（　　）。
   A. 6 000 件　　B. 4 680 件　　C. 2 000 件　　D. 1 500 件
7. 固定制造费用的除数差异是指（　　）。
   A. 预算差异　　　　　　　　　　　　B. 开支差异
   C. 能量差异（生产能力利用差异）　　D. 效率差异
8. 某企业在开发一种新产品的市场时，采用的定价策略是：先以较低价格进入市场，待赢得竞争优势后再逐步提价。该企业运用的上述策略是（　　）。
   A. 撇油法　　B. 渗透法　　C. 差别定价法　　D. 对比定价法
9. 已知某企业去年销售收入为 100 万元，付现成本为 40 万元，年折旧额 20 万元，则该企业去年的净现金流量（不考虑所得税）为（　　）。
   A. 40 万元　　B. 80 万元　　C. 20 万元　　D. 60 万元
10. 按照管理会计的全面预算理论，能够克服增量预算缺点的预算方法是（　　）。
    A. 弹性预算　　B. 零基预算　　C. 滚动预算　　D. 固定预算

分数	
评分人	

三、多项选择题（每题 1 分，共 10 分）

1. 成本按习性（性态）分类可以分为（　　）。
   A. 变动成本　　B. 固定成本　　C. 混合成本　　D. 期间成本
2. 计算工资费用依据的原始凭证有（　　）。
   A. 考勤记录　　　　　　　　　　　　B. 产量记录
   C. 工资结算汇总表　　　　　　　　　D. 工作班产量记录
3. 不可修复废品成本的计算方法主要有（　　）。
   A. 按废品的实际费用计算　　　　　　B. 按废品的定额成本计算
   C. 按废品的定额材料耗用量计算　　　D. 按废品的定额工时计算
4. 完工产品成本和月末在产品成本的计算有如下类型（模式）（　　）。
   A. 先计算完工产品成本，在生产费用合计中减去完工产品成本，余额即为在产品成本
   B. 同时计算出完工产品成本和月末在产品成本
   C. 月末在产品成本按年初固定数计算
   D. 先计算月末在产品成本，在生产费用合计中减去月末在产品成本，余额即为完工产品成本

5. 企业在选择在产品成本计算方法时应考虑的因素主要有（　　）。
   A. 在产品数量的多少　　　　　　　B. 各月在产品数量变化的大小
   C. 各成本项目比重的大小　　　　　D. 定额管理基础工作的好坏
6. 采用平行结转分步法计算产品成本时，其优点在于（　　）。
   A. 各步骤可以同时计算产品成本
   B. 能够提供各个步骤的半成品成本资料
   C. 能够直接提供按原始成本项目反映的产品成本资料，不必进行成本还原
   D. 能为各生产步骤在产品的实物管理和资金管理提供资料
7. 保本点的高低受（　　）因素的影响。
   A. 单位变动成本　　　　　　　　　B. 固定成本总额
   C. 销售量　　　　　　　　　　　　D. 销售单价
   E. 产品品种结构
8. 根据成本控制中的"例外管理"原则，下列因素属于"例外"标准的是（　　）。
   A. 全面性　　　　　　　　　　　　B. 一贯性
   C. 重要性　　　　　　　　　　　　D. 可控性
   E. 特殊性
9. 提高投资报酬率的主要途径有（　　）。
   A. 设法降低变动成本　　　　　　　B. 降低酌量性固定成本
   C. 减少流动资产的占用量　　　　　D. 减少固定资产的占用量
   E. 在保持资产相对稳定的前提下提高销售量
10. 产品生产决策的贡献毛益法用于下列（　　）方面的决策分析。
    A. 新产品开发　　　　　　　　　　B. 半成品进一步加工或出售
    C. 亏损产品是否停产或转产　　　　D. 零部件是自制还是外购

分数	
评分人	

四、判断题（每小题1分，共10分）
1. 分类法的成本计算期与产品生产周期是一致的。（　　）
2. 生产费用与生产产品的"期间"联系密切，而产品成本与"产品"联系密切，因为它反映的是本期产品所应负担的生产费用。（　　）
3. 在多生产步骤、企业规模大、生产组织安排多种方式的企业，往往采用多种成本计算方法计算产品成本。（　　）
4. 在分步法下成本计算所分的步骤与生产过程的步骤口径一致。（　　）
5. 在采用定额比例法确定某完工产品、在产品的直接材料成本项目时，如果该产品耗用多种材料，且多种材料的计量单位又不一样，应按材料定额成本比例分配实际发生的材料费用。（　　）
6. 滚动预算是有别于增量预算并克服其缺陷的一种预算编制方法。（　　）
7. 平滑指数越大则近期实际数对预测结果的影响越小。（　　）
8. 对于销售及管理费用（含变动和固定部分），变动成本法和全部成本法在当期销售收入中扣除的金额是相等的。（　　）

9. 酌量性固定成本是其生产经营必须负担的最低成本，节约途径是尽量减少其支出额。（　　）
10. 根据成本性态原理，业务量的增长幅度与成本的增长幅度是不相等的。（　　）

分数	
评分人	

五、简答题（从下列题目中任选一个，共10分）

1. 说明企业按产品生产的工艺过程、按生产组织、按生产内部职能的分类，各自分为哪几种，并说明每种的含义（如装配式生产是指……）。
2. 简述管理会计与财务会计的共同点与区别。
3. 简述货币时间价值的概念，为什么投资决策要考虑它（可举例说明）。

分数	
评分人	

六、计算题（共25分）

1. 某产品有关成本资料如下：

项目	直接材料	直接人工	制造费用	合计
期初余额	1 120	950	830	
本月投入	8 880	7 660	6 630	
合计				
完工产品成本				
单位产品成本				
月末在产品成本				

月末在产品为60件，完工程度50%，完工产品为200件，原材料陆续投入（与完工程度一样）。（该企业按完全成本计算法计算成本。）

要求：用约当产量比例法计算出完工产品成本和在产品成本，列出计算过程并完成填表。（8分）

2. 假设某企业只产销一种产品，总成本 y 与销售总金额 x 之间的关系为：$y = 108\,000 + 0.4x$，设销售单价为15元。

要求：计算保本点销售额和保本点销售量。（5分）

3. （1）某企业自制A零件，每只变动成本2元，固定成本总额500元（共同性固定成本）。该零件外购价格每只3元，外购后固定成本可避免200元。问该企业需要零件多少只则外购合算。（2分）

　（2）如果企业自制A零件在1 000只以上，固定成本将增加400元，单位变动成本仍是2元。而该零件外购1 000只以上，每只零件只需2.5元，问在这种情况下，企业需要零件多少只则外购合算？（外购后，固定成本可避免仍为200元，自制生产增加的400元为专属固定成本。）（3分）

4. 某机械厂去年三种产品损益情况如下：

项目	甲产品	乙产品	丙产品	合计
销售收入	3 000	2 000	2 000	7 000
变动成本	2 500	1 200	1 000	4 700
贡献毛益	500	800	1 000	2 300
固定成本	600	500	400	1 500
（其中专属成本）	(200)	(100)	(200)	(500)
营业利润	-100	300	600	800

注：其中专属成本是指固定成本中的专属成本，如甲产品固定成本600元，其中200元是甲产品的专属固定成本。丙产品已达到最高销售量。

今年如何安排，有下列四种方案可供选择：

第一种方案，停止甲产品生产。

第二种方案，用甲产品的生产能力改产乙产品，可使乙产品的生产能力增加50%。

第三种方案，用甲产品的生产能力改产丁产品，订货量为100件，单位变动成本12元，售价为20元，但要增加专属固定成本500元。

第四种方案，扩大甲产品生产，使产品销量增加50%，这时固定成本增加100元。

要求：计算上述四种方案的利润，并进行次序排队。（列出计算过程。）（7分）

分数	
评分人	

七、综合题（共30分）

1. 某体育器材厂生产羽毛球拍，年销售量100 000副，每副售价70元，生产能力尚有50 000副的潜力。有一国外客户前来订货，要求订购60 000副，单价为50元。客户提出订单是一整体，可接受或不接受，但不能变动供应量。该企业年产量100 000副的成本如下：

直接材料　　　　　　　4 000 000元
直接人工　　　　　　　500 000元
固定生产成本　　　　　1 500 000元
总成本　　　　　　　　6 000 000元
单位成本　　　　　　　60元

对此项订货公司召开分析讨论：

销售科长认为为了满足出口需要，内销减少10 000副是可以的，但要损失200 000元不合算。（原来单价70元，出口单价50元，每副减少20元。）

生产科长认为不会影响国内销售，他可以动员工人加班，只要支付260 000元的加班工资就能增产10 000副。

会计科长认为生产150 000副的单位成本为55元，生产160 000副的单位成本为56元，都比售价高，不应接受这笔订货。问：

（1）会计科长的55元和56元是怎么算出来的，他那样算账对吗？你认为应该怎样算账，并给出是否接受这笔订货的意见。

（2）如果不接受这项特殊订货，该企业的利润是多少。

（3）如果接受，你认为销售科长的方案好还是生产科长的方案好。

要求：列出回答上述问题的计算过程并给出意见。（15分）

2. 某公司考虑用一套技术更先进的设备替代旧设备。旧设备是3年前购入，购置成本为113 000元，经济寿命期为6年，预计残值5 000元，直线法计提折旧。如果现在出售，可得价款45 000元，使用旧设备每年营业收入100 000元，付现成本40 000元。拟替代旧设备的新设备购置成本为150 000元，预计可使用4年，预计残值10 000元，直线法计提折旧，使用新设备每年营业收入110 000元，付现成本23 000元，公司的所得税税率为25%。

问：如果按资本成本12%折现，公司应该更新设备吗？

要求：列出各种方案的净现金流量及其相关指标的计算过程，用年回收额法（年均净现值法）判断是否应更新旧设备。（旧设备出售与账面净值的差额需考虑所得税问题。）（15分）

附：年金现值系数（1，12%）= 0.893　　复利现值系数（1，12%）= 0.893
　　年金现值系数（2，12%）= 1.690　　复利现值系数（2，12%）= 0.797
　　年金现值系数（3，12%）= 2.402　　复利现值系数（3，12%）= 0.712
　　年金现值系数（4，12%）= 3.037　　复利现值系数（4，12%）= 0.636
　　年金现值系数（5，12%）= 3.605　　复利现值系数（5，12%）= 0.567
　　年金现值系数（6，12%）= 4.111　　复利现值系数（6，12%）= 0.507
　　年金现值系数（7，12%）= 4.564　　复利现值系数（7，12%）= 0.452

备选题：辅助生产成本计算题（本题10分）

设某工业企业设有供电和供水两个辅助生产车间，其待分配费用分别为9 840元和5 260元。其供应对象和数量如下：

供应对象		供电数量（度）	供水数量（立方米）
辅助生产车间	供电车间		6 560
	供水车间	5 640	
基本生产车间		38 760	37 910
行政管理部门		4 800	8 130
合计		49 200	52 600

根据以上资料，采用直接分配法计算辅助生产费用的分配。列示分配率的计算并做出相应的会计分录。（设该企业辅助生产车间的费用没有按成本性态分类，分配率保留小数点后3位）

成本管理会计课程期末试卷（B卷）

（适用班级：会计　班）

院别_____　班级_____　学号_____　姓名_____

题号	一	二	三	四	五	六	七	八	九	总分
得分										

核分人签名_____

分数	
评分人	

一、名词解释（任选5个，每个1分，共5分）

1. 约当产量
2. 简化的分批法
3. 机会成本
4. 成本性态
5. 标准成本
6. 管理会计
7. 弹性预算

分数	
评分人	

二、单项选择题（每题1分，共10分）

1. 分批法适用于（　　）。
   A. 大量大批、多步骤生产的产品　　B. 大量大批、单步骤生产的产品
   C. 辅助生产中供水、供气等生产　　D. 单件、小批，多步骤生产的产品
2. 划分产品成本计算基本方法的标志是（　　）。
   A. 生产组织　　　B. 工艺过程　　　C. 成本计算对象　　　D. 成本管理要求
3. 月末在产品已完工但尚未入库，分配完工产品与在产品的方法是（　　）。
   A. 定额比例法　　　　　　　　　B. 约当产量比例法
   C. 在产品按定额成本计算法　　　D. 在产品按完工产品计算法
4. 辅助生产费用的交互分配法，其交互分配是指（　　）。
   A. 辅助生产以外的受益单位之间分配　　B. 在全部受益单位之间分配

C. 在受益的辅助生产车间之间分配　　　D. 在受益的基本生产车间之间分配
5. 进行近期预测或销售量波动较大时的预测，应采用（　　）的平滑系数。
   A. 较大　　　B. 较小　　　C. 不变　　　D. 不一定
6. 在单一方案决策过程中，当下列指标的评价结论发生矛盾时，应当以（　　）的结论为准。
   A. 投资回收期　　B. 净现值　　C. 年平均报酬率　　D. 投资利润率
7. 弹性预算的编制首先是确定适当的（　　）。
   A. 变动成本　　B. 固定成本　　C. 业务量　　D. 利润
8. 在利润灵敏性指标的计算中，销售量的中间变量是（　　）。
   A. 销售收入　　B. 贡献毛益　　C. 利润　　D. 单价
9. 用销售百分比法预测资金需求量，不应该考虑的因素有（　　）。
   A. 需追加的零星开支　　　　B. 无形资产投资
   C. 销售增长率　　　　　　　D. 预计股利发放率
10. 在其他因素不变的情况下，预计销售量的变动对保本点（　　）。
    A. 有影响　　　　　　　　B. 没有影响
    C. 有时有影响，有时无影响　D. 以上都不对

分数	
评分人	

三、多项选择题（每题 1 分，共 10 分）

1. 下列费用中属于约束性固定成本的是（　　）。
   A. 折旧费　　B. 保险费　　C. 广告费
   D. 职工培训费　　E. 管理人员薪金
2. 广义在产品包括（　　）。
   A. 正在本步骤加工中的在产品
   B. 对外销售的自制半成品
   C. 本步骤已完工转入半成品库准备继续加工的半成品
   D. 已转到以后各步骤进一步加工，但尚未最后形成产成品的半成品
   E. 已入库的外购半成品
3. 采用贡献毛益分析法进行决策选优的标准为（　　）。
   A. 单位贡献毛益的大小　　　B. 贡献毛益总额的大小
   C. 单位工时所创贡献毛益的大小　　D. 贡献毛益率的大小
   E. 利润的大小
4. 确定例外的标准通常有（　　）。
   A. 及时性　　B. 特殊性　　C. 重要性
   D. 一贯性　　E. 可控性
5. 成本预测的方法一般为（　　）。
   A. 高低点法　　B. 本量利分析法　　C. 加权平均法
   D. 差量分析法　　E. 回归直线法
6. 在确定成本计算方法时，应适应（　　）。
   A. 企业生产组织特点　　　B. 企业生产产品种类多少
   C. 企业工艺过程特点　　　D. 月末是否有在产品

E. 成本管理要求

7. 辅助生产费用的分配方法包括以下几种（　　）。
   A. 直接分配法　　B. 交互分配法　　C. 计划成本分配法
   D. 代数分配法　　E. 顺序分配法

8. 下列关于盈亏临界点作业率叙述正确的有（　　）。
   A. 盈亏临界点销售量与保本销售量的比值等于盈亏临界点作业率
   B. 盈亏临界点销售量与正常开工完成销售量的比值等于盈亏临界点作业率
   C. 临界点作业率越小，企业发生亏损的可能性越小
   D. 临界点作业率越大，企业发生亏损的可能性越小
   E. 盈亏临界点作业率与安全边际率之和等于1

9. 下列项目中，属于非相关成本的有（　　）。
   A. 边际成本　　B. 差别成本　　C. 不可避免成本
   D. 沉没成本　　E. 机会成本

10. 符合"可控成本"的条件包括（　　）。
    A. 成本中心可以知晓将要发生何种性质的费用
    B. 成本中心能够计量所要发生的耗费
    C. 成本中心能够确切地知道发生耗费的数额
    D. 成本中心能够控制并调节其耗费
    E. 任何层次的领导都能对耗费实施控制

分数	
评分人	

四、判断题（每小题1分，共10分）

1. 不可修复废品的生产成本计入废品损失。　　　　　　　　　　　　　　（　）
2. 辅助生产费用分配的各种方法中，代数分配法分配的结果最正确，工作量也最小。（　）
3. 固定成本是指其成本总额不随业务量变动而固定不变的成本。　　　　　　（　）
4. 如其他因素不变，单位变动成本下降，会使保本点上升，安全边际增大。　（　）
5. 在用逐次测试法计算内含报酬率时，若净现值为正数，说明该方案的内含报酬率比所选用的贴现率大。　　　　　　　　　　　　　　　　　　　　　　　　　　（　）
6. 变动成本法与全部成本法计算的利润可能是一致的。　　　　　　　　　　（　）
7. 利润是贡献毛益额减去固定成本总额的余额。　　　　　　　　　　　　　（　）
8. 资金成本的大小并不影响项目内含报酬率的大小。　　　　　　　　　　　（　）
9. 平行结转分步法的在产品只包括本步骤中的在产品。　　　　　　　　　　（　）
10. 如果进一步加工增加的收入大于增加的成本则应立即出售半成品。　　　（　）

分数	
评分人	

五、简答题（从下列题目中任选一个，共10分）

1. 简述逐步结转分步法与平行结转分步法的联系与区别。

2. 简述责任中心的含义、类别及其考核指标。
3. 在长期投资决策中为什么采用现金流量进行分析与评价？

分数	
评分人	

六、计算题（每小题5分，共25分）

1. 某企业生产A、B两种产品，共同耗用一种原料，耗用量无法按产品划分。A产品投产240件，每件材料费用定额45元；B产品投产420件，每件材料费用定额35元。A、B两种产品实际发生原料费用共计38 250元。

   要求：（1）按照原料定额费用比例分配A、B两种产品的原料费用。

   （2）编制分配原料费用的会计分录。（列出产品名称和成本项目）

2. 某种产品某月部分成本资料如下：

成本项目	半成品	直接材料	直接人工		制造费用		成本合计
			变动	固定	变动	固定	
还原前产成品成本	6 048		1 500	900	2 800	900	12 148
本月所产半成品成本		2 600	650	450	950	390	5 040

   要求：（1）计算成本还原分配率。（保留一位小数）

   （2）对产成品成本中的半成品费用进行成本还原。

   （3）计算按原始成本项目反映的产成品成本。（列出算式）

3. 某工厂2019年生产甲产品10 000件，销售8 000件，按完全成本法编制的收益表如下：

收益表（2019年） （单位：元）

销售收入		200 000
减：销售成本		
期初存货成本	0	
加：本期制造成本	150 000	
减：期末存货成本	30 000	120 000
毛利		80 000
减：固定推销及营业费用		50 000
税前利润		30 000

   假定该厂全年固定制造费用总额为40 000元。

   要求：计算该厂2019年在变动成本法下的税前利润。

4. 假设某厂生产、销售A、B两种产品，单位售价分别为：A产品20元，B产品10元。贡献毛益率分别为：A产品40%，B产品60%。全月固定成本36 000元。本月A产品销售6 000件，B产品销售4 000件。

   要求：计算企业综合保本点销售额及A、B产品的保本点销售量。

5. 某文具厂生产乒乓球拍，年销售量100 000副，每副售价7元，生产能力尚有50 000副的潜力。有一外国客户前来订货，要求订购60 000副，单价为5元。客户提出订单是一整体，可接受或不接受，但不能变动供应量，年产量100 000副的成本如下：

直接材料	400 000 元	
直接人工	50 000 元	
固定生产成本	150 000 元	
总成本	600 000 元	
单位成本	6 元	

你认为应不应接受这笔特殊的订货？请列出算式和计算过程，并简述原因。

分数	
评分人	

七、综合题（每题 15 分，共 30 分）

1. 某工厂乙产品经过第一、第二两个车间连续加工，12 月份产量及生产费用归集后，分别编制产品成本明细账如下。

产品成本明细账
第一车间：A 半成品　　　　　　　2019 年 12 月

摘要	数量（件）	直接材料	直接人工	制造费用	成本合计
月初在产品成本	1 000	100 000			100 000
本月发生费用	3 000	300 000	7 000	8 400	315 400
合计	4 000				
单位产品成本					
第一车间 A 半成品成本	3 500				
月末在产品成本	500				

产品成本明细账
第二车间：乙产品　　　　　　　　2019 年 12 月

摘要	数量（件）	半成品	直接人工	制造费用	成本合计
月初在产品成本	800	83 520	10 000	16 500	110 020
本月发生费用			21 700	11 040	
一车间转入 A 半成品成本	3 500				
合计	4 300				
单位产品成本					
完工产成品成本	2 800				
月末在产品成本	1 500				

该产品为一次投料，每件乙产品耗用一件 A 半成品，一车间的成本大部分为材料费，故月末在产品只计算材料费。二车间按约当产量法分配完工产品与在产品成本，在产品完工率为 45%。

要求：（1）计算一车间完工 A 半成品与月末在产品成本，并按逐步结转分步法将 A 半成品成本结转到二车间的成本明细账中。

　　　　（2）计算二车间完工乙产品和月末在产品成本，编制产成品入库的会计分录。

2. 某企业拟用一新设备替换旧设备，以降低产品成本。旧设备原值为 110 000 元，账面净值为 60 000 元，预计可再用 5 年，每年的折旧额为 10 000 元，报废时残值为 10 000 元，使用旧设备每年的营业收入为 100 000 元，每年付现成本为 60 000 元，如果现在将旧设备出售，变现价值为 50 000 元。新设备投资 145 000 元,可使用 7 年,预计报废时有残值 5 000 元,新设备年折旧额为 20 000 元。使用新设备不会增加收入,但付现成本每年降低 15 000 元。投资人要求的报酬率为 12%,公司的所得税率为 25%。

要求:(1)计算新、旧设备各年的现金净流量。
　　　(2)计算新、旧设备的净现值和年等额投资回收额,并做出是否更新设备的决策。

附:年金现值系数(4,12%)=3.037　年金现值系数(5,12%)=3.605
　　年金现值系数(6,12%)=4.111　年金现值系数(7,12%)=4.564
　　复利现值系数(5,12%)=0.567　复利现值系数(6,12%)=0.507
　　复利现值系数(7,12%)=0.452

APPENDIX
附录

表 A-1　复利终值系数表

期数	1%	2%	3%	4%	5%	6%	7%	8%	9%	10%	11%	12%	13%	14%
1	1.01	1.02	1.03	1.04	1.05	1.06	1.07	1.08	1.09	1.1	1.11	1.12	1.13	1.14
2	1.0201	1.0404	1.0609	1.0816	1.1025	1.1236	1.1449	1.1664	1.1881	1.21	1.2321	1.2544	1.2769	1.2996
3	1.0303	1.0612	1.0927	1.1249	1.1576	1.191	1.225	1.2597	1.295	1.331	1.3676	1.4049	1.4429	1.4815
4	1.0406	1.0824	1.1255	1.1699	1.2155	1.2625	1.3108	1.3605	1.4116	1.4641	1.5181	1.5735	1.6305	1.689
5	1.051	1.1041	1.1593	1.2167	1.2763	1.3382	1.4026	1.4693	1.5386	1.6105	1.6851	1.7623	1.8424	1.9254
6	1.0615	1.1262	1.1941	1.2653	1.3401	1.4185	1.5007	1.5869	1.6771	1.7716	1.8704	1.9738	2.082	2.195
7	1.0721	1.1487	1.2299	1.3159	1.4071	1.5036	1.6058	1.7138	1.828	1.9487	2.0762	2.2107	2.3526	2.5023
8	1.0829	1.1717	1.2668	1.3686	1.4775	1.5938	1.7182	1.8509	1.9926	2.1436	2.3045	2.476	2.6584	2.8526
9	1.0937	1.1951	1.3048	1.4233	1.5513	1.6895	1.8385	1.999	2.1719	2.3579	2.558	2.7731	3.004	3.2519
10	1.1046	1.219	1.3439	1.4802	1.6289	1.7908	1.9672	2.1589	2.3674	2.5937	2.8394	3.1058	3.3946	3.7072
11	1.1157	1.2434	1.3842	1.5395	1.7103	1.8983	2.1049	2.3316	2.5804	2.8531	3.1518	3.4786	3.8359	4.2262
12	1.1268	1.2682	1.4258	1.601	1.7959	2.0122	2.2522	2.5182	2.8127	3.1384	3.4985	3.896	4.3345	4.8179
13	1.1381	1.2936	1.4685	1.6651	1.8856	2.1329	2.4098	2.7196	3.0658	3.4523	3.8833	4.3635	4.898	5.4924
14	1.1495	1.3195	1.5126	1.7317	1.9799	2.2609	2.5785	2.9372	3.3417	3.7975	4.3104	4.8871	5.5348	6.2613
15	1.161	1.3459	1.558	1.8009	2.0789	2.3966	2.759	3.1722	3.6425	4.1772	4.7846	5.4736	6.2543	7.1379
16	1.1726	1.3728	1.6047	1.873	2.1829	2.5404	2.9522	3.4259	3.9703	4.595	5.3109	6.1304	7.0673	8.1372
17	1.1843	1.4002	1.6528	1.9479	2.292	2.6928	3.1588	3.7	4.3276	5.0545	5.8951	6.866	7.9861	9.2765
18	1.1961	1.4282	1.7024	2.0258	2.4066	2.8543	3.3799	3.996	4.7171	5.5599	6.5436	7.69	9.0243	10.5752
19	1.2081	1.4568	1.7535	2.1068	2.527	3.0256	3.6165	4.3157	5.1417	6.1159	7.2633	8.6128	10.1974	12.0557
20	1.2202	1.4859	1.8061	2.1911	2.6533	3.2071	3.8697	4.661	5.6044	6.7275	8.0623	9.6463	11.5231	13.7435
21	1.2324	1.5157	1.8603	2.2788	2.786	3.3996	4.1406	5.0338	6.1088	7.4002	8.9492	10.8038	13.0211	15.6676
22	1.2447	1.546	1.9161	2.3699	2.9253	3.6035	4.4304	5.4365	6.6586	8.1403	9.9336	12.1003	14.7138	17.861
23	1.2572	1.5769	1.9736	2.4647	3.0715	3.8197	4.7405	5.8715	7.2579	8.9543	11.0263	13.5523	16.6266	20.3616
24	1.2697	1.6084	2.0328	2.5633	3.2251	4.0489	5.0724	6.3412	7.9111	9.8497	12.2392	15.1786	18.7881	23.2122
25	1.2824	1.6406	2.0938	2.6658	3.3864	4.2919	5.4274	6.8485	8.6231	10.8347	13.5855	17.0001	21.2305	26.4619
26	1.2953	1.6734	2.1566	2.7725	3.5557	4.5494	5.8074	7.3964	9.3992	11.9182	15.0799	19.0401	23.9905	30.1666
27	1.3082	1.7069	2.2213	2.8834	3.7335	4.8223	6.2139	7.9881	10.2451	13.11	16.7387	21.3249	27.1093	34.3899
28	1.3213	1.741	2.2879	2.9987	3.9201	5.1117	6.6488	8.6271	11.1671	14.421	18.5799	23.8839	30.6335	39.2045
29	1.3345	1.7758	2.3566	3.1187	4.1161	5.4184	7.1143	9.3173	12.1722	15.8631	20.6237	26.7499	34.6158	44.6931
30	1.3478	1.8114	2.4273	3.2434	4.3219	5.7435	7.6123	10.0627	13.2677	17.4494	22.8923	29.9599	39.1159	50.9502

（续）

期数	15%	16%	17%	18%	19%	20%	21%	22%	23%	24%	25%	26%	27%	28%	29%	30%
1	1.15	1.16	1.17	1.18	1.19	1.2	1.21	1.22	1.23	1.24	1.25	1.26	1.27	1.28	1.29	1.3
2	1.3225	1.3456	1.3689	1.3924	1.4161	1.44	1.4641	1.4884	1.5129	1.5376	1.5625	1.5876	1.6129	1.6384	1.6641	1.69
3	1.5209	1.5609	1.6016	1.643	1.6852	1.728	1.7716	1.8158	1.8609	1.9066	1.9531	2.0004	2.0484	2.0972	2.1467	2.197
4	1.749	1.8106	1.8739	1.9388	2.0053	2.0736	2.1436	2.2153	2.2889	2.3642	2.4414	2.5205	2.6014	2.6844	2.7692	2.8561
5	2.0114	2.1003	2.1924	2.2878	2.3864	2.4883	2.5937	2.7027	2.8153	2.9316	3.0518	3.1758	3.3038	3.436	3.5723	3.7129
6	2.3131	2.4364	2.5652	2.6996	2.8398	2.986	3.1384	3.2973	3.4628	3.6352	3.8147	4.0015	4.1959	4.398	4.6083	4.8268
7	2.66	2.8262	3.0012	3.1855	3.3793	3.5832	3.7975	4.0227	4.2593	4.5077	4.7684	5.0419	5.3288	5.6295	5.9447	6.2749
8	3.059	3.2784	3.5115	3.7589	4.0214	4.2998	4.595	4.9077	5.2389	5.5895	5.9605	6.3528	6.7675	7.2058	7.6686	8.1573
9	3.5179	3.803	4.1084	4.4355	4.7854	5.1598	5.5599	5.9874	6.4439	6.931	7.4506	8.0045	8.5948	9.2234	9.8925	10.6045
10	4.0456	4.4114	4.8068	5.2338	5.6947	6.1917	6.7275	7.3046	7.9259	8.5944	9.3132	10.0857	10.9153	11.8059	12.7614	13.7858
11	4.6524	5.1173	5.624	6.1759	6.7767	7.4301	8.1403	8.9117	9.7489	10.6571	11.6415	12.708	13.8625	15.1116	16.4622	17.9216
12	5.3503	5.936	6.5801	7.2876	8.0642	8.9161	9.8497	10.8722	11.9912	13.2148	14.5519	16.012	17.6053	19.3428	21.2362	23.2981
13	6.1528	6.8858	7.6987	8.5994	9.5964	10.6993	11.9182	13.2641	14.7491	16.3863	18.1899	20.1752	22.3588	24.7588	27.3947	30.2875
14	7.0757	7.9875	9.0075	10.1472	11.4198	12.8392	14.421	16.1822	18.1414	20.3191	22.7374	25.4207	28.3957	31.6913	35.3391	39.3738
15	8.1371	9.2655	10.5387	11.9737	13.5895	15.407	17.4494	19.7423	22.314	25.1956	28.4217	32.0301	36.0625	40.5648	45.5875	51.1859
16	9.3576	10.748	12.3303	14.129	16.1715	18.4884	21.1138	24.0856	27.4462	31.2426	35.5271	40.3579	45.7994	51.923	58.8079	66.5417
17	10.7613	12.4677	14.4265	16.6722	19.2441	22.1861	25.5477	29.3844	33.7588	38.7408	44.4089	50.851	58.1652	66.4614	75.8621	86.5042
18	12.3755	14.4625	16.879	19.6733	22.9005	26.6233	30.9127	35.849	41.5233	48.0386	55.5112	64.0722	73.8698	85.0706	97.8622	112.4554
19	14.2318	16.7765	19.7484	23.2144	27.2516	31.948	37.4043	43.7358	51.0737	59.5679	69.3889	80.731	93.8147	108.8904	126.2422	146.192
20	16.3665	19.4608	23.1056	27.393	32.4294	38.3376	45.2593	53.3576	62.8206	73.8641	86.7362	101.7211	119.1446	139.3797	162.8524	190.0496
21	18.8215	22.5745	27.0336	32.3238	38.591	46.0051	54.7637	65.0963	77.2694	91.5915	108.4202	128.1685	151.3137	178.406	210.0796	247.0645
22	21.6447	26.1864	31.6293	38.1421	45.9233	55.2061	66.2641	79.4175	95.0413	113.5735	135.5253	161.4924	192.1683	228.3596	271.0027	321.1839
23	24.8915	30.3762	37.0062	45.0076	54.6487	66.2474	80.1795	96.8894	116.9008	140.8312	169.4066	203.4804	244.0538	292.3003	349.5935	417.5391
24	28.6252	35.2364	43.2973	53.109	65.032	79.4968	97.0172	118.205	143.788	174.6306	211.7582	256.3853	309.9483	374.1444	450.9756	542.8008
25	32.919	40.8742	50.6578	62.6686	77.3881	95.3962	117.3909	144.2101	176.8593	216.542	264.6978	323.0454	393.6344	478.9049	581.7585	705.641
26	37.8568	47.4141	59.2697	73.949	92.0918	114.4755	142.0429	175.9364	217.5369	268.5121	330.8722	407.0373	499.9157	612.9982	750.4685	917.3333
27	43.5353	55.0004	69.3455	87.2598	109.5893	137.3706	171.8719	214.6424	267.5704	332.955	413.5903	512.867	634.8929	784.6377	968.1044	1192.5333
28	50.0656	63.8004	81.1342	102.9666	130.4112	164.8447	207.9651	261.8637	329.1115	412.8642	516.9879	646.2124	806.314	1004.3363	1248.8546	1550.2933
29	57.5755	74.0085	94.9271	121.5005	155.1893	197.8136	251.6377	319.4737	404.8072	511.9516	646.2349	814.2276	1024.0187	1285.5504	1611.0225	2015.3813
30	66.2118	85.8499	111.1065	143.3706	184.6753	237.3763	304.4816	389.7579	497.9129	634.8199	807.7936	1025.9267	1300.5038	1645.5046	2078.219	2619.9956

表 A-2 复利现值系数表

期数	1%	2%	3%	4%	5%	6%	7%	8%	9%	10%	11%	12%	13%	14%
1	0.9901	0.9804	0.9709	0.9615	0.9524	0.9434	0.9346	0.9259	0.9174	0.9091	0.9009	0.8929	0.885	0.8772
2	0.9803	0.9612	0.9426	0.9246	0.907	0.89	0.8734	0.8573	0.8417	0.8264	0.8116	0.7972	0.7831	0.7695
3	0.9706	0.9423	0.9151	0.889	0.8638	0.8396	0.8163	0.7938	0.7722	0.7513	0.7312	0.7118	0.6931	0.675
4	0.961	0.9238	0.8885	0.8548	0.8227	0.7921	0.7629	0.735	0.7084	0.683	0.6587	0.6355	0.6133	0.5921
5	0.9515	0.9057	0.8626	0.8219	0.7835	0.7473	0.713	0.6806	0.6499	0.6209	0.5935	0.5674	0.5428	0.5194
6	0.942	0.888	0.8375	0.7903	0.7462	0.705	0.6663	0.6302	0.5963	0.5645	0.5346	0.5066	0.4803	0.4556
7	0.9327	0.8706	0.8131	0.7599	0.7107	0.6651	0.6227	0.5835	0.547	0.5132	0.4817	0.4523	0.4251	0.3996
8	0.9235	0.8535	0.7894	0.7307	0.6768	0.6274	0.582	0.5403	0.5019	0.4665	0.4339	0.4039	0.3762	0.3506
9	0.9143	0.8368	0.7664	0.7026	0.6446	0.5919	0.5439	0.5002	0.4604	0.4241	0.3909	0.3606	0.3329	0.3075
10	0.9053	0.8203	0.7441	0.6756	0.6139	0.5584	0.5083	0.4632	0.4224	0.3855	0.3522	0.322	0.2946	0.2697
11	0.8963	0.8043	0.7224	0.6496	0.5847	0.5268	0.4751	0.4289	0.3875	0.3505	0.3173	0.2875	0.2607	0.2366
12	0.8874	0.7885	0.7014	0.6246	0.5568	0.497	0.444	0.3971	0.3555	0.3186	0.2858	0.2567	0.2307	0.2076
13	0.8787	0.773	0.681	0.6006	0.5303	0.4688	0.415	0.3677	0.3262	0.2897	0.2575	0.2292	0.2042	0.1821
14	0.87	0.7579	0.6611	0.5775	0.5051	0.4423	0.3878	0.3405	0.2992	0.2633	0.232	0.2046	0.1807	0.1597
15	0.8613	0.743	0.6419	0.5553	0.481	0.4173	0.3624	0.3152	0.2745	0.2394	0.209	0.1827	0.1599	0.1401
16	0.8528	0.7284	0.6232	0.5339	0.4581	0.3936	0.3387	0.2919	0.2519	0.2176	0.1883	0.1631	0.1415	0.1229
17	0.8444	0.7142	0.605	0.5134	0.4363	0.3714	0.3166	0.2703	0.2311	0.1978	0.1696	0.1456	0.1252	0.1078
18	0.836	0.7002	0.5874	0.4936	0.4155	0.3503	0.2959	0.2502	0.212	0.1799	0.1528	0.13	0.1108	0.0946
19	0.8277	0.6864	0.5703	0.4746	0.3957	0.3305	0.2765	0.2317	0.1945	0.1635	0.1377	0.1161	0.0981	0.0829
20	0.8195	0.673	0.5537	0.4564	0.3769	0.3118	0.2584	0.2145	0.1784	0.1486	0.124	0.1037	0.0868	0.0728
21	0.8114	0.6598	0.5375	0.4388	0.3589	0.2942	0.2415	0.1987	0.1637	0.1351	0.1117	0.0926	0.0768	0.0638
22	0.8034	0.6468	0.5219	0.422	0.3418	0.2775	0.2257	0.1839	0.1502	0.1228	0.1007	0.0826	0.068	0.056
23	0.7954	0.6342	0.5067	0.4057	0.3256	0.2618	0.2109	0.1703	0.1378	0.1117	0.0907	0.0738	0.0601	0.0491
24	0.7876	0.6217	0.4919	0.3901	0.3101	0.247	0.1971	0.1577	0.1264	0.1015	0.0817	0.0659	0.0532	0.0431
25	0.7798	0.6095	0.4776	0.3751	0.2953	0.233	0.1842	0.146	0.116	0.0923	0.0736	0.0588	0.0471	0.0378
26	0.772	0.5976	0.4637	0.3607	0.2812	0.2198	0.1722	0.1352	0.1064	0.0839	0.0663	0.0525	0.0417	0.0331
27	0.7644	0.5859	0.4502	0.3468	0.2678	0.2074	0.1609	0.1252	0.0976	0.0763	0.0597	0.0469	0.0369	0.0291
28	0.7568	0.5744	0.4371	0.3335	0.2551	0.1956	0.1504	0.1159	0.0895	0.0693	0.0538	0.0419	0.0326	0.0255
29	0.7493	0.5631	0.4243	0.3207	0.2429	0.1846	0.1406	0.1073	0.0822	0.063	0.0485	0.0374	0.0289	0.0224
30	0.7419	0.5521	0.412	0.3083	0.2314	0.1741	0.1314	0.0994	0.0754	0.0573	0.0437	0.0334	0.0256	0.0196

(续)

期数	15%	16%	17%	18%	19%	20%	21%	22%	23%	24%	25%	26%	27%	28%	29%	30%
1	0.8696	0.8621	0.8547	0.8475	0.8403	0.8333	0.8264	0.8197	0.813	0.8065	0.8	0.7937	0.7874	0.7813	0.7752	0.7692
2	0.7561	0.7432	0.7305	0.7182	0.7062	0.6944	0.683	0.6719	0.661	0.6504	0.64	0.6299	0.62	0.6104	0.6009	0.5917
3	0.6575	0.6407	0.6244	0.6086	0.5934	0.5787	0.5645	0.5507	0.5374	0.5245	0.512	0.4999	0.4882	0.4768	0.4658	0.4552
4	0.5718	0.5523	0.5337	0.5158	0.4987	0.4823	0.4665	0.4514	0.4369	0.423	0.4096	0.3968	0.3844	0.3725	0.3611	0.3501
5	0.4972	0.4761	0.4561	0.4371	0.419	0.4019	0.3855	0.37	0.3552	0.3411	0.3277	0.3149	0.3027	0.291	0.2799	0.2693
6	0.4323	0.4104	0.3898	0.3704	0.3521	0.3349	0.3186	0.3033	0.2888	0.2751	0.2621	0.2499	0.2383	0.2274	0.217	0.2072
7	0.3759	0.3538	0.3332	0.3139	0.2959	0.2791	0.2633	0.2486	0.2348	0.2218	0.2097	0.1983	0.1877	0.1776	0.1682	0.1594
8	0.3269	0.305	0.2848	0.266	0.2487	0.2326	0.2176	0.2038	0.1909	0.1789	0.1678	0.1574	0.1478	0.1388	0.1304	0.1226
9	0.2843	0.263	0.2434	0.2255	0.209	0.1938	0.1799	0.167	0.1552	0.1443	0.1342	0.1249	0.1164	0.1084	0.1011	0.0943
10	0.2472	0.2267	0.208	0.1911	0.1756	0.1615	0.1486	0.1369	0.1262	0.1164	0.1074	0.0992	0.0916	0.0847	0.0784	0.0725
11	0.2149	0.1954	0.1778	0.1619	0.1476	0.1346	0.1228	0.1122	0.1026	0.0938	0.0859	0.0787	0.0721	0.0662	0.0607	0.0558
12	0.1869	0.1685	0.152	0.1372	0.124	0.1122	0.1015	0.092	0.0834	0.0757	0.0687	0.0625	0.0568	0.0517	0.0471	0.0429
13	0.1625	0.1452	0.1299	0.1163	0.1042	0.0935	0.0839	0.0754	0.0678	0.061	0.055	0.0496	0.0447	0.0404	0.0365	0.033
14	0.1413	0.1252	0.111	0.0985	0.0876	0.0779	0.0693	0.0618	0.0551	0.0492	0.044	0.0393	0.0352	0.0316	0.0283	0.0254
15	0.1229	0.1079	0.0949	0.0835	0.0736	0.0649	0.0573	0.0507	0.0448	0.0397	0.0352	0.0312	0.0277	0.0247	0.0219	0.0195
16	0.1069	0.093	0.0811	0.0708	0.0618	0.0541	0.0474	0.0415	0.0364	0.032	0.0281	0.0248	0.0218	0.0193	0.017	0.015
17	0.0929	0.0802	0.0693	0.06	0.052	0.0451	0.0391	0.034	0.0296	0.0258	0.0225	0.0197	0.0172	0.015	0.0132	0.0116
18	0.0808	0.0691	0.0592	0.0508	0.0437	0.0376	0.0323	0.0279	0.0241	0.0208	0.018	0.0156	0.0135	0.0118	0.0102	0.0089
19	0.0703	0.0596	0.0506	0.0431	0.0367	0.0313	0.0267	0.0229	0.0196	0.0168	0.0144	0.0124	0.0107	0.0092	0.0079	0.0068
20	0.0611	0.0514	0.0433	0.0365	0.0308	0.0261	0.0221	0.0187	0.0159	0.0135	0.0115	0.0098	0.0084	0.0072	0.0061	0.0053
21	0.0531	0.0443	0.037	0.0309	0.0259	0.0217	0.0183	0.0154	0.0129	0.0109	0.0092	0.0078	0.0066	0.0056	0.0048	0.004
22	0.0462	0.0382	0.0316	0.0262	0.0218	0.0181	0.0151	0.0126	0.0105	0.0088	0.0074	0.0062	0.0052	0.0044	0.0037	0.0031
23	0.0402	0.0329	0.027	0.0222	0.0183	0.0151	0.0125	0.0103	0.0086	0.0071	0.0059	0.0049	0.0041	0.0034	0.0029	0.0024
24	0.0349	0.0284	0.0231	0.0188	0.0154	0.0126	0.0103	0.0085	0.007	0.0057	0.0047	0.0039	0.0032	0.0027	0.0022	0.0018
25	0.0304	0.0245	0.0197	0.016	0.0129	0.0105	0.0085	0.0069	0.0057	0.0046	0.0038	0.0031	0.0025	0.0021	0.0017	0.0014
26	0.0264	0.0211	0.0169	0.0135	0.0109	0.0087	0.007	0.0057	0.0046	0.0037	0.003	0.0025	0.002	0.0016	0.0013	0.0011
27	0.023	0.0182	0.0144	0.0115	0.0091	0.0073	0.0058	0.0047	0.0037	0.003	0.0024	0.0019	0.0016	0.0013	0.001	0.0008
28	0.02	0.0157	0.0123	0.0097	0.0077	0.0061	0.0048	0.0038	0.003	0.0024	0.0019	0.0015	0.0012	0.001	0.0008	0.0006
29	0.0174	0.0135	0.0105	0.0082	0.0064	0.0051	0.004	0.0031	0.0025	0.002	0.0015	0.0012	0.001	0.0008	0.0006	0.0005
30	0.0151	0.0116	0.009	0.007	0.0054	0.0042	0.0033	0.0026	0.002	0.0016	0.0012	0.001	0.0008	0.0006	0.0005	0.0004

表 A-3 年金终值系数表

期数	1%	2%	3%	4%	5%	6%	7%	8%	9%	10%	11%	12%	13%	14%
1	1	1	1	1	1	1	1	1	1	1	1	1	1	1
2	2.01	2.02	2.03	2.04	2.05	2.06	2.07	2.08	2.09	2.1	2.11	2.12	2.13	2.14
3	3.0301	3.0604	3.0909	3.1216	3.1525	3.1836	3.2149	3.2464	3.2781	3.31	3.3421	3.3744	3.4069	3.4396
4	4.0604	4.1216	4.1836	4.2465	4.3101	4.3746	4.4399	4.5061	4.5731	4.641	4.7097	4.7793	4.8498	4.9211
5	5.101	5.204	5.3091	5.4163	5.5256	5.6371	5.7507	5.8666	5.9847	6.1051	6.2278	6.3528	6.4803	6.6101
6	6.152	6.3081	6.4684	6.633	6.8019	6.9753	7.1533	7.3359	7.5233	7.7156	7.9129	8.1152	8.3227	8.5355
7	7.2135	7.4343	7.6625	7.8983	8.142	8.3938	8.654	8.9228	9.2004	9.4872	9.7833	10.089	10.4047	10.7305
8	8.2857	8.583	8.8923	9.2142	9.5491	9.8975	10.2598	10.6366	11.0285	11.4359	11.8594	12.2997	12.7573	13.2328
9	9.3685	9.7546	10.1591	10.5828	11.0266	11.4913	11.978	12.4876	13.021	13.5795	14.164	14.7757	15.4157	16.0853
10	10.4622	10.9497	11.4639	12.0061	12.5779	13.1808	13.8164	14.4866	15.1929	15.9374	16.722	17.5487	18.4197	19.3373
11	11.5668	12.1687	12.8078	13.4864	14.2068	14.9716	15.7836	16.6455	17.5603	18.5312	19.5614	20.6546	21.8143	23.0445
12	12.6825	13.4121	14.192	15.0258	15.9171	16.8699	17.8885	18.9771	20.1407	21.3843	22.7132	24.1331	25.6502	27.2707
13	13.8093	14.6803	15.6178	16.6268	17.713	18.8821	20.1406	21.4953	22.9534	24.5227	26.2116	28.0291	29.9847	32.0887
14	14.9474	15.9739	17.0863	18.2919	19.5986	21.0151	22.5505	24.2149	26.0192	27.975	30.0949	32.3926	34.8827	37.5811
15	16.0969	17.2934	18.5989	20.0236	21.5786	23.276	25.129	27.1521	29.3609	31.7725	34.4054	37.2797	40.4175	43.8424
16	17.2579	18.6393	20.1569	21.8245	23.6575	25.6725	27.8881	30.3243	33.0034	35.9497	39.1899	42.7533	46.6717	50.9804
17	18.4304	20.0121	21.7616	23.6975	25.8404	28.2129	30.8402	33.7502	36.9737	40.5447	44.5008	48.8837	53.7391	59.1176
18	19.6147	21.4123	23.4144	25.6454	28.1324	30.9057	33.999	37.4502	41.3013	45.5992	50.3959	55.7497	61.7251	68.3941
19	20.8109	22.8406	25.1169	27.6712	30.539	33.76	37.379	41.4463	46.0185	51.1591	56.9395	63.4397	70.7494	78.9692
20	22.019	24.2974	26.8704	29.7781	33.066	36.7856	40.9955	45.762	51.1601	57.275	64.2028	72.0524	80.9468	91.0249
21	23.2392	25.7833	28.6765	31.9692	35.7193	39.9927	44.8652	50.4229	56.7645	64.0025	72.2651	81.6987	92.4699	104.7684
22	24.4716	27.299	30.5368	34.248	38.5052	43.3923	49.0057	55.4568	62.8733	71.4027	81.2143	92.5026	105.491	120.436
23	25.7163	28.845	32.4529	36.6179	41.4305	46.9958	53.4361	60.8933	69.5319	79.543	91.1479	104.6029	120.2048	138.297
24	26.9735	30.4219	34.4265	39.0826	44.502	50.8156	58.1767	66.7648	76.7898	88.4973	102.1742	118.1552	136.8315	158.6586
25	28.2432	32.0303	36.4593	41.6459	47.7271	54.8645	63.249	73.1059	84.7009	98.3471	114.4133	133.3339	155.6196	181.8708
26	29.5256	33.6709	38.553	44.3117	51.1135	59.1564	68.6765	79.9544	93.324	109.1818	127.9988	150.3339	176.8501	208.3327
27	30.8209	35.3443	40.7096	47.0842	54.6691	63.7058	74.4838	87.3508	102.7231	121.0999	143.0786	169.374	200.8406	238.4993
28	32.1291	37.0512	42.9309	49.9676	58.4026	68.5281	80.6977	95.3388	112.9682	134.2099	159.8173	190.6989	227.9499	272.8892
29	33.4504	38.7922	45.2189	52.9663	62.3227	73.6398	87.3465	103.9659	124.1354	148.6309	178.3972	214.5828	258.5834	312.0937
30	34.7849	40.5681	47.5754	56.0849	66.4388	79.0582	94.4608	113.2832	136.3075	164.494	199.0209	241.3327	293.1992	356.7868

(续)

期数	15%	16%	17%	18%	19%	20%	21%	22%	23%	24%	25%	26%	27%	28%	29%	30%
1	1	1	1	1	1	1	1	1	1	1	1	1	1	1	1	1
2	2.15	2.16	2.17	2.18	2.19	2.2	2.21	2.22	2.23	2.24	2.25	2.26	2.27	2.28	2.29	2.3
3	3.4725	3.5056	3.5389	3.5724	3.6061	3.64	3.6741	3.7084	3.7429	3.7776	3.8125	3.8476	3.8829	3.9184	3.9541	3.99
4	4.9934	5.0665	5.1405	5.2154	5.2913	5.368	5.4457	5.5242	5.6038	5.6842	5.7656	5.848	5.9313	6.0156	6.1008	6.187
5	6.7424	6.8771	7.0144	7.1542	7.2966	7.4416	7.5892	7.7396	7.8926	8.0484	8.207	8.3684	8.5327	8.6999	8.87	9.0431
6	8.7537	8.9775	9.2068	9.442	9.683	9.9299	10.183	10.4423	10.7079	10.9801	11.2588	11.5442	11.8366	12.1359	12.4423	12.756
7	11.0668	11.4139	11.772	12.1415	12.5227	12.9159	13.3214	13.7396	14.1708	14.6153	15.0735	15.5458	16.0324	16.5339	17.0506	17.5828
8	13.7268	14.2401	14.7733	15.327	15.902	16.4991	17.1189	17.7623	18.43	19.1229	19.8419	20.5876	21.3612	22.1634	22.9953	23.8577
9	16.7858	17.5185	18.2847	19.0859	19.9234	20.7989	21.7139	22.67	23.669	24.7125	25.8023	26.9404	28.1287	29.3692	30.6639	32.015
10	20.3037	21.3215	22.3931	23.5213	24.7089	25.9587	27.2738	28.6574	30.1128	31.6434	33.2529	34.9449	36.7235	38.5926	40.5564	42.6195
11	24.3493	25.7329	27.1999	28.7551	30.4035	32.1504	34.0013	35.962	38.0388	40.2379	42.5661	45.0306	47.6388	50.3985	53.3178	56.4053
12	29.0017	30.8502	32.8239	34.9311	37.1802	39.5805	42.1416	44.8737	47.7877	50.895	54.2077	57.7386	61.5013	65.51	69.78	74.327
13	34.3519	36.7862	39.404	42.2187	45.2445	48.4966	51.9913	55.7459	59.7788	64.1097	68.7596	73.7506	79.1066	84.8529	91.0161	97.625
14	40.5047	43.672	47.1027	50.818	54.8409	59.1959	63.9095	69.01	74.528	80.4961	86.9495	93.9258	101.4654	109.6117	118.4108	127.9125
15	47.5804	51.6595	56.1101	60.9653	66.2607	72.0351	78.3305	85.1922	92.6694	100.8151	109.6868	119.3465	129.8611	141.3029	153.75	167.2863
16	55.7175	60.925	66.6488	72.939	79.8502	87.4421	95.7799	104.9345	114.9834	126.0108	138.1085	151.3766	165.9236	181.8677	199.3374	218.4722
17	65.0751	71.673	78.9792	87.068	96.0218	105.9306	116.8937	129.0201	142.4295	157.2534	173.6357	191.7345	211.723	233.7907	258.1453	285.0139
18	75.8364	84.1407	93.4056	103.7403	115.2659	128.1167	142.4413	158.4045	176.1883	195.9942	218.0446	242.5855	269.8882	300.2521	334.0074	371.518
19	88.2118	98.6032	110.2846	123.4135	138.1664	154.74	173.354	194.2535	217.7116	244.0328	273.5558	306.6577	343.758	385.3227	431.8696	483.9734
20	102.4436	115.3797	130.0329	146.628	165.418	186.688	210.7584	237.9893	268.7853	303.6006	342.9447	387.3887	437.5726	494.2131	558.1118	630.1655
21	118.8101	134.8405	153.1385	174.021	197.8474	225.0256	256.0176	291.3469	331.6059	377.4648	429.6809	489.1098	556.7173	633.5927	720.9642	820.2151
22	137.6316	157.415	180.1721	206.3448	236.4385	271.0307	310.7813	356.4432	408.8753	469.0563	538.1011	617.2783	708.0309	811.9987	931.0438	1067.2796
23	159.2764	183.6014	211.8013	244.4868	282.3618	326.2369	377.0454	435.8607	503.9166	582.6298	673.6264	778.7707	900.1993	1040.3583	1202.0465	1388.4635
24	184.1678	213.9776	248.8076	289.4945	337.0105	392.4842	457.2249	532.7501	620.8174	723.461	843.0329	982.2511	1144.2531	1332.6586	1551.64	1806.0026
25	212.793	249.214	292.1049	342.6035	402.0425	471.9811	554.2422	650.9551	764.6054	898.0916	1054.7912	1238.6363	1454.2014	1706.8031	2002.6156	2348.8033
26	245.712	290.0883	342.7627	405.2721	479.4306	567.3773	671.633	795.1653	941.4647	1114.6336	1319.489	1561.6818	1847.8358	2185.7079	2584.3741	3054.4443
27	283.5688	337.5024	402.0323	479.2211	571.5224	681.8528	813.6759	971.1016	1159.0016	1383.1457	1650.3612	1968.7191	2347.7515	2798.7061	3334.8476	3971.7776
28	327.1041	392.5028	471.3778	566.4809	681.1116	819.2233	985.5479	1185.744	1426.5719	1716.1007	2063.9515	2481.586	2982.6444	3583.3438	4302.947	5164.3109
29	377.1697	456.3032	552.5121	669.4475	811.5228	984.068	1193.5129	1447.6077	1755.6835	2128.9648	2580.9394	3127.7984	3788.9583	4587.6801	5551.8016	6714.6042
30	434.7451	530.3117	647.4391	790.948	966.7122	1181.8816	1445.1507	1767.0813	2160.4907	2640.9164	3227.1743	3942.026	4812.9771	5873.2306	7162.8241	8729.9855

表 A-4 年金现值系数表

期数	1%	2%	3%	4%	5%	6%	7%	8%	9%	10%	11%	12%	13%	14%
1	0.9901	0.9804	0.9709	0.9615	0.9524	0.9434	0.9346	0.9259	0.9174	0.9091	0.9009	0.8929	0.8850	0.8772
2	1.9704	1.9416	1.9135	1.8861	1.8594	1.8334	1.8080	1.7833	1.7591	1.7355	1.7125	1.6901	1.6681	1.6467
3	2.9410	2.8839	2.8286	2.7751	2.7232	2.6730	2.6243	2.5771	2.5313	2.4869	2.4437	2.4018	2.3612	2.3216
4	3.9020	3.8077	3.7171	3.6299	3.5460	3.4651	3.3872	3.3121	3.2397	3.1699	3.1024	3.0373	2.9745	2.9137
5	4.8534	4.7135	4.5797	4.4518	4.3295	4.2124	4.1002	3.9927	3.8897	3.7908	3.6959	3.6048	3.5172	3.4331
6	5.7955	5.6014	5.4172	5.2421	5.0757	4.9173	4.7665	4.6229	4.4859	4.3553	4.2305	4.1114	3.9975	3.8887
7	6.7282	6.4720	6.2303	6.0021	5.7864	5.5824	5.3893	5.2064	5.0330	4.8684	4.7122	4.5638	4.4226	4.2883
8	7.6517	7.3255	7.0197	6.7327	6.4632	6.2098	5.9713	5.7466	5.5348	5.3349	5.1461	4.9676	4.7988	4.6389
9	8.5660	8.1622	7.7861	7.4353	7.1078	6.8017	6.5152	6.2469	5.9952	5.7590	5.5370	5.3282	5.1317	4.9464
10	9.4713	8.9826	8.5302	8.1109	7.7217	7.3601	7.0236	6.7101	6.4177	6.1446	5.8892	5.6502	5.4262	5.2161
11	10.3676	9.7868	9.2526	8.7605	8.3064	7.8869	7.4987	7.1390	6.8052	6.4951	6.2065	5.9377	5.6869	5.4527
12	11.2551	10.5753	9.9540	9.3851	8.8633	8.3838	7.9427	7.5361	7.1607	6.8137	6.4924	6.1944	5.9176	5.6603
13	12.1337	11.3484	10.6350	9.9856	9.3936	8.8527	8.3577	7.9038	7.4869	7.1034	6.7499	6.4235	6.1218	5.8424
14	13.0037	12.1062	11.2961	10.5631	9.8986	9.2950	8.7455	8.2442	7.7862	7.3667	6.9819	6.6282	6.3025	6.0021
15	13.8651	12.8493	11.9379	11.1184	10.3797	9.7122	9.1079	8.5595	8.0607	7.6061	7.1909	6.8109	6.4624	6.1422
16	14.7179	13.5777	12.5611	11.6523	10.8378	10.1059	9.4466	8.8514	8.3126	7.8237	7.3792	6.9740	6.6039	6.2651
17	15.5623	14.2919	13.1661	12.1657	11.2741	10.4773	9.7632	9.1216	8.5436	8.0216	7.5488	7.1196	6.7291	6.3729
18	16.3983	14.9920	13.7535	12.6593	11.6896	10.8276	10.0591	9.3719	8.7556	8.2014	7.7016	7.2497	6.8399	6.4674
19	17.2260	15.6785	14.3238	13.1339	12.0853	11.1581	10.3356	9.6036	8.9501	8.3649	7.8393	7.3658	6.9380	6.5504
20	18.0456	16.3514	14.8775	13.5903	12.4622	11.4699	10.5940	9.8181	9.1285	8.5136	7.9633	7.4694	7.0248	6.6231
21	18.8570	17.0112	15.4150	14.0292	12.8212	11.7641	10.8355	10.0168	9.2922	8.6487	8.0751	7.5620	7.1016	6.6870
22	19.6604	17.6580	15.9369	14.4511	13.1630	12.0416	11.0612	10.2007	9.4424	8.7715	8.1757	7.6446	7.1695	6.7429
23	20.4558	18.2922	16.4436	14.8568	13.4886	12.3034	11.2722	10.3711	9.5802	8.8832	8.2664	7.7184	7.2297	6.7921
24	21.2434	18.9139	16.9355	15.2470	13.7986	12.5504	11.4693	10.5288	9.7066	8.9847	8.3481	7.7843	7.2829	6.8351
25	22.0232	19.5235	17.4131	15.6221	14.0939	12.7834	11.6536	10.6748	9.8226	9.0770	8.4217	7.8431	7.3300	6.8729
26	22.7952	20.1210	17.8768	15.9828	14.3752	13.0032	11.8258	10.8100	9.9290	9.1609	8.4881	7.8957	7.3717	6.9061
27	23.5596	20.7069	18.3270	16.3296	14.6430	13.2105	11.9867	10.9352	10.0266	9.2372	8.5478	7.9426	7.4086	6.9352
28	24.3164	21.2813	18.7641	16.6631	14.8981	13.4062	12.1371	11.0511	10.1161	9.3066	8.6016	7.9844	7.4412	6.9607
29	25.0658	21.8444	19.1885	16.9837	15.1411	13.5907	12.2777	11.1584	10.1983	9.3696	8.6501	8.0218	7.4701	6.9830
30	25.8077	22.3965	19.6004	17.2920	15.3725	13.7648	12.4090	11.2578	10.2737	9.4269	8.6938	8.0552	7.4957	7.0027

(续)

期数	15%	16%	17%	18%	19%	20%	21%	22%	23%	24%	25%	26%	27%	28%	29%	30%
1	0.8696	0.8621	0.8547	0.8475	0.8403	0.8333	0.8264	0.8197	0.8130	0.8065	0.8000	0.7937	0.7874	0.7813	0.7752	0.7692
2	1.6257	1.6052	1.5852	1.5656	1.5465	1.5278	1.5095	1.4915	1.4740	1.4568	1.4400	1.4235	1.4074	1.3916	1.3761	1.3609
3	2.2832	2.2459	2.2096	2.1743	2.1399	2.1065	2.0739	2.0422	2.0114	1.9813	1.9520	1.9234	1.8956	1.8684	1.8420	1.8161
4	2.8550	2.7982	2.7432	2.6901	2.6386	2.5887	2.5404	2.4936	2.4483	2.4043	2.3616	2.3202	2.2800	2.2410	2.2031	2.1662
5	3.3522	3.2743	3.1993	3.1272	3.0576	2.9906	2.9260	2.8636	2.8035	2.7454	2.6893	2.6351	2.5827	2.5320	2.4830	2.4356
6	3.7845	3.6847	3.5892	3.4976	3.4098	3.3255	3.2446	3.1669	3.0923	3.0205	2.9514	2.8850	2.8210	2.7594	2.7000	2.6427
7	4.1604	4.0386	3.9224	3.8115	3.7057	3.6046	3.5079	3.4155	3.3270	3.2423	3.1611	3.0833	3.0087	2.9370	2.8682	2.8021
8	4.4873	4.3436	4.2072	4.0776	3.9544	3.8372	3.7256	3.6193	3.5179	3.4212	3.3289	3.2407	3.1564	3.0758	2.9986	2.9247
9	4.7716	4.6065	4.4506	4.3030	4.1633	4.0310	3.9054	3.7863	3.6731	3.5655	3.4631	3.3657	3.2728	3.1842	3.0997	3.0190
10	5.0188	4.8332	4.6586	4.4941	4.3389	4.1925	4.0541	3.9232	3.7993	3.6819	3.5705	3.4648	3.3644	3.2689	3.1781	3.0915
11	5.2337	5.0286	4.8364	4.6560	4.4865	4.3271	4.1769	4.0354	3.9018	3.7757	3.6564	3.5435	3.4365	3.3351	3.2388	3.1473
12	5.4206	5.1971	4.9884	4.7932	4.6105	4.4392	4.2784	4.1274	3.9852	3.8514	3.7251	3.6059	3.4933	3.3868	3.2859	3.1903
13	5.5831	5.3423	5.1183	4.9095	4.7147	4.5327	4.3624	4.2028	4.0530	3.9124	3.7801	3.6555	3.5381	3.4272	3.3224	3.2233
14	5.7245	5.4675	5.2293	5.0081	4.8023	4.6106	4.4317	4.2646	4.1082	3.9616	3.8241	3.6949	3.5733	3.4587	3.3507	3.2487
15	5.8474	5.5755	5.3242	5.0916	4.8759	4.6755	4.4890	4.3152	4.1530	4.0013	3.8593	3.7261	3.6010	3.4834	3.3726	3.2682
16	5.9542	5.6685	5.4053	5.1624	4.9377	4.7296	4.5364	4.3567	4.1894	4.0333	3.8874	3.7509	3.6228	3.5026	3.3896	3.2832
17	6.0472	5.7487	5.4746	5.2223	4.9897	4.7746	4.5755	4.3908	4.2190	4.0591	3.9099	3.7705	3.6400	3.5177	3.4028	3.2948
18	6.1280	5.8178	5.5339	5.2732	5.0333	4.8122	4.6079	4.4187	4.2431	4.0799	3.9279	3.7861	3.6536	3.5294	3.4130	3.3037
19	6.1982	5.8775	5.5845	5.3162	5.0700	4.8435	4.6346	4.4415	4.2627	4.0967	3.9424	3.7985	3.6642	3.5386	3.4210	3.3105
20	6.2593	5.9288	5.6278	5.3527	5.1009	4.8696	4.6567	4.4603	4.2786	4.1103	3.9539	3.8083	3.6726	3.5458	3.4271	3.3158
21	6.3125	5.9731	5.6648	5.3837	5.1268	4.8913	4.6750	4.4756	4.2916	4.1212	3.9631	3.8161	3.6792	3.5514	3.4319	3.3198
22	6.3587	6.0113	5.6964	5.4099	5.1486	4.9094	4.6900	4.4882	4.3021	4.1300	3.9705	3.8223	3.6844	3.5558	3.4356	3.3230
23	6.3988	6.0442	5.7234	5.4321	5.1668	4.9245	4.7025	4.4985	4.3106	4.1371	3.9764	3.8273	3.6885	3.5592	3.4384	3.3254
24	6.4338	6.0726	5.7465	5.4509	5.1822	4.9371	4.7128	4.5070	4.3176	4.1428	3.9811	3.8312	3.6918	3.5619	3.4406	3.3272
25	6.4641	6.0971	5.7662	5.4669	5.1951	4.9476	4.7213	4.5139	4.3232	4.1474	3.9849	3.8342	3.6943	3.5640	3.4423	3.3286
26	6.4906	6.1182	5.7831	5.4804	5.2060	4.9563	4.7284	4.5196	4.3278	4.1511	3.9879	3.8367	3.6963	3.5656	3.4437	3.3297
27	6.5135	6.1361	5.7975	5.4919	5.2151	4.9636	4.7347	4.5243	4.3316	4.1542	3.9903	3.8387	3.6979	3.5669	3.4447	3.3305
28	6.5335	6.1520	5.8099	5.5016	5.2228	4.9697	4.7390	4.5281	4.3346	4.1566	3.9923	3.8402	3.6991	3.5679	3.4455	3.3312
29	6.5509	6.1656	5.8204	5.5098	5.2292	4.9747	4.7430	4.5312	4.3371	4.1585	3.9938	3.8414	3.7001	3.5687	3.4461	3.3317
30	6.5660	6.1772	5.8294	5.5168	5.2347	4.9789	4.7463	4.5338	4.3391	4.1601	3.9950	3.8424	3.7009	3.5693	3.4466	3.3321

参考文献

[1] 唐 R 汉森,玛丽安 M 莫文. 管理会计[M]. 王光远,等译. 北京:北京大学出版社,2004.
[2] 余绪缨. 管理会计[M]. 沈阳:辽宁人民出版社,2001.
[3] 潘飞. 管理会计[M]. 北京:高等教育出版社,2000.
[4] 崔国萍,等. 现代管理会计——理论与实务[M]. 石家庄:河北人民出版社,2002.
[5] 于富生. 成本会计学[M]. 北京:中国人民大学出版社,2005.
[6] 胡玉明. 成本会计[M]. 北京:清华大学出版社,2005.
[7] 中国注册会计师协会. 财务成本管理[M]. 北京:中国财政经济出版社,2009.
[8] 栾庆伟,何劭炜. 作业成本会计系统的开发[J]. 会计研究,1998(3).
[9] 冯巧根. 管理会计[M]. 北京:中国人民大学出版社,2008.
[10] 张新国. 企业战略管理[M]. 北京:高等教育出版社,2006.
[11] 罗伯特·卡普兰,大卫·诺顿. 战略地图——化无形资产为有形成果[M]. 刘俊勇,等译. 广州:广东经济出版社,2005.
[12] 罗伯特·卡普兰,戴维·诺顿. 平衡计分卡战略实践[M]. 上海博意门咨询有限公司,译. 北京:中国人民大学出版社,2009.
[13] 斯坎特·达塔,马达夫·拉詹. 管理会计——决策制定与业绩激励[M]. 王立彦,等译. 北京:中国人民大学出版社,2015.